Die Sinnprovinz der Kriminalität

Henning Schmidt-Semisch
Henner Hess (Hrsg.)

Die Sinnprovinz der Kriminalität

Zur Dynamik eines sozialen Feldes

Springer VS

Herausgeber
Prof. Dr. Henning Schmidt-Semisch
Universität Bremen, Deutschland

Prof. Dr. Henner Hess
Heidelberg, Deutschland

ISBN 978-3-658-03478-8
ISBN 978-3-658-03479-5 (eBook)
DOI 10.1007/978-3-658-03479-5

Die Deutsche Nationalbibliothek verzeichnet diese Publikation in der Deutschen Nationalbibliografie; detaillierte bibliografische Daten sind im Internet über http://dnb.d-nb.de abrufbar.

Springer VS

Lektorat: Stefanie Laux, Stefanie Loyal

Springer VS ist eine Marke von Springer DE. Springer DE ist Teil der Fachverlagsgruppe Springer Science+Business Media.
www.springer-vs.de

In der Tradition einer Festschrift

Prof. Dr. Sebastian Scheerer

zugeeignet

Inhalt

Vorwort

Der von Alfred Schütz geprägte Begriff Sinnprovinz bezeichnet einen Bereich unserer Lebenswelt, in dem Handlungen und Institutionen in einem Bezugssystem integriert sind. Wir sprechen von „Politik“, „Wirtschaft“, „Wissenschaft“, „Religion“, „Kunst“ usw. und rufen damit interne Zusammenhänge des jeweiligen Bereichs auf, die in ihrem Sinn aufeinander verweisen. So lässt sich durchaus auch von einer Sinnprovinz der Kriminalität sprechen.

Sinnprovinzen haben selten oder nie klare Grenzen, und auch die Sinnprovinz der Kriminalität hängt mit anderen Bereichen der Gesellschaft mehr oder weniger eng zusammen und ist insofern nicht leicht abzugrenzen (immerhin wohl leichter als manche andere, etwa die Sinnprovinz der Kunst oder die des Sports). Für eine wissenschaftliche Betrachtung müssen wir aber zumindest erfassen: die Definition des Bereichs, d. h. die Kriminalisierung bzw. Entkriminalisierung von Handlungskategorien; die als kriminell definierten Handlungen, also Handlungen, die trotz Verbot ausgeführt werden, sowie deren Verfestigung zu kriminellen Karrieren und interpersonellen Organisationen; und schließlich die vielfältigen auf solche Handlungen bezogenen präventiven und reaktiven Aktionen und Institutionen wie Polizei, Strafsystem, Mediendiskurse usw.

Die Sinnprovinz der Kriminalität wird zudem – wohl mehr als andere – bestimmt von emotionalen Assoziationen: Erschrecken und Angst angesichts von Gewalt oder Furcht vor Verlusten durch Diebstahl, Raub, Einbruch und häufig aggressive Haltungen gegenüber den Verursachern; aber manchmal auch Bewunderung für genial geplante und ausgeführte Taten, Identifikation mit politisch motivierten Tätern (je nach eigener politischer Einstellung), Zustimmung zu Taten, deren Verbot wir unberechtigt finden (wie einst Homosexualität oder heute manche Drogendelikte) usw. Je nachdem plädieren wir für härtere Strafen oder für Entkriminalisierung. Solche Ansichten und Einsichten können zu organisierten kriminalpolitischen Diskursen und Aktionen führen, die manchmal Erfolg haben und manchmal auch nicht, so dass der Bereich der Kriminalität stets in Bewegung bleibt.

Natürlich ist die Sinnprovinz der Kriminalität ein ausgesprochen umfangreiches und disparates Gebiet, und das vorliegende Buch kann nur seinen Umfang skizzieren und dann einige Beispiele von Teilbereichen ausführen. Es bietet einen Einblick in die facettenreiche Problematik und kann vielleicht dazu anregen, das Verständnis des gesamten Bereichs zu fördern. Dabei widmen die Autorinnen und Autoren das vorliegende Buch in der Tradition einer Festschrift *Prof. Dr. Sebastian Scheerer,* einem gleichermaßen streitbaren und unbequemen wie herausragenden deutschen Kriminologen, der als akademischer Lehrer und Direktor des Instituts für Kriminologische Sozialforschung an der Universität Hamburg seit vielen Jahren Studierende mit seiner Begeisterung für die interdisziplinäre wissenschaftliche Kriminologie „infiziert". Die Beiträge des Bandes sind – entsprechend diesem Anliegen – auf Bereiche und Fragestellungen konzentriert, zu denen Sebastian Scheerer selbst vorrangig gearbeitet hat: Theorie der Kriminalität, Drogenproblematik, Terrorismus, Moralunternehmer, Kontrollstrategien und Strafensystem.

Beim ersten Beitrag handelt es sich – wiederum dem Anliegen des Buches folgend – um einen Wiederabdruck der von *Henner Hess* und *Sebastian Scheerer* verfassten „Theorie der Kriminalität", die zuerst 2004 in der ‚Kölner Zeitschrift für Soziologie und Sozialpsychologie' (Sonderheft 43, hrsg. von S. Karstedt/D. Oberwittler, S.69-92) erschienen ist. Der Beitrag versteht sich als ordnender Gesamtüberblick über die unterschiedlichen Phänomene der „Kriminalität" und versucht, eine Theorie der Kriminalität als gesellschaftlicher Sinnprovinz zu formulieren, in der die Einzelteile nicht additiv nebeneinander, sondern in einem interaktiven Gesamtzusammenhang stehen. Er integriert Aussagen über die ursprüngliche und die alltägliche Entstehung der Kategorie Kriminalität (Makro-Ebene) mit solchen über die Entstehung und Entwicklung kriminellen Handelns (Mikro-Ebene) und zeigt abschließend (Makro-Ebene), wie aus der Vielzahl krimineller Handlungen individueller Akteure in Interaktion mit dem Handeln von Kontrolleuren als Resultat wiederum neue überindividuelle Phänomene entstehen, z.B. illegale Märkte, Kriminalstatistiken, Kriminalitäts- und Kontrolldiskurse.

Stephan Quensel taucht sodann tief in die Vergangenheit ein und analysiert die „Geburt einer Sinnprovinz der Kriminalität" am Bespiel der Inquisition im Languedoc. Er zeigt, wie die katholische Kirche im 13. Jahrhundert das Instrument der Inquisition entwickelte, mit dem die ketzerischen Katharer und Waldenser in Südfrankreich und Norditalien bekämpft wurden, und wie auf diese Weise ein modernes, zunächst noch proto-staatliches Strafinstrument entstand, das von Amts wegen die Wahrheit erforschen sollte. In diesem Rahmen musste zunächst das Delikt der Ketzerei mitsamt dem Schuldvorwurf und einem neuartigen Strafensystem erfunden werden, das sich sodann im Sinne eines professionalisierten Apparates und einer dazu passenden Ideologie verselbständigt habe, um institutionsspezifischen Strafzielen, etwa der negativen und positiven Generalprävention, materiellen Interessen und machtpolitischen Funktionen zu entsprechen. Auf diese Weise sei ein inquisitorisches Unternehmen entstanden, das „nicht nur mit der Häresie als ‚crimen laesae majestatis divinae' eine neue, fast beliebig erweiterbare ebenso ‚opferlose' wie ‚staatsnahe' Verbrechenskategorie mitsamt der dazu passenden ‚Schuld' und ‚Strafe' erfunden hatte, sondern das zugleich das dafür notwendige polizeiliche und justizielle Verfahren, wie die dazu passenden professionellen Garanten ausgebildet und eingesetzt hatte".

Nach diesem Beispiel für die Entstehung von Strafrechtsnormen geht es in den folgenden Aufsätzen vor allem um Bemühungen zur Dekriminalisierung am Beispiel der Drogenproblematik. Für *Craig Reinarman* handelt es sich bei der Drogenprohibition um einen Anachronismus. Der War On Drugs mit seinen Kosten und Opfern, der eigentlich nur noch im Eigeninteresse der Kontrollorgane geführt werde, scheint ihm nicht mehr zeitgemäß angesichts des heutzutage weit verbreiteten Einsatzes von Drogen – vor allem von Cannabis – als functional technologies of the self. Die zahlreichen Bestrebungen zur Aufhebung der Prohibition, auch von konservativer Seite, unterstreichen sein Argument.

Patricia Erickson diskutiert vier Modelle von Drogenpolitik (legale Verfügbarkeit, medizinische Kontrolle, public health-Regulierung und schließlich mit Kriminalstrafen bewehrte Prohibition) und versucht, gestützt auf die Ergebnisse zahlreicher empirischer Studien, die Konsequenzen und vor allem die Kosten der jeweiligen Politik zu evaluieren. Der Schwerpunkt liegt dabei auf kanadischen Erfahrungen – mit hoffnungsvollem Ausblick auf eine langsam sich durchsetzende Politik der harm reduction.

Illegale Drogen, so die These von *Lorenz Böllinger*, seien im Kontext des War On Drugs der vergangenen nahezu 100 Jahre zum apriorischen Bösen geworden, dem man glaube mit Zwangstherapie und Teufelsaustreibung begegnen zu müssen. Allerdings werde das Drogen-Tabu in der aufgeklärten Moderne nicht als solches deklariert, sondern ins Unbewusste verdrängt. Die entsprechenden Ängste speisten sich dabei aus der auf die Drogen verschobenen, archaischen Furcht vor der Wirkung dämonischer Mächte. Vor diesem Hintergrund fragt Böllinger nach den tieferen Gründen dafür, „dass die Masse der Wähler oder der Meinungsbefragten die herrschende Drogenpolitik nach wie vor befürwortet und sich so den Machttechniken der Herrschenden ausliefert".

Horst Bossong richtet sodann seinen Blick auf die professionelle Drogenhilfe, die im drogenpolitischen Kriminalitätsdiskurs seit über vier Jahrzehnten als ein wichtiger Akteur fungiert. Er zeigt, dass sie – gerade auch im Hinblick auf die Entkriminalisierung der DrogenkonsumentInnen – häufig gewissermaßen auf eigene Rechnung agiert, wobei sich die eigenen Geschäftsinteressen vorteilhaft mit ohnehin gängigen Hilfepostulaten vermischt hätten. In diesem Sinne plädiert Bossong dafür, den Legalisierungsdiskurs strikt vom Drogenhilfediskurs abzutrennen und auf eine eher wirtschaftswissenschaftlich inspirierte (statt hilfemoralisch überhöhte) Debatte zu setzen. Es könne sein, so Bossong, „dass dem Drogenabhängigen ein solches Szenario mehr Würde belässt als all die viele Fürsorge, die der Staat ihm heute nahe zu bringen sucht."

Klaus Günther greift ein hochinteressantes, von Kriminologen aber bisher kaum behandeltes Thema auf, nämlich die sich in jüngster Zeit häufenden Versuche, Rechtsbrüche von Personen als weniger gravierend zu behaupten, wenn diese zugleich Verantwortungsträger mit außergewöhnlicher politischer, sportlicher oder ökonomischer Erfolgsbilanz sind. Während von den niederen Klassen Regelgehorsam erwartet werde, reklamiere die neue herrschende Klasse solcher Verantwortungsträger als eine ganz besondere Art „atypischer Moralunternehmer" (Scheerer) für sich eine flexibilisierte Regelgeltung. Dabei müsse der Regelbruch effizient sein, d.h. von erfolgreichen – und gerade durch den Regelbruch erfolgreichen – Personen begangen werden, um eine rechtfertigende Wirkung zu entfalten. Kriminologisch handele es sich dabei um eine „Neutralisierungstechnik" (Sykes/Matza). Ihre Aktualität verdanke sich einer Künstlerkritik am Kapitalismus, die zu einem Selbstverständnis des unternehmerischen Selbst geführt habe, das sich an ästhetischen Idealen orientiert. Der Künstler sei dadurch ausgezeichnet, dass er in seinem Werk Konventionen durchbreche und neue Regeln setze – eine Lizenz, die schon in der Renaissance Künstler, Päpste und Fürsten für sich in Anspruch genommen hätten. Erst in dem Maße, wie dieses ästhetische Ideal auf Unternehmer und andere erfolgsorientierte Personen übertragen werde, könne die Neutralisierungstechnik des effizienten Regelbruchs funktionieren, die zugleich Indiz für eine zunehmende ästhetische Rechtskritik sei.

Im Folgenden wendet sich *Jan Wehrheim* den sog. Neuen Kontrolltechnologien zu (wie Videoüberwachung, Biometrie oder auch kombinierte Systeme algorithmischer Überwachung, die Abweichung automatisiert identifizieren sollen). Er zeigt, dass es sich dabei keineswegs um vermeintlich objektive oder neutrale Technologien handelt, sondern dass „die technischen Systeme (...) einen in ihrer Entwicklung begründeten technischen Bias haben und dieser durch einen sozialen beeinflusst und ggf. verstärkt wird".

Helge Peters diskutiert die These einer steigenden Punitivität, die er anzweifelt, vor allem auch mit Verweis auf die in diesem Kontext häufig hervorgehobene Sexualstrafrechtspolitik, die einigen als der Motor zunehmender Punitivität gelte. Peters gibt dabei zu bedenken, dass das Sexualstrafrecht großenteils unter dem Einfluss „atypischer Moralunternehmer“ verschärft worden sei, denen es nicht um die Dramatisierung von Kriminalität und die Befestigung von Herrschaft gehe. Insofern, aber auch mit Blick auf Entkriminalisierungen von Devianzen ohne Opfer, sei an der Punitivitätsthese zu zweifeln. Für Gewinn bringender, um die gegenwärtigen strafrechtlichen Entwicklungen zu erklären, erachtet Peters die These von der „Sakralisierung der Person“ (Hans Joas).

Auch *Bernd Dollinger, Matthias Rudolph, Henning Schmidt-Semisch* und *Mona Urban* widmen sich dem sogenannten punitive turn. Mit der Methode der Interdiskursanalyse wurden im Rahmen eines DFG-Projektes praxisnahe Zeitschriften der Polizei und der Sozialen Arbeit (aus den Jahren 1979 bis 1999) ausgewertet, um zu analysieren, inwieweit mit Blick auf diese beiden Professionen ein punitive turn empirisch nachvollzogen werden kann. Als Ergebnis halten sie fest, dass insbesondere im Feld der Sozialen Arbeit Veränderungen stattgefunden haben: So zeigt sich über die drei Jahrzehnte z. B., dass konfrontative Praktiken mit Blick auf Gewalt und Rechtextremismus an Bedeutung gewannen und zugleich auf soziale Ursachen abhebende Erklärungen für Jugendkriminalität an Relevanz verloren. Zugleich zeigen die Ergebnisse, wie professionelle Akteure Jugendkriminalität interpretieren und repräsentieren, um spezifische Interventionsformen zu begründen und plausibel zu machen.

Michael Fischer stellt Terrorismus in Beziehung zu staatlichem Strafen und formuliert die These, dass es sich in beiden Fällen um Formen sozialer Kontrolle handele. Ebenso wie staatliches Strafen reagiere (substaatlicher) Terrorismus auf Normabweichung – freilich vor dem Hintergrund alternativer Ordnungsvorstellungen – und agiere in einer Figuration von Strafenden, Bezugsgruppen und Delinquenten. Diese sei im Vergleich zum funktionierenden Staat jedoch von reduzierter Macht und erhöhter Unschärfe geprägt, woraus spezifische Gemeinsamkeiten und Unterschiede zwischen den beiden Kontrollpraktiken folgten, die Fischer eingehend erörtert.

Mit dem Themenbereich Polizei und Gewalt befasst sich *Raphael Behr*, wobei er insbesondere auf die Fragmentierung der entsprechenden Debatte verweist: Während außerhalb der Polizei nahezu ausschließlich über die Gewalt der Polizei gesprochen werde, gehe es innerhalb der Polizei ausschließlich um die Gewalt an der Polizei. Besonders vehement werde letzteres von den polizeilichen Berufsvertretungen vorgebracht, in deren Debatten Polizistinnen und Polizisten als passive Opfer thematisiert würden, denen (immer mehr) Gewalt angetan werde – was nicht zuletzt dem Selbstbewusstsein der Polizistinnen und Polizisten mehr schade als es ihrem Ansehen nutze. Notwendig sei daher ein reflexiver Umgang mit

Gewalt, der insbesondere auch den weitgehenden Gewaltverzicht der Polizei mit einzuschließen habe.

Máximo Sozzo widmet sich sodann im Anschluss den Bemühungen um eine Demokratisierung der argentinischen Polizei nach dem Ende der Diktatur. Er stellt dabei, in einem insgesamt neo-liberalen Milieu, durchaus Fortschritte fest, auch wenn vieles plakativ bleibe.

David Garland beschreibt und erklärt die amerikanische Todesstrafe als peculiar institution, als Ausnahmeerscheinung in einem westlichen Land. Die Todesstrafe sei Sache der einzelnen Bundesstaaten, und über Erhalt oder Abschaffung werde – ganz im Sinne einer nicht-obrigkeitsstaatlichen, sondern eher bürgerrechtlichen Tradition – von der jeweiligen Bevölkerung entschieden. Allerdings werde die Todesstrafe heute auch da, wo sie noch existiere (vor allem in den Südstaaten), aufgrund der sich teilweise über Jahrzehnte hinziehenden Revisionsverhandlungen und Gnadengesuche selten vollzogen; ihre Verhängung habe eher symbolische Funktion.

James B. Jacobs widmet sich einem Thema, das bisher wenig behandelt wurde: dem negativen Lebenslauf, wie er im Bericht über Straftaten und Strafen amerikanischer Täter im Internet jedermann zur Verfügung stehe und erheblich zur Stigmatisierung der Betroffenen beitrage. Mehr auf Resozialisierung ausgerichtet, pflegten die europäischen Länder dagegen den Datenschutz – auch wenn hier ein Wandel in Bezug auf pädophile Sexualtäter im Gange sei.

Im Anschluss beschäftigt sich Rüdiger *Lautmann* in seinem differenzierten Aufsatz mit dem enormen Unterhaltungswert, den die Darstellung von Verbrechen in den Medien hat (und übrigens mit Moritaten und Bänkelsängern auch schon in alten Zeiten hatte). Die über 90 Krimi-Serien des Fernsehens hätten längst den Liebesfilmen den Rang abgelaufen, und laut einer Umfrage läsen 26 Prozent der Befragten häufig oder gelegentlich Krimis. Lautmann sucht nach Erklärungen für diese Faszination und findet sie vor allem in der Identifikation mit Tätern und Opfern und damit in der Transgression des langweiligen Alltagslebens und in der Befriedigung durch Grenzerlebnisse, die man nicht selber ausleben muss. Darüberhinaus thematisiert er die sozialstrukturellen Funktionen, die Gewalt- und Verbrechensdarstellungen mit ihren Dramatisierungen in einem „politisch-publizistischen Verstärkerkreislauf" (Scheerer) haben, etwa bei der Selbstdarstellung von Politikern, die als Garanten der inneren Sicherheit aufträten.

Im darauf folgenden Beitrag unternimmt *Henning Schmidt-Semisch* den Versuch, die Idee der Versicherung für kriminalpolitische Zwecke nutzbar zu machen. Dabei schließt er an die Gefängnis- und Strafrechtskritik der 80er und 90er Jahre an und versteht diese abolitionistische Perspektive im Sinne von Sebastian

Scheerer vor allem als eine „sensitivierende Theorie“, der es um eine Dynamisierung der Diskussion und eine Skizzierung neuer Probleme und Bezugsrahmen geht. Im Sinne eines Gedankenexperiments wird Kriminalität in den Bezugsrahmen des Risikos und der Versicherung und damit einer insurationistischen Rationalität mit ihren Vorteilen und Problemen gestellt.

Helga Cremer-Schäfer richtet ihren Blick dann noch einmal zurück auf den einleitenden Essay von Hess und Scheerer. Deren Entwurf einer „Theorie der Kriminalität“ sieht sie dabei durchaus kritisch und setzt dagegen eine gesellschaftstheoretisch erweiterte Version interaktionistischer Theorien von „Verbrechen & Strafe“ und des mehr oder weniger kompetenten Umgangs der Betroffenen mit Etikettierung und anderen Verdinglichungen. Vor allem aber reklamiert sie, als Anhängerin der Frankfurter Schule, auch für die empirische Wissenschaft die Reflexivität auf die eigenen Wirkungen und möchte schon die Analyse in einer Weise betreiben, die auf Veränderungen abzielt.

Das Buch schließt mit einem Beitrag von *Nils Christie* zur jüngsten norwegischen Tragödie, den Mordtaten von Anders Breivik, und den ganz besonderen, durch norwegische Traditionen geprägten Reaktionen darauf. Nicht Rache und nicht Strafe bestimmen in diesen Reaktionen die öffentliche Diskussion und den Prozess, sondern Solidarität mit den Opfern und ein verstärktes Gefühl der nationalen Zusammengehörigkeit.

Abschließend möchten wir als Herausgeber den Autorinnen und Autoren dieses Bandes danken, ohne deren Mühe und Kooperationsbereitschaft das vorliegende Buch so nicht möglich gewesen wäre. Sebastian Scheerer hat in seinem Aufsatz „Anhedonia Criminologica“ (im KrimJ 1/1997, S.34) mit Blick auf die Disputationen von Cesare Beccaria im Rahmen der *Accademia dei Pugni*, aber auch hinsichtlich der Diskussionen der Jungen KriminologInnen „im Gelnhausener Keller“ gefragt: „Und welche Gedanken waren damals und sind heute wohl die schönsten und stimulierendsten Gedanken?“, um sogleich die Antwort selbst zu geben: „Es sind die häretischen, die ketzerischen Ideen.“ In diesem Sinne hoffen wir, ein wenig Stimulanz mit diesem Buch erzeugen zu können.

Henner Hess & Henning Schmidt-Semisch
Heidelberg und Bremen im Oktober 2013

Theorie der Kriminalität

Henner Hess/Sebastian Scheerer

> A theory ... is a framework that supplies an orderly explanation of observed phenomena. A theory should help things make sense rather than create obscurity through jargon and weighty words. It should systematically unify and organize a set of observations, building from basic principles.
>
> Cynthia Freeland: But is it art? An introduction to art theory. Oxford-New York: Oxford University Press 2001, XVI

In der Kriminologie gibt es, wie in anderen Wissenschaften auch, viele Einzeltheorien über spezielle Phänomene und Einzelbereiche des Gesamtgegenstandes. Aber im Gegensatz zu anderen Wissenschaften ist das Interesse an einem Fortschreiten zu einer allgemeineren Theorie recht gering. Viele Kriminologen finden schon die Idee eines solchen Projekts illusorisch. Eine allgemeine Theorie, so meinen sie, würde sowohl an der prinzipiellen Unvereinbarkeit der erkenntnistheoretischen Prämissen gegenwärtiger Erklärungsansätze (von der Anomietheorie bis zum Labeling) als auch an der Unvergleichbarkeit der unter Strafe gestellten Delikte (vom Ladendiebstahl bis zum Völkermord) scheitern. Und manche sehen darin gar nicht einmal ein Problem, weil sie die aktuelle „fragmentation of criminology“ (Ericson und Carriere 1996) sowieso vorziehen. In postmoderner Skepsis gegenüber „Wahrheit“, „Wissenschaft“ und „objektiver Erkenntnis“, in denen sie nicht mehr als die Mythen einer „Großen Erzählung“ sehen, plädieren sie dafür, jeglichen „Anspruch auf eine wie auch immer geartete Wissenschaftlichkeit“ aufzugeben und dem herrschenden Diskurs über Kriminalität und Kontrolle „originelle Neubeschreibungen“ entgegen zu setzen (vgl. Kreissl 1996, S. 34-36; siehe auch Henry und Milovanovic 1996 zu ihrem Programm des „replacement discourse“).

Hinzu kommt, dass man selbst dort, wo man von der Möglichkeit und Wünschbarkeit einer „general theory of crime“ ausgeht, dem eigenen Anspruch oft nicht genügt und sich unter Ausklammerung der gesamtgesellschaftlichen Dimension dann doch wieder auf die bloße Erklärung kriminellen Handelns – also auf die Mikroperspektive – beschränkt (vgl. z. B. Gottfredson und Hirschi 1990; Tittle 1995). „Allgemein“ sollte eine Theorie aber sinnvollerweise erst dann genannt werden, wenn sie neben der Begehung von Delikten auch die makro-perspektivisch zu analysierenden Voraussetzungen und Folgen von Kriminalität als Handlung in den Blick nimmt, von der Rechtssetzung bis zum Kriminalitätsdiskurs. „Die Kriminalität der Gesellschaft" (Krasmann 2003) – das ist ein komplexes Ensemble von Akteuren und Handlungen, von Institutionen und Bewegungen, von sozialen Netzen und rechtlichen Regeln, von Machtverhältnissen und Konflikten, aber auch von Gefühlen, Phantasien, Symbolen, Diskursen und Geschichten der unterschiedlichsten Art, in dem sich jedes Element letztlich nur in seinem und durch seinen Kontext begreifen lässt. Eine wirklich allgemeine kriminologische Theorie, d.h. eine Theorie, deren Hauptzweck darin gesehen wird, zu einem besseren Verständnis des Gesamtphänomens der Kriminalität beizutragen, sollte deshalb auf jeden Fall breit genug angelegt sein, um alle genannten (und überhaupt alle für diese Aufgabe relevanten) Phänomene berücksichtigen zu können. Das heißt: alle Phänomene, die ihren Sinn aus dem Begriff *crimen* erhalten (in dem die Lateiner interessanterweise schon die Bedeutungen Schuld, Beschuldigung und Verbrechen zusammenfassten) und die damit die *Sinnprovinz der Kriminalität* bilden.[1]

Ob man sich zum Beschreiben und Begreifen der Sinnprovinz Kriminalität einer strukturalistischen, funktionalistischen, systemtheoretischen oder handlungstheoretischen Sprech- und Denkweise bedienen sollte, wird in der Praxis oft zu einer Frage der Wahrheit (eines Theoriemodells) hochstilisiert oder nach der mutmaßlichen Affinität eines Modells zu „linker" oder „rechter" Ideologie entschieden, ist aber genau genommen lediglich eine Frage der Zweckmäßigkeit. Unter diesem Gesichtspunkt ist es kein Geheimnis, dass holistische Ansätze entweder wenig Interesse an oder aber erhebliche Schwierigkeiten mit der Vermittlung von kollektiven Phänomenen (z.B. Kriminalitätsraten) und individuellen Handlungen (z.B. der Begehung einer Straftat) haben, während handlungstheoretische Modelle wie der *methodologische Individualismus* (Esser 1984), der *soziale Konstruktivismus* (Berger und Luckmann 1970) bzw. das sogenannte *Modell der soziologischen Erklärung* (Coleman 1990; Esser 1991; Esser 1999-2001) die Verbindung gesellschaftlicher Erscheinungen auf der Makro-Ebene mit Vorgängen auf der Mikro-Ebene individuellen Handelns (wobei die Deutung der Situation durch die Akteure die Scharnierstelle bildet) in das Zentrum ihrer Überlegungen stellen und gerade deshalb auch die Emergenz neuer sozialer Makro-Phänomene aus der Aggregation (massenhaften) individuellen Handelns nachvollziehbar zu erklären vermögen.[2] Wie andere Kriminologen, die an der Überwindung der

1 Vgl. für das Konzept der „Sinnprovinz", geprägt von Alfred Schütz, vor allem Berger und Luckmann 1970.

2 Man kann also auch nicht, im Stile Durkheims, eine soziale Tatsache auf der Makro-Ebene durch Rekurs auf eine andere soziale Tatsache auf der Makro-Ebene erklären, etwa eine hohe

Trennung zwischen makro- und mikroperspektivischer Devianzforschung besonderes Interesse hegen (Lüdemann und Ohlemacher 2002, S. 17 ff.; Hermann 2003, S. 44), halten auch wir eine handlungstheoretische Herangehensweise deshalb für besonders geeignet (Hess und Scheerer 1997). Und zwar nicht nur wegen der dabei möglichen Verbindung von Makro- und Mikro-Ebenen, sondern auch, weil es dadurch leichter wird, einem für ein besseres Verständnis oft sehr nützlichen genetischen Modell der Erklärung zu folgen, also einem Modell, das nicht nur auf die Faktoren blickt, die in dem Moment wirksam sind, in dem ein Phänomen auftritt, sondern jedes Phänomen als Resultat eines fortschreitenden Prozesses rekonstruiert, bei dem in zeitlicher Abfolge immer wieder neue (Vor-) Bedingungen für den weiteren Verlauf geschaffen werden (= Absage an jeden Determinismus und an die Illusion, es ließe sich der Endpunkt einer Entwicklung schon aus den ursprünglichen Ausgangsbedingungen vorhersagen).

Im folgenden skizzieren wir, wie sich die drei Schritte des Modells einer sozialkonstruktivistischen Kriminologie konkretisieren ließen, in dem die Einzelteile nicht additiv nebeneinander, sondern in einem interaktiven Gesamtzusammenhang stehen: Wir integrieren Aussagen über die ursprüngliche und die alltägliche Entstehung der Kategorie Kriminalität mit solchen über die Entstehung und Entwicklung kriminellen Handelns und zeigen abschließend, wie aus kriminellem Handeln individueller Akteure in Interaktion mit dem Handeln von Kontrolleuren als Resultat wiederum neue überindividuelle Phänomene (illegale Märkte, Kriminalstatistiken, Kriminalitäts- und Kontrolldiskurse) entstehen. Diese Resultate reproduzieren, aber sie modifizieren immer auch die gesamtgesellschaftliche Realität und verändern damit die Ausgangsbedingungen für das Handeln künftiger Akteure.[3]

Kriminalitätsrate durch ein hohes Maß an Armut. Auf diese Weise kann man bestenfalls Korrelationen feststellen, versteht aber nicht, warum und wie diese Korrelationen entstehen. Verstehen und erklären kann man die Zusammenhänge nur, wenn man über die Mikro-Ebene des individuellen Handelns, durch die Situationsinterpretationen der Akteure hindurchgeht. Die Theorie gibt also auch einen Mechanismus an, über den eine soziales Phänomen auf ein anderes wirkt. Also z. B.: Wenn die Armut in einer bestimmten Region steigt, dann steigt auch die Kriminalitätsrate, weil die Leute kein Geld haben, ihre Wünsche auf legale Weise zu befriedigen – oder weil die Behörden bei steigender Armut Unruhen befürchten, die Kontrolle intensivieren und damit das Dunkelfeld aufhellen bzw. mehr Handlungen als kriminelle definieren und bearbeiten. Im Gegensatz zu den üblichen Kriminalitätstheorien interessiert sich unsere zudem nicht nur für die Ursachen, sondern auch für die Folgen von Kriminalität: Wenn die Kriminalitätsrate in einer bestimmten Region steigt, steigt meist auch die Armut, weil Investitionen ausbleiben, Arbeitsplätze verloren gehen, die Bessergestellten fortziehen und arme Leute zuziehen.

3 Das Modell ist zunächst als Erklärungsrahmen für die ganze Sinnprovinz der Kriminalität konzipiert. Es kann aber durchaus auch dazu dienen, die Erklärung einzelner Bereiche sinnvoll zu ordnen (exemplarisch zum Terrorismus: Scheerer 1988; Hess et al. 1988; Scheerer 2002).

Modell zur Erklärung der Konstruktion von Kriminalität

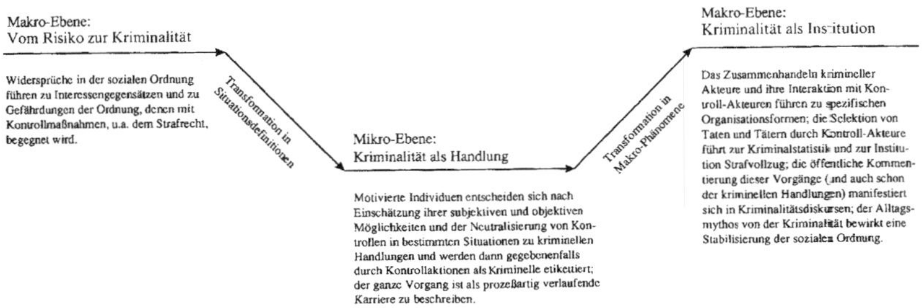

1. Makro-Ebene: Kriminalität als Definition

1.1 Risiken für die soziale Ordnung

Die Organisationsweise der Beziehungen, die die menschlichen Individuen bei der Auseinandersetzung mit der Natur und bei ihrer Kommunikation miteinander eingehen, d.h. die soziale Ordnung, ist historisch variables Menschenwerk. Ihre Strukturen sind Produkte menschlichen Handelns und werden nur durch menschliches Handeln aufrechterhalten, auch wenn sie den Menschen dann wieder als ihnen entfremdete „durchaus fremde Mächte" (Marx/Engels) und verdinglichte „faits sociaux" (Durkheim) gegenübertreten. Der Bestand dieser Ordnung bzw. einer jeweiligen sozialen Ordnung ist – von Naturkatastrophen, kriegerischen Auseinandersetzungen, Seuchen und dergleichen einmal abgesehen – in doppelter Weise gefährdet.

Zunächst durch die biologische Freiheit des Menschen als des „nicht fest-gestellten Tieres" (Nietzsche), das sich im Laufe der Evolution vom Instinkt distanziert und eine große Offenheit der Verhaltensmöglichkeiten erreicht hat. Da ihm die für das soziale Leben notwendigen Regelmäßigkeiten des Verhaltens, die Kooperation und Erwartungssicherheiten garantieren, nicht von Natur gegeben sind, müssen sie durch soziale Ordnung von außen suggeriert und erzwungen werden (Gehlen 1940). Die gleiche Besonderheit des Menschen aber, die eine soziale Ordnung nötig macht, macht es auch möglich, dass der Mensch diese soziale Ordnung stets überschreiten kann. So wird der einzelne Mensch durch den *Widerspruch Individuum-Gesellschaft* (einen Widerspruch, den auch noch so viel Gesellschaft im Individuum nicht beseitigen kann) zum Risiko für die soziale Ordnung.

Entscheidend für die ursprüngliche Erfindung der Kategorie Kriminalität (und des Rechts mit seinen Kriminalstrafen, das diese Kategorie definiert) ist aber ein zweiter Widerspruch, nämlich der *Widerspruch zwischen Herrschenden und Beherrschten.* Während der erste Widerspruch universal ist, ist der zweite erst im Laufe der sozialen Evolution entstanden. In akephalen Gesellschaften, die die längste Zeit der Menschheitsgeschichte bestimmten, gab es keine zentrale Instanz, die mit zwingender Autorität sagen konnte, was richtig und was falsch sei. Da alle Mitglieder einer Horde oder eines Stammes prinzipiell gleichrangig waren, wurde die Ordnung der sozialen Welt vor allem dann als in höchstem Maße bedroht angesehen, wenn Einzelne sich privilegierten Zugang zu Ressourcen und Macht über andere Menschen verschaffen oder diese Privilegien gar (durch Erbfolge) institutionalisieren wollten.

Erst an dem Punkt der sozialen Evolution, wo Konflikte um Güter und Positionen nicht mehr im Interesse aller geregelt wurden, sondern wo es einigen Gesellschaftsmitgliedern gelang, die bisherigen Kontrollen zu durchbrechen und sich privilegierte Positionen zu verschaffen, wo Herrschaft politisch als institutionalisierte Macht und ökonomisch als Herrengewalt an den entscheidenden Wirtschaftsmitteln entstand, kam es zu jener drastischen Änderung von Konflikten und Konfliktregelungen, aus der sich die Phänomene Recht (als durch Erzwingungsstäbe garantierte Normen), Verbrechen (als Verstöße gegen solche Rechtsnormen) und Kriminalstrafen (als Sanktionierungen von Verbrechen) entwickelten. Waren in den akephalen Gesellschaften solche Handlungen als wesentliche Gefährdungen der sozialen Ordnung angesehen worden, die sich gegen die Prinzipien der Egalität und Reziprozität richteten, so waren es nunmehr solche Handlungen, die sich gegen die Vorzugsstellung der Machthaber richteten. Von nun an war es die soziale Ordnung selbst, die Interessengegensätze hervorbrachte, welche sich als Bestandsrisiken auswirkten. (Hess und Stehr 1987)

Später, zum Teil historisch viel später, zogen Herrschaftsinstanzen auch die Regelung und Bestrafung von Handlungen an sich, die sich aus dem Widerspruch Individuum-Gesellschaft, aus Konflikten zwischen den Untertanen, aus Konkurrenz, Privateigentum, Kommodifizierung von Gütern usw. ergaben. Neben das Normsetzungsmonopol trat ein weitgehendes Sanktionsmonopol und führte seinerseits wiederum zur Stärkung und Legitimierung von Herrschaft. Um das crimen laesae maiestatis herum organisierte sich so allmählich ein Hof weiterer Strafbestimmungen, die zunächst häufig einzelfallbezogen waren und durch Analogiebildungen ausgedehnt wurden, später aber zumindest im kontinentaleuropäischen Rechtskreis abstrakt-generell formuliert wurden, indem sie einen Tatbestand mit einer negativen Sanktion verknüpften.

1.2 Soziale Kontrolle

Den Handlungen, die als Risiken für die soziale Ordnung wahrgenommen werden, begegnen jene Kräfte, die an der Ordnung interessiert sind, mit Maßnahmen der sozialen Kontrolle. Es gehört bereits zur Strategie sozialer Kontrolle, unerwünschte Verhaltensweisen abstrakt (gewissermaßen in der Form von Diagnosefiguren) zu typisieren und auf diese Weise für die Zukunft handhabbar und im konkreten Einzelfall beantwortbar zu machen. So können gefährdende Handlungen z. B. je nach den Umständen als Sünde (mit Bearbeitung durch Kirche), als Revolte (Militär), Krankheit (Psychiatrie), Verwahrlosung (Erziehung) oder eben Kriminalität stigmatisiert und den darauf spezialisierten Institutionen (Polizei, Justiz) überlassen werden. Welche Diagnosefigur jeweils Anwendung findet, ergibt sich nicht automatisch aus der Natur der Sache, sondern hängt auf jeder Ebene auch mit Machtverhältnissen und Interessenkonstellationen zusammen. (Das ließe sich übrigens heute sehr schön am Beispiel der Definition des Drogenkonsums als autonome Entscheidung, als Krankheit oder als Verbrechen illustrieren.)

Durch im Strafrecht geronnene Definitionsleistungen avancieren einige gefährdete Interessen (an der Würde eines Gottes, an der Staatsform, am Landfrieden, an Leib und Leben, am Eigentum, an einer bestimmten Moral, an der sexuellen Selbstbestimmung, an der Volksgesundheit usw.) zu *Rechtsgütern.* Aus den Handlungen, die als Risiken für die soziale Ordnung bzw. als Verletzungen oder Gefährdungen solcher Rechtsgüter wahrgenommen werden, wird mittels dieser Definitionsleistungen *Kriminalität.* Die Erklärung dieser Definitionsleistung muss ebenfalls nach dem Makro-Mikro-Makro-Modell vorgehen: die Entstehung von Rechtsnormen als Makro-Phänomen ist aus Makro-Vorbedingungen nur durch deren Wirkungen auf normsetzende Individuen und durch ihr individuelles Handeln hindurch (Mikro-Ebene: Handeln von Moralunternehmern, Interessengruppen, Bürokraten, Journalisten usw.) als Aggregation dieses Handelns eben zum neuen Makro-Phänomen Rechtsnormen zu erklären. (Chambliss 1974; Pfeiffer und Scheerer 1979, S. 72-86; Jacobs und Potter 1998) Die Aufnahme einer Handlungskategorie in den Katalog der Straftaten dient also als eines von vielen Mitteln sozialer Kontrolle dazu, Gefährdungen der sozialen Ordnung zunächst einmal durch Prävention abzuwehren. Sie öffnet natürlich auch den Weg zu späterer Repression, wenn gefährdende Handlungen trotz aller Prävention dennoch stattfinden. Aber schon die Ächtung der Handlungskategorie als strafbares Unrecht und die pure Androhung von Repression machen das Auftreten entsprechender Verhaltensweisen weniger wahrscheinlich. Und dort, wo sie sie nicht verhindern können, besteht die Wirkung allein schon des Verbots zumindest in einer häufig tiefgreifenden Modifikation des verbotenen Verhaltens (Scheerer und Hess 1997).

1.3 Kriminalitätsbegriffe

Welche Handlungen unter Strafandrohung verboten werden, bestimmt der jeweilige Gesetzgeber mit verbindlicher Wirkung für seinen Zuständigkeitsbereich – und insofern bestimmt er auch, was Kriminalität ist und was nicht. Denn aus seiner Sicht ist Kriminalität nichts anderes als die Summe der Straftaten. Die gesellschaftlichen Kräfte, die sich im Strafrecht artikulieren können, haben aber nun keineswegs die alleinige Definitionsmacht. Andere Kräfte können die Stigmatisierungswirkung, die von dem Etikett ausgeht, für ihre oft divergierenden Zwecke zu nutzen suchen. Wir möchten daher vier Kriminalitätsbegriffe unterscheiden.

Als *Kriminalität* wird in der gesellschaftlichen Wirklichkeit zunächst einmal das bezeichnet, was im Gesetz als strafbare Handlung definiert ist. Kriminalität als Summe der strafbedrohten Handlungen. Das ist sozusagen die *strafrechtlich definierte* bzw. *theoretische Kriminalität.* Daneben gibt es aber auch das, was nach Ansicht des jeweiligen Sprechers sehr anstößig ist – im Sinne des empörten Ausrufs „Das ist ja kriminell!" – oder was nach anderen Kriterien und im Gegensatz zum positiven Recht „wirkliche Kriminalität" sein sollte. Das läßt sich vielleicht ganz gut als *moralunternehmerisch definierte Kriminalität* bezeichnen (Scheerer 1986). Indem die Kriminologie beide Begriffsbildungen registriert und vergleicht, gewinnt sie einen unabhängigen Blick auf die Differenz zwischen positivem Recht und anderen Normen (z. B. dem Naturrecht oder dem Rechtsempfinden von Teilgruppen bzw. Subkulturen in der Gesellschaft) und kann vieles über die sozialen Konflikte lernen, aus denen dann Veränderungen im geschriebenen Recht erwachsen (können). Als *informell definierte Kriminalität* wäre die Masse jener Handlungen zu registrieren, die unter die Kategorien der theoretischen Kriminalität subsumiert werden könnten, die aber noch nicht von den dazu autorisierten Instanzen, sondern vorerst nur von den Tätern selber, von Opfern, Beobachtern, Kriminologen etc. so klassifiziert werden, also Howard S. Beckers „rule-breaking behavior" oder Michel Foucaults „illégalismes". *Formell definierte Kriminalität* soll schließlich jene Menge von Handlungen heißen, die tatsächlich von den Kontrollinstanzen verarbeitet wird und in die Kriminalstatistik eingeht.[4]

4 Aus der Perspektive eines konsequenten Labeling-Ansatzes mag nur diese letzte Gruppe von Handlungen, nämlich die von dazu autorisierten Instanzen als Kriminalität definierten und

Erst die vorurteilslose Anerkennung des wirklichen Sprachgebrauchs kann eine Vorstellung vermitteln von den Grenzen und der Beschaffenheit jener Sinnprovinz der Kriminalität, die sich an ihrer unteren Grenze vom erträglich Unguten (z. B. der Lüge) und an ihrer oberen Grenze vom Mega-Bösen (z. B. dem Vernichtungskrieg) unterscheidet und offenbar nicht leicht über diese Grenzen hinweg ausgedehnt werden kann (Frehsee 1991; Jäger 1989).[5] Sie kann aber andererseits auch nicht so einfach von der Landkarte getilgt oder einfach umbenannt werden. Man kann zwar diese und jene konkrete Verhaltensweise umdefinieren und ihr das Etikett Kriminalität nehmen, doch die Kategorie als solche ist extrem resistent.

Dass „Kriminalität" (von wem auch immer, jedenfalls nicht nur von den Instanzen) als solche definiert und erst so zu einem sozialen Faktum sui generis wird, unterscheidet sie übrigens nicht von den Gegenständen vieler anderer Wissenschaften (z. B. Kunst, Arbeit, Geld usw.). Und die Kriminologie steht dadurch nicht – wie in den sechziger Jahren als große Entdeckung verkündet – vor anderen oder größeren Problemen als etwa eine Theorie der Arbeit oder eine Theorie der Kunst.

2. Mikro-Ebene: Kriminalität als Handlung

In unserem Modell sollen bestimmte Makro-Phänomene, wie z. B. das Entstehen illegaler Märkte oder das Entstehen von Kriminalitätsraten, zwar als Konsequenzen der bisher behandelten Makro-Phänomene, aber letztlich nur durch das Handeln individueller Akteure (Täter wie Kontrolleure) hindurch mögliche und vor allem nur so verstehbare erklärt werden. Das Handeln individueller Akteure ist aber darüber hinaus auch um seiner selbst willen interessant und erklärungsbedürftig.

---

behandelten, als Kriminalität erscheinen. Aber eine solche Begriffsverengung wäre sicher unpraktisch, um es gelinde zu sagen. Denn damit trennte man sich ja auch von der Denkbarkeit von Dunkelfeld und Dunkelziffer, Klassenjustiz und Selektionsprozessen. Für eine sozialkonstruktivistische Kriminologie wie die unsere jedenfalls ist die Konstruktion von Kriminalität außerhalb der Instanzen ebenso interessant. Außerdem macht nur die Konfrontation der formell definierten mit der informell definierten Kriminalität z. B. Dunkelfelduntersuchungen oder eine Kritik der Kontrollapparate möglich. Für eine generelle Kritik der „radikalen" Labeling-Theorie vgl. Hess und Scheerer 2011.

5 Obwohl der Bedeutungsgehalt des *crimen* als Sinn jeweils den Verweis auf und den Anschluss an weitere Phänomene herstellt und ständig Differenzen markiert und obwohl wir von den Grenzen einer Provinz sprechen, möchten wir doch unseren Gegenstand nicht systemtheoretisch „rephrasieren" (Luhmann). Wir befürchten, dass wir für Erkenntnisgewinne, die mit einer solchen Rephrasierung vielleicht verbunden sein könnten, all jene Gefahren eines holistischen Ansatzes uns einhandeln würden, die wir mit unserem akteurstheoretischen Ansatz gerade vermeiden. (Vgl. aber für einen interessanten Versuch, die Systemtheorie für die Kriminologie nutzbar zu machen, Bussmann 2000).

Sexueller Missbrauch von Kindern und Steuerhinterziehung, Hausfriedensbruch und Hochverrat, Taschendiebstahl und Vergewaltigung sind extrem disparate Phänomene. Dennoch muss es erklärbar sein, warum sie trotz ihrer Verschiedenheit letztlich in derselben Kategorie der „Kriminalität" landeten und ob bzw. inwiefern sich aus der exogenen Homogenisierung womöglich folgenreiche reale Gemeinsamkeiten ergeben. Wenn ihre grundlegende Gemeinsamkeit darin besteht, dass sie als Straftaten verboten sind, dann folgt daraus eine weitere: Wer eine dieser Handlungen begeht, tut das in aller Regel im Bewusstsein des Verbots, d. h. mit einem gewissen materiellen und/oder immateriellen, physischen und/oder psychischen Mehraufwand. Auch werden strafbare Handlungen durch das Verbot in spezifischer Weise modifiziert und damit zu legitimen Gegenständen einer (notwendig interdisziplinären) Theorie, die sich vor allem mit diesem Mehraufwand und der Modifizierung beschäftigt, ohne deswegen freilich andere Determinanten der Handlung ganz vernachlässigen zu dürfen. Aufgabe der Kriminologie ist es also, sich mit Handlungen zu beschäftigen, die unter kriminalisierte Handlungskategorien subsumiert werden; und da diese Subsumtionen meistens zuerst und vor allem durch die Handelnden selbst vorgenommen werden, lässt sich durchaus sagen, dass sie – im Gegensatz zu einer verbreiteten Anschauung – durch den vom Akteur mit der Aktion verbundenen subjektiv gemeinten Sinn (das Kriterium, das nach Max Weber Handeln von bloßem Verhalten unterscheidet) *von vorneherein Kriminalität sind.*

Bei der Betrachtung der Vorgänge auf der Mikro-Ebene kann man mindestens drei unterschiedliche Perspektiven wählen: Erstens die eher traditionelle, sozusagen die Dinge durch die Augen des Täters sehende Perspektive, die mit dem Konzept der *Karriere* arbeitet (Box 1971; Hess 1978; Clarke und Cornish 1985, S. 147-185); zweitens eine konsequente *Labeling-Perspektive*, die auf die Kontrollhandlungen konzentriert ist und den Täter weniger als Subjekt denn als ein Wesen auffasst, dessen Verhalten letztlich Produkt von Zuschreibungen ist (Schur 1971; Hawkins und Tiedeman 1975); und schließlich drittens eine Perspektive, die vom unmittelbaren *Ereignis* einer kriminellen Tat ausgeht und von da zu dessen unmittelbaren und mittelbaren Bedingungen und Konsequenzen fortschreitet (Taylor et al 1973, S. 270-274; Sacco und Kennedy 1996). Jede dieser Perspektiven berücksichtigt Aspekte der beiden anderen, integriert sie aber jeweils unter einem spezifischen Blickwinkel. Es handelt sich dabei nicht um drei unterschiedliche Auffassungen von der Wirklichkeit, sondern lediglich um drei verschiedene „Bilder", d. h. drei verschiedene Möglichkeiten, das gegenwärtig vorhandene Wissen in Bezug auf die Mikro-Ebene der Kriminalität darzustellen.

Für die Übersetzung von der Makro- auf die Mikro-Ebene bietet der Karriere-Ansatz insofern die einfachste Darstellungsform, als sich die Bedingungen der Makro-Ebene hier als subjektive Interpretationen des Akteurs – bezüglich seiner eigenen Lage, Umstände, Handlungschancen und Handlungsziele – wiederfinden. Jeder Akteur nimmt ja eine bestimmte Position in der Sozialstruktur ein, und die Verbindung der Makro-Ebene mit der Mikro-Ebene des Handelns wird hergestellt, indem man die Interpretation beschreibt, die der Akteur seiner Position und seiner strukturellen Situation gibt, also seine *primären Konstruktionen* (Schütz): Wie er seine materiellen und instrumentellen Ressourcen einschätzt, welche Werte und Ziele ihm bewusst sind, welche Chancen zu ihrer Verwirklichung er sich zutraut, welches Wissen um die Verwirklichungsmöglichkeiten er zu haben glaubt usw. Das alles hängt in starkem Maße auch von der (u. a. durch Sozialisationsbedingungen geprägten) Persönlichkeit des Akteurs ab. Entscheidend an diesem Ansatz ist, dass Handlungen und Handlungssequenzen als *prozessartige Verläufe* gesehen werden, bei denen sowohl die handelnden Personen wie auch die *Situationen*, in denen sie handeln, ständig sich verändern, so dass Handlungen und Interaktionen ständig neue Situationen mit neuen Handlungschancen und neuen einschränkenden Zwängen schaffen. Da auf jeder neuen Stufe des Verhaltensverlaufs neue Ausgangsbedingungen wirksam werden, die ihrerseits neue Verhaltensweisen möglich und andere unmöglich machen, kann der Erklärungsversuch nur mithilfe mehrerer, aufeinander aufbauender Hypothesen arbeiten. Der Karriere-Ansatz beschreibt deshalb einen Filterprozess und integriert die zur Erklärung der Übergänge vorhandenen Hypothesen. Obwohl diese Hypothesen durchaus aus verschiedenen kriminologischen Theorien stammen können, ist der Karriere-Ansatz als *genetische Erklärung* keineswegs zu verwechseln mit einer simplen Anhäufung möglicher Kausalfaktoren, wie sie für die sogenannten multi-faktoriellen Ansätze charakteristisch ist.

2.1 Der Weg in die Kriminalität

Fasst man den Menschen als ein intentional handelndes Wesen auf, so ist zunächst einmal zu erklären, warum ein Akteur *motiviert* ist, bestimmte Ziele anzustreben, und warum er bestimmte, in unserem Fall verbotene, Mittel ins Auge fasst. Dazu eignen sich aus dem Arsenal der kriminologischen Theorien die Anomie-Theorie, die Theorie der differentiellen Assoziation und andere Subkultur- sowie Sozialisationstheorien. Sie können erklären, warum ein Akteur bestimmte Ziele entwickelt und sich in bezug auf diese Ziele in einem Zustand relativer Deprivation sieht, aus dem ihm nach seiner Einschätzung nur (oder zumindest besonders effektiv) illegale Mittel heraushelfen könnten. Sie können auch erklären, warum ein Akteur sich als jemand sieht, der gegebenenfalls zu diesen Mitteln greifen könnte, warum er also aus Zielen, Mitteln und Bedingungen einen entsprechenden Handlungsentwurf konstruiert *(subjektive Möglichkeit)*. Solche Handlungsentwürfe spuken übrigens in den Köpfen der meisten Menschen ganz spielerisch und ohne echte Verwirklichungsabsicht (Herren 1973, S. 169-192).

Zwischen der subjektiven Möglichkeit und der Bereitschaft, aber auch zwischen der Bereitschaft und der Ausführung der Tat steht als Hindernis die *inhibierende Wirkung antizipierter Kontrollen*. Hiermit beschäftigen sich in der Kriminologie die *Kontrolltheorien*. Sie erklären, dass und warum trotz massenhaft verbreiteter Motivation weit seltener auch Bereitschaft entsteht und selbst gute Gelegenheiten zur Begehung strafbarer Handlungen nicht genutzt werden. Sie erklären darüber hinaus, wann und warum der Karriere-Prozess z.B. trotz verinnerlichter Werte und Normen, die dieser Karriere entgegenstehen, seinen Fortgang nimmt (Neutralisationstechniken), welche Kontakte, Szenen und Subkulturen dabei eine Rolle spielen (Theorie der differentiellen Kontakte, Subkulturtheorien), und welch relativ geringe Bedeutung dabei den *inneren Kontrollen* (d.h. verinnerlichten Werten und Normen) im Vergleich zu den situativen Bedingungen, aktuellen Sozialbeziehungen und anderen *äußeren Kontrollen* zukommt. Die Befürchtung, dass sich aktuelle Bezugspersonen wegen der Tat oder deren Entdeckung/Bestrafung abwenden würden, ist womöglich ein sehr viel wirksameres Präventionsmittel als das durch die Sozialisation vermittelte oder in einer bestimmten Lebensstilszene vorherrschende Wert- und Normgefüge.[6] Dies gilt freilich auch andersherum: Wem vom aktuellen sozialen Umfeld (und womöglich auch von offiziellen Autoritäten z.B. durch geringe Sanktionsbereitschaft) suggeriert wird, dass auf die Begehung von Straftaten eher positiv (oder zumindest wenig punitiv) reagiert werden würde, ist erfahrungsgemäß nur allzu leicht bereit, seine eigenen Hemmungen zu neutralisieren und die Schritte von der Motivation zur Bereitschaft und von der Bereitschaft zur Tat zu tun.

Neben der Antizipation der informellen Kontrollen spielt auch die der formellen Kontrollen eine Rolle. Auf verschiedene Weise werden Individuen sowohl die direkten Kosten abschätzen, die diese mit sich bringen könnten, als auch die Folgekosten, die diese mittelbar auf informelle Kontrollen (Familie, Freundeskreis,

6 Dem sog. normativen Paradigma zuzurechnende Ansätze – darunter in jüngster Zeit Dieter Hermanns „allgemeine voluntaristische Kriminalitätstheorie" – postulieren demgegenüber eine zentrale Bedeutung von Werten und Normen für die Bereitschaft zu und die Begehung von delinquenten Handlungen (vgl. Hermann 2003, S. 326 ff., 343 ff.).

Arbeitskollegen) haben könnten. Dabei ist vor allem die Sanktionswahrscheinlichkeit bedeutsam, und zwar so, wie sie vom Individuum wahrgenommen wird.[7]

Schließlich müssen auch seitens des Individuums selbst ganz handfeste Bedingungen gegeben sein. Wie jede Handlung, so setzen auch spezifische Formen von Kriminalität jeweils spezifische Eigenschaften, Fertigkeiten und Kenntnisse voraus, die ein zur Kriminalität motiviertes und bereites Individuum nicht besitzen mag, ebenso wie Kontakte und Geheimhaltungschancen, die ihm nicht zugänglich sein mögen – oder von denen es glaubt, dass es sie nicht besitzt oder dass sie ihm nicht zugänglich sind. All diese Mechanismen gelten generell, also z.B. auch für die Wirtschaftskriminalität. Hier ermöglicht etwa Trennung von Wohn- und Arbeitswelt die entsprechende Trennung zwischen informeller Alltagsmoral und subkultureller Berufsmoral, damit eine Distanzierung des Tatbereichs von der konformen Lebenswelt und deren Neutralisierung bei gleichzeitiger subkultureller Stützung im Tatbereich und antizipierter Straflosigkeit.

Auch wenn bei einem Individuum Motivation, Bereitschaft, Fähigkeit und Gelegenheit dafür gegeben sind, ein Handlungsziel auf illegalem Wege zu verwirklichen, lässt sich noch nicht mit Sicherheit voraussagen, dass dieser Weg auch beschritten wird, denn der Mensch kann und wird immer die Umstände überdenken, ihre direkte Wirkung durch Reflexion brechen, aus Alternativen wählen und selbst dann, wenn alles auf eine Handlung zuzulaufen scheint, immer noch in plötzlicher Kehrtwendung ganz anders entscheiden. Er ist zwar durch die Makro-Bedingungen seiner Biographie und seiner Situation in vieler Hinsicht geprägt, aber nie determiniert. Er kann, wie Sartre sagt, immer noch etwas machen aus dem, wozu man ihn gemacht hat (Sartre 1964, S. 75).

Welche Gesichtspunkte leiten einen Menschen, wenn er Handlung „a" ausführt, obwohl er in der konkreten Situation durchaus auch Handlung „b", „c" oder „d" hätte ausführen können? Die Theorie der rationalen Wahl (*rational choice*) geht von einer utilitaristischen Grundannahme aus: Der Akteur wägt Zwecke, Mittel und Nebenfolgen ab und entscheidet sich für diejenige Handlungsalternative, von der er sich im Augenblick den meisten Nutzen verspricht, mit deren Hilfe er sein Ziel mit den billigsten Mitteln und den geringsten unangenehmen Neben-

7 In einer interessanten Untersuchung hat Reynolds für die letzten Jahrzehnte des 20. Jahrhunderts in den USA den Zusammenhang von Kriminalitätsrate und Straferwartung festgestellt, in die neben der Strafhöhe, die Festnahmewahrscheinlichkeit, die Anklage-, Verurteilungs- und Einsperrungswahrscheinlichkeit eingehen. Dabei wurde deutlich, dass die entscheidende Rolle der Polizei zukommt, denn die Festnahmewahrscheinlichkeit, u. a. die Kontrolldichte auf der Straße, ist bei der subjektiven Abschätzung der Gefahr derjenige Faktor, der am meisten ins Gewicht fällt: Ist er niedrig, nützen die höchsten Strafen nichts – und ist er hoch, können die Strafen entsprechend niedriger bleiben. (Reynolds 1997) Auf dieser Erkenntnis beruht auch der Erfolg der New Yorker Broken-Windows-Strategie (vgl. Hess 2004; Zimring 2011).

folgen erreichen zu können glaubt. Das Ziel muss keineswegs nur ein ökonomisches sein. Bill Buford (1990) hat gezeigt, dass auch ein Gefühlszustand – etwa vermittelt über ein Schlägerei oder ein ähnliches Gewalterlebnis – als „Nutzen" angestrebt und ganz zweckrational realisiert werden kann. Natürlich darf man sich vom Idealtypus der Wahl als nützlicher Handlungstheorie nicht zu der dogmatischen Annahme verleiten lassen, dass etwa Straftäter immer nur aufgrund einer bewussten Entscheidung unter Handlungsalternativen Delikte begehen. Oft scheint nur ein *Hineingleiten* (*drift*) in kriminelles Tun registrierbar (Matza 1964). Manchmal ist auch ein Verhalten vom Handelnden durchaus als konform, als Spiel oder Risiko auf der Grenze gemeint, und erst informelles oder formelles Etikettieren, d. h. Subsumtion seines Verhaltens unter eine als kriminell definierte Handlungskategorie durch seine Interaktionspartner oder durch formelle Kontrollinstanzen, mag ihm ein anderes Bewusstsein davon geben. Das sollte andererseits jedoch auch nicht dazu verleiten, Aspekte der Entstehung der Motivation und der Bereitschaft bis hin zur Überschreitung der Schwelle zur Tatausführung ganz aus dem Blickfeld zu verlieren. Bei verfeinerter Analyse erweist sich denn auch das Hineingleiten als eine Kette kleiner Entscheidungen, von denen jede für sich unbedeutend sein mag, von denen aber jede günstigere Voraussetzungen für die nächste, weiterreichende schafft, z. T. auch Alternativen abschneidet und schon damit den Fortgang in eine bestimmte Richtung suggeriert. Am detailliert dargestellten Einzelfall lässt sich meist zeigen, dass die vielen kleinen Einzelentscheidungen durchaus jeweils als rationale Wahlen interpretiert werden können.[8] Darüber hinaus kann der Idealtypus der Zweckrationalität – ganz im Sinne Max Webers – als Folie dienen, um die Art des real im Einzelfall gegebenen Handelns in seiner Differenz zur Zweckrationalität beschreiben und erklären zu können, also gegebenenfalls als wertrationale, affektuelle, habituelle, triebhafte usw. Entscheidungsweisen.

8 Grundsätzliche Gegner des rational choice müssen entweder dem Akteur überhaupt jede Bedeutung absprechen, also das Subjekt aus ihrer Theorie verschwinden lassen, oder sie müssen dieses Subjekt als ein bisschen dümmlich verkaufen, als Spielball seiner ererbten Anlagen, seiner Triebe, seiner Gewohnheiten oder seiner Interaktionspartner, was immer schwieriger wird, je mehr man sich vom traditionellen Täterstereotyp der konventionellen Kriminologie entfernt (Trotha 1977). Untersuchungen zur situational crime prevention (Clarke 1992) oder zum quality of life policing (Hess 2004) haben dagegen belegen können, dass eine Kriminalpolitik, die sich an Theorien der rationalen Wahl orientiert, sehr erfolgreich ist. In diesem Zusammenhang ist schließlich auch eine Überprüfung der heute weithin üblichen, aber ziemlich leichtfertigen Negation jeglicher Generalprävention angezeigt; vgl. dazu Vanberg (1982), die Beiträge in Macaulay et al. 1995, S. 415-509; Reynolds 1997.

2.2 Kriminalität als Ereignis

Die Bereitschaft wird in dem Augenblick virulent, wo eine aktuelle Situation gegeben ist, die dem Akteur für den Vollzug seines Handlungsentwurfs günstig erscheint. Mit Vorsicht könnte man von der jeweiligen *objektiven Möglichkeit* sprechen (mit Vorsicht, weil ja auch diese immer subjektiv interpretiert wird). D.h.: Straftaten werden aus bestimmten Situationen heraus begangen. Situationen, die manchmal mühsam hergestellt werden, sich manchmal aber auch ergeben oder geradezu aufdrängen. Und wenn eine Tat begangen wird, so verändert dies wiederum die Situation. Je genauer man hinschaut, desto deutlicher wird, dass die Dynamik der Situation zwar häufig als verführerischer Zwang empfunden und vom Handelnden (wie manchmal auch vom Kriminologen) als determinierend interpretiert wird, letztlich aber doch keineswegs so unabhängig von Entscheidungen des Akteurs ist, wie er und andere es gerne sähen. So ist auch die spontane und hoch-affektgeladene *actio* nicht selten *libera in causa*. Der Täter arbeitet sich also in den Determinismus hinein, der ihn dann beherrscht – bzw. von dem er sogar will, dass er ihn beherrsche. (Katz 1988; Buford 1990) Das gesuchte Gefühl, determiniert zu sein, die Hingabe an die sinnliche Faszination z.B. der Gewalt (aber ohne weiteres auch des Kaufhausdiebstahls usw.) kann ja durchaus als Befreiung von der Subjektivität wirken, innere Kontrollen neutralisieren und später sehr gut zur Abwehr von Schuldzuweisungen verwendet werden.[9]

Neben dem motivierten potentiellen Täter, der in die Situation und in seine Interpretation der Situation all das einbringt, was wir unter 2.1. als Vorgeschichte beschrieben haben, gehören natürlich zur Situation – wie oben erwähnt – auch die „suitable targets“ (also z.B. Häuser, die für einen Einbruch geeignet scheinen, oder Personen, die als Opfer infrage kommen und ihrerseits Eskalationsprozesse vorantreiben können), der architektonische und soziale Charakter der Lokalität, das Maß, in dem Zielobjekte durch „guardians“ geschützt sind, und schließlich mögliche Mittäter und dadurch ausgelöste gruppendynamische Prozesse. All diese weiteren Faktoren bestimmen sowohl die objektive als auch die subjektive Möglichkeit einer Tat mit, und der potentielle Täter wird sie in die geschilderten Interpretations- und Entscheidungsprozeß einbeziehen (Felson 1998[10]).

9 Tittle (1995, S. 62-71) zeigt in Auseinandersetzung mit Katz (1988), dass hinter einem solchen Prozess paradoxerweise gleichwohl die Suche nach Rückgewinnung von Kontrolle stehen kann.

10 Felsons routine activities-Theorie ist übrigens ein ausgezeichnetes Beispiel dafür, dass sich wandelnde Bedingungen auf der Makro-Ebene I (z.B. zunehmende Berufstätigkeit von Frauen und damit eine größere Anzahl von tagsüber unbewachten Wohnungen) zu Veränderungen auf der Makro-Ebene II führen können (hier zu höheren Raten von Wohnungseinbrüchen), aber eben nur durch das Handeln individueller Menschen hindurch, die die Gelegenheiten wahrnehmen und nutzen. (Clarke und Felson 1993)

2.3 Die Produktion des Kriminellen

Die Erfahrungen, die ein Handelnder direkt und indirekt mit der kriminellen Handlung macht, beeinflussen – je nachdem, ob sie positiv oder negativ sind, verstärkend oder inhibierend – sowohl künftige Handlungsziele als auch die künftige Mittelwahl. So wird die Karriere fortgeführt werden, wenn die kriminelle Aktion in sich so befriedigend war, daß sie selber zum Handlungsziel wird, wenn man die „positive, often wonderful attractions within the lived experience of criminality" (Katz 1988, S. 3) gefühlt hat. Das gleiche gilt für sekundäre positive Erfahrungen, etwa wenn andere Handlungsziele dadurch erfolgreich verwirklicht werden konnten, wenn man zu Geld gekommen ist, wenn man sich Interaktionspartnern als attraktiv, wirklich männlich, mutig, gerissen, abgebrüht darstellen, wenn man vielversprechende Kontakte knüpfen konnte usw. Diese Erfahrungen schaffen neue Ausgangsbedingungen für eine Wiederholung aller bisher geschilderten Vorgänge auf neuer Ebene.

Insofern der Akteur weiß, was er tut, antizipiert er auch Kontrollen, und zwar nun in konkreterer Weise als vor der Tat. Er versucht, diese Kontrollen abzuwehren, indem er möglichst wenig Informationen an mögliche Sanktionierende gelangen läßt. Es kann ihm gelingen, auf diese Weise die Zuweisung der kriminellen Rolle zu vermeiden, aber latent wirkt das Informationsmanagement auch in die entgegengesetzte Richtung: indem Kontakte zu konformen Interaktionspartnern erschwert und deshalb seltener werden und Kontakte zu Personen in gleicher Lage erleichtert und häufiger. Die Bezugsgruppe von Freunden und Bekannten wird immer homogener deviant.

Eine entscheidende Schwelle in der Karriere ist erreicht, wenn eine Handlung trotz aller Verheimlichungsversuche von anderen als suspekt wahrgenommen und unter eine als kriminell definierte Handlungskategorie subsumiert wird. Die erste *Fremdsubsumtion* eines beobachteten Sachverhalts unter einen Tatbestand der Rechtsnormen kann natürlich zunächst einmal durch dem Täter irgendwie nahestehenden Personen erfolgen, wobei die Folgen unterschiedlich sein und im Informellen bleiben können. In der Regel folgenreicher, weil ins Formelle gehend, sind Subsumtion sowohl von Seiten privater Anzeiger als auch gleich von Seiten der Polizei als tatnächster Kontrollinstanz. Die Subsumtion wird im weiteren auf den verschiedenen Ebenen der formellen Kontrolle (Polizei, Staatsanwaltschaft, Gericht) entweder bestätigt oder auch verworfen. Auf allen Ebenen, also von der ersten Wahrnehmung bis zur gerichtlichen Urteilsfällung, ist der Vorgang als ein Verhandlungsprozess zu begreifen, bei dem es immer mehr oder weniger große Spielräume gibt und bei dem sowohl Merkmale des Täters wie Werte, Stimmungen, Erfahrungen der Reagierenden wie die Politik der Kontrollinstanzen zu berücksichten sind. Die sozialen Reaktionen in diesem Prozess sind verbunden mit und abhängig von Interpretationen des Handlungsantriebs (Motivzuschreibung, z. B. Differenzierung zwischen Totschlag und Mord), die auch auf die oben als Motivation erwähnte Eigeninterpretation zurückwirken können. Fremd- und Eigeninterpretationen werden von sozial üblichen Standards der Zurechnung von Ursachen und Wirkungen bestimmt (z. B. von Ansichten zur Willensfreiheit). Außerdem heißt eine Handlung unter eine Kategorie subsumieren meistens zugleich: den Handelnden als ganze Person unter eine Personenkategorie subsumieren. Man „erkennt", dass er im Grunde ein Krimineller ist – Kriminalität als *master status* (Hughes) – und interpretiert rückwirkend seine bisherige Biographie unter diesem Aspekt. Diese interdependenten Etikettierungen von Handlung und Person sind der Kern des Labeling-Prozesses. Sie finden statt in Interaktionen, die von den Kontrolleuren manchmal als Degradierungszeremonien gemeint sind und vom Täter fast immer so empfunden werden. Dem Täter werden dabei pejorative Attribute zugewiesen, er wird *stigmatisiert.*

Direkte Folge informeller und formeller Sanktionen ist in der Regel eine Modifizierung künftiger Handlungschancen. Die Möglichkeit, konforme Rollen zu spielen, wird eingeschränkt, während die Chance, in non-konformen Rollen Status zu gewinnen, manchmal verbessert wird.

Auch wenn ein Akteur selbst eine seiner Handlungen als kriminelle definiert, so bleibt sie für ihn zunächst eben nur eine von vielen, die seine Identität bestimmen. Und solange seine bisherige Identität sozial abgestützt wird, kann er auch bei wiederholten Straftaten Distanz zur kriminellen Rolle wahren. Erst wenn mit der Definition seiner Handlung durch andere auch seine Person neu definiert wird, beginnt sich seine Identität zu wandeln, insbesondere wenn seine Bezugspersonen ihre bisherige Einschätzung zur Täuschung erklären, die Neudefinition durch Kontrollinstanzen in dramatischer Form vorgenommen und durch neue Interaktionspartner verstärkt wird, in deren Gruppen der Akteur hineinwächst (Jugendbanden, Schmugglerringe, Frühstückskartelle, terroristische Gruppen, mafiose cosche usw.). Da das Selbstbild stets zum größten Teil Ergebnis erfahrener Fremdeinschätzungen ist und sich gegen diese nur schwer aufrechterhalten lässt, passt sich nach einer Periode der Identitätskonkurrenz während der Devianzkrise die subjektive Identität den neuen Identitätszuschreibungen an. Diese *neue Identität* führt dazu, dass die Chancen des Akteurs, anders als der kriminellen Rolle gemäß zu handeln, nun nicht nur objektiv, sondern auch subjektiv eingeschränkt werden: Er erwartet künftig von sich selbst ein Handeln, das der kriminellen Rolle entspricht, und diese neue innere Disposition beeinflusst im weiteren die Wahl von Handlungszielen und die Wahl der Mittel zu ihrer Verwirklichung. Eine solche als Folge sozialer Kontrollen verfestigte Abweichung bezeichnet man seit Lemert als *sekundäre Devianz.*[11]

3. Makro-Ebene: Kriminalität als Institution

Nach der Erklärung von (Ketten von) Einzelereignissen im Laufe von Karrieren auf der Mikro-Ebene, bei der es darum geht zu zeigen, wie Makro-Bedingungen von Akteuren verarbeitet werden und zu Handlungen=Ereignissen führen, hat man zwar kriminelles Verhalten erklärt und damit den Punkt erreicht, der für die üblichen kriminologischen Theorien den Schlußpunkt bildet. Der Anspruch einer allgemeinen Theorie sollte aber darüber hinaus gehen und sich auch der Frage widmen, wie aus einer Masse von Einzelereignissen neue Makro-Phänomene (mit welchen Folgen) entstehen.

Aus der Soziologie ist bekannt, dass diese Transformation von Handeln in Strukturen oder von individuellen in überindividuelle Phänomene (Ritzer 1996, S. 489-561) sich je nach Bereich unterschiedlich vollzieht, und zwar nach jeweils spezifischen, das Handeln kanalisierenden Transformationsregeln: Verwandtschaftsnomenklaturen, Familientraditionen, Sittennormen, Spielregeln, Marktgesetzen, Straßenverkehrsvorschriften, Wahlordnungen, Organisationsstatuten usw. Auch wenn wir nur den Bereich der Kriminologie betrachten, können wir eine ganze Reihe recht unterschiedlicher Transformationsregeln feststellen, ein buntes Gemisch von Gruppennormen, Marktmechanismen, informellen Professionsnormen und formellen Kodifikationen. Dabei sind wir Kriminologen in der verhältnismäßig günstigen Lage, dass die meisten dieser Regeln ziemlich gut erforscht sind, vor allem natürlich die Kodifikationen (Strafrecht, Polizeirecht, Strafprozessordnung, Gerichtsverfassungsgesetz usw.), aber auch die informellen Regeln oder *second codes*, die das Verhalten von Opfern, Zeugen, Anzeigern, Polizisten, Staatsanwälten, Richtern usw. zusätzlich steuern, und sogar die Siebungsmechanismen, nach denen etwa Medien- oder Wissenschaftsdiskurse zustande kommen. Im letzten Abschnitt wollen wir exemplarisch die Entstehung neuer Makro-Phänomene skizzieren.

11 Wir weisen hier nochmals darauf hin, dass die skizzierten Abläufe keineswegs zwangsläufig aufeinander folgen müssen. Ausstiege sind überall möglich, und jeder Determinismus liegt unserem Ansatz schon prinzipiell fern.

3.1 Szenen, Banden, Märkte

Von allen Makro-Phänomenen, die aus dem Zusammenhandeln von Tätern und Kontrolleuren entstehen, sind Szenen, Banden und Schwarzmärkte diejenigen, die dem Täterhandeln am nächsten und am meisten davon bestimmt sind, obwohl auch ihnen die Orientierung der Täter an möglichen Kontrollen und Sanktionen einen ganz anderen Charakter gibt als ihren legalen Pendants.

Szenen entwickeln sich durch häufigen Kontakt von Personen, die von gleichen Interessen, Bedürfnissen und Vorlieben geleitet sind. Sie sind der lebensweltliche Raum, der die soziale Abstützung der eigenen Weltsicht und Lebensweise bietet. Sie sind häufig lokal verankert und meist auch gut wahrnehmbar: Rotlichtviertel, Straßenstrich, Drogenszene, street corners, bestimmte Bars als Treffpunkte von Dieben und Hehlern, Industrieklubs usw. Sie können jedoch durchaus auch, und zwar besonders unter dem Druck der Illegalität, geographisch fließend und punktuell verstreut sein, ohne den Zusammenhang zu verlieren: Appartement-Prostitution, Glückspielszene, Wucherszene, Pädophilenszene, Terroristenszene, Waffenhändlerszene usw. Neben ihrer subkulturellen Eigenart, die sich in Sprache, Kleidung, Habitus manifestiert, und neben der gegebenenfalls auch geographischen Verankerung ist es vor allem die Gelegenheit zur direkten oder indirekten Befriedigung eines spezifischen Bedürfnisses, also ein im weitesten Sinne ökonomischer Faktor, der eine Szene charakterisiert, der sie überhaupt begründet und auf dem dann das ganze subkulturelle Gepräge aufbaut.

Während es bei Szenen eher vage Kriterien der Zugehörigkeit gibt und auch die Beteiligten nicht immer in der Lage sind zu sagen, wer nun am Rande noch dazugehört und wer nicht, ist das bei *Banden und Organisationen* aller Art meist sehr viel klarer. Piraten, Banditen, mafiosi, Mitglieder von Jugendbanden oder Frühstückskartellen wissen ziemlich genau, wer, manchmal aufgrund elaborierter Initiationsriten, zur in-group gehört – obwohl die Mitgliedschaft dennoch immer durch ‚Mitmachen' bewiesen und erneuert werden muss, z. T. durch Probeleistungen, die vor verdeckten Ermittlern schützen sollen. Selektionskriterien, die den Zugang steuern, können sein die Nachbarschaft oder ethnische Herkunft (wie bei Jugendgangs und street corner societies), die Zugehörigkeit zu traditionsreichen Familien (wie häufig bei einer mafiosen cosca), die gemeinsam gelebte Geschichte in der linken oder rechten politischen Szene (wie bei terroristischen Gruppen), gemeinsame Gefängniserfahrung (wie bei ad hoc-Teams von Einbrechern), gemeinsame Mitgliedschaft im Golfklub (wie bei Frühstückskartellen) und vieles andere mehr.

Viele dieser Zusammenschlüsse sind kaum zu verstehen, wenn man sie nicht als Teile von oder besser Subjekte auf *Märkten* sieht. Und zwar auf Märkten, wo

Güter und Dienstleistungen in verbotener Manier oder überhaupt verbotene Güter und Dienstleistungen gehandelt werden, also auf Schwarzmärkten. Diese weisen viele Ähnlichkeiten mit dem wirtschaftlichen Geschehen in der legalen und in der sog. informellen Ökonomie auf, die zwischen der illegalen und der legalen steht. Allerdings führen die Illegalität und die vielen Risiken, von denen illegales Marktgeschehen bedroht ist, zu einigen ökonomischen Besonderheiten von erheblicher Bedeutung (Mündlichkeit der Verträge, ständige informelle quasirechtliche Streitereien, große Bedeutung des Bargelds, Vermischung der Finanzen von Haushalt und Betrieb, Erschwerung oder Abwesenheit der von der legalen Ökonomie bekannten Tendenzen zur Konzentration und Oligopolisierung etc.).

Da man zur Garantie von Verträgen oder zur Konfliktregelung nicht auf Zivilrecht oder Strafrecht zurückgreifen kann und Gewalt auf die Dauer aufwendig und auffällig, ökonomisch gesehen teuer ist, muss man das nötige Vertrauen in Interaktionspartner durch andere Mechanismen zu schaffen suchen. Zum Beispiel durch die Selektion von Mitarbeitern und Geschäftspartnern nach außerökonomischen Kriterien und partikularistischen Gesichtspunkten, wodurch illegale Unternehmen ihren ganz spezifisch traditionalen, personalisierten, unmodernen Charakter bekommen. Solche Kriterien sind Verwandtschaft, rituelle Verwandtschaft, Freundschaft und gemeinsame ethnische Herkunft. Sie machen Kooperation jeder Art leicht und unbürokratisch, sogar – wie das Phänomen der sog. Handelsdiaspora von z. B. sizilianischen Familien, Auslandschinesen, Armeniern, Juden zeigt – über Kontinente hinweg, und sie senken damit auch wirtschaftliche Transaktionskosten in oft erstaunlichem Maße. Und natürlich machen sie eine Penetration von außen ziemlich schwierig, weil die Voraussetzungen für entsprechende Bindungen schwer zu erwerben oder zu simulieren sind.[12]

3.2 Die Apparatur der Kontrolle und die Selektion zur Statistik

Zu den sozialen Tatsachen, die aus der Vielfalt von Interaktionen auf der Handlungsebene entstehen und als Makro-Phänomene eine eigene Bedeutung gewinnen, gehören auch die Kriminalstatistik und die Kriminalitätsraten. Es ist schwer bis unmöglich, über „wirkliche" Kriminalitätsraten etwas zu sagen. Was Kriminalität ist, muss ja immer erst definiert werden, wenn auch keineswegs nur durch die offiziellen Instanzen Polizei und Justiz. Entsprechend unseren oben angeführten Kriminalitätsbegriffen könnte man verschiedene Kriminalitätsraten unterscheiden. Bedeutsam für den öffentlichen Diskurs sind vor allem Kriminalitätsraten, die sich in Dunkelfelduntersuchungen wiederspiegeln, und solche, die

12 Vgl. für die sizilianische Mafia als typisches Beispiel Hess (1970).

in der Kriminalstatistik aufscheinen. In Dunkelfelduntersuchungen definieren Forscher, Täter und Opfer den zu messenden Faktor Kriminalität, in die Statistik gehen die offiziell definierten Taten und Täter ein. Über den Umfang potentiell als Kriminalität definierbarer Handlungen bzw. Handlungen, die überhaupt nur den Tätern und evtl. noch deren nahem Umfeld bekannt sind und nur von diesen als möglicherweise kriminalisierbar eingestuft (und deshalb z. B. geheimgehalten) werden, wissen wir wenig. Allerdings kann man zweifellos sagen, dass auch diese Masse in ihrem Umfang von Art und Grad der sozialen Kontrolle beeinflusst wird – und nicht nur von bestimmten sozialen Ausgangsbedingungen wie z. B. ökonomischer Lage. Das Makro-Mikro-Makro-Modell der Erklärung setzt zwischen soziale Ausgangsbedingungen auf der einen und emergente Makro-Phänomene auf der anderen Seite die Mikro-Ebene des Akteurs, und dieser bezieht in der Regel Art und Grad der sozialen Kontrolle in sein Kalkül ein. Und wie die soziale Kontrolle individuelle Karrieren mitbestimmt, so bestimmt sie dann auch „wirkliche" Kriminalitätsraten mit. (Hess 2004)

Die Dunkelfelduntersuchungen kommen den „wirklichen" Kriminalitätsraten näher als die Kriminalstatistik. Für den öffentlichen Diskurs und für die Kriminalpolitik bedeutsamer – und in ihrem Zustandekommen besser analysiert – ist allerdings das emergente Phänomen Kriminalstatistik. Im Gegensatz zur landläufigen Meinung handelt es sich bei der polizeilich registrierten Kriminalität nur um einen sehr kleinen Ausschnitt aus der Gesamtheit strafbedrohten Tuns. Wie die Selektion im einzelnen vorgenommen wird, ergibt sich weder aus dem Gesetz noch folgt es dem Zufallsprinzip, sondern wird durch ein Ensemble von Anwendungsregeln bestimmt (*second codes*). Es handelt sich also um eine Art Filterung, an deren Schluss „die Kriminalität" ganz anders aussieht als sie aussähe, wenn das, was sichtbar gemacht wird, in allen wesentlichen Merkmalen dem entspräche, was an kriminalisierbaren (strafbaren) Handlungen passiert. Wenn wir die Transformation der Summe individueller strafbarer Handlungen in den Kollektivsingular der Kriminalität im landläufigen Sinne rekonstruieren wollen, bedeutet das, sich mit den Produktionsbedingungen der Statistik und den zahllosen Entscheidungen zu beschäftigen, die diesen Selektionsprozess bestimmen. Ein Teil der Selektion geschieht durch Anzeiger, ein weiterer Teil durch die Polizei, deren Arbeit sich in der Polizeilichen Kriminalstatistik widerspiegelt (Kerner 1973; Kürzinger 1978; Behr 2000). Es folgt der Fortgang des Selektionsprozesses in der Justiz (Eisenberg 1995, S. 324-411), der zur Strafverfolgungsstatistik führt und an dessen Ende der Strafvollzug steht (Jacobs 1992; Kaiser u. a. 1992). Die Gefängnisinsassen selbst sind eine neue, durch den Selektionsprozess hergestellte soziale Erscheinung mit eigenen Regeln und Normen und einer eigenen gesellschaftlichen Bedeutung – etwa als *Paria-Gruppe*. Dies freilich heute weniger als früher, als die von den Kontrollmaßnahmen betroffenen Personen weit mehr als heute tatsächlich als Parias Gezeichnete und Gemiedene waren. Eine umfangreiche historische Literatur (aus der wir nur Rusche und Kirchheimer 1974, Foucault 1976, Garland 1990 hervorheben wollen) behandelt Strafe und Strafvollzug als soziale Institution und die verschiedenen ökonomischen, politischen, kriminalpolitischen und kulturellen Einflüsse, die diese Institution prägen.

3.3 Kriminalitätsdiskurse

Das in der Bevölkerung vorhandene Wissen beruht nur zum Teil auf unmittelbarer oder durch persönliche Kommunikation vermittelter Erfahrung. Es wird daneben auch aus dem *Mediendiskurs* bezogen, und vielen gilt offenbar das massenmediale Bild in Berichterstattung und Unterhaltung als die eigentliche Wahrheit über die Kriminalität. Betrachtet man die Arbeit der Kontrollapparate als primären Selektionsprozess zur Statistik, so lässt sich nunmehr von einer *sekundären Selektion* sprechen, die das Kriminalitätsbild der Massenmedien und den Alltagsmythos von der Kriminalität (Hess 1986) zustandebringt. Kriterien sind hier – neben dem an Aufklärung orientierten journalistischen Ethos – politische Interessen, die Auswahl, Modifizierung und Zensur von Nachrichten über Kriminalität und Kontrollapparate beeinflussen, weiterhin wirtschaftliche Erwägungen der konkurrierenden Medien wie Auflagenhöhe und Einschaltquote, organisatorische Besonderheiten der Medien wie z. B. Abhängigkeit von Informationen aus den Kontrollapparaten oder das Angewiesensein auf schnell erfassbare unerhörte Begebenheiten, die ihres umfassenden Kontexts entkleidet werden, sowie die Bedürfnisse der Konsumenten nach Sensation und Unterhaltung (wodurch wiederum Elemente des Alltagsdiskurses in die Medien eindringen). Ergebnis dieser Selektion sind spezifische Aussagen über Quantität, Qualität und Ursachen der Kriminalität sowie Stereotype von Straftätern und Kontrolleuren. Ein besonderes Kennzeichen des massenmedialen Diskurses ist das Zusammenfassen vieler Einzelereignisse zu demagogisch handhabbaren Entitäten wie z. B. ‚die Kriminalität', ‚der Terrorismus' oder ‚das Drogenproblem' (Scheerer 1978).

Gefiltert wird der Mediendiskurs von den Rezipienten durch Informationen aus anderen Quellen, die ein Hintergrundwissen liefern, an dem die Glaubwürdigkeit der Medieninformationen gemessen wird – und das auch schon die selektive Wahrnehmung der Medieninhalte und der damit verbundenen Wertungen steuert. Solche anderen Quellen sind einerseits die eigene Erfahrung, andererseits die ‚Volksweisheit', d. h. das allgemein kulturell oder schichtspezifisch oder subkulturell vorgegebene Wissen, das sich in Sprüchen, Redewendungen, gängigen

Geschichten und Fallbeispielen, als selbstverständlich tradierten Aussagen über die Ursachen der Kriminalität oder die Wirkung von Kontrollen usw. manifestiert. Welche Art *Alltagsdiskurs* aus diesen Inhalten von den aktiv diese Inhalte verarbeitenden Diskursanten konstruiert wird, hängt u.a. vom sozialen Milieu ab, innerhalb dessen der Diskurs stattfindet. Die Aussagen des Alltagsdiskurses werden auch in der Regel durch gewisse Leitthemen geordnet bzw. in einen sinngebenden Interpretationsrahmen eingeordnet. Besonders erfolgreich sind dabei Leitthemen, die sich mit Material aus allen drei Hauptquellen des Alltagsdiskurses – Medien (einschließlich der Berichte über Statistiken), eigene Erfahrung und Volksweisheit – illustrieren und abstützen lassen (Sparks 1992; Sasson 1995).

Als *Kontrolldiskurse* im engeren Sinne könnte man jene Diskurse bezeichnen, die in den Kreisen der Politiker und Parteien und innerhalb der Verwaltungs- und Kontrollapparate geführt werden und Kontrollprobleme angesichts aktuell drohender Gefahren thematisieren. Im weiteren Sinne gehören dazu aber auch Kampagnen, die von außerhalb dieser Apparate stehenden Moralunternehmern ausgelöst werden und die typischerweise die schärfere Kontrolle bestimmter Bereiche, bestimmter von ihnen perhorreszierter Erscheinungen und bestimmter Personengruppen fordern – und meist zugleich akzentuierte Bilder der von ihnen anvisierten Kriminalität entwerfen und verbreiten. Um Wirkung zu erzielen, werden solche Diskurse meist in die Medien getragen und damit Teil des Mediendiskurses. Besonders dann können sie sich zu regelrechten moralischen Paniken auswachsen (Cohen 2002).

Die bisher behandelten Diskurse sind in durchaus interdependenter Weise mehr oder weniger eng verquickt mit dem *Wissenschaftsdiskurs der Kriminologie* (zu dessen Entstehung vgl. Garland 1985; Strasser 1984). Die traditionelle Kriminologie nahm und nimmt unreflektiert ihren Ausgang vom Ergebnis des primären Selektionsprozesses, nämlich von den offiziellen Kriminalitätsraten und den erfassten bzw. verurteilten Tätern. Die anhand solchen schon ausgelesenen Materials entwickelten ätiologischen Theorien bestätigten lange Zeit eine stereotype Vorstellung vom typischen Kriminellen und von der Unterschicht-Kriminalität als typischer Kriminalität. Diese Theorien wirken dann als *self-fulfilling prophecy* über die pragmatischen Devianztheorien der Kontrolleure auf die Produktion der Statistik zurück, an deren Material sie wiederum überprüft werden usw.

Wer von „dem“ Wissenschaftsdiskurs spricht, sollte allerdings nicht vergessen, dass es sich dabei auch (nur) um eine sekundäre, aus sehr widersprüchlichen Teilen zusammengesetzte Konstruktion handelt. So gibt es natürlich im Wissenschaftsdiskurs auch die Stimme der kritische Kriminologie. Sie kritisiert gerade das gängige Bild – etwa, indem sie auf die im gängigen Bild lange Zeit unterbelichtete Kriminalität der Mächtigen hinweist (Hess 1976; Jäger 1989). Zudem sieht sie die Kontrollorgane nicht nur als Produzenten der Statistik, sondern auch schon der Ereignisse auf der Mikro-Ebene. D.h. sie thematisiert das Handeln der Agenten sozialer Kontrolle, die Aktenvorgänge in den Instanzen, die Strafprozesse etc. als Zuschreibungsprozesse, die „Kriminelle" überhaupt erst zustande bringen. Für sie sind diese Kriminellen nicht nur, wie bisher auch oft in der traditionellen Kriminologie, Opfer ihrer sozialen Bedingungen, sondern vor allem Opfer der Kontrollapparate. Das Strafrecht und die Apparate der sozialen Kontrolle werden zum eigentlichen sozialen Problem, und es entwickelt sich auch – im Anschluss an Huxley/Marcuse oder Orwell/Foucault – ein ganz spezifischer, teilweise geradezu paranoischer Kontrolldiskurs über Meinungsmanipulation, den gläsernen Menschen und den Computerstaat. Teilweise wird aber auch versucht, das ganze in unserem Modell nachgezeichnete „Gedankengefängnis" (Quensel) zu sprengen bzw. konsequent zu dekonstruieren (Hulsman und Bernat de Celis 1982; Scheerer 1991), hin und wieder verbunden mit originellen Vorschlägen für bessere Problemlösungen anstelle der überkommenen Strafpraxis mit ihren immer auch negativen Folgen (z.B. Schmidt-Semisch 2002). Manchmal wird dabei allerdings auch die eigentliche Aufgabe der Wissenschaft – in der Angst, dass man „unterstützt was ist, im Übereifer, zu sagen was ist" (Adorno 1972, S. 205) – vom reformerischen Impetus überwältigt. Eine kritische Theorie versucht, in die Welt hinein zu wirken statt sie zu beschreiben, zu verstehen und zu erklären. Statt zu sagen, was ist, formuliert man, was sein sollte (und heißt „problematische Handlung", was alle Welt „Kriminalität" nennt). Kriminologie wird direkt zu Kriminalpolitik statt der notwendigerweise wertenden Kriminalpolitik wertfrei die Sachverhalte an die Hand zu geben.

Der reflexive Blick auf unsere Wissenschaft offenbart eine Reihe von Wahlverwandtschaften zwischen den normativen Voraussetzungen von Menschenbildern und Kriminalpolitiken einerseits und theoretischen Aussagen andererseits, die sich in folgendem Schema zusammenfassen lassen (Hess 1999, S. 172):

Wahlverwandtschaften in der Kriminologie

Menschenbilder	Täter als Opfer der Umstände		Täter als Kosten-Nutzen-Kalkulierer und situational man	Täter als anderer, Fremder, Böser, Kranker
	Macht	Ökonomie, Subkultur		
Kriminalpolitiken	Abolitionismus, radical nonintervention	Resozialisation, Kriminalpolitik als Sozialpolitik	rational kalkulierende Kriminalpolitik, situational crime prevention	Punitive Kriminalpolitik, Medizinalisierung
Kriminologien	labeling approach	Kriminologien des Sozialdeterminismus (kriminalsoz. Theorien)	Kriminologien des Alltagshandelns, routine activities theory, rational choice-Ansatz	Kriminologien patholog. Orientierung, Kriminalbiologie, Kriminalpsychiatrie

Wir glauben, dass bestimmte Menschenbilder und Kriminalpolitiken dazu führen, dass man die entsprechenden wahlverwandten kriminologischen Theorien eher akzeptiert und für richtig hält bzw. dass eine bestimmte kriminologische Theorie für denjenigen richtig ist, der das wahlverwandte Menschenbild hat und die wahlverwandte Kriminalpolitik verfolgt. In historischer Perspektive wird man wahrscheinlich leicht nachweisen können, dass die verschiedenen, sich z. T. widersprechenden kriminologischen Theorien immer nebeneinander bestehen, dass es aber durch den jeweils vorherrschenden Einfluss bestimmter Interessen, Menschenbilder und Kriminalpolitiken zu einer Selektion der jeweils passenden Theorie kommt, die dann als richtig angesehen wird und die Szene beherrscht.[13]

Aber natürlich ist das Schema nicht nur ideologiekritisch interessant. Es kann durchaus auch als Fahrplan dazu benutzt werden, einerseits die sozialen Wurzeln bestimmter Menschenbilder, kriminalpolitischer Forderungen und kriminologischer Ansichten wissenschaftssoziologisch zu analysieren und zugleich anderer-

13 Eine solche wissenssoziologische Theorie wahlverwandtschaftlicher Selektion wäre ein evolutionstheoretischer Ansatz, der mit den Begriffen Variation, Selektion und Stabilisierung arbeitete und ein schönes Beispiel hätte an Max Webers Religions- und Rechtstheorien, in denen jeweils die Eigendynamik und die soziale Selektion thematisiert werden. Wahrscheinlich könnte eine solche Theorie die Entwicklung der Sozialwissenschaften inklusive der Kriminologie besser erklären als etwa die Theorie Thomas Kuhns, auf die man sich im sogenannten kriminologischen Paradigmenstreit immer wieder berufen hat.

seits die gesellschaftlichen Auswirkungen bestimmter Kriminologien und Kriminalpolitiken in den Blick zu nehmen.[14]

3.4 Kriminalität als Ideologie: Funktionen des Alltagsmythos

Die Wirkungen der Kriminalitätsdiskurse (und indirekt der Kriminalstatistik, soweit die Diskurse darauf aufbauen) sind komplex und ambivalent. Wie der massenhafte Bruch einer Norm zu Sanktionsverzicht und schließlich sogar zur Aufhebung der Norm führen und Kriminalität also (wie schon Durkheim betont hat) Zeichen sozialer Veränderung sein kann (wie im Falle der Abtreibung), so können auch die Diskurse durchaus Komponenten von Gesellschaftskritik (wie einst den Mythos vom edlen Räuber) und doppeldeutige Wertungen (der Verbrecher hat auch Züge eines Helden und bietet häufig Anhaltspunkte für Identifizierungen) enthalten. Sie transportieren jedoch andererseits immer auch von vorneherein eine fundamentale Grundvoraussetzung: nämlich den Begriff von der Kriminalität. Und wirkungsmächtig wird vor allem die Selbstverständlichkeit, mit der eine Kategorie von Handlungen abgesondert und perhorresziert wird, als eigene Kategorie abgetrennt von anderen Handlungen, die genauso oder stärker Leiden und Unterdrückung oder den Verlust von Leben, Gesundheit und Eigentum zur Folge haben.

Kriminalität als Ideologie ist also eine widersprüchliche Erscheinung, doch überwiegen letztlich zweifellos die konservativen, die Ordnung konservierenden Wirkungen, was auf die Kräfteverteilung zurückzuführen ist, die die Transformationsprozesse bestimmt. Unter den Stichworten *Triebentlastung*, *Grenzbestimmung* und *Herrschaftssicherung* sind einige der ordnungsstabilisierenden Wirkungen thematisiert worden.

Die psychoanalytische Theorie geht im Rahmen ihrer sogenannten *Psychologie der strafenden Gesellschaft* von der anthropologischen Variante des Wider-

14 So hat David Garland (2000, 2001) sehr überzeugend gezeigt, dass die Popularität zweier neuer Tendenzen in der Kriminalpolitik – „strategy of preventive partnership" einerseits, also kühlrationale situational crime prevention, und dramatisierende „punitive segregation" andererseits – auf die direkte Konfrontation der Mittelschicht (einst Verfechter des penal welfare-Ansatzes und der sozialdeterministischen kriminalsoziologischen Theorien) mit wachsender und nun auch die Mittelschicht direkt bedrohender Kriminalität zurückzuführen sind. Dem deutschen Kriminologen fällt dabei übrigens auf, dass Garland nicht – in der idealistischen Manier der kritischen Kriminologen – die Massenmedien allein, sondern konkrete Erfahrungen für die steigende Kriminalitätsangst verantwortlich macht und auch ohne Verrenkungen von „crime" spricht und damit sowohl die offiziell registrierte Kriminalität wie auch die in den victim surveys erscheinenden und im Dunkelfeld verbliebenen Handlungen meint, die wir – mit der lähmenden Last der radikalen Etikettierungstheorie auf den Schultern – allerhöchstens „potentiell kriminalisierbare Handlungen" nennen dürften!

spruchs Individuum-Gesellschaft aus. Ein gewisses Maß an Triebverzicht, Unterdrückung libidinöser und aggressiver Antriebe erscheint ihr für die Existenz der Kultur und die soziale Anpassung des einzelnen unerlässlich. Die verbotenen Begierden bleiben aber nur mangelhaft ins Unbewusste verdrängt, immer wieder regt sich das Verlangen nach ihrer Befriedigung. Zugleich und deshalb werden sie vom Über-Ich mit heftigen Schuldgefühlen belegt. Am Verbrecher kann man nun einerseits, indem man seine Tat durch Identifikation mit ihm erlebt, die verbotene Lust genießen und in der an ihm vollzogenen Strafe Aggressionen ausleben, andererseits, wieder in der Strafe, auch dem passiven Strafbedürfnis Genüge tun und die eigenen Schuldgefühle mildern. Der zum Sündenbock im biblischen Sinne zugerichtete Verbrecher, die Paria-Minorität der Gefängnispopulation und die Darstellung von Verbrechen und Strafe in den Medien, haben also eine stabilisierende Funktion, indem die Majorität mit ihrer Hilfe ihre potentiell für die Ordnung riskanten Handlungen nur symbolisch ausführt (Reiwald 1973; für eine stärker soziologisch orientierte Interpretation des Strafbedürfnisses vgl. Ranulf 1964).

Durch Abweichung von den Normen und vor allem durch die Sanktionen, die diese Abweichungen treffen, werden – nach der Ansicht funktionalistischer Autoren (Durkheim 1976, S. 156-164; Erikson 1966) – die *Grenzen des sozial tolerierbaren Verhaltens* immer wieder ins Bewusstsein gerufen und dadurch die Normen gestärkt. Die gemeinsame Reaktion auf den Außenseiter stärkt außerdem die Solidarität der Konformen, frischt Kollektivgefühle auf und erhöht die Bereitschaft zur Konformität. Abweichung und Sanktion tragen also dazu bei, Gleichgewicht und Kohäsion der Gesellschaft zu wahren.

Herrschaftssoziologisch ist die Rolle von Kriminalität und Kriminalitätsmythos vor allem im Anschluß an die Paria-Theorie einerseits, an Gramscis Hegemonie-Theorie andererseits thematisiert worden. Ihren Beitrag zur Erhaltung von Herrschaft können die Metaphänomene direkt im politischen Bereich leisten. So werden die von Kontrollapparaten produzierten stigmatisierten Kriminellen beispielsweise als wegen ihrer Außenseiterposition leicht handhabbare Werkzeuge in den Machtapparat eingefügt oder sonstwie in seinen Dienst genommen: sie dienen als Denunzianten, agents provocateurs, Meuchelmörder, Streikbrecher, milices patronales etc., bis hin zu Söldnern in Kolonialkriegen. Bedeutsamer ist aber die Rolle des Mythos im ideologischen Bereich. Die Thematisierung der Kriminalitätsgefahr und noch stärker natürlich Kriminalitäts- und Kontrollpaniken legitimieren eine Expansion der Kontrollapparate und Kontrollmaßnahmen. Wo der Wohlfahrtsstaat als Instrument direkter sozialer Befriedung, aber auch als Instrument der ideologischen Hegemonie abgebaut wird, kann der Sicherheitsstaat mit direkter Repression, aber auch mit deren spezifischer Legitimierung, die an das Sicherheitsbedürfnis der Bevölkerung anschließt, teilweise in die Funktionen des Wohlfahrtsstaats eintreten (Beckett und Sasson 2000). Je größer die Probleme verschiedenster Art, desto größer das Sicherheitsbedürfnis, desto nötiger der Mythos von der Kriminalität. Deshalb treten Aggressionswellen gegen Kriminelle und andere Außenseiter meist in Situationen wirtschaftlicher Not und erhöhten Herrschaftsdrucks auf (Sigrist 1965, Christie und Bruun 1991, Hagan 1995, Beckett 1997, Reinarman und Levine 1997, Simon 1997).

Der latente Sinn der Prozesse, die die Meta-Phänomene zustande bringen, offenbart sich also als eine Umdeutung von Handlungen, die eine spezifische soziale Ordnung gefährden, in Erscheinungen, die – so ambivalent sie stets bleiben – auch (und meist vor allem) zu ihrer Stabilisierung beitragen.

Literatur

Adorno, T. W. 1972. Soziologie und empirische Forschung. In Gesammelte Schriften Bd. 8, 196-216. Frankfurt: Suhrkamp.

Beckett, K. 1997. Making Crime Pay. New York: Oxford University Press.

Beckett, K., und T. Sasson. 2000. The War on Crime as Hegemonic Strategy. A Neo-Marxian Theory of the New Punitiveness in U.S. Criminal Justice Policy. In *Of Crime and Criminality. The Use of Theory in Everyday Life*, hrsg. S. S. Simpson, 61-84. Thousand Oaks, London, New Delhi: Pine Forge Press.

Behr, R. 2000. *Cop Culture. Der Alltag des Gewaltmonopols.* Leverkusen: Leske und Budrich.

Berger, P. L., und T. Luckmann. 1970. *Die gesellschaftliche Konstruktion der Wirklichkeit. Eine Theorie der Wissenssoziologie.* Frankfurt: S. Fischer Verlag

Chambliss, W. J. 1974. The State, the Law, and the Definition of Behavior as Criminal or Delinquent. In *Handbook of Criminology*, hrsg. D. Glaser, 7-43. Chicago: Rand McNally.

Christie, N., und K. Bruun. 1991. *Der nützliche Feind. Die Drogenpolitik und ihre Nutznießer.* Bielefeld: AJZ.

Clarke, R. V. (hrsg.). 1992. *Situational Crime Prevention.* Albany: Harrow and Heston.

Clarke, R. V., and D. B. Cornish. 1985. Modeling Offenders' Decisions: A framework for research and policy. In *Crime and Justice. An Annual Review of Research, Vol. 6*, hrsg. M. Tonry und N. Morris, 147-185.Chicago: University of Chicago Press.

Clarke, R.V., und M. Felson. 1993: Criminology, Routine Activity, and Rational Choice. In *Routine Activity and Rational Choice. Advances in Criminological Theory 5*, hrsg. R.V. Clarke und M. Felson, 1-14. New Brunswick/London: Transaction Publishers.

Cohen, S. 2002. *Folk Devils and Moral Panics*, 3. Aufl. London: Routledge.

Coleman, J. S. 1990. *Foundations of Social Theory.* Cambridge, MA, and London: Harvard University Press.

Durkheim, É. 1976. *Die Regeln der soziologischen Methode*. Darmstadt-Neuwied: Luchterhand (1895).
Ericson, R., und K. Carriere. 1996. The fragmentation of criminology. In *Criminological Perspectives. A Reader*, hrsg. John Muncie, Eugene McLaughlin und Mary Langan, 508-516. London, Thousand Oaks, New Delhi: Sage Publications.
Erikson, K. T. 1966. *Wayward Puritans. A Study in the Sociology of Deviance*. New York: John Wiley and Sons.
Esser, H. 1984. Figurationssoziologie und methodologischer Individualismus. Zur Methodologie des Ansatzes von Norbert Elias, *Kölner Zeitschrift für Soziologie und Sozialpsychologie* 36: 641-666.
Esser, H. 1991. *Alltagshandeln und Verstehen. Zum Verhältnis von erklärender und verstehender Soziologie am Beispiel von Alfred Schütz und ‚Rational Choice'*. Tübingen: Mohr Verlag.
Esser, H. 1999-2001. *Soziologie. Spezielle Grundlagen*, 6 Bände. Frankfurt: Campus Verlag.
Felson, M. ^{2}1998. *Crime and Everyday Life*. Thousand Oaks: Pine Forge Press (1994)
Fischer, M. 2001. Kriminalität als Konstruktion: Drei konzeptionelle Probleme des radikalen Definitionsansatzes. *Kriminologisches Journal* 33: 102-115.
Frehsee, D. 1991. Zur Abweichung der Angepassten. *Kriminologisches Journal* 23: 25-45.
Garland, D. 1985. The Criminal and his Science. *British Journal of Criminology* 25: 109-137.
Garland, D. 2000. The Culture of High Crime Societies. *British Journal of Criminology* 40: 347-375.
Garland, D. 2001. *The Culture of Control. Crime and Social Order in Contemporary Society*. Chicago: University of Chicago Press.
Gehlen, A. 1974. *Der Mensch. Seine Natur und seine Stellung in der Welt*. Frankfurt: Athenaion Verlag (1940).
Gottfredson, M. R., und T. Hirschi. 1990. *A General Theory of Crime*. Stanford, Cal.: Stanford University Press.
Hagan, J. 1995. *Crime and Disrepute*. Thousand Oaks, London, New Delhi: Pine Forge Press.
Hawkins, R., und G. Tiedeman. 1975. *The Creation of Deviance. Interpersonal and Organizational Determinants*. Columbus, Ohio: Merrill Publishing Company.
Henry, S., und D. Milovanovic. 1996. Constitutive Criminology: The Maturation of Critical Theory. In *The Criminology Theory Reader*, hrsg S. Henry und W. Eisenstadter, 436-450. New York, London: New York University Press.
Hermann, D. 2003. *Werte und Kriminalität. Konzeption einer allgemeinen Kriminalitätstheorie*. Opladen: Westdeutscher Verlag.
Herren, R. 1973. *Freud und die Kriminologie. Einführung in die psychoanalytische Kriminologie*. Stuttgart: Enke Verlag.
Hess, H. 1970. *Mafia. Zentrale Herrschaft und lokale Gegenmacht*. Tübingen: Mohr (3. Aufl. 1988, Taschenbuch Herder 1993).
Hess, H. 1976. Repressives Verbrechen. *Kriminologisches Journal* 8: 1-22.
Hess, H. 1978. Das Karriere-Modell und die Karriere von Modellen. In *Sexualität und soziale Kontrolle*, hrsg. H. Hess, H. U. Störzer und F. Streng, 1-30. Heidelberg: Kriminalistik Verlag.
Hess, H. 1986. Kriminalität als Alltagsmythos. Ein Plädoyer dafür, Kriminologie als Ideologiekritik zu betreiben. *Kriminologisches Journal, 1. Beiheft*: 24-44.
Hess, H. 1999. Zur Wertproblematik in der Kriminologie. *Kriminologisches Journal* 31: 167-186.
Hess, H. 2004. Broken Windows. Zur Diskussion um die Strategie des New York Police Department. *Zeitschrift für die gesamte Strafrechtswissenschaft*, 116 (1): 66-110.
Hess, H., und S. Scheerer. 1997. Was ist Kriminalität? Skizze einer konstruktivistischen Kriminalitätstheorie. *Kriminologisches Journal* 29: 83-155.
Hess, H., und S. Scheerer. 1998. Lüderssens Elend. *Kritische Justiz* 31: 60-68.

Hess, H., und S. Scheerer. 1999. Erwiderung. *Kriminologisches Journal* 31: 36-58.
Hess, H., und S. Scheerer. 2011. Radikale Langeweile. In *Langweiliges Verbrechen. Warum KriminologInnen den Umgang mit Kriminalität interessanter finden als Kriminalität*, hrsg. H. Peters und M. Dellwing, 27-46. Wiesbaden: VS Verlag für Sozialwissenschaften.
Hess, H., M. Moerings, D. Paas, S. Scheerer, und Heinz Steinert. 1988. *Angriff auf das Herz des Staates. Soziale Entwicklung und Terrorismus*, 2 Bände. Frankfurt: Suhrkamp Verlag.
Hess, H., und J. Stehr. 1987. Die ursprüngliche Erfindung des Verbrechens. *Kriminologisches Journal*, 2. Beiheft: 18-56.
Hulsman, L., und J. Bernat de Celis. 1982. *Peines Perdues. Le système pénal en question*. Paris : Le Centurion.
Jacobs, J. B. 1992. *Stateville. The Penitentiary in Mass Society*. Chicago/London : The University of Chicago Press (7. Aufl.)
Jacobs, J. B. und K. Potter. 1998. *Hate Crimes. Criminal Law and Identity Politics*. New York : Oxford University Press.
Jäger, H. 1989. *Makrokriminalität. Studien zur Kriminologie kollektiver Gewalt*. Frankfurt: Suhrkamp.
Katz, J. 1988. *Seductions of Crime. Moral and Sensual Attractions in Doing Evil*. New York: Basic Books.
Kerner, H.-J. 1973. *Verbrechenswirklichkeit und Strafverfolgung*. München: Goldmann.
Krasmann, S. 2003. *Die Kriminalität der Gesellschaft*. Hamburg (unv. Habilitationsschrift am Fachbereich Sozialwissenschaften).
Kreissl, R. 1996. Was ist kritisch an der kritischen Kriminologie. In *Kritische Kriminologie in der Diskussion*, hrsg. K.-D. Bussmann und R. Kreissl, 19-43. Opladen: Westdeutscher Verlag.
Kürzinger, J. 1978. *Private Strafanzeige und polizeiliche Reaktion*. Berlin: Duncker und Humblot.
Lüdemann, C. und T. Ohlemacher. 2002. *Soziologie der Kriminalität. Theoretische und empirische Perspektiven*. Weinheim und München: Juventa.
Macaulay, S., L. M. Friedman und J. Stookey (hrsg). 1995. *Law and Society. Readings on the Social Study of Law*. New York-London: W.W.Norton and Company.
Matza, D. 1964. *Delinquency and Drift*. New York: John Wiley and Sons.
Pfeiffer, D. K., und S. Scheerer. 1979. *Kriminalsoziologie. Eine Einführung in Theorien und Themen*. Stuttgart: Kohlhammer.
Ranulf, S. 1964. *Moral Indignation and Middle Class Psychology. A Sociological Study*. New York: Schocken Books (1938).
Reinarman, C., und H. G. Levine. 1997. *Crack in America. Demon Drugs and Social Justice*. Berkeley: University of California Press
Reiwald, P. 1973. *Die Gesellschaft und ihre Verbrecher*. Frankfurt: Suhrkamp (1948).
Reynolds, M. O. 1997. *Crime and Punishment in America*. Dallas: NCPA.
Ritzer, G. 1996. *Sociological Theory. 4th ed.* New York: McGraw-Hill.
Sacco, V. F., und L. W. Kennedy. 1996. *The Criminal Event. An Introduction to Criminology*. Belmont: Wadsworth Publishing Company.
Sartre, J.-P. 1964. *Marxismus und Existentialismus. Versuch einer Methodik*. Reinbek: Rowohlt.
Sasson, T. 1995. *Crime Talk: How Citizens Construct a Social Problem*. New York: Aldine de Gruyter.
Scheerer, S. 1978. Der politisch-publizistische Verstärkerkreislauf. Zur Beeinflussung der Massenmedien im Prozeß strafrechtlicher Sozialkontrolle. *Kriminologisches Journal*, 223-227.
Scheerer, S. 1986. Atypische Moralunternehmer. *Kriminologisches Journal*, 1. Beiheft (Kritische Kriminologie heute): 133-156.

Scheerer, S.1988. Ein theoretisches Modell zur Erklärung sozialrevolutionärer Gewalt. In Hess et al. 1988, Band 1, 75-189. Frankfurt: Surkamp.

Scheerer, S. 1991. Abolitionismus. In *Handwörterbuch der Kriminologie (Nachtrags- und Registerband)*, hrsg. R.Sieverts und H. Joachim, 287-301. Berlin: de Gruyter.

Scheerer, S. 2002. *Die Zukunft des Terrorismus. Drei Szenarien.* Lüneburg: Zu Klampen

Scheerer, S., und H. Hess. 1997. Social Control. A Defense and Reformulation. In *Social Control and Political Order. European Perspectives at the End of the Century*, hrsg. R Bergalli und C. Sumner, 96-130. London, Thousand Oaks, New Delhi: Sage Publications.

Schmidt-Semisch, H. 2002. *Kriminalität als Risiko. Schadensmanagement zwischen Strafrecht und Versicherung.* Hamburg: Murmann

Schur, E. M. 1971. *Labeling Deviant Behavior. Its Sociological Implications.* New York: Harper and Row.

Sigrist, Christian. 1965. Max Weber und der heutige Stand der Paria-Forschung. In *Max Weber und die Soziologie heute. Verhandlungen des 15. Deutschen Soziologentages in Heidelberg*, 325-336. Tübingen: Mohr Verlag.

Simon, J. 1997. *Governing through Crime. In The Crime Conundrum: Essays on Criminal Justice*, hrsg. L. Friedman and G. Fisher, 171-190. Boulder: Westview Press.

Sparks, R. 1992. *Television and the Drama of Crime. Moral Tales and the Place of Crime in Public Life.* Buckingham: Open University Press.

Strasser, P. 1984. *Verbrechermenschen.* Frankfurt, New York: Campus.

Taylor, I., P. Walton, und J. Young. 1973. *The New Criminology. For a Social Theory of Deviance.* London: Routledge & Kegan Paul.

Tittle, C. R. 1995. *Control Balance. Toward a General Theory of Deviance.* Boulder, Colo.: Westview Press.

Trotha, T. v. 1977. Ethnomethodologie und abweichendes Verhalten – Anmerkungen zum Konzept des ‚Reaktionsdeppen'. *Kriminologisches Journal* 9: 98-115.

Vanberg, V. 1982. *Verbrechen, Strafe und Abschreckung. Die Theorie der Generalprävention im Lichte der neueren sozialwissenschaftlichen Diskussion.* Tübingen: Mohr.

Zimring, F. E. 2011. *The City that Became Safe. New York's Lessons for Urban Crime and Its Control.* New York: Oxford University Press.

Die Geburt einer Sinnprovinz der Kriminalität: [1] Die Inquisition im Languedoc[2]

Stephan Quensel

„...besteht die erste Aufgabe einer allgemeinen Theorie darin zu erklären, wann, wie und warum die Kategorie Kriminalität überhaupt auftauchte."

(H. Hess und S. Scheerer 1997, S.96)

Mit der inquisitorischen Verfolgung der Katharer im südfranzösischen Languedoc begann im 13. Jahrhundert die Geschichte des staatlichen Strafens. Kann man daraus etwas lernen?

Im Grunde handelt es sich um vier Dimensionen, die diese neuartige Form herrschaftlich sozialer Kontrolle prägen: (1) Das Missverhältnis zwischen schädlicher Devianz und deren Definition, (2) deren interne Evolution sowie (3) deren nach außen gerichtete Funktion in (4) einem je spezifischen sozio-kulturellen Macht-Raum.

1. Das Missverhältnis zwischen Devianz und deren Definition

Wenn wir in historischen Berichten lesen, dass das Ketzerproblem – im Languedoc im 13. Jahrhundert – als größtes ‚Devianz'-Problem begriffen wurde, größer als das zuvor im Rahmen der Gottes-Friedens-Bewegung bekämpfte Raubritter-Problem, dann wundern wir Heutigen uns über das Missverhältnis zwischen der Art und Höhe des durch die Häretiker verursachten Schadens und der Intensität der dieses Etikett festschreibenden Verfolgung.

1.1 Worin also bestand der Schaden? Auf dem ersten Common-sense-Blick hin verursachte keiner der über alle sozialen Schichten verteilten Katharer einen ‚realen' Schaden, der in irgendeiner Weise der auch damals vorhandenen ‚normalen' Kriminalität gegen Leib und Leben bzw. gegen Eigentum oder Vermögen

1 Ich variiere damit den einschlägigen Titel ‚Geburt der Strafe' von Viktor Achter (1951)

2 Der ursrpünglich für Sebastian Scheerer geschriebene und zuerst in der Monatsschrift für Kriminologie 2012, Jg. 95, S. 348-362 publizierte Text beruht auf der Zusammenfassung des Kapitels über die Katharer in meinem noch nicht abgeschlossenen Buchvorhaben ‚Ketzer, Hexen, Irre, Junkies. Zur Geschichte professionalisierter Kontrolle.'

vergleichbar wäre. Katharer wurden deshalb vor der Inquisitionszeit im Languedoc nicht gefürchtet, sondern im Gegenteil selbst noch in der letzten schlimmsten Verfolgungszeit – etwa zur Zeit der Autiers – verehrt und vor Verfolgung geschützt, sofern man nicht befürchten musste, wegen des Kontakts mit ihnen selber als Ketzer-Sympathisant verfolgt zu werden.

Lediglich dann, wenn die Bevölkerung religiös aufgehetzt war – etwa bei den frühen ‚populistischen' Ketzerverbrennungen im 11. Jahrhundert – oder wenn sie, später, durch Anzeige und Verrat die neuartige Inquisition als Werkzeug benutzte, um sich zu schützen oder dem Nachbarn zu schaden, zerbrach diese Art der auf Anerkennung des untadeligen Lebens der ‚Vollkommenen' beruhenden Solidarität.

Eine ‚Solidarität', die freilich in der von Kieckhefer (1979, S. 67ff) untersuchten späteren ‚mittelalterlichen Ketzerei in Deutschland' – entsprechend der durch diese Kirchen-Politik wachsenden ‚Christianisierung' der Bevölkerung – verloren ging: "In investigating the motives for his inquisitorial campaign [insbesondere gegen die Waldenser] one must first and foremost take into account the widely shared antipathy toward religious deviants in German society."

Doch, an Stelle solcher fehlender ‚normaler' Schäden verursachten diese Katharer – asketische ‚Vollkommene' wie integriert lebende ‚Gläubige' – gleichwohl dem *herrschenden* Klerus, Bischöfen und Äbten, Domkapiteln und Klöstern, fühlbare und gefürchtete materielle und ideelle Schäden. *Materiell*: durch die Verweigerung des Zehnts, der am Ende der Katharer-Zeit wieder verstärkt eingetrieben werden konnte, sowie durch den Fortfall der ‚religiösen Dividende' aus Wallfahrten, Heiligenverehrung, Messen und Testamenten, die später dann durch den Ablass-Handel regelrecht kommerzialisiert wurde.

Gewichtiger noch war der *ideelle* Verlust, der dem gesamten geistlichen Stand die Legitimations-Basis entzog. Sofern die Ketzer einerseits die priesterliche Weihe und die ausschließliche Berechtigung zur Predigt und Bibelkenntnis ebenso bestritten, wie das Erbsünde-Dogma mitsamt dessen einträglichen Taufe- und Fegefeuer-Ritualen, und andererseits durch die aktiv praktizierte ‚vita apostolica' der Vollkommenen Prunk und Reichtum der Kirche als unchristlich entlarvten. Eine Schadens-Drohung, die durch die allgemeine gesellschaftliche Akzeptanz der Katharer, wie insbesondere durch deren quasi-kirchliche Bischofs-Organisation durchaus Real-Charakter erhielt.

In diesem Sinne bestand der zentrale Unrechtsgehalt der Häresie in der ‚Verachtung der kirchlichen Macht': „Sie erheben sich damit gegen die römische Kirche und den Apostolischen Stuhl, gegen den Primat dieses Stuhls, gegen die apostolische Gewalt des Papstes und der Prälaten der römischen Kirche", wie der Inquisitor Bernard Gui (1323) in seinem führenden Handbuch gegenüber Waldensern und Beginen schrieb (Seifert und Pawlik 1999, S. 126,160).

Hinzu kam schließlich als dritte Schadensart – neben den fehlenden ‚normalen' Schäden, sowie neben den materiellen und ideellen Schäden der ‚Kirche' – die ‚ideelle' Bedrohung des *Seelenheils* der Abtrünnigen selber, wie vor allem aber auch der zu beschützenden Herde der Verführbaren und damit des gesamten göttlich geordneten Kosmos aquinatischer Provenienz, in dem die beiden Stände der Oratores und Bellatores, von den Laboratores ernährt, ihre betenden und schützenden Funktionen erfüllen: „Medieval writers were fond of likening heresy to a loathsome and contagious disease." (Wakefield 1974, S. 16). Ein *Ansteckungs*-Modell, das, wie R. Moore (1996, S. 63) zeigt, der zu dieser Ketzer-Zeit virulenten Lepra – als göttliche Strafe für begangene Sünden – entsprach, und das uns über die Zeit der Hexen bis hin in die der Junkies begleiten wird.

1.2 Diese neuartige, anfangs noch kaum näher definierbare Devianz musste nun sowohl abstrakt, wie aber auch konkret-individuell schrittweise in vierfacher Richtung *neu festgelegt*, erfunden und gefunden werden, zumal man sie zunächst weder an offensichtlichen Schäden – Tod, Verwundung, Diebstahl – festmachen konnte, noch vielfach die dafür eindeutigen dogmatischen Glaubenssätze festgelegt waren. Die eine Richtung galt dieser Festlegung des zu verfolgenden Unrechts und seiner selbständigen Verfolgung, die andere betraf die individuell-subjektive Schuld und die vierte erforderte ein neues Straf-Verständnis.

(1) Die ‚Häresie' war der *Glaubensverstoß*, für den zunächst die Kirche, dann aber auch die weltliche Macht als deren dadurch legitimierte Beschützer zuständig waren.

Anfangs, im 11. Jahrhundert, standen die für die Verfolgung zuständigen Bischöfe sichtlich ratlos diesem neuen Phänomen gegenüber. Man griff deshalb bei der Interpretation des unverständlichen ‚ketzerischen' Verhaltens zunächst auf die Kirchenväter wie etwa auf Augustinus (†430) zurück, hielt sie für Manichäer, Paulicianer, Arianer und fand hierfür auch die im Verhör entsprechend erfragten Belege. Später entwarf man bestimmte Glaubensformeln – wie das 1180 von Valdez, Begründer der Waldenser-Bewegung, vor der Lyoner Prälatenversammlung abgegebene Glaubensbekenntnis; man definierte bestimmte Ketzer-Gruppierungen – wie auf dem III. Laterankonzil (1179) die Lehren der Katharer; und legte gültige Glaubensinhalte fest – wie etwa auf dem IV. Lateran-Konzil (1215) die Abendmahls-Lehre. Hier bestimmte man auch, dass die „Nichtübereinstimmung mit der Lehre der katholischen Kirche Häresie bedeutete […] So brauchte man hinkünftig weder Ketzerlisten noch Ketzerkataloge mehr." (Kolmer 1993, S. 86). Zuletzt entdeckte man im römischen Recht die ,lex quisquis' aus dem Jahr 397, das Majestäts-Verbrechen, das, zunächst von Kaiser Friedrich II. aufgegriffen und dann als ,crimen laesae majestatis divinae' im Jahr 1234 von Papst Gregor IX. im ,liber extra' aufgenommen, das abstrakte Anti-Ketzer-Fundament ergab.

Die Problematik und Beliebigkeit dieser Häresie-Definitionen zeigt sich im Vergleich der Schicksale der beiden Kaufmannssöhne und Laienprediger *Valdez und Franziskus*, die, vor allem auf dem Gebiet der von der katholischen Kirche verfemten Laien-Predigt, sich nahezu identisch verhielten, doch in Lyon einerseits und in Rom andererseits auf unterschiedliche klerikale Gönner zurückgreifen konnten; wobei Valdez ,Gott mehr glaubte als den Menschen', während Franziskus den Papst bedingungslos anerkannte. Was später dann doch dazu führte, dass diejenigen Franziskaner, die als ,Fraticelli' oder als ,Spirituale' die Regeln des Franziskus hochhielten, als Ketzer verbrannt wurden, während die entsprechenden Differenzen bei den ,gehorsameren' Dominikanern zwischen den ,Observanten' und ,Konventualen' lediglich zur vorübergehenden Aufspaltung des Ordens führten.

Doch galt diese Definitions-Arbeit – dieses ,labeling' – nicht nur auf dieser eher allgemeinen Ebene, sondern ebenso auch im *konkreten* Inquisitions-Alltag, in dem der Richter an Hand vorgegebener Frageschemata arbeitete, in denen sich neben praktischer Erfahrung eben auch die jeweils führenden Ketzer-Bilder niedergeschlagen hatten, um auf diese Weise die darin niedergelegten ,Definitionen' durch das Antwortverhalten der Angeklagten bestätigt zu finden; und zwar insbesondere dann, wenn diese Antworten unter entsprechendem Kerker- oder Folter-Druck erfolgten. Wofür die von Konrad von Marburg zu Beginn der eigentlichen Ketzerverfolgungen (um 1231) in Deutschland entdeckte Sekte der Luziferaner oder, am Ende der Katharer-Verfolgung, die – mit Hilfe des im päpstlichen Kanon ,Ad nostrum' (1311/12) näher definierten Kriterienkatalogs – verfolgten Beginen und Begarden gute Beispiele liefern.

Um nun diese als ,häretisch' definierten Verhaltensweisen auch im Verfahren *real* konkretisieren zu können, griff man zunächst auf äußere Kennzeichen zurück – wie sie etwa auf dem die Albigenser-Kreuzzüge abschließenden Toulouser Konzil 1229 positiv verpflichtend festgelegt wurden: öffentliche Eidesleistung, Teilnahme an den Sakramenten, Beichte – um sie, zumindest für eine etwas mindere ,Verdacht-Strafe', wegen ihrer Verletzung oder wegen einer Teilnahme an typisch katharischen Gebräuchen festzunageln: Melioramentum (Begrüßung eines Vollkommenen), Consolamentum (analog zur ,letzten Ölung'), Beherbergung eines Katharers.

Technisch galt die Ketzerei als erwiesen, wenn man auf Aufforderung nicht vor Gericht erschien oder wenn man länger als ein Jahr exkommuniziert war, ohne sich durch Geständnis oder Abschwören gereinigt zu haben; wenn man den Eid oder die Aussage verweigerte, oder hartnäckig abstritt, schuldig zu sein (Kolmer 1982, S. 194); wenn man aus dem Gefängnis floh oder die Buße nicht erfüllte, indem man etwa das Schandkreuz nicht trug. Geständnisse und bestätigende, nicht jedoch entlastende, Zeugenaussagen galten als wahrhaft, Widerruf dagegen als meineidiger Rückfall: „Kurz, der Scheiterhaufen füllte alle Lücken in dem Inquisitionsverfahren aus“ (Lea 1985, S. 369).

Man entwickelte seit dem 14. Jahrhundert eine Serie allgemeiner und spezifischer Fangfragen – im Handbuch von Bernard Gui (1324) etwa jeweils getrennt für Katharer, Waldenser, Pseudo-Apostel, Beginen, Juden und Zauberer (Seifert und Pawlik 1999) – und beschäftigte „Juristen als Experten (Qualifikatoren)“, die auf der Basis der protokollierten Aussagen des Angeklagten und der Zeugen, oft, ohne deren Namen zu kennen, „nur festzustellen hatten, ob die Aussagen, die den Beschuldigten zugeschrieben wurden, häretisch oder der Häresie verdächtig waren bzw. ob sie zur Häresie führen könnten“ (Grigulevič 1980, S. 116).

(2) Die zweite Aufgabe ergab sich daraus, die bisherige, auf der ‚privaten‘ Initiative real geschädigter Opfer beruhende Einleitung eines gerichtlichen (Akkusations-)-Verfahrens durch ein *Verfahren* zu ersetzen, das – bei solchen ‚opferlosen‘ Taten – nunmehr ‚von Amts wegen‘ nicht nur die ‚Täter‘ aufspüren, sondern diese dann auch entsprechend verwahren und aburteilen konnte – eben das weithin geheim verlaufende *‚inquisitorische‘* Verfahren mit seiner Offizial- und Instruktions-Maxime, das damit den künftigen ‚staatlichen‘ Verfolgungsanspruch vorzeichnete und bei uns bis heute prägen konnte.

Ein Verfahren aktiver Informations-Suche nach *möglichen Tätern*, durch die man die Existenz dieser Apparatur legitimierte. Indem zunächst seit der Bulle ‚Ad abolendam‘ (1184) und insbesondere seit dem Toulouser Konzil (1229) die Bürger zur denunziatorischen Mitarbeit verpflichtet wurden; um dann bei Beginn der Vernehmung zuvörderst nach möglichen ‚Mittätern‘ zu fahnden, und erst im weiteren Verlauf den Täter selber zu überführen; ein Geständnis ohne die Benennung von Mitschuldigen „galt als ein Beweis, dass er im Herzen keine Reue empfinde“ (Lea 1985, S. 219): „Zuerst soll einer, der verhört werden soll, gefragt werden, ob er einen Ketzer oder mehrere Ketzer irgendwo sah oder kannte, wenn er weiß oder glaubt, dass sie Ketzer sind oder so genannt oder dafür gehalten werden, und wo und wie oft er sie sah und mit wem und wann.“ (Bernard Gui in Seifert und Pawlik 1999, S. 121,210).

(3) Das dritte Problem bestand darin, das überkommene ‚kompensatorisch' auf Ausgleich angelegte und vom ‚objektiven' Schadens-Erfolg ausgehende Verfahren nunmehr auf den subjektiven *sünd- und schuldhaften* Verstoß des Häretikers hin auszurichten, da „die Häresie von der Kirche als bewusste Leugnung von katholischen Glaubensartikeln sowie als offene und hartnäckige Verteidigung falscher Ansichten verstanden wurde." (Grigulevič 1980, S. 110); also als willentliche, absichtliche Blasphemie, von der man sich nicht durch die bisher übliche Kompensations-Zahlung (Wergeld), sondern nur durch ein entsprechend willentliches Abschwören als Unterwerfungsgeste befreien konnte – so sehr auch die als Buße verhängten Almosen bzw. später die Ablass-Zahlungen dieses Wollen materiell einträglich begleiteten.

Für das anfänglich rein kirchliche Verfahren lag es daher nahe, auf die ursprüngliche Beicht- und Buß-Praxis zurückzugreifen, die zudem nach den Beschlüssen des IV. Lateran-Konzils (1215) verbindlich nur vor einem geweihten Priester abgenommen werden konnte; auf das ‚pater peccavi' (‚Vater ich habe gesündigt' Luk. 15,18 u. 21) mitsamt der dazu gehörigen Absolution des bußfertigen Sünders. Ein bekennend ‚absichtliches' Verhalten, das schon Abaelard in seiner Schrift ‚Scito te ipsum' (‚Erkenne Dich Selbst' zwischen 1135 und 1139) als Kern des sündhaften Verhaltens gelehrt hatte. Auf diese Weise wurde im Rahmen des kanonischen Rechts „im Strafrecht schon während des 12. und 13. Jahrhunderts eine präzise Schuldlehre entwickelt, die später vergessen worden ist und erst im 19. und 20. Jahrhundert fast in derselben Form für das weltliche Strafrecht wieder neu erfunden werden musste" (Wesel 2010, S. 240).

Was nun seinerseits im auf eine solche Beichte hin angelegten Inquisitionsverfahren das Schuldbekenntnis als ‚regina probationum' (Königin der Beweise) erforderte; und damit die üblichen Gottesbeweise – die ja nur das Unrecht, nicht dagegen die Schuld bewiesen – als überflüssige ‚Versuchung Gottes', ja sogar seit dem IV. Lateran-Konzil als dem Klerus untersagte ‚Gotteslästerung' obsolet werden ließ.

(4) Das vierte Problem bot schließlich die zu verhängende *Strafe*, da bisher der kirchliche Bereich nur die Kirchenbußen kannte – vom Gebet, Fasten, Almosen und Wallfahrten bis hin zur Exkommunikation; während im weltlichen Bereich bisher entweder ‚kompensatorisch' das ‚Wergeld', oder aber, ‚feudal verteilt', weithin nur willkürliche Gewalt gegen Unterlegene oder Fehde-trächtige Zerstörungen gegenüber Konkurrenten dominierten.

Neben der schon von Dominikus, dem Begründer der Dominikaner, erfundenen Schandstrafe (1206) der aufgenähten Kreuze und neben der immer schon möglichen einträglichen Konfiskation und demonstrativen Wüstung entwickelte man einerseits aus der klösterlichen Isolations-Haft heraus die Kerker-Strafen und andererseits auf der Basis des römisch-rechtlichen Majestätsverbrechens die Todesstrafe in der ‚heuchlerischen' Form der exkommunikativen Ausstoßung aus der katholischen Kirche – die kein Blut vergießen durfte – und der Übergabe an die weltliche Gewalt. Abstrakte Straf-Vorstellungen, die konkret zum notwendig werdenden Ausbau solcher frühen Kerker und zum Spektakel der Auto-da-Fe's, (des spektakulär ausgestalteten öffentlichen Schuldspruchs, der ggf. auf dem Scheiterhaufen endete) führten. Diese verhängten Strafen konnten zudem jederzeit abgeändert und das Verfahren bei Vorlage weiterer Beweise erneut aufgenommen werden.

2. Die interne Evolution

Das im 12./13. Jahrhundert erfundene Kontroll-Instrument der für die Ketzerverfolgung zuständigen Inquisition folgte – in einem relativ kurzen Zeitraum – einer für derartige Institutionen typischen ‚evolutionären' Entwicklung, und zwar in vierfacher Ausrichtung:

2.1 Der von der Inquisition erfasste Bereich der *verfolgbaren Aktivitäten* war ursprünglich auf das abweichende Verhalten des hohen Klerus zugeschnitten – Simonie (Ämterkauf), Nikolaitismus (Priesterehe) und, zunehmend, pflichtwidrige Amtsführung durch zu lasche, aber auch durch zu übereifrige Amtsführung. Diese Inquisition verfolgte sodann nacheinander zunächst die ‚offensichtliche' Ketzerei der Katharer, dann die der Waldenser, Spiritualen, Fraticellen, Dolicianer, Beginen, Juden, die Christen verführten, sowie auf der iberischen Halbinsel ab 1478 die ‚abtrünnigen' Conversos, Maranen (Juden) und Moriscos (Mohammedaner) einerseits und schließlich seit dem 16. Jahrhundert verstärkt die satanische Verschwörung der Hexen andererseits.

Gegenüber den ‚suspecti' (die verdächtig, aber nicht geständig waren) verhängte man Verdachtstrafen, erweiterte den Bereich der tödlichen Rückfälligkeit und griff, anfangs angesichts unzureichender Erfolge, später mangels Masse, verstärkt auf die Exhumierung verstorbener Ketzer zurück – die nur selten von den selber mit Exkommunikation bedrohten Nachkommen verteidigt werden konnten – mitsamt der damit verbundenen Konfiskation, die ja noch immer auch deren Erben traf.

Einen entscheidenden weiteren ‚Fortschritt' brachte die Einbeziehung der Sympathisanten, der ‚fautores, receptatores und defensores' (Beschützer, Beherberger, Verteidiger), sowie der allgemeine ‚contemptus clavium' als hartnäckiger Ungehorsam gegenüber dem Jurisdiktions- und Lehrprimat der katholischen Kirche, der als ‚Generalformel' dann auch das Vorgehen gegen das ‚ketzerische' Denken der ‚Intellektuellen', wie etwa gegenüber Abaelard (1141) oder dem Dominikaner Eckhart (1327) erlaubte.

Vor allem aber führte die oben angesprochene Praxis der gelenkten Informationssuche dazu, den Kreis der von dieser Institution erfassten ‚Klienten' immer weiter auszuweiten. Zunächst durch den das Verfahren vorbereitenden öffentlichen Inquisitions-Besuch in der betroffenen Gemeinde mit seiner Aufforderung zur Denunziation während der gewährten Gnadenfrist; dann zu Beginn der Vernehmung mit der Frage nach ‚Mittätern', sowie durch Einsatz von ‚Qual', Folter und allein befreiendem Abschwörungseid; und schließlich durch die dominierende Verschwörungs-Theorie: „nichts – oder fast nichts – konnte sie davon überzeugen, dass der Ketzer ein Einzeltäter war. Wo einer ist, sind bald zwei, drei, vier oder fünfzig." (Godman 2001, S. 61) – was dann im Hexen-Sabbat, auf dem die Hexen künftige Übeltaten und Unwetter gemeinsam mit Satan planten, ihre Klimax fand.

Ein Vorgehen, mit dem die Existenzgrundlage des Apparates gesichert werden konnte, weil es sowohl die Notwendigkeit dieser Einrichtung belegt, wie deren Finanzierung gewährleistet, da bei schwindenden Ketzer-Zahlen zugleich das dafür erforderliche, u. a. durch Konfiskation, abgesicherte Einkommen sank.

2.2 Auch der *Verfolgungsapparat* gewinnt ständig an Effizienz und Durchschlagkraft. *Prozessual* durch den Abbau der noch in der klerikalen Phase vorhandenen ‚akkusatorischen' Sicherheiten – Benennung der Zeugen und der Vorwürfe, Möglichkeit zur Verteidigung – im Ausbau des abgekürzten ‚summarischen Verfahrens', sowie durch die Entwicklung einschlägiger Handbücher mit Täterbeschreibung, Vernehmungstechnik und formelhaften Prozesshilfen. *Instrumental* durch die Einführung der Folter (1252), die freilich zumeist durch das Elend überlanger Kerkerzeiten ersetzt wurde, sowie durch den Ausbau eines Registersystems, das den automatischen Todes-würdigen Rückfall bewies; *personal* durch die – auch finanzielle – Verankerung der inquisitorischen Richter in den Bettelorden der Dominikaner und Franziskaner, die Verpflichtung der Synodal-Zeugen als einer Art von ‚Spezialpolizei' (Kolmer 1993, S. 88), Einrichtung fester Inquisitions-Sprengel und -Sitze, Entwicklung eines hilfreichen Mittelbaus aus Notaren sowie familiares und baillis mit polizeilichen Befugnissen, denen erlaubt war, Waffen zu tragen (Lea 1985, S. 190f); *institutionell* durch die per Gehorsams-Eid abgesicherte Verpflichtung der staatlichen und klerikal-bischöflichen Einrichtungen, den allein dem Papst unterstellten Inquisitoren „in allen die Aufgabe der Inquisition betreffenden Dingen Folge zu leisten bei Strafe der Exkommunikation" (Lea 1985, S. 154), sowie durch die Immunität der Inquisitoren und ihrer Gehilfen gegenüber der normalen Gerichtsbarkeit. Eine Immunität, die sich nicht zuletzt auch daraus ergab, dass jeder mögliche Eingriff in ihre Arbeit als Behinderung bzw. als ‚Unterstützung' der Ketzerei interpretiert und damit selber als Ketzerei verfolgt werden konnte (Lea 1985, S. 153).

2.3 Der richtungweisend entscheidende Schritt ergab sich aus der Verlagerung der Inquisition aus der bischöflichen Jurisdiktion, die eher generalistisch für die gesamte kanonische Gerichtsbarkeit zuständig war, in die Hände der *Bettelbrüder*, also der Dominikaner (1233) und dann auch der Franziskaner, die sich nicht nur im Zuge praktischer Inquisitions-Erfahrung als engagierte Verfolgungs-Spezialisten erwiesen, die zudem einer, wenn auch beschränkten, vereinheitlichenden Organisation folgten, sondern die durch ihre sehr früh angestrebte universitär-theologische Ausbildung gegenüber der zunehmend in den Untergrund getriebenen und von der Entwicklung einer eigenen Lehre abgeschnittenen Ketzern die notwendige Oberhand behalten wollten und konnten.

Die Entwicklung solcher *professionalisierter* Stäbe, die ihre Existenzberechtigung, Ansehen und Finanzierung aus eben ihrem Beruf herleiten können, ist – seinerzeit wie auch heute – ein entscheidendes Moment für eine Zweck- und Funktions-freie Evolution solcher Apparate, die ‚autopoetisch' nicht nur dessen Evolution aktiv vorantreiben, sondern sich dabei auch ihre eigene Klientel selber produzieren.

2.4 Solche professionalisierten Stäbe entwickeln und fördern schließlich auch einen die Arbeit legitimierenden *theoretischen Überbau*, der sowohl durch Mythen, Wandermärchen und Fall-Darstellungen die drohenden Gefahren unterstreicht, wenn nicht gar erst erzeugt, und der zugleich auch die theoretische Legitimation des eigenen ‚wissenschaftlich' gelenkten Handelns liefern kann.

In diesem Sinne beschreibt man *abscheuliche* Praktiken zumeist sexual-orgastischer Art, die man schon den frühen Christen nachgesagt hatte; die dann, zu Beginn der Ketzerverfolgung etwa vom heiligen Bernhard von Clairvaux (1145) und durch Konrad von Marburg mitsamt der von ihm initiierten Bulle ‚Vox in rama' des Papstes Benedikt IX. (1233) wieder aufgenommen, im Templer-Prozess (1307-1314) und insbesondere im Zeitalter der Hexen die Hirne endgültig verbrennen.

Die *theoretische* Legitimation bezieht man aus Konzilsbeschlüssen, die die Existenz des Satans bestätigen und die Art des Abendmahls festlegen, sowie aus der theologischen Lehre und den Gutachten der Universitäten, die, wie die Universität Toulouse (1229), mehr oder weniger ausdrücklich zur Ketzer-Bekämpfung gegründet wurden, und in denen die Bettelbrüder zunehmend an Gewicht gewannen, bis hin zu den Vertretern der Hochscholastik, dem dominikanischen Thomas von Aquin (†1274) und dem franziskanischen Bonaventura (†1274).

Eine Legitimation, die auch das eigene Ego im Bewusstsein der Unfehlbarkeit beflügelt, wie dies in den von Godman (2001, S. 38) beschriebenen, unerträglich beschränkten Zensur-Bemühungen – der 1571 eingerichteten und erst 1917 abgeschafften – ‚Kongregation für den Index verbotener Bücher' auch in späterer Zeit besonders deutlich wird: „Diese geschlossene, exklusive Elite muss man vor Augen haben, wenn man die Denkweise der Römischen Inquisition begreifen will. Sie verstand sich als Hüterin der Wahrheit, der von ihren Mitgliedern gedeuteten Wahrheit. Priester und Mönche – Dominikaner oder Franziskaner, Jesuiten oder andere – waren ausnahmslos überzeugt, den Laien weit überlegen zu sein. Die Laien mussten von ihnen angeleitet, geführt und korrigiert werden, und zwar nicht allein in religiösen Fragen."

2.5 Die Evolution dieses neuen, in wenigen Jahrzehnten des frühen 13. Jahrhunderts im katharischen Languedoc zur endgültigen Form entwickelten Kontroll-Instruments, bestehend aus einem Apparat, einem damit verbundenen professionellen Stab sowie einer – in diese Zeit und Mentalität passenden – ‚Ideologie' aus Mythen, Praktiken und Theorien, wird auch die *nächsten Jahrhunderte* bis in unsere Zeit hinein prägen. Anfänglich klerikal zur Kontrolle des höheren Klerus eingesetzt, dann im Interesse der Kirche zur Unterdrückung der ketzerischen Bevölkerung ausgebaut, dient es schon früh auch weltlichen Zwecken, um etwa, noch immer kirchlichen Formen folgend, die Templer auszuschalten (1314).

Eine Evolution, der, wie von Kieckhefer (1979) näher beschrieben, in Deutschland nacheinander zunächst im 14. Jahrhundert die von reisenden *päpstlichen* Inquisitoren verfolgten Beginen und Begarden mitsamt den Brüdern und Schwestern vom freien Geiste, im 15. Jahrhundert die der *bischöflichen* Inquisition überlassenen Waldenser und Hussiten, und schließlich die von der *städtischen* Inquisition zumeist in die Verbannung getriebenen Geissler und andere unerwünschte Ruhestörer zum Opfer fielen. Eine Evolution, die dann, im Zeitalter der Hexen, im weltlich-*absolutistischen* Staat fortgeschrieben wird. In einer Transformation, die – mit anderen Mythen und Theorien – dieses so überaus wirksame Kontroll-Instrument als solches übernehmen konnte.

2.6 Die Evolution dieser Inquisition ist *typisch* für die Entwicklung solcher Institutionen, und zwar in doppelter Hinsicht:

Zunächst entwickeln Professionelle, anfänglich mit zeitgerecht begrüßenswerter Intention, später auch aus Selbsterhaltungs-Interesse, ein *Instrument*, das als Apparat mit entsprechend ‚brauchbaren' Praktiken aufgebaut und mit passender Ideologie ausgerüstet wird, und das sich zunehmend die dafür geeignete Klientel selber aussucht, wenn nicht gar produziert.

Im weiteren Verlauf *verselbständigt* sich ein in diesem Sinne als effizient erwiesenes Instrument, um nunmehr sowohl unabhängig von der ursprünglichen Intention gleichsam im Selbstlauf weiter zu arbeiten, wie aber auch völlig neuartigen Zwecksetzungen zu dienen.

Die Entwicklung des im 16. Jahrhundert erneut erfundenen Zuchthauses/Gefängnisses mit seinen jeweils unterschiedlichen Funktions-Zuschreibungen ist hierfür ein heute nahezu zur l'art pour l'art verselbständigtes, kaum reformierbares rezentes Beispiel, das, eigentlich ‚funktionslos', sich unterschiedlich zugeschriebenen Funktionen als immer schon vorhandener Aufbewahrungsort anbietet.

Für unsere ‚Ketzer-Zeit' bilden die Aktivitäten der bischöflichen Inquisition eines Jacques Fournier – der im Bergdorf Montaillou (1318-1325) die letzten harmlosen Reste der Katharer verfolgte – oder das auf andere Gruppen ausgreifende Handbuch des päpstlichen Inquisitors Bernard Gui (1323) frühe *Beispiele* einer solchen apparativen Verselbständigung, obwohl und weil um diese Zeit im 14. Jahrhundert die ‚Katharer-Gefahr' weithin gebannt war.

3. Funktionen

Um die Wirkung dieses Instruments besser zu verstehen, ist es sinnvoll, sich noch einmal seine diversen Funktionen zu vergegenwärtigen, also zu überlegen, welche Aufgaben es in ‚Theorie und Praxis', manifest und latent, d. h. gewollt oder nicht absichtlich geplant, und dann auch tatsächlich, erfüllen sollte und konnte.

3.1 Doch zuvor möchte ich noch einmal auf die von dieser Apparatur *Erfassten* blicken, da die Inquisition nur dann funktionieren konnte, wenn die ‚Guten Menschen' (bons hommes und bonnes femmes) bzw. diese ‚Armen von Lyon', die ja erst nachträglich als katharische bzw. waldensische Ketzer definiert wurden, dieses ‚Spiel' mit spielten, indem sie als ‚Vollkommene' nicht nur die Mühsal ihrer vita-apostolica Askese – Zölibat, Armut, Essvorschriften und andauerndes Fasten etc. – auf sich nahmen, sondern an ihrem Glauben über alle ‚Folter-Qualen' bis hin zum Feuertod festhielten, zumal es – wie im vorgeschalteten Aufruf, sich selber zu stellen, im ‚tempus gratiae' – vor allem für deren ‚Gläubige' relativ einfach war, gegen geringere Bußen (u.a. zumindest Kerker statt Todesstrafe) diesen Glauben abzuschwören.

Sieht man einmal davon ab, dass der katharische Glaube ‚realiter' in diese Gesellschaft des Languedoc hineinpasste, weil er die weithin fehlende ‚seelsorgerische' Betreuung ersetzte und dem ‚gläubigen' Bürger ein relativ ungebundenes ‚weltliches' Leben ermöglichte – bis hin zum finalen Consolamentum, mit dem die ‚Vollkommenen' kurz vor dem Tode die Erlösung versprachen – dann dürften hier zunächst wohl zwei tiefer reichende Komponenten eine entscheidende Rolle gespielt haben: Das Gefühl der Ungerechtigkeit und die Sicherheit der gemeinsam getragenen Identität. Zwei Dimensionen, die jeweils in ihrer Weise zentral religiös-mental geprägt wurden.

Das Gefühl der offensichtlichen *Ungerechtigkeit*, das Auseinanderklaffen von Reichtum und Armut, die erfahrene Not und Unterdrückung, die allen ‚revolutionären' Aufständen, nicht nur dieser Zeit, zu Grunde liegt, konzentrierte sich im Protest gegen die ungerechtfertigten klerikalen Ansprüche, gegen den Prunk und offensichtliche Heuchelei des höheren Klerus, wie er etwa im Pataria-Aufstand gegen den Mailänder Erzbischof im 11. Jahrhundert oder in der römischen Revolte des Arnold von Brescia (†1155) zu Tage trat. Ein Protest, der nun in gleichsam ‚schweigender' Form auch im Verhalten dieser katharischen und waldensischen ‚Ketzer', in einem Sich-Abwenden von dieser ungerechten Art gesellschaftlichen Miteinanders seinen Ausdruck fand; ein Protest, der sich notwendiger Weise im Rahmen der gegebenen religiös-mentalen Dimension bewegen musste, weil man damals in anderer Weise kaum ‚denken' konnte, zumal der ‚implizite Gesellschaftsvertrag' feudal-klerikal – also vorrangig durch die bischöfliche und päpstliche Herrschaft – gebrochen wurde, während die Unterwerfung unter die adlige Herrschaft – etwa in den südfranzösischen stadtähnlichen Castra – eher überkommenem Brauch entsprach.

Das Gefühl der *Identität* – existentielle Basis der eigenen Humanität – das damals (noch) mehr als in unserer Zeit aus der Zugehörigkeit zur eigenen Gruppe heraus lebte, wurzelte im Domus (vergleichbar dem Hof mit seiner Familientradition), im okzitanischen Miteinander im Castrum und in den neu erwachenden städtischen Kommunen oder in der verschworenen Gruppe der Vollkommenen. Ein Identitäts-Bewusstsein, das durch die inquisitorische Verfolgung, die Flucht in den Untergrund, wie durch den gemeinsamen Abwehrkampf gegenüber der ‚nord-französischen Besatzung' aus der Zeit der Albigenser-Kreuzzüge und auch durch das gemeinsame Erleiden weiter verstärkt wurde.

Zwei Komponenten, die ihrerseits zentral in der die gesamte Gesellschaft prägenden religiösen Beziehung zum ‚Jenseits', zum Schicksal des eigenen *Seelenheils*, wurzelten – bei den ‚Ketzern' wie bei ihren inquisitorischen Verfolgern. Gegenüber diesem sicheren Glauben an die Erlösung, an die Aufhebung der weltlichen Ungerechtigkeit, wie an die Erfüllung in einer ‚seligen' Identität – im Paradies oder, katharisch, als Befreiung vom Fluch der ewigen Wiederkehr in eine vom Satan beherrschte irdische Welt – erschien diese Welt, das in ihr ertragene Leid selbst des Feuertodes zweitrangig, ein ‚nihil' (‚nichts'), auf das man verzichten, das man gegebenenfalls sogar ‚freudig' aufgeben konnte.

Wir stoßen hier auf ein *humanes Phänomen*, das uns heute vielfach fremd erscheint, so sehr es uns doch im Extrem bei den islamischen Märtyrern begegnet, bei der standhaften Kriegsdienst-Verweigerung der Zeugen Jehovas oder im missionarischen Impetus der Angehörigen des US-amerikanischen Bibelgürtels, vom nationalen ‚Hurrah' der sich in den ersten Weltkrieg stürzenden jungen Männer des frühen 20. Jahrhunderts ganz zu schweigen. Ein die gesamte Identität prägender *Glaube*, der in gleichsam ‚verwässerter' Form – als ‚westliche' Überlegenheit, als Glaube an den permanenten Fortschritt, als männliche Arroganz, als selbstgewisse professionelle Autorität oder als Mitglied einer ‚jugendlichen Subkultur' – die Selbstsicherheit verleiht, ‚in' zu sein, anerkannt dazu zu gehören, und der damit den Kernbereich unseres Denkens wie Handelns lenkt.

3.2 Untersucht man die *Funktionen dieser Inquisition*, also ihre manifest oder latent verfolgten Aufgaben, in unserer Katharer-Zeit, kann man neben deren im Vordergrund stehendem Ziel, die Ketzerei zu unterdrücken, drei Dimensionen unterscheiden: (1) die ihr zu Grunde liegende Intention, (2) die damit einher laufenden ‚irregulären' Zwecke und (3) ihre übergeordneten gesellschaftlichen Funktionen.

Das propagierte Ziel, die *Unterdrückung* bzw. Ausrottung der Katharer-Häresie wurde – im Gegensatz zu den Misserfolgen der zunächst eingesetzten, machtpolitisch ausgerichteten Albigenser-Kreuzzüge (1209-1229) – in der erst danach aufgebauten Inquisition bis hin zur Verbrennung des letzten Vollkommenen, Bernard Belibaste (1321), vollständig erreicht, während etwa die Verfolgung der Waldenser, trotz vergleichbarer Intensität, lediglich dazu führte, sie aus ihrem ursprünglichen Verbreitungsgebiet in den mitteleuropäischen Untergrund zu vertreiben.

(1) Die der Inquisition zu Grunde liegende Intention bestand, wie gesagt, in der Wahrung des *Seelenheils* sowohl der Ketzer selber wie vor allem auch der durch

sie verführbaren Herde der Gläubigen: „damit sie nicht die gesunden Schafe mit ihrer unheilvollen Seuche infizieren." (Gui in: Seifert und Pawlik 1999, S. 252).

Diese Ansicht, die zugleich legitimierend wie legitimatorisch funktionierte, wird von uns aus heutiger Sicht allzu leicht lediglich als nach außen gerichtete Rechtfertigung, als ‚heuchlerische' Legitimation interpretiert, die etwa besonders deutlich bei der finalen Übergabe des Verurteilten an den weltlichen Arm mit dem Ziel der Verbrennung zu Tage trete. Gleichwohl muss man, ebenso wie bei den Katharern selber, auch hier die seiner Zeit dominierende ‚Jenseits'-Mentalität bedenken, in der dieses Seelenheil als höchstes ‚Gut' galt, was den Vertretern der Inquisition, vom Papst und Bischof bis hin zum fanatischen Inquisitor dieselbe innere Legitimation ihres Tuns erlaubte, wie sie etwa heute einen Strafrichter dazu bewegt, einen Junkie um seiner Heilung willen zu Gefängnis mit ‚Therapie-Möglichkeit' (§§ 35ff BtmG) zu verurteilen.

In diesem Sinne galt etwa der zumeist menschenunwürdige Kerker nicht als Strafe, sondern als (kirchliche) Buße zur Reinigung von der Sünde von Gott abgefallen zu sein, wie als Chance auf den Weg des Glaubens zurückzufinden; ebenso wie heute die Freiheitsstrafe neben der eigentlichen Strafe für das begangene schuldhafte Tun der Resozialisierung dienen soll.

Eine tief und logisch in der damaligen religiösen Denkungsart verankerte religiös-‚pastorale' Einstellung, die vor allem in den Anfängen der inquisitorischen Verfolgung eine nicht unwichtige Motivation geliefert haben dürfte.

Zugleich und wohl auch vorrangig verstand sich diese Inquisition als Mittel, die bedrohte *Herde* der Gläubigen zu schützen, und zwar in doppelter Funktion: Einerseits zur Demonstration des *‚richtigen'* Glaubens – als positive Kehrseite der ketzerischen Devianz –, wie er etwa auf dem abschließenden, prunkvoll ausgestalteten ‚Sermo generalis', dem späteren Auto-da-Fe, durch die öffentliche Verlesung der einzelnen als ketzerisch verurteilten Handlungen unterstrichen wurde.

Und andererseits durch die terroristische *Abschreckung* potentiell Abtrünniger durch Angst vor der drohenden Strafe und offensichtlichen Terror. Dies setzte schon im Albigenser Kreuzzug mit dem Massaker von Beziers (1209) ein und wurde im Inquisitionsverfahren gekonnt orchestriert: Von der öffentlichen Mahnpredigt zu Beginn des ‚tempus gratiae', in der die Bürger zur Denunziation und Selbstanzeige aufgefordert wurden, die aber auch die Sympathisanten bedrohte, wie durch die Zeugen-Vernehmung ganzer Dorfgemeinschaften, über die mit Kerker und Folter ausgestattete Heimlichkeit des Strafverfahrens bis hin zur öffentlich inszenierten Exhumierung, den öffentlich sichtbaren Schandstrafen und dem abschließenden pompösen Spektakel der öffentlichen Hinrichtung auf dem Scheiterhaufen.

Zwei nach außen gerichtete Funktionen der Abschreckung und der symbolträchtigen Norm-Verdeutlichung, die wir heute dem Akt der Bestrafung als ‚negative' und ‚positive' *Generalprävention* zuschreiben.

(2) Diese nach innen legitimierende wie nach außen legitimatorisch wirkende Intention hinderte die Inquisition nicht, zugleich ganz irdische materielle und machtpolitische *Interessen* zu verfolgen. Und zwar von Beginn an – man denke an das päpstliche Interesse an den Rom benachbarten Städten Viterbo und Orvieto, das zur Bulle ‚Vergentis in Senium' (1199) mit ihrer Übernahme des ‚Crimen laesae majestatis divinae' führte, das die ‚tödliche' Verfolgung der Ketzer legitimierte – bis hin zum vorläufigen Ende dieser kirchlichen Inquisition in den ‚politischen' Fällen der Templer (1314) und im Prozess gegen Jeanne d'Arc (1432), für die, wie bei deren späterer Rechtfertigung (1456), formal noch immer die jeweiligen Bischöfe bzw. der Papst und die Konzilien zuständig waren. Dieses Inquisitions-Instrument erwies sich hervorragend dafür geeignet, mächtige und weniger mächtige Konkurrenten aus dem Felde zu schlagen und durch die bei der Exkommunikation obligatorische Konfiskation das eigene Vermögen zu mehren – vom Papst und König bis hinunter in den Dorfklatsch von Montaillou.

(3) Neben der Rettung des Seelenheils der Ketzer und Gläubigen, neben der Abschreckung und Verdeutlichung der ‚richtigen' Norm einerseits und den sehr irdischen Interessen von Klerus, Adel und Volk andererseits, wirkte diese Inquisition schließlich auch auf einer übergeordneten *gesamtgesellschaftlichen* Ebene in zumindest dreifach miteinander verbundener Weise: Machtpolitisch, Herstellung einer einheitlichen Glaubensgemeinschaft und Produktion einer Outsider-Gruppe.

Machtpolitisch diente die Inquisition – eine ursprünglich kirchliche Einrichtung – im großen päpstlichen Machtspiel, neben dem päpstlichen Aufruf zum Kreuzzug, als absichernde Stütze für die erneut in Angriff genommene Christianisierung der Bevölkerung auf allen gesellschaftlichen Ebenen. Eine Stütze, die von einem unabhängigen Personal betrieben wurde – von den allein dem Papst unterstellten beiden Mendikanten-Orden, den Dominikanern und Franziskanern – und deren ‚Rechtsprechung' durch Konzils-Beschlüsse und päpstliche Bullen geleitet wurde. Sinnvoll ergänzt wurde diese Aufgabe durch den Ausbau der Predigt, insbesondere wiederum durch beide Mendikanten-Orden, durch die im IV. Laterankonzil eingeführte Ohrenbeichte und durch die Ketzerei anzeigenden, offiziell bestellten Synodal-Zeugen, ebenso wie durch das ergänzende Verbot der Laien-Predigt – dem Hauptvorwurf gegen die Waldenser – und der Bibel-Übersetzungen. Ein Machtanspruch, der seit Gregors VII. ‚Dictatus Papae' (1075) sowohl gegenüber der überkommenen feudal-adeligen Welt, wie gegenüber den aufstrebenden städtischen Kommunen – mitsamt deren verweltlichter Bischofs-Gewalt – galt, und der ‚ideologisch' zur gleichen Zeit durch die Erfindung des Fegefeuers wie durch den Auf- und Ausbau der von den Mendikanten beherrschten theologisch-universitären Fakultäten abgesichert wurde.

Die Einrichtung der Inquisition stellte in diesem Macht- und Kontroll-Ensemble also – neben den wenig erfolgreichen päpstlich aufgerufenen Kreuzzügen und den überreizten, Herrschafts-bezogenen Exkommunikations-Drohungen – nur eine unter mehreren, aufeinander bezogenen und miteinander auf der Ebene des katholisch-orthodoxen Glaubens verbundenen Strategien; eine repressiv ausgerichtete Absicherung, die immer erst dann zum Tragen kam, wenn die anderen Strategien ihre Wirkung nicht voll entfalten konnten: Das Fegefeuer brannte zumeist heißer als der Scheiterhaufen.

Das ideologisch legitimierende Ziel dieser Strategien war ein für alle verbindliches gemeinsames *Glaubenssystem*: „Eine in Glauben und Sitten homogene, also ‚monokulturelle' Gesellschaft. Weil dieses Ziel mit ausschließlich friedlichen Mitteln – Mission und Unterweisung im Glauben – nicht zu erreichen war, mussten Gesetzgebung, Gericht und Gewalt eingesetzt werden" (Schimmelpfennig 1993, S. 286).

Ein Glaubenssystem, das auf zwei gleichwohl eng miteinander verbundenen Ebenen – im Inhalt wie in ihrer religiösen Mentalität – das Denken der nächsten Jahrhunderte prägen konnte: Als Welt der Bilder – Satanische Verschwörung, Orgien und Ansteckung einerseits, Marienverehrung, sakramentale Feier, Fegefeuer und Heiligenkult andererseits. Und als hochscholastisches Denkgebäude einer – sich von den illiterati abhebenden – professionalisierten Elite der universitär ausgebildeten ‚clerici' als willfährige Handlanger von Kirche und Proto-Staat. Ein Glaubenssystem, das sowohl zunehmend als Basis für das soziale Miteinander – und damit der später auch die Bevölkerung erfassenden Ablehnung der ‚Ketzerei' – diente, wie vor allem aber auch *vertikal* die hierarchisch aufgebaute klerikale Machtstruktur legitimierte: Ein Glaubenssystem, das Erde und Himmel, irdisches Diesseits und das – in Hölle, Fegefeuer und Paradies unterteilte – Jenseits in einem einheitlichen Kosmos unmittelbar in der Weise miteinander verband, dass – nur – der Papst, Bischof und geweihter Klerus als von Jesus und dem heiligen Geist eingesetzte Bindeglieder und Vermittler die göttliche Gnade – hier wie dort im Fegefeuer – garantieren konnten. ‚Ungehorsam', Leugnung dieser Stellung, Missachtung von Fegefeuer und Sakramenten zersetzten dieses auf dem Glauben aufbauende Machtsystem und damit, so wurde befürchtet, das gesamte darauf fußende soziale Gefüge dieser feudal-klerikal geordneten Welt.

Im Zuge seiner Durchsetzung entwickelten weltliche wie kirchliche Gewalten gleichermaßen die Fähigkeit, „Gemeinschaften aller Art energisch, rücksichtslos zu durchdringen, die Widerstände von Brauch und Gewohnheit beiseitezufegen und die führenden Leute dieser sozialen Gruppen entweder für die Sache der Ordnung, der Orthodoxie und der Reform zu gewinnen oder sie zu vernichten“ (Moore 2001, S. 262).

Mit Hilfe von drei miteinander verbundenen Instrumentarien: Unten die „restlose Unterwerfung der Dorfgemeinschaften unter die Werte der Hochkultur“ in einem dörflichen Pfarrsystem mit einem perfektionierten „Buß- und Beichtwesen, das in keiner anderen Weltreligion seinesgleichen hat.“ (Moore 2001, S. 295); oben durch die langjährige, geregelte und überwachte Universitäts-Ausbildung, die der neuen Elite eine europaweit geltende, gemeinsame Hochkultur auf religiöser Basis bot; gemeinsam durch das scharfe Instrument der Inquisition, das von Montaillou bis hin zur Anklage der Häresie gegen den verstorbenen Papst Bonifaz VIII. (1310/11) jeden erfassen konnte.

Diese Ketzer bildeten schließlich eine durch die Verurteilung gleichsam mit amtlichem Siegel versehene, gut sichtbare *Außenseiter-Gruppe*, gegenüber der sich die Masse der ‚Rechtgläubigen‘ positiv abgrenzen konnte.

Eine typische Insider-Outsider-Beziehung, die nicht nur den kontrollierenden Eingriff rechtfertigt, sondern die den gesellschaftlich dominierenden Insider-Zusammenhang auf Kosten dieser Outsider verstärken kann. Und zwar insbesondere dann, wenn diese Outsider auf der jeweils dominanten Mentalitäts-Achse deren negativen Gegenpol besetzen, um damit die Wertigkeit des positiven Pols zu unterstreichen, was wiederum seinerseits im positiven Feedback eben diese Mentalitätsachse verstärken wird. Dies gilt insbesondere dann, wenn es gelingt, diese Gruppe offiziell als antisozial zu markieren, und mit entsprechenden Geschichten satanisch-orgiastischer Amoral auch moralisch abzuwerten. Ein Mechanismus, der nicht nur das jeweils geltende hegemoniale Glaubens-System mitsamt der darin verankerten gesellschaftlichen Sozial-Struktur ‚pastoral‘ absichert und bestätigt, und zwar sowohl als Wahrer der ‚richtigen‘, orthodoxen Weltauffassung, wie als notwendiger Beschützer gegen die Gefahren der im Outsider festgemachten ‚Unordnung‘. Sondern der zugleich auch die damit verbundenen Probleme etwa der auch damals grassierenden Unterschiede zwischen arm und reich aus dem Blickfeld ausblenden kann. Ähnlich, wie wir dies etwa im Rahmen unserer bis in die jüngste Zeit hineinreichende Drogenpolitik beobachten.

4. Zum soziokulturellen Machtraum

In der Inquisition spiegelt sich der Kampf um die Deutungshoheit auf einem Gebiet, in dem beide Gegner – mit unterschiedlichen Methoden – die ‚Seeligkeit' versprechen; die einen hierarchisch machtpolitisch orientiert, die anderen aus einer ‚vita apostolica' heraus. Und zwar in einem relativ macht-freien Raum, Languedoc und Oberitalien, in dem sowohl der Katharer-Glaube sich anfangs frei entfalten, in den aber auch die auf ihrem Glaubenssystem gegründete päpstliche Macht relativ ungehindert eindringen konnte.

Zwei Momente beherrschten diesen Raum: Eine feudalisiert-städtische Machtverteilung sowie eine tolerant-weltliche Ausrichtung des sozialen Miteinanders.

Im Gegensatz zu den sich herausbildenden umliegenden Königreichen in Frankreich, England-Aquitanien, Aragon und Deutschland-Sizilien bestand im Languedoc eine plural ausgewogene, feudalistische *Machtstruktur* mit untereinander versippten und verstrittenen ‚Mittelmächten' – die Grafen von Toulouse und Foix sowie die Trencavels – mit einer Vielzahl relativ selbständiger Burgen-Besitzer einerseits und aufblühenden Städten, wie Toulouse, Beziers, Carcassonne, Albi und Narbonne andererseits; in denen sich zumeist mehrere adlige und klerikale Stadtherren die Macht mit einer selbstbewusster werdenden Bürgerschaft teilten, was insbesondere für die nach dem Prinzip der adligen Erbengemeinschaft (frérèche) organisierten Castra galt; ein adlig-kaufmännisch-bürgerliches Zusammenleben, das in den oberitalienischen Städten besonders ausgeprägt war. Eine weithin ausbalancierte, wenn auch keineswegs streitfreie Machtstruktur, der einseitig erhobene und ideologisch oder tatsächlich durchsetzbare Machtansprüche, wie sie etwa unter Kaiser Friedrich II. (†1250) in Sizilien galten, durchaus fremd waren, die gleichwohl letztlich durch eine den Eliten gemeinsame okzitane ‚Kultur' zusammengehalten wurde.

Eine ‚okzitane *Toleranz*' – auch auf der vorinquisitorischen klerikalen Ebene – in der sich städtisch-weltliche Interessen mit einer Troubadour-Mentalität verbanden, die Momente aus der spätrömisch-mittelmeerischen Kultur ebenso aufnahmen, wie Einflüsse aus dem fortgeschrittenem moslemisch-jüdischen Spanien und aus den Kreuzzugs-Erfahrungen im Umgang mit der griechisch-orthodoxen Kirche, mit den ‚irregulären' christlichen Religionen und mit der avancierteren moslemischen Welt des Heiligen Landes ‚Outremer' (Kreuzfahrerstaaten). Eine in Religionsfragen tolerante feudal-städtische Kultur, in der sich vom Westen zum Osten hin die den Gregorianischen Reformideen entsprechende vita apostolica der Katharer, der Armen Brüder von Lyon (‚Waldenser') und der italienisch-umbrischen Franziskaner relativ frei und überraschend erfolgreich entfalten konnte.

Um nun auf ein *Papsttum* zu treffen, das – im Ringen mit dem deutsch-italienischen Kaisertum – dabei war, die Vorherrschaft der unter ihm vereinten ,Universalkirche' durchzusetzen, ohne jedoch auf eigene physische Machtressourcen zurückgreifen zu können. Doch verwaltete es ein monokratisch ausgerichtetes Glaubensystem, das im Rahmen der geltenden religiösen Mentalität sowohl Kreuzzüge mobilisierte, wie die Inquisition mit Hilfe der dadurch verpflichteten weltlichen Macht organisierte, und das, unterstützt von den beiden Bettelorden mitsamt der von ihnen beherrschten theologischen Fakultäten, eben dieses Glaubenssystem aufrüsten und weiter verfestigen konnte.

Ein Papsttum, das mit Hilfe dieser ,Glaubens-Armee' erfolgreich versuchte, auf dem Wege der Verfolgung der Katharer auch seine weltliche Macht zunächst nach dem italienisch benachbarten Viterbo und Orvieto und sodann ins Machtoffene Languedoc und in die oberitalienischen Stadtrepubliken auszuweiten. Ein herrschaftliches Anliegen, das freilich mit der verlustreichen ,sizilianischen Vesper' (1282) gegenüber dem spanischen Aragon, mit der 1309 einsetzenden ,Babylonischen Gefangenschaft' in Avignon gegenüber dem französischen König, und 1417 mit der Lösung des ,Großen Schismas' – der Konkurrenz dreier zugleich ernannter Päpste – auf dem Konstanzer Konzil unter Kaiser Sigismund machtpolitisch und nochmals 100 Jahre später mit der Reformation (1517) auch glaubens-politisch begraben werden musste – ohne dass deswegen diese neu geschaffene inquisitorische ,Sinnprovinz' ihren autopoietischen Impetus verloren hätte.

Ein inquisitorisches Unternehmen, das – Zukunft weisend – nicht nur mit der Häresie als ,Crimen laesae majestatis divinae' eine neue, fast beliebig erweiterbare ebenso ,opferlose' wie ,staatsnahe' Verbrechenskategorie mitsamt der dazu passenden ,Schuld' und ,Strafe' erfunden hatte, sondern das zugleich das dafür notwendige polizeiliche und justizielle Verfahren wie die dazu passenden professionellen Garanten ausgebildet und eingesetzt hatte.

Literatur

Achter, V. 1951. *Geburt der Strafe*. Frankfurt am Main: Klostermann.

Godman, P. 2001. *Die Geheime Inquisition. Aus den verbotenen Archiven des Vatikans*. Berlin: List-Verlag.

Grigulevič, J. 1980. *Ketzer – Hexen – Inquisitoren. Geschichte der Inquisition (13. – 20. Jahrhundert),* Teil 1. Berlin: Akademie-Verlag (1970).

Hess, H. und S. Scheerer. 1997. Was ist Kriminalität? Skizze einer konstruktivistischen Kriminalitätstheorie. *Kriminologisches Journal* 29, 83-155.

Kieckhefer, R. 1979. *Repression of Heresy in Medieval Germany*. Liverpool Univ. Press.

Kolmer, L. 1982. *Ad capiendas vulpes: die Ketzerbekämpfung in Südfrankreich in der ersten Hälfte des 13. Jahrhunderts und die Ausbildung des Inquisitionsverfahrens*. Bonn: Röhrscheid.

Kolmer, L. 1993. … ad terrorem multorum. In *Die Anfänge der Inquisition in Frankreich*, hrsg. P. Segl, 77-102. Köln: Bölau.

Lea, H. 1985. *Die Inquisition*. Nördlingen: Greno Verlag (1887).

Le Roy Ladurie, E. 1980. *Montaillou. Ein Dorf vor dem Inquisitor 1294 bis 1324*. Frankfurt am Main, Berlin, Wien: Propyläen (1975).

Moore, R. 1996. *The formation of a Persecuting Society. Power and Deviance in Western Europe, 950-1250*. Oxford: Blackwell (1987).

Moore, R. 2001. *Die erste europäische Revolution. Gesellschaft und Kultur im Hochmittelalter*. München: Beck (2000).

Schimmelpfennig, B. 1993. Des großen Bruders Grossmutter. In *Die Christliche Inquisition als Vorläuferin des modernen Totalitarismus*, hrsg. P. Segl, 285-29. Köln: Bölau.

Segl, P. (Hg). 1993. *Die Anfänge der Inquisition im Mittelalter*. Böhlau (Köln)

Seifert, P. und M. Pawlik (Hrsg). 1999. *Das Buch der Inquisition. Das Originalhandbuch des Inquisitors Bernard Gui*. Augsburg: Pattloch.

Wakefield, W. 1974. *Heresy, Crusade and Inquisition in Southern France, 1100-1250*. Univ. of California Press.

Wesel, U. 2010. *Geschichte des Rechts in Europa. Von den Griechen bis zum Vertrag von Lissabon*. München: Beck.

Criminal Law and Cultural Lag: Drug Prohibition as Anachronism

Craig Reinarman

Laws originally enacted as expressions of widely shared values sometimes fall out of step with evolving norms and so become anachronisms. In 1648, the laws of the American state of Massachusetts forbade both the worship of gods other than Jesus and being a "stubborn or rebellious son," each crime punishable by death.[1] Until the 1980s Massachusetts retained "blue laws" that prohibited the sale of alcoholic beverages and playing music in cafes on Sundays.[2] My examples are drawn from US law, but every society will have its own such legal anachronisms, ranging from mischievous to barbarous.

American racial laws that once passed for common sense eventually came into conflict with evolving norms and were changed. In the 18th and 19th century, various state laws made it a crime for slaves to run away from their masters; the Constitution required citizens to "deliver up" such runaways to their owners. Southern states passed laws making it a crime, punishable by imprisonment, to teach slaves how to read and write. Long after slavery was officially abolished, the US Supreme Court upheld segregationist laws on grounds of the "separate but equal" doctrine[3] that was not formally overturned as an oxymoron until the 1950s.[4] Many states within the US maintained anti-miscegenation laws prohibiting inter-racial marriage until the Supreme Court finally ruled them unconstitutional in the 1960s.[5]

Laws regulating sexual behavior provide further illustrations. Until 1960, virtually all US states had laws that criminalized gay sex. As recently as the 1980s the Supreme Court upheld a conviction for homosexual sex on the grounds that anti-sodomy laws were "firmly rooted in Judeo-Christian moral and ethical

1 Hall et al. (2005, p.21-22.)
2 Most such blue laws were repealed when business lobbies convinced Massachusetts' legislators that the state was losing sales and tax revenues to neighboring states that did not have such laws.
3 Plessey v. Ferguson 1896.
4 Brown v. Board of Education 1954.
5 Loving v. Virginia 1967.

standards."[6] Only in 2003 did the Court reverse itself, its majority acknowledging that societal norms had changed and concluding that a law criminalizing homosexual sodomy but not heterosexual sodomy "furthers no legitimate state interest which can justify its intrusion into the personal and private life of the individual."[7]

Such cases suggest that cultural practices can push norms beyond the boundaries of existing law. When behaviors defined as crimes in law become normalized in practice, the ineffectiveness of the law becomes clear.[8] As Sebastian Scheerer (1978, p.586) has suggested with regard to drug law, legislators then face a choice: *re-affirm* the legitimacy of the law through increased penalties, intensified enforcement, and the like, or *reform* the law to accommodate the formerly deviant behavior. For example, US conservatives reaffirmed the legitimacy of conventional family structures and impeded progress toward legalization of gay marriage by passing the Defense of Marriage Act in 1996. Examples of reform include the abolition of slavery and the decriminalization of inter-racial marriage. Music can now be heard in Massachusetts' cafes on Sundays. Some behaviors once defined as crime have been sufficiently domesticated by widespread cultural practices that the laws against them were washed away like Jurassic juridical residue; for other behaviors, however, criminal laws persist despite normative change.

Such gaps between norms and law can be seen as one form of what University of Chicago sociologist William F. Ogburn called "cultural lag" (1922). Ogburn wrote mostly about the ways in which non-material culture can lag behind technological innovations in material culture (e.g., the automobile). But he allowed that change sometimes flows in the opposite direction; "lag" does not necessarily mean that one part of culture is failing and must inevitably "catch up" to the other. In its most basic form, Ogburn's hypothesis calls attention to the frictions or maladjustments that can arise when interdependent parts of a culture change at different velocities or to different degrees.[9]

One example is workers' compensation law. In the early 20th century, Ogburn noted, rapid industrialization had given rise to an epidemic of factory-floor

6 Bowers v. Hardwick 1986.

7 Lawrence v. Texas 2003.

8 Criminologist Edwin Sutherland once remarked, "Where customs are strong, law is unnecessary; where customs are weak, law is useless."

9 Ogburn was criticized as a technological determinist because his theory of social change had culture "catching up" to technological innovation. But as Weber suggested with religion, Ogburn noted that non-material culture could drive change in the material world. Ogburn often neglected the many instances in which there was conflict rather than consensus about cultural norms; reforms seen as a victory for one faction were often seen as a defeat for another. Gusfield (1963) called attention to the "status politics" involved in such conflicts, particularly the Temperance Crusade against drink. I am grateful to Harry G. Levine for this point.

injuries. Yet few states had laws stipulating that injured workers be cared for and compensated. Business interests initially resisted taking responsibility for such collateral casualties. But as more and more workers launched strikes and filed lawsuits over loss of life or limb, corporations faced mounting and unpredictable expense. In time, more corporations came to believe that their long-run interests required an insurance system to rationalize such costs (cf. Weinstein 1971). Between 1912 and 1921, nearly all US states passed workers' compensation laws.

A more recent example is the spread of cell phone technology, which similarly raced ahead of the etiquette and culture of cell phone users. Norms had to be developed to reduce the more annoying cell phone use practices. Movie theaters now remind viewers to turn off their phones before films begin. Televised public service announcements tell us that "texting while driving" is dangerous and legislators are drafting laws to make it a crime.[10] Such efforts reduce cultural lag by bringing traffic law more into synch with cell phone technology, just as workers' compensation law caught up with industrial manufacturing technology.

For my purposes here, cultural lag is a useful metaphor in that it helps make legible the anachronistic character of drug prohibition laws. In what follows I argue that punitive drug laws are out of synch with both the pharmaceutical technology for altering consciousness and the myriad ways in which people commonly deploy that technology in modern societies. I then return to Scheerer's reaffirm/reform question by considering how the legitimacy of drug laws gets reaffirmed and how, despite this, many such laws have been reformed.

Drugs as quotidian technologies of the modern self

Foucault's famous phrase,"technologies of the self," is generally taken to mean a mode of "governmentality" or social control that individuals have internalized as part of self-control. But it does not mean merely that. "Technologies of the self," he wrote, "permit individuals to effect by their own means...a certain number of operations on their own bodies and selves in order to attain a certain state of happiness, purity, wisdom..." (1994, p.225). This definition is sufficiently broad to include the meaning I intend here for drugs: tools for managing or regulating the self, moods, and consciousness.

Since the pharmaceutical revolution of the 1950s, drugs have proliferated as technologies of the self in mundane medical practice and daily life. Valium, Librium, and the so-called minor tranquilizers (benzodiazepines) found their way

10 Similarly, legislators and courts struggle with how to treat the growing amounts of intimate information stored in cellphones and coveted by police and prosecutors (see Sengupta 2012).

into the medicine cabinets of middleAmerica, prescribed for a expanding array of anxieties. In the 1960s Benzedrine and other amphetamine-type stimulants were widely prescribed for fatigue, weight loss, and mood control. Since the 1980s physicians have written millions of prescriptions for Ritalin, Adderall, and other amphetamine-based drugs for children thought to be afflicted with Attention Deficit Hyperactivity Disorder to improve their ability to focus and function (see De Grandpre 1999). Prozac (fluoxetine) and its chemical cousins, a new class of anti-depressants called selective serotonin re-uptake inhibitors or SSRI's, were also quickly prescribed to millions, including many whose symptoms did not meet the criteria for bipolar depressive disorder but who simply liked themselves better when taking an SSRI (Kramer [1993,p.15] called this "cosmetic psychopharmacology"). In addition to the metastasizing market for espresso drinks sparked by Starbucks, corner stores and supermarkets now sell new "energy drinks" like *Red Bull, Monster Energy,* and *6-Hour Power*, which consist largely of concentrated doses of caffeine and sugar.[11] Since the 1990s there has been an "epidemic" of insomnia and a quadrupling of prescriptions for Ambien, Lunestra, and other sleeping pills.

Over the same decades there has been a parallel rise in illicit or "recreational" drug use. In the US as well as globally, the most common illicit drug is cannabis. More than 100 million Americans report lifetime prevalence of cannabis use, over 40% of the population age 12 and older (SAMHSA 2012). Nearly one in five are current users. Prevalence continues to climb in part due to the recent re-discovery of a growing range of therapeutic effects of cannabis and the passage of medical marijuana laws that effectively blur the boundary between recreational and medicinal use (e.g., Reinarman et al 2011). Millions more Americans report use of Ecstasy (MDMA), methamphetamine, LSD, and other illicit drugs. Non-medical use of pain relievers, particularly the synthetic opiate Oxycodone, has become the fastest growing and second most prevalent form of illicit drug use (SAMHSA 2012, 91).

Politicians and drug control officials ritualistically invoke the imaginary of a "drug-free America" in part because all trends have been moving in precisely the opposite direction for half a century. They are making an incantation against the tide of cultural practice. Certainly the widespread use of licit and illicit drugs entails risks, but there is little evidence to suggest that criminal law is an effective means of reducing those risks, never mind putting the drug genie back in the bottle. Indeed, there is growing evidence that drug use, licit and illicit, has be-

11 The US Food and Drug Administration has received reports on 18 deaths, 150 injuries, and 13,000 hospital emergency room visits in which these "energy drinks" are cited (Meier 2012).

come "normalized" in modern societies – widely consumed not just among the marginalized or in deviant subcultures but in the everyday lives of educated, employed, engaged citizens, most of whom never fall into the much-predicted abyss of addiction.[12] That UN drug control treaties and national drug laws lag behind these trends, and continue to produce mass arrests and imprisonment of drug users, can be taken as a rough indicator of their legal anachronicity.

How is the legitimacy of punitive prohibition laws sustained?

Given the widespread and growing use of drugs as technologies of the self and the well-known collateral costs and casualties of mass incarceration, the persistence of punitive drug laws begs for explanation. How is the legitimacy of such laws sustained in the face of their failure? There are many pieces to this puzzle, but here I focus on two key factors that help hold prohibition laws in place. Both are drawn from the US experience, but they apply in some measure to most countries that are signatories to the UN drug control conventions advocated by the US.

The first is what I shall call the *drug control industrial complex*. One key reason why laws can become anachronisms is that institutional interests continue to defend them well past the point at which they were in synch with norms. Drug use was first formally criminalized in the US after World War I. Alcohol Prohibition passed in 1919 and some of the Treasury Department's prohibition agents were charged with developing drug policy. They actively sought to criminalize drug use and to export drug prohibition to other countries.[13] The new Bureau of Narcotics stoked race and class prejudices to create fear of "alien" drugs and deviant users in a process of reciprocal demonization. From their inception until today, US drug laws have been enforced in a racially discriminatory manner, functioning as mechanisms for the social control of the dangerous class *du jour*.[14]

After drink was legalized again by the repeal of alcohol prohibition in 1933, narcotics agents became more zealous in their suppression of other drugs. The Bureau expanded its power and purview by criminalizing cannabis in 1937. A generation later when President Nixon declared "war on drugs," drug law enforcement expanded further, reaching into more agencies and levels of the state.[15] By 2000, drug arrests had become the largest category of arrests, helping to quadruple the

12 For compelling empirical evidence of such normalization, see, e.g., Parker et al. (1998) and Eisenbach-Stangl et al. (2009).

13 Among the best sources on this are Bewley-Taylor (2001) and Levine (2003).

14 See, e.g., Musto (1973) and Alexander (2010).

15 Epstein (1977) provides the most detailed history of the Bureau's expansion.

U.S. incarceration rate to the highest in the world, five to ten times higher than comparable industrialized democracies.[16] The number of Americans incarcerated specifically for drug offenses increased ten-fold between 1980 and 2006.[17] The US currently imprisons more citizens for drug offenses than all original member states of the European Union together imprison for all offenses combined, despite the EU's larger population.

Across the US and globally, drug control agencies share intelligence, equipment, technical knowledge, professional lore, a specific anti-drug ideology, and, not least, material interests. Funding for these agencies and the careers of the political appointees and agents who staff them depends on a perpetual threat of "drugs" and on the claim that only more drug law enforcement will finally eliminate the evil. The Bureau of Narcotics created criminalization, and criminalization in turn created a drug control industry. The network of inter-linked agencies of the state involved in drug control, together with the many corporate entities that sell related products and services, constitutes a drug control industrial complex.

This complex is the most essential political force sustaining prohibition laws. To give one illustration, after the crack cocaine scare faded in the early 1990s (Reinarman and Levine, 1997), cannabis arrests skyrocketed to new records each year, doubling between 1980 and 2010 (FBI 2011).[18] This upsurge was *not* driven by increased cannabis use, which was stable or declining, but by the increased capacity of the drug control industry. The Reagan and Bush-I administrations dramatically expanded the drug war. The Clinton administration further increased drug war funding to support local police departments, contingent upon "effectiveness" as measured by drug arrests. With cannabis by far the most commonly used illicit drug, cannabis users were the low-hanging fruit. The Drug Enforcement Administration has continued to raid medical marijuana dispensaries in defiance of President Obama's stated policy of non-interference with such dispensaries in states that have legalized them.[19] When drug policy reform activists succeeded in gathering enough signatures to get a marijuana legalization measure on the 2010 ballot in California, the California Police Chiefs Association, the California Narcotic Officers' Association, and police union lobbyists led the opposition. Whenever punitive prohibition laws have been threatened by reform, the drug control industry has defended them.

16 Cooney and Burt (2008); International Center for Prison Studies (2012).
17 Bureau of Justice Statistics (2007), Table 4.1.
18 On the crack scare, see Reinarman and Levine (1997); on the rise in cannabis arrests, see Federal Bureau of Investigation (2011).
19 US Department of Justice 2009.

The second factor holding prohibitionist drug laws in place, ironically, is an effect of those very laws. The direct and indirect consequences of criminalization on labeling and stigmatizing drug users tends to marginalize them, to push them underground, outside the orbit of conventional society. This amplifies the deviance and helps produce the conditions and contexts in which drug use takes more problematic forms and appears to be associated with feared effects. In this way, criminalization creates its own constituency.

For example, three of the problems that people fear most about illicit drugs are crime, overdose deaths, and the spread of debilitating diseases like HIV/AIDS and Hepatitis-C. The media, politicians, and citizens typically speak of these problems as if they are "caused" by illicit drug use, but they are actually driven at least as much by drug *laws*. Research has long shown that much "drug-related crime" by opiate addicts is engendered by the dehumanizing funnel of narrowing options and deepening desperation that result more from the context of criminalization than from addiction per se. What were called "crack-related homicides" turned out to result less from the effects of the drug than from the exigencies of black markets in impoverished inner cities –widespread unemployment, high profit potential, intense competition, easy availability of guns, and no recourse to legal means of dispute resolution.[20] Similarly, most overdose deaths are a function of the absence of potency labeling and quality controls in illicit drug markets, and the refusal of drug law enforcers to allow the distribution of opioid antagonists like Naloxone, which can reverse overdoses and save lives. And the spread of HIV/AIDS and Hepatitis-C among injection drug users stems from the criminalization of injection equipment, which makes it artificially scarce and thereby encourages unsafe injection practices such as syringe sharing.

The point is that drug prohibition laws persist, despite long-standing evidence of their ineffectiveness, in part because they create a *self-fulfilling prophecy*. The drug control industrial complex, abetted by the media and political elites, has framed drug use so as to create public fear and moral condemnation, which are then mobilized to justify and intensify criminalization. The punitive drug laws that result, in turn, help create the conditions and consequences that appear to confirm the fears and thus the need for punitive drug laws.

20 See, e.g., Goldstein et al. 1997

The cultural and political base of drug law reform

If drugs are increasingly used as technologies of the self and normalized in modern societies, and if, in spite of this, political elites continue to support punitive prohibition, then we arrive back at Scheerer's question: Will this contradiction, or what I have described as the cultural lag between norms and law, lead legislators to reaffirm the legitimacy of prohibition laws with new fervor, or instead to reform the laws to accommodate formerly deviant drug use?

Scheerer posed this question in his seminal comparative analysis of shifts in Dutch and German drug law. He sought to understand why, in response to the rise of illicit drug use in the 1960s, German political elites chose to reaffirm punitive prohibition laws while Dutch elites chose legal reforms that accommodated illicit drug use. He hoped to identify the conditions of possibility for the decriminalization of drug use. He found crucial differences in the role played by moral conservatives, in interest group structure, and in the extent to which political parties politicized drug issues for electoral gain. He found that such differences in political culture gave the Dutch a greater capacity for creating space within conventional norms for emerging subcultural challenges.

Scheerer noted one distinct difference in Dutch political culture – *whose views were considered* – that is, in my view, turning out to be an important element in drug policy reform successes elsewhere. As Scheerer showed, where German legislators invited testimony only from conservative experts who supported criminalization, Dutch legislators solicited a wide range of views including those of illicit drug users themselves.[21] Dutch drug user activists from the "respectable" classes – people with some power to challenge labeling and resist stigmatization – asserted the legitimacy of their own practices and were heard in elite forums.

This leads me to suggest that the increasing use of drugs as technologies of the self and the normalization of drug use in non-deviant populations have created *a cultural and political base for drug law reform*. The increasingly educated, employed, engaged citizens who use drugs have the cultural capital and political power to contest the stigmatizing stereotypes of the state. With use spreading into more pharmacological categories and across more segments of the population for more purposes, labels like "pothead" and "junkie" that are often deployed to dismiss drug users as mere deviants and to justify jailing them lose much of their adhesive force.

21 The Netherlands' first drug policy commission included a representative of the Dutch *junkibond* [junkie union] as a member (Prof. Louk Hulsman, interview, 7/2/91).

I take as evidence of this cultural-political base the reform trend seen in many countries in the past 20 years, which has moved drug laws in the Dutch direction.[22] While most politicians in the US continue to reaffirm the legitimacy of punitive prohibition laws, many have supported reforms that accommodate modes of drug use once defined as criminal. Syringe exchange programs, for example, operate in over 150 US cities as practical public health measures – in defiance of federal laws but usually with the support of local governments. Since 1996 voters in 18 states and Washington, DC, have passed laws allowing the medicinal use of cannabis. Numerous US cities have passed referenda making cannabis law enforcement the lowest police priority.[23]

Gallup and other public opinion polls have shown for the first time that a majority of Americans support decriminalizing cannabis and regulating it like alcohol.[24] In California in 2010 46 % of voters supported a ballot initiative to legalize and regulate cannabis. In 2012, a majority of voters in Colorado and Washington State did pass similar cannabis legalization measures. This sets up a constitutional confrontation[25], but at the very least these new legalization laws will force an unprecedented drug policy debate in the US. Even the current Supreme Court, the most ideologically conservative in generations, ruled that the harsh laws passed during the national hysteria over crack cocaine had led to discriminatory sentencing patterns, and therefore that judicial departures from the long mandatory sentences mandated by those laws are justified.[26] Congress later passed the Fair Sentencing Act of 2010 to reduce these sentencing inequities. From the national to the local level, there is growing support for treatment rather than imprisonment for problematic drug users.

More important than drug law reforms in the US is what Bewley-Taylor (2012) aptly calls the "fracturing" of the international consensus supporting the global

22 Paradoxically, amidst all this movement in the Dutch direction, the Dutch government stepped back from their path-breaking decriminalization policy with a 2011 law that restricts cannabis sales to Dutch citizens. Neighboring governments concerned about drug tourism pressured a new, conservative Dutch governing coalition comprised of the dominant free market party, the VVD, and the anti-immigrant party, PVV. This coalition came to power in 2010 and collapsed in 2012. The 2012 election brought to power a new coalition which reduced the influence of the PVV and increased that of the labor party, the PVDA.Implementation remains incomplete, and the new law has led to a resurgence of street dealing and resistance at the local level, notably by the Burgemeester of Amsterdam. It remains to be seen what drug policy the new government will adopt.

23 For a useful overview of US drug law reforms in 2012, see Newman (2012).

24 See, e.g., ABC News 2009; Gallup 2012.

25 In an earlier medical cannabis case, the Supreme Court reaffirmed the supremacy of federal over state drug laws (Gonzales v. Raich 2006).

26 Kimbrough v. United States 2007.

prohibition regime that the US engineered. For the first time there is serious discussion of revising the UN drug control treaties to allow countries to "opt out." Meetings of the UN Committee on Narcotic Drugs, which monitors implementation of the treaties, have been marked by more and more country representatives arguing on public health and human rights grounds against continued prohibition and in favor of harm reduction strategies. There have been a growing number of what Bewley-Taylor calls "soft defections" from parts of the UN treaties, as well as "domestic normalization of harm reduction" in at least 70 countries, including perhaps 20 that have adopted some form of partial decriminalization. The Global Commission on Drug Policy – a distinguished body that included former UN Secretary-General Kofi Annan, several former presidents and prime ministers, and Reagan administration Secretary of State George Schultz and Federal Reserve Bank Chairman Paul Volcker – issued a report calling for an end to criminalization and for experiments with legal regulation of drugs (2011). Decriminalization is taking a variety of forms and is developing at different velocities, but it is a clear trend.[27]

What journalist Alma Guillermoprieto called the "rebellion in Cartagena" provided further evidence of this fractured consensus. At a conference of North and South American states in 2012, the presidents of Columbia, Guatemala, and Costa Rica openly challenged punitive prohibition laws as harmful anachronisms. This discursive rupture was "a startling, unprogrammed and rebellious discussion" which, "for the first time in forty years challenged the United States' dominance on drug issues." Heads of state "openly debated … whether the best way to stop the rolling disaster was an end to the US-sponsored and –dictated war on drugs and at least partial legalization.… The very word 'legalization' has been taboo for so long that it was a shock to hear it mentioned as a sensible option by unimpeachable allies of the United States." Guillermoprieto reached the "inescapable" conclusion that "race, inequality, and class segregation, which cut across all aspects of Latin American societies, underpinned" their drug problems. Representing the US, President Obama was put on the defensive but continued to reaffirm the legitimacy of prohibition laws, insisting that legalization is not a viable option. Nonetheless, Guillermoprieto wrote, "Something important happened.… A taboo was broken, a conversation began.…" The war on drugs "has become too destructive to be defensible" (2012, p.39-41).

How are we to understand this seemingly sudden turn from formerly silent leaders who had long acquiesced in US drug policy hegemony? An adequate answer would have many parts but would certainly include: a drug war that impris-

27 See, e.g., Rosmarin and Eastwood 2012.

ons hundreds of thousands and yet fails on its own terms and has led to 50,000 dead in Mexico alone; the continued spread of HIV/AIDS; the extraordinary organizing work by knowledgeable interest groups and NGOs like the Drug Policy Alliance to open up the debate, change public opinion, and promote drug law reform; and support for such efforts by some business elites and moral conservatives.

To this list I would add growing millions of "respectable" citizens who have found both licit and illicit drugs to be functional technologies of the self, and who now constitute the cultural and political base for drug law reform. The drug control industrial complex and other state interests will continue to reaffirm the legitimacy of punitive drug laws. The difference is, they now face the fierce headwinds of cultural practices that can no longer be dismissed as deviant.

References

ABC News. 2009. *"Changing Views on Gay Marriage, Gun Control, Immigration, and Legalizing Marijuana."* http://abcnews.go.com/PollingUnit/Obama100days/story?id=74594888&p=1. Retrieved: 30.03.2011.

Alexander, M. 2010. *The New Jim Crow: Mass Incarceration in the Age of Colorblindness.* New York: The New Press.

Bewley-Taylor, D. 2001. *The United States and International Drug Control, 1909-1997.* London: Continuum.

Bewley-Taylor, D. 2012. *International Drug Control: Consensus Fractured.* New York: Cambridge University Press.

Bureau of Justice Statistics. 2007. *Sourcebook of Criminal Justice Statistics.* Washington, DC: US Department of Justice.

Cooney, M, and C. H. Burt. 2008. Less Crime, More Punishment. *American Journal of Sociology* 114: 491-527.

DeGrandpre, R. 1999. *Ritalin Nation.* New York: Norton.

Eisenbach-Stangl, I., J. Moskalewicz, and B. Thom (Eds.). 2009. *Two Worlds of Drug Consumption in Modern Societies.* Surrey, UK: Ashgate.

Epstein, E.J. 1977. *Agency of Fear: Opiates and Political Power in America.* New York: Putnam's.

Federal Bureau of Investigation. 2011. *Crime in America: FBI Uniform Crime Reports 2010.* Washington, DC: U.S. Department of Justice.

Foucault, M. 1994. Technologies of the Self. In *Ethics: Subjectivity and Truth: Essential Works of Michel Foucault, 1954-1984*, Vol. 1, ed. P. Rabinow, 223-25. New York: The New Press.

Gallup Poll. 2010. *Record High 50% of Americans Favor Legalizing Marijuana.* http://www.gallup.com/poll/150149/record-high-americans-favor-legalizing-marijuana.aspx. Retrieved: 24.11.2012.

Global Commission on Drug Policy. 2011.*War On Drugs: Report of the Global Commission on Drug Policy.* http://www.globalcommissionondrugs.org/reports/. Retrieved: 24.11.2012.

Goldstein, P., H. Brownstein, P. Ryan, and P. Bellucci. 1997. Crack and Homicide in New York City. In *Crack In America: Demon Drugs and Social Justice,* eds. C. Reinarman and HG Levine, 113-130. Berkeley: University of California Press, 1997.

Guillermoprieto, A. 2012. Drugs: The Rebellion in Cartagena, *New York Review of Books*, 7 June 2012, 39-41.

Gusfield, J. 1963. *Symbolic Crusade: Status Politics and the American Temperance Movement.* Urbana, IL: University of Illinois Press.

Hall, K., P. Finkelman, and J. Ely, Jr. 2005. *American Legal History: Cases and Materials*, 3rd edition. New York: Oxford University Press.

International Center for Prison Studies, University of Essex. http://www.prisonstudies.org/info/worldbrief/wpb_stats.php?area=all&category=wb_poptotal (London 2012).

Kramer, P. 1993. *Listening to Prozac* . New York: Viking.

Levine, H.G. 2003. Global Drug Prohibition: Its Uses and Crises. *International Journal of Drug Policy* 14: 145-153.

Meier, B. 2012. FDA Posts Injury Data for Red Bull. *New York Times* 17.

Musto, D. 1973. *The American Disease: Origins of Narcotic Control.* New York: Oxford University Press.

Newman, T. 2012. The Beginning of the End of the Drug War: Top Stories of 2012. *Huffington Post*, Dec. 11, 2012.

Ogburn, W. F. 1922. *Social Change with Respect to Nature and Original Culture*. New York: Viking.

Parker, H., J.Aldridge, and F. Measham. 1998. *Illegal Leisure: The Normalization of Adolescent Recreational Drug Use*. London: Routledge.

Reinarman, C., H. Nunberg, F. Lanthier, and T. Heddleston. 2011. Who Are Medical Marijuana Patients? *Journal of Psychoactive Drugs* 43: 128-135.

Reinarman, C. and H.G. Levine (eds.). 1997. *Crack In America: Demon Drugs and Social Justice.* Berkeley: University of California Press.

Rosmarin, A., and N. Eastwood. 2012. *Quiet Revolution: Drug Decriminalisation Policies in Practice Across the Globe*. London: Release.

Scheerer, S. 1978. The New Dutch and German Drug Laws: Social and Political Conditions for Criminalization and Decriminalization. *Law and Society Review* 12 :585-604.

SAMHSA (Substance Abuse and Mental Health Services Administration). 2012. *Results from the 2010 National Survey on Drug Use and Health.* Washington, DC: US Department of Health and Human Services.

Sengupta, S. 2012. Courts Divided Over Searches of Cellphones. *New York Times*, 24 Nov. 2012.

US Department of Justice. 2009. *Attorney General announces formal medical marijuana guidelines.* Washington, DC: U.S. Dept. of Justice.

Weinstein, J. 1971. *The Corporate Ideal and the Liberal State, 1900-1918*. Boston: Beacon Press.

Addiction Research and Drug Policy: Will the Twain ever Meet?

Patricia G. Erickson

Introduction: The variability of drug policy

Canada's traditional reliance on a criminal justice response to the problems of addiction and drug misuse has many of the same features as these describing the American War on Drugs: "A rigid public policy [has been cordoned off] from badly needed ideas and insights of medical and public health professionals who have spent a lifetime studying addiction, its causes and its consequences" (David Lewis, Professor of Medicine and Community Health, Brown University, retired) (Lewis 1992).

History tells us about the variability of drug policy (Berridge 1996). Different societies have tolerated, and rejected, different drugs. Ganja in Jamaica, coca in Bolivia and khat in Ethopia have all been viewed as harmless pastimes while alcohol in Arab nations has been strongly rejected. The degree of tolerance has also varied over time, as the great international trade expansion of the 15th and 16th centuries brought new and unfamiliar drugs to naïve consumers. Coffee was initially viewed with suspicion in Europe and resisted in Egypt. Tobacco, then as now, was both embraced and vilified. Opium was freely available in Britain until 1868. In Canada, cocaine shifted from the "perfect tonic" of the 1880's to complete suppression in 1911 (Giffen et al. 1991).

Ongoing features of humanity's relationship with psychoactive drugs have been attraction to their effects and debate over how they should be controlled. Drug policy has two goals, both to minimize the harms such as health and safety hazards resulting from drug use and to minimize the social costs and adverse individual consequences that may result from the interventions themselves (Single 1999). This paper considers the lessons from drug policy research about finding an appropriate balance.

In Canada at the beginning of the 1900's, no distinction existed between legal and illegal drugs. Then physicians and pharmacists began to organize against the flourishing patent medicine industry. Growing hostility to Chinese immigration was shaped by political and economic forces into a crusade against the alleged corruption of opium smoking (Giffen et al. 1991). Despite a strong alcohol temperance movement in the 19th century, and a national plebiscite in 1898, alcohol prohibition had not been implemented. A private member's bill in 1908 to ban the production and sale of cigarettes was defeated after considerable debate. That same year, the Opium Act provided criminal penalties to aid the suppression of opium. The Proprietary and Patent Medicine Act, a regulatory statute requiring the listing of ingredients in popular medicines, was also passed in 1908. The Opium and Drug Act of 1911 marked the real beginning of national drug prohibition policy. Cocaine, morphine, opium and eucaine were included, with provision for adding any other "derivatives or preparations" of these drugs through an Order in Council. Despite any similar drug in the Act, cannabis was included in 1923 amendments without any parliamentary discussion or even reference; codeine was added the same year, and removed two years later. The stage was set for the divergence in social policy and drug control that remains with us still. While this paper focuses on research on illicit drug policy, a legal creation of the 20th century, the types of models and policy outcome indicators that are generally applicable for the control of psychoactive substances will be briefly reviewed, before turning to a closer look at examples of drug policy research.

Types of drug policy models

These vary according to their aims, strategies, agents, impacts and the types of data they generate. (Erickson 1992) The main types are open availability, medical control, public health regulation and criminal prohibition. Each of these models is complex, and their contradictions and co-existence in modern society complicate the drug policy debate.

Open availability, the dominant approach before the last century, is the essential free market approach. Ready access is provided for the consumers and profit for the producers and sellers in a competitive free market. While tea, coffee and other caffeinated beverages are perhaps the main vestiges of this era, alcohol and tobacco have been available in Canada throughout much of the 20th century with few restrictions and little attention to health impacts. Many over-the-counter [OTC] herbal remedies, some of which have psychoactive properties, are currently subject to little control beyond consumer self education. Other than overall quantities consumed (and imported or produced) in a country, little systematic information is kept. It is also important to note that the global free market in drugs or their raw materials was also truncated by a series of international treaties throughout the 20th century, and the growth of national controls was complemented by these UN agreements and agencies concerned with "narcotics" (Berridge 1996). These continue to set out boundaries for national policies of their signatories.

The medical control of drugs allows their use for acceptable therapeutic purposes and places the gate keeping function in the hands of medical and scientific professionals, primarily physicians. Drugs legitimately prescribed by doctors must undergo testing for safety and efficacy during their development, and contraindications and harmful side effects are known and publicized. Federal regulations limit and record the quantities of drugs available and set standards for known dose, composition and purity. Monitoring of supplies is also a concern of health professionals, pharmacists and drug companies. Since health insurance may pay for the cost of some, but not all, prescription drugs, this is also another check on drug availability and usage. The most complete information is kept about medically prescribed drugs, enabling detailed assessments of use patterns in the population and trends over time.

Governments impose restrictions and surveillance over the production, marketing and sale of widely used non medical drugs. The aims of public health regulation are to reduce risks and restrict access to vulnerable groups in the population, while making the product generally available to the "qualified" members of the public. The potential adverse consequences of drug use are balanced by respect for the rights of individual adult consumers in a free society. Hence, restrictions on age, place and circumstances of use may be imposed. Price may also be manipulated in an effort to influence demand. Alcohol provides the most illustrations here, but more recent environmental controls on tobacco use also reflect a greater emphasis on the protection of health. Licensing for other activities, such as driving cars or snowmobiles, may be tied to a ban on alcohol or other drug use before or during their operation. The agents of public health regulation tend to be health professionals, scientists and educators, plus administrative agents such as licensing bureaucrats and public health inspectors. General production and consumption data, on at least a per capita basis, are available on regulated drugs.

The criminal law has the aim of suppressing all use and access to prohibited substances among all members of society. Drug prohibition was neither grounded in scientific evidence nor intended as a health directed policy. Its strategies are punishment and exclusion. The illicit drug laws also severely restrict drug availability for scientific or medical purposes. For example, legal importation of heroin was completely banned in 1955 (though reinstated in the 1980's) and no legal cannabis products were available until the recent court rulings on medical marijuana required some (still-to-be clarified) exceptions. Infraction of the drug laws is subject to the intervention of police, prosecutors, judges, customs and corrections agents. The most severe penalties of large fines, incarceration and criminal records are imposed. Other than these criminal justice data and amounts of drug seizures, little information is available on amounts consumed.

Although it may appear that the controls on illicit drugs are the most stringent, their ineffectiveness actually creates more of a "laissez-faire" black market economy where the laws of supply and demand prevail. (Rasmussen and Benson 1999) Lacking the checks on purity, potency and quality which exist in a regulated system, health is a matter of *caveat emptor.*

Drug policy outcome indicators

There are many different indicators that can be applied in assessing the impact of a particular drug policy. These include measures related to health, crime and public safety, and enforcement. Sometimes dollar costs or savings are attached to these various indicators for comparative purposes. Priorities depend on the legal status of the drug, political pressures, and the vested interests of the various professional and community groups who have a stake in the outcome.

Health related indicators may be population based or specific to drug user communities and high risk groups. For example, a Canadian economic costs study estimated the mortality and morbidity related to substance use in 1992 as a proportion of all deaths and illness (Single et al. 2000). Mortality attributable to alcohol was reflected in 3.1 % of all deaths, tobacco in 16.5 %, and illicit drugs in 0.4 %. Hospital admissions for alcohol were responsible for 2.7 % of the total, tobacco for 6.5 % and illicit drugs for 0.2 %. All together, these drugs were responsible for nearly one quarter of all years of life lost to Canadians, with tobacco the leader. Besides disease states, intended and unintended injury make up the public health burden of substance use.

However, this broad picture can be supplemented by more detailed information on the health and life circumstances of users themselves. For example, in British Columbia, dramatic increases in overdose deaths since 1988 have led to their being the leading cause of mortality for adult males age 30-49 (MacPherson 2000). These figures primarily include injecting or smoking heroin and cocaine. Other indicators are rising rates of Hepatitis C and other infections in the chronic drug user group, and while new cases of HIV have declined people are becoming infected at an earlier age. The ensuing health costs can be considerable. For instance, the annual direct costs to government of an untreated injection drug user have been estimated as $33,761, while first year treatment costs are only $21,000.

Methadone treatment and counseling costs about $4,000 per year, while each new case of HIV costs the health care system approximately $140,000.

More nebulous indicators may reflect a poor quality of life, involving stress and damaged relationships; these are more likely to characterize drug users with sub-optimal mental and physical health who are often mired in poverty and homelessness (Wasylenki 2001). Considerable co-morbidity exists between addiction and various expressions of mental illness. Drug users and sellers are also frequently robbed and victimized in violent street crimes, as well as being perpetrators themselves. Thus reducing the deaths, illnesses, injuries and impairment from drugs, in drug users and the community at large, may be some of the effects by which a drug policy is judged.

The impact of drug policy may also be assessed in terms of street crime (e.g. muggings, thefts from cars) and public order. The presumed links between illicit drugs and crime are often exaggerated but nevertheless reflect a social reality. A recent study of federal inmates in Canadian prisons attributed 44 % of the serious crimes they had committed to alcohol and other drugs, combining both dependent and intoxicated states (Brochu et al. 2001). It is also well established that "hard" drug use accelerates and intensifies the commission of crimes and that drug using offenders commit fewer crimes when in treatment. On the other hand, many drug users commit no crimes, or only crimes related to the drug or sex trades. Another factor to be considered is that "open drug scenes" where drugs are exchanged and used, regardless of any other crime component, may intimidate the public and have a deleterious social and economic impact in the community. Thus, drug policy may seek to reduce crime related indicators such as public disorder, violence related to drug markets and personal and property offences motivated by the need to get funds for the purchase of drugs.

The goal of enforcement is to reduce supply and demand through maximizing seizures, arrests, and incarceration of drug producers, importers, marketers and consumers. In Canada, the RCMP recently estimated that 100 tons of hashish, 15 tons of cocaine and at least one ton of heroin are smuggled into the country to meet the needs of drug users (MacPherson 2000). The production of home grown cannabis is estimated at 800 tons annually. Drug trafficking is the principal source of revenue for organized crime groups, with the potential to generate $4 billion wholesale, and at least quadruple that amount at the street level. Even if not successful in eliminating supply, keeping the prices as high as possible is seen as an important indicator of enforcement effectiveness.

The level of enforcement activity produced in 1999 over 90,000 reports of drug-related incidents by police, about 50,000 drug charges and 34,000 cases heard in court (Senate of Canada 2002). Cannabis is involved in about 70% of these figures and this proportion has risen considerably in the past decade. The annual cost of drug enforcement in Canada was conservatively estimated in 1992 at about $400 million, consisting of $208 million for policing, $47 million for prosecution and court costs, $124 million for corrections and $9 million for customs (Single et al. 2000). Others estimate the figure for enforcement costs is closer to $1 billion annually now, with a total price tag of $5 billion for all health, lost productivity and other costs (Fraser 2001). The amounts of seizures vary but estimates are that no more than 5 to 10% is detected or intercepted. From a traditional enforcement standpoint, the greater the level of criminal justice activity, the more success is demonstrated.

It is evident that there are many ways that drug policy outcomes can be evaluated. It would not be reasonable to expect any one type of policy to achieve all these ends. Indeed, the inherent contradiction in trying to set priorities among health, community safety and enforcement may lead to the achievement of some objectives at the expense of others. Since interventions around illicit drug use are the result of a legal and a political process, policy research tends to be reactive, focusing on the status quo or minor changes that occur infrequently, and often without much notice. Nevertheless, the importance of addiction issues and drug control world wide have led to a growing body of knowledge on different drug policy initiatives and their effects. This may provide a new basis for rethinking existing policy in Canada. The following section provides an illustration of different categories of drug policy research.

What kinds of drug policy research have been done?

1. Anticipatory change (or the case of the perpetual pre-test)

A change of penalties within existing law – a new form of intervention – is an obvious target for drug policy evaluation. Since as mentioned above, the drug policy researcher is in no position to determine the content or timing of any change in legal policy, she must function as an "enlightened opportunist." This means preparing a study for implementation when change seems imminent. This may take the form of a Royal Commission recommendation, a Throne Speech promise, the introduction of an actual new piece of legislation, or even its passage. The hope is that a pre-test/post-test design will be possible. The down side of this approach is that the change may not transpire, leaving the investigator with only one descriptive set of data.

This difficulty is well illustrated by the past 30 years of non-reform of the cannabis laws. In 1974 I began an interview study of cannabis possession offenders in Toronto (Erickson 1980). Despite some reasonable expectation of at least some penalty reduction, following on the Le Dain Commission recommendations, Bill S-19 died on the order paper of Parliament in 1976 and neglect of the issue continued through the remainder of the decade. Then in the 1980 Throne Speech, legal change was again held forth as a government plan. Again at ARF we took to the field and did an interview study with possession offenders at court, anticipating another recruitment shortly. Again, the law stayed the same throughout that decade.

The advent of Canada's Drug Strategy in 1987 promised new drug legislation, and eventually, Bill C-85 was introduced in 1993 (by the Conservatives) and died when an election was called that summer. The new government (the Liberals) introduced the nearly identical Bill C-7 which included the provision for doubling the penalties for cannabis possession (Erickson 1998). When the new law [The Controlled Drugs and Substances Act] was eventually passed on October 30, 1995, and finally proclaimed in 1997, the maximum summary penalties were back to what they had been in the 1969 Narcotic Control Act -- 6 months imprisonment and/or $1,000 fine (for less than 30 g of marijuana and 1 g of hashish). A bit wiser, we had not done a pre-test, but rather went back to the courts in 1998 to examine offenders' perceptions of a new diversion option. This was a non drug-specific policy innovation (like the discharge option of 1972) which was being applied in cases of cannabis possession in Toronto. We were able to compare those receiving this option with those experiencing the standard process.

What resulted from this research effort, despite the absence of penalty change, was a comparison of three decades of cannabis criminals (Erickson 2001). Instead of a series of pre/post test studies, we had a study of similar respondents recruited and interviewed in the same way in 1974, 1981 and 1998. These findings provide the important insight that the personal and case characteristics of those going to court for marijuana possession have changed little in 25 years of criminalization. Offenders are mainly young men, most in school or employed, charged with one count of possessing a small amount of the drug. In fact, amounts that were the basis of the charge grew smaller, and in the 1998 study, half of those interviewed were in possession of less than one gram. In all time periods about 3/4 of those at court self reported use levels of at least twice a week. In all three studies, the vast majority expressed an intention to continue using cannabis in the next year (85% in 1974, 80% in 1981 and 75% in 1998).

All eras were marked by imperfect understanding of the law and the available penalties despite offenders' immediate personal experience with the criminal justice system. What showed the most variation were the administrative and judicial procedures. Between the 70's and the 80's decades, processing became more streamlined with most offenders not fingerprinted and a greater proportion being sentenced on their first appearance. The time between arrest and court appearance was halved and fewer had lawyers (Erickson and Murray 1986). In the 1990's, more were being fingerprinted again, going to court more than once and appearing with lawyers. Given that the nature of the legal case had not altered in a more serious direction, and the majority had no prior criminal record, it is not clear why this swing occurred. At least in the Toronto court, it may have constituted part of the pressure to introduce diversion and save court and prosecutor resources. Thus, useful knowledge on the application of policy can be gained even in the absence of significant legal change.

2. Status quo evaluation and impacts (sentence variation)

Even when drug law remains unchanged, as is fundamentally true in Canada, assessments can be made of its current costs and impacts. As one example noted earlier, the economic costs have been studied and compared for the regulated and prohibited drugs, and this research has shown that total costs for law enforcement against illicit drugs are a major portion of their overall cost to society. These macro level studies leave no doubt as to the burden substance use places on society, though they acknowledge that the benefits are also a more difficult but important component of an overall policy perspective. Such studies also cannot provide more detailed information on the short and long term effects of a drug policy intervention on the offenders themselves.

One concern expressed 30 years ago by the Le Dain Commission was the impact of criminalization on the lives of drug users, particularly young cannabis offenders. The studies in Toronto are among the few to examine this issue. The first one done in 1974 had a one year follow up in which 90% of the original 95 respondents were re-interviewed. The study had internal comparison groups of offenders receiving one of the three types of sentences imposed for possession: 42% got absolute discharge (no other penalty), 34% received conditional discharge (period of probation) and 24% were fined ($50-100). A unique and unanticipated feature of the sample was that there were no significant differences between the 3 sentence groups in terms of personal or case characteristics (Erickson 1980). In other words, the judges had provided us with what was equivalent to a random assignment of penalties; any of the observed differences in sentence could have occurred by chance.

In brief, this enabled an evaluation of all the personal, social and economic consequences experienced by the offender group, in relation to sentence. This analysis found almost no systematic variation in these outcomes whatever the sentence imposed. Deterrent effects were not only minimal, but opposite to what would be predicted, with those receiving the more severe sentences most determined to continue use. The most notable difference was that those who were fined, as opposed to those discharged, expressed a greater sense of injustice and disrespect for the law and the courts. This early study concluded that "if a minimal benefit is being obtained through the sanction, then it is more rational to apply the least costly form of it" (Erickson 1980, 147).

Despite the Le Dain Commission and more recently the Senate report, the practical focus of cannabis reform in Canada has always been on whether to modify penalties for possession, not to question whether they should exist at all for this particular drug use behaviour. Nevertheless, proposals to allow only a discharge for possession, or even to accompany it with an automatic pardon (passed by the Senate in the 1974 Bill), have never been implemented. The likely latest proposal (by the House of Commons special committee due for release in December, 2002) for "decriminalization" appears to favour creating a non criminal possession offence, via the Contraventions Act, which would impose a standard fine. This could have the effect of providing more uniformity and hence fairness, but by imposing a financial penalty which includes the possibility of jail for non payment, the option is also more severe than the current discharge provision.

3. Minor changes in penalties (decriminalization states)

In Canada, since the drug law is uniform across the country and no changes have occurred, it has not been possible to make internal comparative studies. A key question in drug policy reform is whether rates of use and other indicators such as social attitudes will be affected by any change in penalties for cannabis possession. However, in the USA and Australia, some states have introduced decriminalization measures while others have retained the more severe penalties. The decriminalization initiatives retain a penalty for the offence but downgrade its seriousness from a criminal one to some form of civil offence with a small fine which does not require a court appearance. Along with survey data, this has enabled researchers to examine the impact of the new interventions, and to conclude that they did not lead to significant changes in cannabis use or related problems (Single et al. 2000). In the USA, where this was studied in the 1970's during a period of generally increasing use, it was found that rates of use increased more in the states that retained severe penalties than in those that decriminalized.

In Australia, where increasing rates of use from 1988-1995 were also impervious to either strict prohibition or the expiation scheme of decriminalization, the latter was found to generate a "net widening" effect in which the police greatly increased the number of charges. Since about half did not pay their fines, more were jailed and received criminal records than before the reform. This non-compliance was attributed to a lack of users' understanding of the change. Thus, comparative studies within national boundaries can produce important knowledge on both the impact of legal change on use trends, and on more detailed assessments of other problems and unforeseen consequences. These can help other countries to anticipate potential effects in their own policy reviews, although extrapolation between national jurisdictions must be treated cautiously.

4. Comparative regional or cross national studies

The advent of HIV epidemic among injection drug users prompted a number of studies of the introduction of needle and syringe exchange programs. Since these initiatives for clean injection equipment were fairly standard it was possible to compare their effects in a number of different jurisdictions (Stimson 1995). These generally showed considerable success in reducing HIV transmission but also identified properties of certain locales (e. g. a greater number of frequent cocaine injectors) that could increase risk even when these programs were being accessed (Strathdee et al. 1997). Variation in the availability of other services tied to the needle exchange programs also demonstrated their benefit in bringing users into contact with service providers as a means to improving their overall health.

While there are few Canadian data on the impact of policy change on crime related indicators, studies in Europe after the introduction of harm reduction programs have indicated declines in public drug consumption, drug selling, property offences, thefts from autos and assault. The Swiss opiate trial also showed these gains were sustained in a four year followup (Killias et al. 2002). Such indicators will no doubt be part of a recent plan for a 3 city opiate trial in Canada. This experiment could help to expand the range of available treatments for the most intractable cases of opiate addiction as well as address public fears about crime and disorder.

Another innovative example of cross national research that has been conducted in Europe is the first study to examine the relationship between cannabis use and actual law enforcement against possession offences (Kilmer 2002). Comparisons between several countries showed an overall increase in the number of per capita arrests in the 1990's. This was occurring simultaneously in all these Western European countries while penalties either were, or about to be, reduced.

Despite differences in the number of cannabis users and police officers between these countries, the probability of being arrested for cannabis possession in the late 1990's was similar: 2 to 3 % of all recent users. Although it is difficult to standardize measures such as "arrest" in different countries, and the necessary survey data to make such a calculation are not always available, such studies show the progress that is being made in assessing drug policy in more systematic ways.

5. *Policy relevant findings of basic, clinical, social and system research*

There is a vast array of studies in the field of addiction which is not directly focused on policy, but which produces highly relevant findings that can be knit together in shaping evidence based policy in the future (Erickson and Kalant 1992). These studies involve everything from understanding genes and drug receptors in the brain, to new modes of pharmacotherapy and other types of clinical intervention with persons experiencing drug problems. Social research may involve representative population surveys and community based samples and other targeted high risk groups. These provide knowledge about the continuum of drug use in society, the correlates of use and misuse, and the perceptions of users about their own health and self care activities (Erickson and Weber 1994). System research efforts also include studies of how to best deliver services to drug dependent individuals in the community and to meet the need for gender and culturally sensitive programs reflecting population diversity.

As shown in Table 1, the assumptions about addiction and drug problems that prevailed when the first drug laws were created and increasingly toughened from the 1920's to the 1960's was matched by the policy response of prohibition. In contrast, the newer knowledge generated by scientific research from the Le Dain Commission onwards provides a challenge to these assumptions. Yet the policy response of prohibition remains fundamentally unchanged. The names of the laws have altered but the criminal justice emphasis on enforcement, punishment and stigmatization has not. The main shift is in the positioning of harm reduction initiatives within prohibition, as health and public safety contest the strict dominance of criminal justice. The bottom section of the table illustrates the inertia of drug policy in the face of the wisdom of experts (i. e. medical, social and public health professionals).

Table 1: What are the old assumptions about addiction, the new knowledge, and the dominant policy responses?

Old Assumptions about "Narcotic" Addiction	Research evidence Post Le Dain Commission
Addiction is inevitable	Compulsive, destructive use is rare
These are the most dangerous drugs	Harm potential in all psychoactive drugs
Escalation always occurs	Only one pattern; others predominate
Abstinence is only way to prevent harm	Moderate use without harm possible
Controlled use is impossible	Controlled use is the norm
Law is the main deterrent of use	Fear of arrest a minor factor in decision
Users are disturbed, anti-social persons	Most users not different from non users
Motivation for use is primarily escape	Motivation varies for all drugs
Users don't want to quit and must be forced	Many do but relapse is common
Users are not interested in their health	Many will act to protect health
Past Policy response: Prohibition	***Current Policy Response: Prohibition***
Law enforcement	Law enforcement
Criminal justice	Criminal justice
Stigmatization	Stigmatization
Punish users	Some harm reduction initiatives
Narcotic Control Act	Controlled Drugs and Substances Act

What would an evidence based policy look like?

Despite the recommendation of some analysts (Husak 2002; Hathaway 2002) and the Canadian Senate Committee on Illegal Drugs (Senate of Canada 2002) it is unlikely that illicit drug policy could be re-thought using first principles since it carries the weight of history. Nevertheless, precedents and examples from other jurisdictions suggest that more change away from standard enforcement objectives has transpired in countries such as Australia, Britain, the Netherlands, Spain, Portugual and Switzerland over the past 30 years than in Canada (MacCoun and Reuter 2001). This has occurred despite the fundamental allegiance to prohibition globally and the constraints that imposes on national policy. Even if starting with a particular socio-political reality, consideration of the research evidence could lead to small incremental changes, ongoing evaluation, and adjustments and new initiatives as appropriate. A future policy response rooted in the knowledge generated by scientific research on addiction and drug use is likely to be based in a combination of medical care and public health regulation.

Features of such a policy would include a health and justice partnership, a continuum of care, the protection of community and individuals, an emphasis on preventing harm rather than stopping all use, and a differentiated response by drug, patterns of use and harms. Even in public health regulation, policing plays an important role against excessive availability by acting against smuggling and contraband, and also in responding to risky combinations of public behaviours such as impaired driving (Single 1999). Moreover, in some countries police are actively involved in referring drug users to treatment and other services, maintaining public order in street scenes and detecting contaminated products. Part of the development of health and justice partnerships builds on the recognition that the police, alone, will never solve the problems of drug use and may be frustrated by its apparent intractability. An extension of the awareness is to have a continuum of care for addicted individuals, much as with any chronic condition, depending on the degree and nature of their drug problem (McLellan et al. 2000).

Reducing the harm of drug use to the individual and the community without necessarily requiring the cessation of use is one of the hallmarks of what has become known as the harm reduction approach (Centre for Addiction and Mental Health 2002). Rather than trying to prevent all use, the emphasis shifts to situations which pose particular known threats. Efforts are made to bring users along the continuum towards less risky behaviour, without coercion or judgmental perspectives. Education and low threshold interventions are the preferred strategies of this approach. Nowhere except in The Netherlands does a commitment to a harm reduction framework actually set the overall direction of drug policy, but many community based initiatives applying its principles have been developed in various countries (MacCoun and Reuter 2001).

A new response would recognize the research findings that "chaotic, risk-taking dependent users represent a very small proportion of the totality of illicit users," and the vast majority "who use illicit drugs do so in a *relatively* controlled way" (Hough 2001). Recent longitudinal research has indicated that while not without health risks and concerns to users, many young people carry their drug use habits with them into their adult working lives (Parker et al. 1998). Such trends provide a challenge for a balanced drug policy that considers the health aspects of long term use, and avoids both normalization and criminalization of drug use. Bridging the gap between research and drug policy will not be an easy task.

In conclusion, it is vital to continue to conduct addiction research that is directly and indirectly related to drug policy, in all the categories described above. Objective research on both the effects of drugs and the impact of policy is crucial. Science is not very evident in the current law and drug policy related to illicit drugs, but there is more indication of the accumulated knowledge being put to use in the community. Assessment of new initiatives by clinicians and practitioners is a positive step. It is also important to keep in mind that in countries that have made progress in improving health and public safety, good drug policy is viewed as effective social policy, and is integrated into an overall harm reduction perspective.

References

Berridge, V. 1996. Drug policy: should the law take a back seat? *Lancet* 347: 301-305.

Brochu, S., M.-M. Cousineau, M. Gillet, L.-G. Cournoyer, K. Pernanen, and L. Motiuk. 2001. Drugs, alcohol and criminal behaviour: a profile of inmates in Canadian federal institutions. *Forum on Corrections Research* 13 (3): 20-24.

Centre for Addiction and Mental Health. 2002. *CAMH and Harm Reduction: A Background Paper on its Meaning and Applications for Substance Use Issues.* Adopted by the Board of Directors. Canada: Cawta.

Giffen, P.J., S. Endicott, and S. Lambert. 1991. *Panic and Indifference: The Politics of Canada's Drug Laws.* Ottawa: Canadian Centre on Substance Abuse.

Erickson, P.G. 1980. *Cannabis Criminals: The Social Effects of Punishment on Drug Users.* Toronto: ARF Books.

Erickson, P.G., and G.F. Murray. 1986. Cannabis criminals revisited. *British Journal of Addiction* 81 (1): 77-81.

Erickson, P.G. 1992. The law, social control and drug policy: models, factors and processes. *International Journal of the Addictions* 28 (12): 1155-1176.

Erickson, P.G., and H. Kalant (Eds.). 1992. *Windows on Science.* Toronto: Addiction Research Foundation.

Erickson, P.G., and T.R. Weber. 1994. Cocaine careers, control and consequences. *Addiction Research* 2 (1): 37-51.

Erickson, P.G. 1998. Neglected and rejected: the impact of social research on Canadian drug policy. *Canadian Journal of Sociology* 23 (3): 263-280.

Erickson, P.G. 2001. *Three decades of cannabis criminals.* Presentation to the Senate Special Committee on Illegal Drugs, Canada, May 14.

Fraser,S. 2001. *Federal Auditor General's Report,* December.

Hathaway, A.D. 2002. From harm reduction to human rights: bringing liberalism back into drug reform debates. *Drug and Alcohol Review* 21 (4): 397-404.

Hough, M. 2001. Balancing public health and criminal justice interventions. *International Journal of Drug Policy* 12: 429-433.

Husak, D. 2002. *Legalize This! The Case for Decriminalizing Drugs.* New York: Verso.

Killias, M., M. Aebi, and D. Ribeaud. 2002. *The impact of the Swiss heroin prescription trials on delinquency and social integration of the treated addicts.* Paper presented at the American Society of Criminology, Chicago, Nov. 14.

Kilmer, B. 2002. Do cannabis possession laws affect cannabis use? paper presented at the European cannabis conference. Utrecht: Trimbos Institute.

Lewis, D. C. 1992. Medical and health perspectives on a failing US drug policy. *Daedalus* 121 (3): 165-194.

MacCoun, R.J., and P. Reuter. 2001. *Drug War Heresies: Learning from Other Vices, Times and Places.* New York: Cambridge University Press.

McLellan, A., D. Lewis, C. O'Brien, and H. Kleber. 2000. Drug dependence, a chronic medical illness: implications for treatment, insurance and outcomes of treatment. *JAMA* 284: 1689-1695.

MacPherson, D. 2000. A Framework for Action: A four-pillar approach to drug problems in Vancouver. Vancouver BC: City of Vancouver.

Parker, H., J. Aldridge, and F. Measham. 1998. *Illegal Leisure: The Normalization of Adolescent Recreational Drug Use.* London: Routledge.

Rasmussen, D.W., and Benson, B.L. 1999. Reducing the harms of drug policy: an economic perspective. *Substance Use & Misuse* 34 (1): 49-68.

Senate of Canada. 2002. *Cannabis: Our Position for a Canadian Public Policy. Report of the Senate Special Committee on Illegal Drugs.* Ottawa.

Single, E. 1999. *A Harm Reduction Framework for Drug Policy in British Columbia.* A discussion paper prepared for the BC federal provincial harm reduction working group. Toronto: Camh.

Single, E., P.C., and R. Ali. 2000. The impact of cannabis decriminalization in Australia and the United States. *Journal of Public Health Policy* 21 (2): 157-186.

Single, E., J. Rehm, L. Robson, and M. Van Truong. 2000. The relative risks and etiologic fractions of different causes of death and disease attributable to alcohol, tobacco and illicit drugs in Canada. *Canadian Medical Association Journal* 162: 1669-1675.

Stimson, G. 1995. AIDS and injecting drug use in the UK, 1988-1993: the policy response and the prevention of the epidemic. *Social Science and Medicine* 41 (5): 699-716.

Strathdee, S., D. Patrick, and S. Currie et al. 1997. Needle exchange is not enough: lessons from the Vancouver injecting drug use study. *AIDS* 11: F59-F65.

Wasylenki, D. 2001. Inner city health. *Canadian Medical Association Journal* 164: 214-215.

Die Funktionalität der kollektiven Drogenphobie

Lorenz Böllinger

1. Drogen – das mythische Böse

Eine neue Art von Weltkrieg, der bald hundertjährige ‚Krieg gegen die Drogen', geführt von den U.S.A. und vielen braven Alliierten, zeitigt immer neue Höhepunkte. Die vielfältigen Varianten instrumenteller Kriegstechnik sind mittlerweile derart Routine, dass man sie kaum noch bemerkt: Erntevernichtung in der 3. Welt, mutmaßlich fünfzigtausend Tote bei der Bandenbekämpfung in Mexiko, 40-50% der Strafgefangenen direkt oder indirekt wegen Drogen im Knast, Stigmatisierung ganzer Bevölkerungsgruppen mit dem Sucht-Etikett, und und und. Daran ändern auch nichts zaghafte Versuche der Gegenwehr – z.B. Legalisierungsappelle vom U.S.-Drogenkrieg gepeinigter südamerikanischer Staaten oder eine gewisse Aufweichung der Militanz durch Zulassung von *harm reduction* als einer ‚4. Säule' der Drogenpolitik.

Zugleich – und wie in einer anderen Welt – gibt es in politischen Oppositionsbewegungen, den Wissenschaften und zunehmend auch bei den ‚Frontsoldaten' dieses Krieges, der Polizei, inzwischen einen Gleichklang der Erkenntnis: Der Drogenkrieg, das ungeeignetste Mittel des Umgangs mit Drogenproblemen, ist gescheitert. Die Drogenpolitik ist zur wesentlichen Bedingung dessen geworden, was zu bekämpfen sie behauptet. Einzig Legalisierung und ein *Public Health Approach* führen weiter. Insbesondere aus dem strafrechtswissenschaftlichen Lager klingt es *unisono*: Grundprinzipien des Strafrechts und der Verfassung – insbesondere: Freiheit, Gesundheitsschutz, Verhältnismäßigkeit und Rechtsstaat – erfordern das Ende der Prohibition.

Wie kommt es zu solchem Schisma zwischen ‚eigentlicher' Rationalität und real irrationaler Praxis? Liegt es einfach nur daran, dass ein gewaltiger Apparat von Interessen und Routinen, dem Trägheitsprinzip folgend, sich jenseits der Steuerbarkeit verselbständigt hat? Meine These ist, dass es tiefere Gründe dafür gibt, dass die Masse der Wähler oder der Meinungsbefragten die herrschende Drogenpolitik nach wie vor befürwortet und sich so den Machttechniken der Herrschenden ausliefert. Deshalb bin ich – trotz aller Hoffnung – skeptisch, ob die *,Obamania'* hier etwas verändern wird, ob sich das Wunder des abrupten Endes der Alkoholprohibition wiederholt.

2. Mechanismen der gesellschaftlichen Problemkonstruktion

Beim ,Drogenproblem' geht es um ein in dreifacher Dimension gesellschaftlich hergestelltes Konstrukt. Problemdefinition und empirisch ermittelte Problemrealität haben gesellschaftliche Bedingungen und stehen in einem nur analytisch lösbaren Wechselwirkungszusammenhang mit deren gesellschaftlicher Wahrnehmung. Individuelles und gesellschaftliches Handeln sind durch diese Konstrukte determiniert. Dieses Handeln resultiert in Struktur, einem verselbständigten, eigendynamischen Apparat von Kontrolle und Vollzug, welcher wiederum zirkulär die anderen Dimensionen bestimmt. Sozialpsychologisch und psychoanalytisch zu untersuchen ist hier insbesondere der Konstruktionsprozess hinsichtlich der nach wie vor politisch und kulturell pervasiven Problemdefinition.

Eine anthropologische Konstante menschlichen Bedürfnisses nach vielfältigen psychotropen, über das zentrale bzw. vegetative Nervensystem vermittelte Affekt-Zustände von Lust, Erregung, Hochgefühl, Rausch, Ekstase usw. können wir voraussetzen. Ebenso, dass die Erfüllung dieser Grundbedürfnisse in verschiedenen Kulturen und sozio-ökonomischen Systemen unterschiedlich organisiert ist und die Modalitäten solcher Steuerung zugleich sozialer Strukturierung und Kontrolle dienen. Unabweisbar ist auch, dass die individuelle Motivation zu und Reaktion auf Drogenkonsum, die Entstehung und Verlauf dessen was gesellschaftlich als Abhängigkeit oder Sucht definiert wird, durch eine Wechselwirkung von Droge, Set und Setting bedingt sind. Damit rücken die situativen und zeitlichen sozio-genetischen Interaktionsaspekte, die jeweilige Querschnitt- und Längsschnittanalyse des Kontexts ins Zentrum der Betrachtung.

Unabhängig von individueller psycho-somatischer Disposition und spezifischer Wirkungsweise der ,drug', variieren der ,Set', also die subjektive Erwartung des Genusses, die Bewusstheit der Risiken jedweden Konsums psychotroper Substanz sowie, daraus resultierend, die Art des Konsumverhaltens. Sie variieren in Abhängigkeit vom ,Setting', nämlich der konkreten äußeren Drogenkonsumrealität, welche maßgeblich durch die gesellschaftliche Betrachtungsweise und Reaktion auf dieses Verhalten bestimmt wird. Zu untersuchen ist also der Konstruktionsprozess der gesellschaftlichen Wahrnehmung bzw. Definition des Drogenproblems und der darauf basierenden Reaktion.

Sicher war die Regulierung des Umgangs mit psychtropen Substanzen in der Entwicklung menschlicher Kulturen immer schon ein Mittel sozialer Integration und Kontrolle. Gerade angesichts der weiterhin aktuellen Alkohol-Thematisierung – z.B. ‚Koma-Saufen', Methanol-Tote in der Türkei etc. – stellt sich die Frage, warum die als illegal definierten Drogen gleichbleibend verteufelt sind, während Alkoholkonsum als ‚kulturintegriert' grundsätzlich akzeptiert bleibt.

Trotz Aufklärung, Utilitarismus und kapitalistischer Rationalität, trotz Humanismus und Menschenrechtsorientierung der modernen, sich zivilisiert verstehenden Gesellschaften behalten auf illegale Drogen bezogene Konzepte und Metaphern den Charakter von aufklärungsresistenten Mythen. Medien, Politik, Justiz und Teile der Wissenschaft manifestieren ein hohes Maß an Abwehr verfügbarer Wissensbestände, an Vermeidung alternativer und rationalerer Lösungsversuche. Den verzerrenden Konstrukten entspricht so etwas wie ein offiziell verordnetes Denkverbot. Drei Komponenten kennzeichnen diese gesellschaftlichen Konstruktionsprozess: *Mystifizierung* der Realität, deren *Mythisierung* und Präsentation als überhistorische ‚Wahrheit'. Schließlich deren *Moralisierung*, die Verortung in Kategorien von Gut und Böse und Sanktionierung in Politik und Pädagogik. Dieser Dreiklang konstituiert eine spezifische Herrschaftstechnik.

Die damit einhergehende sozio-ökonomische Ambivalenz von Funktionalität und Dysfunktionalität wird hier ausgeblendet. Im Fokus steht die These, dass hier universelle psycho-soziale Mechanismen für die Herrschaftssicherung und Kontrolle ausgebeutet werden.

3. Die Abwehr gegen wissenschaftliche Aufklärung als kollektive Neurose

Wie konnten sich also in Gesellschaften, die sich dem ‚agnostischen Projekt der Moderne' – Evidenz-Basierung, Utilitarismus, Humanismus – verschrieben haben, derart kontrafaktische Denkverbote durchsetzen? Warum führt das evidente Scheitern der Drogenpolitik immer nur zu einem ‚Mehr-von-Demselben' und nicht zu einer Evidenz basierten oder an Menschenrechten orientierten Revision der Politik?

Eine Vielzahl sozialer Prozesse ist rein kognitivistisch nicht erklärbar, was auch die moderne Hirnforschung zu bestätigen scheint. Es gilt sie unter Einbeziehung der Analyse unbewusster Prozesse zu verstehen. Die These hierzu: Die konkreten sozialen und normativen Phänomene lassen sich – ähnlich der intersubjektiven Symptomgenese der Individualneurose – als Erscheinungsformen und Re-Inszenierungen zugrunde liegender kollektiver Interaktionsprozesse verstehen. Von der Verhaltens- und Erscheinungsebene lässt sich mit Methoden der psychoanalytischen Sozialpsychologie auf die Interaktionsgenese zurückzuschließen.

Zu beginnen ist mit der Reflexion der Kriegs-Metapher: Wer ist eigentlich ‚der Feind'? Die Drogen? Ihre Hersteller? Ihre Gebraucher? Faktisch treffen die strafrechtlichen ‚Geschütze' im Drogenkrieg zumeist Drogengebraucher mit der Folge, dass eine nicht so kleine Gruppe der Gesellschaft der Verelendung preisgegeben wird. Flankiert werden diese ‚Waffen' von Pathologisierung und Stigmatisierung des Verhaltens als ‚Sucht'.

Zwar sind es allemal Substanzen, die von Menschenhand höchst diesseitig zubereitet, erzeugt und genossen werden. Gleichwohl sind es ‚Die Drogen', die in numinoser Suggestion als zu bekämpfende, jenseitige Feindesmacht gekennzeichnet werden, ein zu ‚Rauschgift', ‚Drogen-Pest' und ‚Geißel der Menschheit' stilisiertes Phantom. Es ist in der kollektiven innerpsychischen Repräsentanz der Politikinhalte eine dunkle, ominöse, schrankenlos sich ausdehnende und vernichtende böse Partisanen-Macht, die den Staat ‚von innen' her vergiftet, aushöhlt und zerstört. Durch solche Zuschreibungen bekommen die Drogen zugleich eine abstrakte, transzendente Qualität. Im polaren Gegensatz zum ‚Guten Geist', zum ‚lieben Gott', sind sie des Teufels, Incubus, das Böse per se, von dem die zur Abhängigkeit verdammten Drogenkonsumenten besessen sind.

So signalisiert denn auch die heutige Drogen-Kriminalisierung: von bestimmten Drogen muss man absolut abstinent bleiben, jedwede Berührung mit diesem Bösen per se vermeiden. Bereits der ‚erste Schuss' – der Feind schießt immer zuerst, wenn man sich nicht wappnet! – zieht Sucht und unwürdigen Tod in der Gosse oder auf der Bahnhofstoilette nach sich. Der selbstverschuldet Unmündige muss wie der ‚Geisteskranke' davor geschützt werden, sich der teuflischen Besessenheit auszuliefern. Dem entspricht das neuerdings sogar auf ‚Cannabis-Abhängigkeit' ausgeweitete Konzept der Zwangstherapie: Teufelsaustreibung!

4. Drogen-Tabu und Drogen-Moral

Die illegalen Drogen haben durch solche Stilisierung mehr und mehr den Charakter eines apriorischen und absoluten Unwerts, von etwas naturgegeben Dämonischem erhalten. Dieses fraglos Böse ist nicht mehr weiter hinterfragbar oder begründbar, es ist ebenso unberührbar wie das fraglos Gute, das Göttliche, es ist zum *Tabu* geworden. Den Ansprüchen der aufgeklärten ‚Moderne' entsprechend wird das Drogen-Tabu nicht als solches deklariert, sondern ins Unbewusste verdrängt. Im Sinne der neurotischen Abwehrmechanismen der Rationalisierung, Aggressionsverschiebung, Spaltung, Verleugnung und Projektion manifestiert es sich auf der Bewusstseinsebene als ‚gesichertes Wissen' über die gesundheitsschädigende Wirkung, als auch affektiv abgesicherte ‚Überzeugung', ‚eindeutige Meinung'. Dementsprechend wird auch nicht hinterfragt. Das kollektive Tabu hat – bezogen auf das Individuum – die Funktion von psychischer Stabilisierung durch Selbst-Gewissheit und Selbst-Wert sowie – bezogen auf die Mitglieder einer entsprechenden Gruppe oder Gesellschaft – einer sozial integrierenden Gruppenmoral. Es bilden sich, statt einen rationalen Diskurs zu führen, ‚Lager' und ‚Fronten' derart, dass Zweifler und Dissidenten in die Ecke von ‚Volksverführern' gestellt werden, dass die inhumane Verelendungspolitik beibehalten werden kann, dass einander diametral widersprechende Krankheitsbegriffe im Straf- und Sozialrecht aufrechterhalten werden können. Insofern unterscheidet sich die Tabuisierung der illegalen Drogengebraucher qualitativ von der Ausgrenzung der ‚normalen' Kriminellen: dabei wie bei der überschießenden Kriminalitätsfurcht handelt es sich eher um politisch funktionalisierbare, Macht sichernde kollektiv-neurotische Mechanismen der unbewussten Erregung und der Projektion von dissozialen Handlungsimpulsen.

Regelfall der Moral sind Gebote und Verbote, welche sich auf den Schutz und Erhalt des Gemeinschaftswesens bzw. -friedens beziehen, insbesondere auf das Interesse der Bürger, nicht geschädigt zu werden. Soweit auch selbstschädigendes Verhalten paternalistisch, d.h. im ‚wohlverstandenen Interesse' eines als uninformiert oder handlungsunfähig konstruierten ‚Mitbürgers', moralisiert wird, ohne dass das Individuum im Sinne unseres Menschenbildes als unmündig und zurechnungsunfähig angesehen werden muss, handelt es sich eigentlich um rechtsstaatlich nicht zu rechtfertigende Übergriffe. Deshalb legitimiert der Gesetzgeber die Drogenkriminalisierung – wenn auch in unlogischer Weise – mit dem fremdschädigenden Potential der Weitergabe.

Sicher ist im Prinzip auch eine Verhaltensmoral legitim, die dem Individuum aufgibt, sich sozialer Verantwortung zu stellen, der Gemeinschaft nicht zur Last zu fallen. Nur ist hier die Grenzziehung so schwierig, dass der Staat im Zweifel sogar auf außerstrafrechtliche Regulierungsmöglichkeiten (z.B. über differenzierende Versicherungsbeiträge bei Risikosportarten etc.) verzichten muss. Adäquat erscheint einzig die zivilrechtliche Lösung, die denn auch den größten Verhalten ändernden Einfluss hat, z.B. bei Helm- und Anschnallpflicht: das Mitverschulden des Geschädigten hinsichtlich des eigenen Schadens. Nur: Voraussetzung ist die potentielle Fremdschädigung, die bei Drogenabgabe wegen der denknotwendigen Zwischenschaltung eines je individuellen, eigenverantwortlichen Konsumentschlusses nicht vorliegt. Soweit definierte ‚Drogenkrankheit' resultiert, wäre diese ebenso wenig wie andere, durch eigenes Fehl- oder Extremverhalten verursachte Krankheiten allenfalls krankenversicherungsrechtlich zu lösen. Abgesehen davon entstehen schädliche Folgewirkungen zumeist erst durch die Folgemechanismen der Prohibition.

5. Die Haltbarkeit des Drogen-Tabus – Unbewusste Gründe und Konsequenzen

Im Fokus sind hier die Bedingungen der Akzeptanz solcher eigentlich jenseits des Rechts anzusiedelnden Moralnormen. Aus psychologischer Sicht geht es dabei um den Prozess der Verinnerlichung von Moralnormen, also die äußere Konstruktion des Norm-Sinns als Voraussetzung der bereitwilligen Verinnerlichung im Ich und Über-Ich bei der Masse der Wähler und Befragten.

Reine Zwangsmoralen lassen sich auf Dauer nicht durchsetzen, auch nicht in noch so populistisch manipulierten Mediendemokratien, weil es an der Ich-Integrierbarkeit der Inhalte fehlt und mit reiner Über-Ich-Angst nicht getan ist. Das belegt die Geschichte der Abtreibung und der Homophobie. Schädlichkeitsmythen sind auf die Dauer nicht kontrafaktisch aufrechtzuerhalten. Zumindest kristallisieren sich dann in der Gesellschaft gegensätzliche, letztlich siegreiche Moralen und sie vertretende Strömungen und Kräfte, wie z.B. bei §§ 218 u. 175 StGB.

Es muss tiefer liegende Bereitschaften geben, stark verbreitete kollektiv-psychologische Dispositionen, welche verstehbar machen, dass bestimmte Moralen kontrafaktisch haltbarer sind als andere. Es sind jene Tabu begründeten Moralen, welche gegen Aufklärung besonders resistent sind. Wir müssen also nach den individual- und sozialpsychologischen Bedingungen der Tabu-Bildung fragen.

Die Zeiten magisch-animistischen Denkens der Naturvölker, denen die Tabus zuzurechnen sind, sind vorbei, so schien es. Inzesttabu, Todestabu, Sexualtabu sind unter dem Einfluss der Aufklärung geschrumpft und zerbröckelt, erscheinen nur noch rudimentär. Wie konnte es dann mit Beginn der Drogenprohibition vor bald 100 Jahren zu einem derartigen Wiederaufleben von Tabus kommen? Warum sind Tabus offenbar in unterschiedlichem Maße resistent gegen Aufklärung?

Tabus sind per definitionem anti-aufklärerisch, eine Erscheinungsform des Nicht-Hinsehen-Wollens aus Angst – einem angeborenen Ur-Affekt. Der Mensch unterliegt der Suggestion, dass das Tabu sich selbst rächt. Genau dies spielt sich in der öffentlichen, medialen und politischen Reaktion auf Drogen ab: die Suggestion, wenn man auch nur einmal mit Drogen oder dem Drogengebraucher in Berührung komme, sei man verloren. Das zeigt sich z.B. im hellen Entsetzen von Menschen, die auf dem Rathausplatz von Bremen Zeuge einer demonstrativen öffentlichen Heroin-Selbstinjektion zur Unterstreichung der Forderung nach geschützten ‚Druck-Räumen' wurden. Kaum ein Mensch würde derartiges Auf-heben über eine im Krankenhaus beobachtete Injektion machen. Es ist also zunächst einmal eine scheinbare Zauberkraft, ein gefährliches und infektiöses magisches Potential, welches den illegalen Drogen zugeschrieben wird. Die Angst vor den Drogen speist sich aus einer offenbar wiederbelebten archaischen ‚Furcht vor der Wirkung dämonischer Mächte', einer Furcht welche jetzt auf die Drogen verschoben ist. Diese Erscheinungsformen lassen sich mit der Berührungsangst bei Zwangsneurosen und Phobien in Zusammenhang bringen:

> „Die Zwangskranken benehmen sich so, als wären die ‚unmöglichsten' Personen und Dinge Träger einer gefährlichen Ansteckung, die bereit ist, sich auf alles Benachbarte durch Kontakt zu übertragen." (S. Freud)

Abgesehen von der Selbsteinschränkung durch Verzicht – der geforderten Abstinenz – findet sich auch die magische Buß- und Reinigungsphantasie des Zwangskranken im Recht vergegenständlicht. Zum einen die verwirkte Strafe. Das würde den Wertungswiderspruch miterklären, dass ein Verhalten bestraft wird, welches in anderen Rechtsbereichen, z.B. sozialrechtlich, als Krankheit gilt. Zum anderen die stationäre Langzeittherapie, welche insbesondere in der verbreiteten behavioristischen Form erzwungener Abstinenz und psychischer Selbstentblößung an den Waschzwang, das häufigste Symptom der Zwangsneurose gemahnen.

Der entscheidende unbewusste Inhalt des Tabus ist, wenn man der Analogie zur Zwangskrankheit folgt, die Ambivalenz der Gefühlsregungen. Tabus sind (nach S. Freud) solche Zustände oder Verhaltensweisen, die unbewusst zutiefst, d.h. triebhaft erstrebt sind, die jedoch zwecks Vermeidung eines bedrohlichen Konflikts verdrängt und mit der fraglosen Vorgabe der Unberührbarkeit gegenbesetzt werden. Es muss eine unbewusste Phantasie des ungefähren Inhalts geben: "Wenn ich ein bestimmtes Verhalten ausübe, wozu ich nahezu unwiderstehlich getrieben werde, passiert etwas Katastrophales. Nicht nur die absolute Vermeidung, sondern Gegenbesetzung, hilfsweise aber Buße und Reinigung können mich retten." Ambivalenz bezeichnet also den aus einem befürchteten äußeren Konflikt resultierenden inneren Konflikt, der durch Verdrängung, Verleugnung, Projektion, Gegenbesetzung, Abspaltung auf geeignete Adressaten – eben die ‚Junkies' – gelöst wird. Die Lösung ist jedoch nur scheinbar, denn die verdrängte Triebstrebung geht nicht unter, sondern kehrt, wenn auch in den verschiedensten Formen entstellt, verzerrt, ins Gegenteil verkehrt, auf andere Objekte verschoben, wieder.

Nun erleben wir viele Strebungen, ohne dass deren Realisierung als katastrophal in ihren Auswirkungen phantasiert wird. Es muss bestimmte Triebstrebungen geben, die wegen ihres Inhalts verdrängt werden. In Zeiten der Entsublimierung ist das kaum noch, wie S. Freud meinte, die Sexualität an sich. Auch, wie von ihm postuliert, der Neid auf den Besitz oder die Macht anderer eignet sich zwar dazu Angst zu erzeugen. In der individualisierten Konkurrenzgesellschaft sind solche Strebungen aber nicht mehr tabuisiert, ihre Belohnungen und Risiken vielmehr kollektiv bewusst und ideologisiert. Zu der Phantasie muss gehören: Wenn ich dem anderen antue, was ich ihm primär antun möchte, wird er mir dasselbe antun. Oder: Wenn ich dem anderen das Begehrte wegnehme, werde ich dafür ebenso bestraft, z.B. mit der – archaisch phantasierten – Tötung, wie ich umgekehrt den Impuls habe, denjenigen zu strafen, der mir das Begehrte wegnimmt.

Dabei handelt es sich um den Mechanismus der Projektion: verpönte, ängstigende Impulse werden auf dafür sich eignende Objekte verlagert und in diesen bekämpft und ausgegrenzt. Dabei geht es – der ‚klassischen' Psychoanalyse Freuds folgend – um archaische Tabus, nämlich Inzestverbot bzw. Exogamiegebot und Tod bzw. Tötungsverbot, die aus den postulierten Trieben Libido und Destrudo sowie der Angst vor dem Vater (Ödipus-Komplex) abzuleiten seien. In der ausdifferenzierten wissenschaftlichen Psychoanalyse heutiger Zeit wird diese Angst, dieses Tabu genetisch weiter zurückverfolgt in die frühesten Lebensphasen: aus dem noch undifferenzierten Triebpotential werden die innerpsychisch als lebensbedrohlich erlebte, auf Frustration und Traumatisierung folgende eigene Aggression samt damit verknüpften Ur-Phantasien auf Objekte in der Außenwelt projiziert und somit externalisiert. Hass und Angriff auf das externe Böse eröffnet zugleich die Lust am Überleben.

Die illegalen Drogen werden insofern vom Todestabu erfasst, als sie im Erleben und in der Phantasie einerseits mit Kontrollverlust und Ekstase, mit grenzenloser Steigerung der Lust in Verbindung gebracht werden, andererseits mit dem Abreißen dieses Lebensprozesses, mit dem Tod. Der sexuelle Orgasmus ist insofern das bewusstseinsnähere Wiedererleben des Glücksgefühls, wenn die durch Hunger oder andere Bedrohungen erlebte Todesangst aufhört. Illegale Drogen sind am ehesten geeignet, diesem absoluten Glücksgefühl, der Sehnsucht nach der Rückkehr ins Paradies nahe zu kommen – auch wenn das letztlich nie gelingt.

Dem Moment des Orgasmus, den Sekunden der Ekstase wohnt – gleich der beglückenden, die Realität ausblendenden Drogenwirkung – die Sehnsucht nach Wiederholung, Steigerung, auf-Dauer-Stellung inne, die Phantasie, allmächtig und gottgleich über dieses Hochgefühl und ekstatische Potential verfügen zu können. Die ewige Suche nach dem absoluten Aphrodisiakum – mindestens ebenso intensiv betrieben wie die Suche nach der chemischen Synthese des Goldes – verweist auf diese Phantasiezusammenhänge ebenso wie Geheimkulte de Sade'scher Manier oder hoch ritualisierte Sexualkulturen wie die Liebes- und Ekstasekulte des Tantrismus im Indien des Vormittelalters. Bestimmte Drogen können jedenfalls zu solchem Erleben beitragen und sind in vielen Kulturen insofern auch als Aphrodisiakum genutzt worden, als sie passager das Über-Ich entlasten und Lustpotentiale freisetzen. In diesem Zusammenhang sind auch Faszination und Furcht bezüglich sexueller Perversionen zu verstehen: Bei aller Empörung oder Pathologisierung schwingt doch auch die Sehnsucht nach der absoluten Steigerung und Perpetuierung der sexuellen Ekstase mit, und der Verzicht auf die ‚sauren', weil unerreichbaren ‚Trauben'. Nicht umsonst wird die Ekstase des Orgasmus aber auch als ‚der kleine Tod' bezeichnet: im Gefühlserleben und in der Phantasie schließt sich hier ein Zirkel von omnipotentem Hochgefühl als beständig treibender Sehnsucht einerseits und Erfahrung der Endlichkeit der Lust und des Lebens bzw. des in dem Geschlechtspartner Aufgehens, sich Verlierens, der Verschmelzung, Vernichtung, Tötung andererseits.

Die Analogie der Abwehrmechanismen bei der Zwangskrankheit und bei den Tabus, insbesondere der Verschiebung, kann man hier bestätigt sehen: Die Warnung vor der Droge beinhaltete immer schon die Phantasie, unter Drogeneinfluss leichter verführbar zu sein. Diese bewusste Bedeutung ist in der allgemeinen Drogenphobie praktisch verschwunden bzw. ebenfalls verdrängt und durch die Phantasie ersetzt worden, es drohe sozusagen direkt von der Droge der Tod. Die Sehnsucht und Suche nach sexueller Ekstase wird im Zuge der sich immer weiter verallgemeinernden und verschiebenden Abwehr selbst als Suchtform denunziert und negativ normiert.

Schon an dem biblischen Mythos vom Sündenfall, an der Symbolik des Genusses des tabuisierten Apfels, knüpft das ‚Rauschgift-Tabu' an: Vom Baum der Erkenntnis, d.h. der Innewerdung des Sexuellen, darf *homo sapiens* – das ‚erkennen wollende' Subjekt – nicht essen! Auch der Drogen-Mythos von Sodom und Gomorrha enthält diese Metaphorik der todbringenden sexuellen Enthemmung aufgrund berauschender Substanzen sowie das Ergriffenwerden von diesem Tabu durch schlichtes Ansichtigwerden: Augen sind die ersten Sexualorgane. Wobei im Mythos ironischerweise zugleich der sexuelle Inhalt zum Ausdruck kommt: ist doch die Salzsäule, zu der man erstarrt, auch ein Penis-Symbol.

Die oralen, nasalen, intravenösen Applikationsformen illegaler Drogen verweisen jenseits ihrer praktischen Funktionalität im Sinne optimaler Drogenwirkung symbolisch auf subjektives Erleben präödipaler Entwicklung. So erscheint schon das biblische ‚Schmecken' des vergifteten Apfels als symbolische Bezugnahme auf gestillt und abgestillt Werden des Säuglings durch die Mutter. Als Ur-Erleben, Ur-Phantasie und mithin undifferenzierter Ur-Quell der Triebkräfte lässt sich im Sinne der modernen psychoanalytischen Entwicklungstheorie das Eins-Sein mit der Mutter als totales und maximales Lust-Gleichgewicht postulieren. Nach dem Ur-Trauma der Geburt als primärem Gewalt- und Angsterleben ist die

Sehnsucht nach dem narzisstischen Primärzustand, nach der Wiederverschmelzung mit der Mutter ewiger Regressionsfokus. Es gibt eine Ur-Ambivalenz der Mutter gegenüber: einerseits die paradiesische Erfahrung des Eins-Seins mit der versorgenden Lebensspenderin und die Hoffnung auf die Wiederkehr dieses Zustandes totaler Fusion; andererseits die Urerfahrung der mütterlichen ‚Gewalt' im Geburtsvorgang und in der Macht zur Versagung sowie die Angst vor dem Verschlungenwerden oder Verhungern. Die aus der zunehmend unvermeidlichen Versagung, aus Unlust- und Schmerzerfahrung resultierende Ur-Angst und Enttäuschung löst primäre Abwehrmechanismen aus: Schreien aus ohnmächtiger Wut einerseits, halluzinatorische Reinszenierung der Wiederverschmelzung andererseits. Wut und Wiederverschmelzung lösen neuerlich archaische Angst vor dem Objekt- und Selbstverlust aus und resultieren in primärer Anpassung. Z.B. im Schneewittchen-Märchen zeigt sich diese Symbolik: der von der Stiefmutter, also der ‚bösen' Seite der Mutter, verabreichte Apfel ist zur Hälfte vergiftet. Der Apfel, die Milch, die Droge: sie haben immer ihre zwei Seiten, das Hochgefühl der Verschmelzung und die Depression der Vernichtung. Die Droge wird zugleich geliebt und gehasst, sie wird zugleich fördernd und zerstörend erlebt.

Der Genuss bestimmter – sicherlich nicht undifferenziert aller – psychotroper Drogen wird psychisch wie die Verwirklichung der Ur-Hoffnung auf die Wiederverschmelzung, auf das absolute Hochgefühl erlebt, zumindest wie eine Verheißung dieser ‚Erfüllung'. Das stellt eine Kompromissleistung der Abwehr dar: Drogengenuss hilft ein Stück weit, die Wiederverschmelzungsphantasie zu reinszenieren, schützt aber andererseits im Sinne einer narzisstischen Beziehungsabwehr vor einer wirklichen Objektabhängigkeit und der Gefahr des Verschlungenwerdens. Zugleich werden sexuelle und aggressive Affekte in einem ungerichteten Hochgefühl aufgehoben und verlieren ihre Erschütterungs- und Bedrohlichkeitsqualität. Drogengenuss ermöglicht unter Umständen auch die unbewusste halluzinatorische Reinszenierung des Frühzustandes magischer Allmacht und damit die Abwehr der Regression in primäres Ohnmacht- und Vernichtungserleben. Insofern bewirken, konditionieren und nutzen psychotrope Drogen lediglich die inneren Erlebnisqualitäten, welche sowohl biologisch als auch psychisch angelegt sind: Endorphine einerseits und das Spektrum endogener rauschhafter narzisstischer Hochgefühle bei Sexualität, sadistischer oder massenpsychotischer Aggressions-Enthemmung, realer Machtausübung.

Welches Schicksal die Ur-Triebe erleiden, welchen Verlauf der archaische Triebkonflikt nimmt ist eine Frage der psychischen Strukturentwicklung. Je nach Stärke und Relation der Instanzen des Ich und des Über-Ich überwiegen Fixierungen oder Regressionen, sind Ich-gerechte Regressionen z.B. in Therapie oder eben auch unter Drogenwirkung möglich. Anhaltender Drogengenuss kann bedeuten, dass die Angst vor Objekt- und Selbstverlust abgewehrt werden muss, weil die entsprechende Trauerarbeit nicht oder noch nicht möglich ist. Trauerarbeit setzt das allmähliche, wohldosierte Erleben von Versagungen und Abschied, von Verzicht auf Allmacht und Idealisierung voraus, welches in einer ausreichend günstigen Sozialisation durch vielerlei Progressionen und Tröstungen kompensiert wird.

Auch hinsichtlich des Drogengenusses bedeutet Trauerarbeit Abschied. Nämlich Trennung vom ‚Ersatz-Objekt' Droge. Bei allmählich nachlassender Drogenwirkung wiederholt sich im unbewussten Erleben die Trennung von der Mutter, von der Kindheit. So ist denn auch bekannt, dass – abgesehen von den physiologisch und pharmakologisch zu erklärenden Erscheinungen der Abhängigkeit und Toleranzbildung, das Anziehungserleben der Drogenwirkung abnimmt. Je nach psychischer Disposition und sozialem Setting ist der Mensch in unterschiedlichem Maße fähig, die Enttäuschung dieser Hoffnung zu verarbeiten. Adäquat ist nur die Verarbeitung durch Trauer. Sonst folgt Wut und deren Abwehr durch weitere, qua gesellschaftlicher Stigmatisierung verstärkter Abhängigkeit und Depression bzw. deren Abwehr durch weiteren Drogenkonsum. Andererseits wird so verständlich, was die soziologische Drogenforschung herausgearbeitet hat: Etwa ein Drittel der Heroingebraucher werden im Stadium des Jungerwachsenseins abhängig und steigen jenseits des Alters von 30 – 35 Jahren allmählich ohne irreversible Gesundheitsschäden von selbst aus der Abhängigkeit aus.

Die unbewusste Phantasie von Paradies, Macht, Omnipotenz, welche an die Rauschdrogen geknüpft wird, erweist sich auch in der Faszination der Forscher, Allheilmittel oder gar das Mittel der Unsterblichkeit zu finden – Analogon zur Suche der Alchimisten nach der magischen Formel zur Goldherstellung. In dem unentwegten Bestreben der Prohibitionisten, die Drogen wie das Böse endgültig auszumerzen, findet sich als Abwehrkompromiss die Kehrseite dieses an die Droge geknüpften Allmachts-Wunsches. Er ist nun auf das Strafrecht verschoben und auf das Reinigungsritual der Zwangstherapie, man partizipiert unbewusst an dieser phantasierten Allmacht. Darin liegt zudem noch ein Kompromiss mit den destruktiven Triebanteilen: Sadistische Befriedigung durch ‚legitimes' Bestrafen desjenigen, der sich den Genuss gönnt, bei voll entlastetem Über-Ich. Die abgespaltene, verleugnete, projizierte, in Ritualen isolierte primäre Destruktivität, die unbewussten Tötungsphantasien spiegeln sich auch im Diskurs über die ‚Drogentoten', im ritualisierten täglichen Zeitungsbericht – ähnlich der Mordberichterstattung. Darum gibt es wohl keine ebensolchen Berichte über Alkohol- und Verkehrstote.

Der so genannte psychiatrische Agnostizismus und die Suche nach den medizinischen oder genetischen ‚Ursachen der Sucht' lassen sich auch als Ausdruck des Tabus verstehen. Es geht um die Abwehr der Berührungs-Angst, dem Kranken verstehend in seinen Wahn oder seine Abhängigkeit zu folgen und dadurch den eigenen archaischen abgespaltenen Triebimpulsen wieder zu begegnen. Ähnlich zu deuten ist möglicherweise die Tatsache, dass Psychoanalytiker ungern Drogengebraucher behandeln. Nun mag es – wie beim Todes-Tabu hinsichtlich der Feinde auch – Schuldgefühle für das den Drogengebrauchern zugeteilte Strafübel geben. Diese müssen beständig durch verstärkte Dramatisierung des Drogenübels oder durch andere Entschuldigungsrituale gerechtfertigt werden.

Jedenfalls finden wir in der kollektiven Drogenphobie eine ähnliche Kompromissbildung wie bei Neurose, Borderline-Zustand und Psychose: Triebverwirklichung und Abwehr gehen ein Amalgam ein, werden gesellschaftlich modelliert und normiert. Auch die Begriffe von Sucht und Abhängigkeit sind nicht deskriptiv, sondern wandelbare gesellschaftliche und normative Konstrukte. Es erscheint an der Zeit, diese Begriffe einer tiefgreifenden Analyse zu unterziehen. Allzu umstandslos werden Abhängigkeit und Sucht als scheinbar empirische Begriffe mit Krankheit gleichgesetzt, z.B. im Sozialrecht. Es handelt sich also um einen beispielhaften Fall gesellschaftlicher Konstruktion von äußerer und innerer Realität, nämlich der Konstruktion und Funktionalisierung von Angst und Abwehr, von Abweichung und Krankheit einerseits und Abstinenz und Konformität andererseits.

Drogenhilfe und Drogenverbot: Vom helfenden Zwang zum zwanglosen Helfen?

Horst Bossong

Sozialunternehmen richten sich auf dem Markt ähnlich ein wie Wirtschaftsunternehmen. Zwar zahlen sie als gemeinnützige Träger bekanntermaßen keine (Körperschafts-, Gewerbe- u. a.) Steuern, sondern leben vom Staat, zudem sind sie oft weitaus weniger risikofreudig und neigen eher zu Ressourcenverschwendung, doch auch sie suchen Politik und Administration für sich einzunehmen, schicken ihre Verbände, Forscher und Lobbyisten in Marsch und sind bestrebt, ihre Interessen, wenn nicht mit Erfolg durch Kooperation und Korporatismus, so durch Drohgebärden und öffentliche Skandalisierungen durchzusetzen. Sie wehren sich ähnlich privatwirtschaftlichen Unternehmen gegen bürokratische Restriktionen, Qualitätsauflagen und ihnen lästig erscheinende Nachweis- und Dokumentationspflichten. Und auch sie fordern im Falle für sie ungünstiger politisch-administrativer Entscheidungen handfeste Kompensationen für ihre Konsens- und Mitmachbereitschaft ein[1]. Bei all dem haben sie allerdings im Unterschied zu den meisten Wirtschaftsunternehmen ein entscheidendes Argument auf ihrer Seite: Sie stehen für das Gute in der Welt; ihr Einsatz gilt den Schwachen und Entrechteten. Indes, bei Lichte betrachtet, sind die Entrechteten und Schwachen zunächst einmal vor allem nutzbringend fürs eigene Marketing; mit ihnen lässt sich Druck, und das heißt: Geld machen.

Dieser normalerweise strikt tabuisierte und gerade insoweit auch für die interne Motivationsbeschaffung funktionale Sachverhalt ist essentiell für die Verortung der Drogenhilfe im Gefüge der Drogenverbotspolitik. Dabei ist ihre Haltung zum Drogenverbot nicht nur relevant im Hinblick auf den eigenen Geschäftserfolg und, damit zusammenhängend, für ihr Standing in den Szenen der Drogen-

1 Phänomene dieser Art, nämlich Anpassungsleistungen gemeinwohlorientierter Träger der Sozialen Arbeit an die üblichen Marktusancen werden in der Forschung praktisch nicht, oder wenn, dann meist einseitig i. S. der sattsam bekannten Kritik an vermeintlichen Neoliberalismus- bzw. Ökonomisierungstrends, behandelt. Jedoch hatte bereits Franz Oppenheimer (1924) am Gegenstand der Genossenschaften gezeigt, dass sich diese, sofern und sobald sie sich wirtschaftlich betätigen, den gängigen kapitalistischen Produktions- und Distributionsusancen anpassen (müssen).

abhängigen, sondern darüber hinaus maßgeblich auch für den gesellschaftlichen Drogendiskurs insgesamt. Insofern sind die Drogenhilfeanbieter ein relevanter und allemal interessanter Akteur im kriminalpolitischen Feld.

Wie also, so fragt sich, ist in Deutschland die institutionelle Drogenhilfe in den zurückliegenden vier Jahrzehnten mit dem Drogenverbot umgegangen? In welcher Weise kommt ihr ein derzeit zu beobachtender Perspektivenwandel des Verbotsthemas zupass? Und weshalb sollte sich der (notwendige) Legalisierungsdiskurs von Drogenhilfe- und Präventionsdiskursen abkoppeln?

1. Krankheit, Sanktionsdruck und Freiwilligkeit

Das Verhältnis der Drogenhilfe zum Drogenverbot war seit ihrer Entstehung in den frühen 1970er Jahren immer höchst widersprüchlich, verwies es doch auf einen Topos, der die Grundfeste moderner sozialarbeiterischer Überzeugungen im Mark zu treffen geeignet war: Es geht um die Alternativen zwischen Kriminalität, Krankheit und Selbstkompetenz sowie zwischen Zwang und Freiwilligkeit. Damit ist und war von Anfang an ein Dilemma bezeichnet, das bis heute in einer Art pragmatischer, der jeweiligen Diskurskonjunktur und dem Businessinteresse der Hilfeanbieter angepasster Durchwurstelei beantwortet wird.

Die Konstruktion des Drogenverbots ist, insbesondere mit Blick auf die Konsumenten, bekanntermaßen höchst eigenwillig. Wenn überhaupt, so könnte man sagen, schädigen sich die Drogenkonsumenten selbst, sie schädigen aber keinen Dritten – insofern ist die strafrechtliche Ahndung ihres Tuns nicht zu rechtfertigen. Fasst man hingegen, was der Fall ist, den konsumbezogenen Drogenumgang als Straftat – begründet wird dies seit jeher mit der zu erwartenden Sogwirkung auf Dritte, nämlich auf bisher unbeteiligte, aber durch das schlechte Beispiel der Drogenkonsumenten zum Konsum verleitete Nichtkonsumenten (Ellinger 1974) –, dann, so die klassische Antwort, reagieren Staat und Gesellschaft mit Strafsanktionen. Die einschlägigen Regelungen hierfür finden sich im sechsten und siebenten Abschnitt des Betäubungsmittelgesetzes. Allerdings unterstellt das Strafrecht bekanntlich im Sinne einer conditio sine qua non die Entscheidungs- und Handlungsfreiheit des Delinquenten: Er muss, so er denn wollte, ohne weiteres sich auch anders, nämlich legal verhalten können. Indem er sich für die Straftat entscheidet, lädt er Schuld auf sich, dafür muss er sich verantworten und geradestehen. Natürlich kennt, auch dies ist bekannt, das Strafrecht eine ganze Reihe strafmildernd wirkender täterbezogener bzw. Tatbegehungsumstände; gerade dies ist Ausdruck der Beharrlichkeit, mit der an der Figur der Willens- und Handlungsfreiheit des Delinquenten festgehalten wird. Wo immer diese verneint wird, man also mit der Figur des „Hangtäters“ bzw. chronisch Suchtkranken arbeitet, ist Strafe im Prinzip unangebracht (hierzu näher: Körner 2001, § 35, Rz.308f.). Anstelle der Strafe käme hier auf Basis strenger, in Einzelfallverfahren festzustellender Voraussetzungen allenfalls die (Zwangs-) Einweisung in eine Entziehungsanstalt bzw. eine psychiatrische Klinik in Betracht. Man müsste sich also entscheiden: Ist der Drogengebraucher einer, der nur (möglicherweise) sich selbst, aber sonst niemanden schädigt? Ist er ein für sein Tun verantwortlicher Straftäter, der ohne weiteres zur Straftat auch „Nein“ sagen könnte? Oder ist er ein von seiner Sucht getriebener Kranker, der unter Umständen zwar zwangsweise eingewiesen, aber eben eigentlich nicht bestraft werden kann? Das Drogenstrafrecht, so wie wir es kennen, hat bekanntlich den inkonsequentesten Weg beschritten: Der Drogenkonsument ist ein Straftäter, der gleichwohl als suchtkrank gilt und zwar bestraft, aber möglichst nicht in Strafhaft genommen, sondern einer therapeutischen Behandlung unterworfen werden soll.

Tatsächlich landeten bis in die 1970er Jahre hinein Drogenabhängige wenn nicht in Strafhaft, so üblicherweise in forensischen Kliniken oder in Sicherungsverwahrung (Bschor 1984). Genau hiergegen zogen seinerzeit die frühen, überwiegend nebenberuflich und ehrenamtlich tätigen Drogenhelfer massiv zu Felde. Drogenerwerb und -besitz (sowie in der Folge indirekt der Drogenkonsum) werde zu Unrecht kriminalisiert und sei auch nicht Ausdruck krankhaften Verhaltens und Tuns, vielmehr drücke sich im Drogengebrauch der Widerstand und die Ablehnung bürgerlicher Werte und (kleinbürgerlich) normierter Lebensentwürfe aus. Die Drogenkonsumenten strebten, so interpretierte man, nach alternativen, wohl mehrheitlich antikapitalistisch ausgerichteten, kollektiven und antiautoritären Lebensstilen. Allerdings sei der Weg in den (insbesondere exzessiven) Drogenkonsum ein konsequent falscher, nämlich letztlich ein Weg in die *Sucht als Flucht*. Er befreie zwar in gewisser Weise aus den Zwängen des bürgerlichen Alltags, führe aber unmittelbar in eine andere, neue Abhängigkeit, nämlich die von der Droge (und natürlich auch in die vom kapitalistisch organisierten, profitgierigen Markt, weshalb eine generelle Legalisierungsforderung schon seinerzeit nicht in Frage kam). Worauf es stattdessen ankomme, sei die Befreiung von *jedweder* Art Abhängigkeit und Entfremdung – die der bürgerlichen Gesellschaft wie die durch die Drogen. Als ein geeignetes Exerzierfeld hierfür galt die therapeutische Wohngemeinschaft. In ihr könne der Drogenabhängige in nicht-autoritärer und nicht-expertokratischer Atmosphäre, vielmehr in gemeinsamem Leben und selbstbestimmtem Arbeiten zu individueller Emanzipation gelangen, hieß es (zu all dem näher: Heuer et al. 1971; Kollektiv Release 1973).

Die professionsstrategisch in dieser Phase wichtige Auflehnung der sich gerade erst herausbildenden Drogenhilfe gegen Haft und Forensik war konsequent und durchaus mutig, denn sie widersetzte sich deutlich dem herrschenden gesellschaftlichen Mainstream, folgte indes andererseits dem geläufigen Gedankengut der auch in anderen Bereichen (z. B. Heimerziehung, offene Jugendarbeit) sich professionalisierenden modernen Sozialarbeit/Sozialpädagogik. Allerdings ließ und lässt sich mit allzu scharfer System- und Methodenkritik staatlichen Handelns allein auf Dauer kein professionelles Geschäftsfeld behaupten; der Staat finanziert und belegt keine Einrichtungen, in denen es an verbindlichen (Behandlungs-)Strukturen, wissenschaftlich (halbwegs) fundierten Qualitätsstandards, klar geregelten Verantwortlichkeiten und solider Haushaltsführung mangelt. Vor allem anerkennt er solche Einrichtungen nicht als akzeptablen Ersatz für den Strafvollzug. Folglich setzte er Hürden und schuf seit der zweiten Hälfte der 1970er Jahre immer mehr sog. Mindestqualitätsstandards für die Belegung und Finanzierung der inzwischen zahlreich gewordenen therapeutischen Einrichtungen und Drogenberatungs- bzw. Betreuungsstellen (näher: Bossong, Marzahn, Scheerer 1983). In der Folge führte dies zur Schließung etlicher Einrichtungen und damit zu einer Art Marktbereinigung.

Die vormals strikte Opposition gegen die Kriminalisierung des Drogenumgangs war damit für die Drogenhilfe perdu; sie emanzipierte sich zudem von ihrer tendenziell antistaatlichen/antikapitalistischen Geschichte und begann, sich stattdessen professionell auf dem Sozialmarkt zu etablieren (Bühringer 1981). Für den gesellschaftlichen Drogenpolitikdiskurs bedeutete dies vorerst das Ende jedweder Legalisierungs-, oder auch nur – bescheidener – Entkriminalisierungsoption. Stattdessen fand einstweilen die vom seinerzeitigen Berliner Drogenbeauftragten, Wolfgang Heckmann, geprägte Formel vom „*helfenden Zwang*“ breiten Zuspruch: Strafdrohung, Strafverfolgung und Verurteilung seien notwendige und gut geeignete Instrumente, die ansonsten mangelnde Therapiemotivation des „drogenkranken“ Straftäters zu wecken, seinen Behandlungsantritt zu begünstigen und das Rückfall- und Therapieabbruchrisiko zu reduzieren. So bediente sich fortan die organisierte Drogenhilfe des Strafrechts zur Beschickung und Auslastung ihrer Einrichtungen. Allerdings nutzten Staat und Drogenhilfe dabei einen methodischen Trick, der die hohen Hürden der rechtlich nur in engen Ausnahmefällen zulässigen Zwangsbehandlung umschiffen sollte: Der Behandlungsantritt und Behandlungsverlauf muss *freiwillig* und auf Basis einer wie auch immer zu beurteilenden Eigenmotivation des straffälligen Drogenabhängigen erfolgen, das Gericht verhängt nicht die Therapie gleichsam als Strafersatz, sondern stellt stattdessen die Strafe zurück, um die (extramurale) Therapie vorrangig zu ermöglichen. Ist die Behandlung erfolgreich absolviert, wird die Therapiezeit auf die Strafe angerechnet, sodass eine nachträgliche Haftverbüßung i. d. R. entfällt[2]. Es ist diese höchst ungewöhnliche Konstruktion der BtMG-Reform von 1982, die den so wichtigen Gedanken der Freiwilligkeit und (Selbst-) Verantwortung formal aufrecht erhält, ihn aber de facto ad absurdum führt: Der Drogenabhängige ist für sein Tun und Handeln strafjustiziell verantwortlich, zugleich aber wird ihm als „Drogenkranken" Therapiebedarf attestiert und deswegen der *freiwillige*, d. h. selbst beantragte Zugang zur Therapie statt Strafe ermöglicht sowie schließlich bei regulärem Verlauf die in der Therapie verbrachte Zeit auf die verhängte Haftstrafe angerechnet. Schon früh hatte Scheerer (1979; 1982a) dies als das identifiziert, was es ist: *Therapie als Strafe*.

Mit dieser Konstruktion, an deren Zustandekommen im Gesetzgebungsverfahren sich die Suchtverbände intensiv beteiligt hatten (Scheerer 1982b), ließe sich, so die seinerzeitige Geschäftsprognose der Drogenhilfe, gut leben. Sie böte den Abhängigen eine sinnvolle und im Vergleich zu den Haftanstalten weniger harte Alternative an und – auch dies war rechtlich möglich geworden – erlaube sogar den bereits in Strafhaft befindlichen Abhängigen den raschen Übertritt in eine „freie" Therapie. Doch der damit einher gehende Impetus des advokatorisch dem von Strafverfolgung und Haft betroffenen Abhängigen zugewandten „Fürsorgers" mochte zwar weiterhin in manchen Diskurszirkeln verfangen, kaum hingegen bei den Drogenabhängigen. Viele von ihnen fragten sich stattdessen, was situativ für sie günstiger sei und worin vor allem der alltagspraktische Unterschied zwischen Haft und Therapie bestehe und ob es nicht zuweilen bequemer sei, die Strafe in der Haft abzusitzen statt sich dem durchweg sehr autoritären und hinsichtlich der geforderten Compliance hoch anspruchsvollen Regime der Therapieeinrichtungen zu unterwerfen. Tatsächlich sprechen viele Berichte von Drogenabhängigen dafür, dass sie offenbar recht strategisch mit der Entscheidungsfrage „Therapie oder Strafe" umgingen. Das eigenwillige Arrangement zwischen Gesetzgeber, Strafjustiz und Drogenhilfe jedenfalls beförderte eher die Geschäftsinteressen der Drogenhilfe als die von vielen Drogenabhängigen gewünschte Entkriminalisierung[3].

2 Vgl. zu den Detailregelungen: Körner (2001, § 35f.)

3 Dass die 1982er-Reform des BtMG überdies der Strafjustiz nichts genutzt und namentlich die Zustände in den Haftanstalten nicht verbessert hat, macht Körner (2001, § 35, Rz.1) deutlich: „Die Justizvollzugsanstalten stellen ... intramurale Drogenszenen dar, wo trotz schärfster Kontrollen alle Arten von Arzneimitteln und Betäubungsmitteln zu erwerben ... (und) Misshandlungen, Drogenschmuggel und Drogenhandel, Drogentod durch Überdosis und Suizidversuche" an der Tagesordnung sind.

Doch obwohl im Laufe der Zeit die Zahl derjenigen Drogenabhängigen, die sich auf Basis des § 35 BtMG in stationären Therapien befanden, stetig (z. T. auf über 70 %) anstieg, geriet die Drogenhilfe in den späten 1980er Jahren zusehends in schweres Fahrwasser. Immer öfter wurde in der Öffentlichkeit die Effektivität und Effizienz des kostspieligen und gut ausgebauten Hilfesystems in Zweifel gezogen. Wofür, so wurde gefragt, gibt der Staat das ganze Geld aus, wenn doch offene Drogenszenen sich für jeden erkennbar immer mehr verfestigen, Drogenbeschaffungs- und Begleitdelikte stetig zunehmen, in Parks und auf Spielplätzen herumliegende Spritzen Passanten und spielende Kinder gefährden, die Zahl der Drogentoten Jahr für Jahr weiter ansteigt und die Verwahrlosung und Verelendung vor allem der Heroinabhängigen für jedermann in der Öffentlichkeit sichtbar ist, während die öffentlich finanzierten Drogenberatungsstellen und Therapieeinrichtungen oftmals nur schwach ausgelastet sind und ihnen die Klienten reihenweise davonlaufen und immer wieder rückfällig werden? Vor allem zwei Gründe können für die damalige Krise der Drogenhilfe benannt werden: Mit der Philosophie des „helfenden Zwangs“ und den durchweg stark autoritär strukturierten Betreuungs- und Behandlungssettings hatte sie sich mehr und mehr von dem entfernt, was den Klienten, soweit sie nicht unter massivem justiziellen Druck standen, als zumutbar erschien, stattdessen hatten sie sich – auf vornehmlich strafjustizielle Zulieferung der Abhängigen setzend – bis zu einem gewissen Grad ununterscheidbar gemacht zu dem, was alternativ die Drogenabhängigen in den Strafanstalten zu gewärtigen hatten. Zweitens hatte sich die Drogenhilfe in der trügerischen, und, wie sich nun zeigte: unrealistischen Sicherheit gewähnt, in Fragen des Umgangs mit Drogenabhängigen alternativlos dazustehen und folglich Konkurrenz nicht fürchten zu müssen – beides Kardinalfehler im gängigen Marktgeschehen. Die Konkurrenz kam in Gestalt der sog. niedrigschwelligen und akzeptierenden Drogenarbeit ab Ende der 1980er Jahre. Diese knüpfte an die staats- und repressionskritische Philosophie der frühen 1970er Jahre an und propagierte nicht nur überlebenssichernde suchtakzeptierende Hilfen – niedrigschwellige Tagesaufenthaltsstellen, kostenlosen Spritzentausch, Drogenkonsumräume, eine extensive ärztliche Methadon- und später dann auch Heroinbehandlung –, sie revitalisierte zugleich den über mehr als ein Jahrzehnt nicht mehr geführten Entkriminalisierungs- und Legalisierungsdiskurs (Akzept 1993). Für die dann 1992 in Kraft gesetzte erneute Reform des BtMG, die u. a. den Drogenbesitz zum unmittelbaren Eigenverbrauch faktisch straflos stellte und zudem die Methadonsubstitution erleichterte, war allerdings bei weitem nicht allein die neu entstandene akzeptierende Drogenarbeit treibend, vielmehr nötigten hierzu der reale Missstand der offenen Drogenszenen und die drogenbedingt katastrophalen Verhältnisse in den Haftanstalten. Die neue akzeptierende Drogenhilfe suchte unterdessen sehr rasch den Anschluss an den (Sozial-) Markt zu finden: Zahlreiche neue Einrichtungen und Projekte entstanden unter ihrer Regie, in denen überlebenssichernde und suchtbegleitende Hilfen sowie neu entwickelte Therapiemethoden angeboten wurden. Zugleich etablierte sie sich damit in der altbekannten Logik: Sucht ist, wenn schon nicht Krankheit, so doch immerhin ein Zustand – Degkwitz (2007) regt ein „psychosoziales Verständnis von Sucht" an –, der notorisch Hilfebedarf provoziert. Der Gedanke, dass Drogensucht zunächst einmal nichts anderes als eine (stabile) Nachfrage nach Drogen provoziert, war – wieder einmal – passé. Stattdessen wurde fortan am Konzept der niedrigschwelligen Methadonvergabe und der ärztlichen Heroinbehandlung gearbeitet. Im Ergebnis zeigt sich: rund 80 % der Heroinabhängigen erhalten heute in Arztpraxen und speziellen Ambulanzen Methadon; etwa 0,2 % stehen in ärztlicher Heroinbehandlung. Der Legalisierungsdiskurs hingegen hat die Drogenhilfe weitgehend verlassen. Man sehe, so heißt es in den Drogenhilfeverbänden, das ganze Thema inzwischen recht entspannt; wichtiger seien andere, insbesondere methodische, organisations- und professionsbezogene Fragen. Dabei wird klar, dass selbst die – zurückgenommene – Diskussion um eine Entkriminalisierung der Drogenkonsumenten heute entscheidend von Helfer- bzw. therapeutischen Interessen handelt: „Wer wegen Drogenkonsum ins Gefängnis kommt, muss erst die Strafe absitzen, bevor er Suchthilfe annehmen kann", kritisiert der Geschäftsführer des Fachverbands Drogen und Suchthilfe, Jost Leune (2012) in einem Interview anlässlich des 35. Bundesdrogenkongresses[4]. Es ist die alte, weithin Konsens erheischende Botschaft; sie klingt gut und ist vor allem auch gut fürs Geschäft.

2. Befreiung wozu? – Das (neue) Feld der Drogenhilfe

Spiegelt man die Praxis der Drogenpolitik[5] mit Isaiah Berlins (1958/1995) Konzept der „Zwei Freiheitsbegriffe", dann kann man sie zunächst mit dem Begriff der *negativen* Unfreiheit fassen; sie perpetuiert Hindernisse: Durch die Illegalisierung setzt sie die Drogenkonsumenten der Strafverfolgung und in der Folge zahlreichen durch die Illegalität bedingten individuellen (ökonomischen, sozialen, gesundheitlichen usw.) Folgeproblemen aus. Sie behindert den Drogenkon-

4 Quelle: http://www.weser-kurier.de/bremen/vermischtes2_artikel,-Verband-kritisiert-gesellschaftlichen-Umgang-_arid,128503.html (Zugegriffen: 16.08.2012)

5 Ich will nicht unterschlagen, dass ich selbst in der Zeit von 1989 bis 1999 als Drogenbeauftragter des Hamburger Senats und als Vertreter des Dtsch. Bundesrates im Verwaltungsrat des *European Monitoring Centre for Drugs and Drug Addiction* (1993-1999) sehr aktiv an der Drogenpolitikgestaltung mitgewirkt habe.

sumenten, das zu tun, was er möchte, und sie behauptet, dies sei gut für ihn. Das immer wieder virulente Bemühen der Drogenhilfe um eine gewisse Ent*pönalisierung* – „Therapie statt Strafe" – ordnet sich typischerweise in diese Systematik ein; es zielt auf einen, wenn auch recht begrenzten *Abbau* von Hürden und Strafen, die das Betäubungsmittelrecht vorsieht. Aber die Drogenhilfe zielt auf diesen Abbau der Hürden, d. h. auf strafjustizielle Erleichterungen nicht um der individuellen Freiheit willen, sondern um der freiwilligen Entscheidung zugunsten eines erleichterten Hilfe- und Therapiezugangs. In einem weiter gefassten Sinne könnte man auch sagen: Es geht der Drogenhilfe traditionell um den Abbau jener Hürden, die durchs Strafrecht gesetzt und durch Krankheit, nämlich die Sucht, verschärft sind. Diese krankheits- bzw. suchtbedingten Hürden werden gleichsam in der Zwischenzone zwischen negativer Freiheit und optionaler positiver Freiheit verortet. Erst wenn die Sucht dank therapeutischer Verfahren besiegt oder mindestens auf ein alltagstaugliches Maß – die sog. Selbstkontrolle – minimiert ist, findet der Mensch zu seiner eigentlichen Freiheit, genauer: zu der Chance, die Optionen seiner *positiven* Freiheit selbst bestimmen zu können. *Positive* Freiheit zielt, so Berlin, auf das *Wozu* und *Wohin* der eigenen, selbstbestimmten Lebensgestaltung.

Untersucht man nun den heute gängigen Therapie-, Präventions- und Suchtpolitikdiskurs genauer, dann erkennt man einen eminent wichtigen Strategiewechsel. Im Vordergrund stehen nicht mehr so sehr und allein aktive Verbotspolitiken und -strategien, auch geht es nicht mehr nur um die Befreiung von der (freiheitsbehindernden) Sucht, vielmehr zielen Suchtpräventions- und Hilfepolitik heute programmatisch auf die *Formatierung des positiven Freiheitsraums.* Die Rahmung und die strategische Ausrichtung des Wozu und Wohin der (künftigen) Lebensgestaltung ist ihr Zielpunkt, und zwar im Sinne einer im *Systembezug* zu definierenden Gesundheit. Schlichte Prävention im Sinne von Aufklärung, Abschreckung und Warnung reicht dafür bei weitem nicht mehr aus; Prävention ist stattdessen methodisch umfassender als *Gesundheitserziehung* angelegt (Hurrelmann 2006). Allerdings geht es im aktivierenden Sozialstaat nicht einfach um Gesundsein i. S. einer lediglich subjektiv als alles in allem zufriedenstellend empfundenen Lebensgestaltung. Vielmehr steht zusehends eine expertokratisch normierte Gesundheit in überpersonaler Zwecksetzung auf der Agenda. Dabei gewinnt das Feld des strategisch-teleologischen „…um zu" immer mehr an Raum: Der Tabakraucher bspw. soll sein Rauchen nicht nur aufgeben, um sich womöglich wohler zu fühlen, sondern vor allem um seine gesellschaftlich erforderte Leistungsfähigkeit zu erhalten und selbst im hohen Alter noch aktiv sein zu können, um das Krankenversicherungssystem nicht übermäßig zu beanspruchen, um die Nichtraucher zu schützen, um den Tabakkonzernen nicht auf den Leim zu gehen sondern Verbrauchermündigkeit zu dokumentieren, gar: um mitzuwirken, eine rauchfreie Gesellschaft zu schaffen usw.; der durch übermäßiges Essen fettleibig Gewordene soll von seinem Laster ablassen und sein Gewicht am Body-Mass-Index ausrichten um der gesellschaftlich gewünschten Fitness willen, um der Vermeidung kostspieliger Folgekrankheiten willen, um der öffentlichen Ästhetik willen, um der Teilhabe an einer gesunden, ernährungsbewussten Gesellschaft willen usw. Entsprechend ist auch Drogenprävention keine schlichte Aufklärung über oder Warnung vor Drogen; sie ist die *stete Einübung* in ein vermeintlich richtig gelingendes, d. i. leistungsstarkes, sozial- und selbstkompetentes, kommunikations- und konfliktfähiges, reflexionsfähiges und sich in das soziale Geschehen aktiv einbringendes Leben.

So gestalten Suchtprävention und -hilfe heute programmatisch das Feld der *positiven* Freiheit, also den Freiheitsraum des Wozu und Wohin und dringen mit quasi-hoheitlicher Beauftragung tief in das Wie eines *gelingenden guten* Lebens ihrer Klienten ein (hierzu grundlegend: Bossong 2011a). Die (wieder zu erlangende) Gesundheit soll nicht ein offenes Feld, die tabula rasa der eigenen, selbstbestimmten Gestaltung bleiben, sondern ihre strategisch-teleologische Ausformung wird selbst Gegenstand des helfenden und einübenden Prozesses. Gesundheit ist gleichsam ein durch System-, d.h. Markt- und Staatserfordernisse formatierter Raum, den sich der Einzelne dank pädagogisch diskret gelenkter und geschärfter Eigenkompetenz beständig im Interesse des Systemerfolgs wie des eigenen Selbst zu gestalten hat (Lessenich 2008). Gelänge dies in größerem Maßstab, dann, so die Vermutung, würde das strafrechtliche Drogenverbot tatsächlich nach und nach obsolet.

Seitens der Drogenhilfe wird eine solche Perspektive inzwischen klar ins Auge gefasst: „Pragmatisch betrachtet" gehe es „längst nicht mehr um die Frage, ob Drogen genommen werden", vielmehr richte sich der Blick auf „die Frage, wie ein möglichst kontrollierter Konsum gefördert werden kann. Notwendig ist die Entwicklung einer umfassenden Selbstkompetenz des Einzelnen" (Heer-Rodiek 2012) – hierin besteht die (künftige) Herausforderung der Drogenhilfe.

Es ist durchaus konsequent, dass inzwischen von vielen Seiten statt altbackener Prävention das hohe Lied der „Bemündigung" und Stärkung „kritischer Eigenkompetenz" gesungen wird. Stephan Quensel (2010) hat die im Drogensektor gängigen Präventionsstrategien hart kritisiert und verdeutlicht, dass sie nahezu durchgängig den Drogengebrauch einseitig, nämlich negativ bewerteten und (damit) im Wesentlichen auf eine strikte Abschreckung zielten; dies perpetuiere absichtsvoll die herrschende (repressive) Drogenpolitik, gehe aber an der Lebens-wirklichkeit der Jugendlichen i. d. R. weit vorbei. Stattdessen sei eine emanzipatorisch ausgerichtete, nicht defizit-, sondern kompetenzorientierte Drogenprävention nötig. Konkret komme es auf eine Erziehung zum *mündigen* Umgang mit Drogen („*Drogenerziehung*“[6]) an, um die sich vor allem die Schulen in curricular verankerten, dialogisch angelegten Prozessen mit den Schülern zu kümmern hätten (Quensel 2010, S. 379). Gewiss werden zum Teil die methodischen Neuausrichtungen, die Quensel postuliert, bereits in einzelnen Bundesländern seit etlichen Jahren in der schulischen Praxis verwirklicht, wie Schötz und Ullrich (2005) anmerken. Gleichwohl sind sie aus verschiedenen Gründen des Überdenkens wert.

Zum einen setzte, pragmatisch gesehen, eine solche zur Drogenmündigkeit erziehende „Drogenkunde“ – Quensel fordert sie als „Nahziel“ (Quensel 2010, S. 338) – die Drogenlegalisierung voraus, sie kann ihr aber nicht lediglich optional folgen. Denn was könnte bspw. ein (womöglich beamteter) Lehrer auf die Frage seines Schülers, ob er denn nun Drogen nehmen dürfe oder nicht, antworten? Desgleichen stellt sich die Frage, ob die postulierte Drogenmündigkeit unter den obwaltenden Prohibitionsbedingungen das „mündige“, sachkundige und kompetente Agieren auf dem Drogenschwarzmarkt intendiert und also in den Unterricht einbezieht, oder ob sie diese ja keineswegs einfach zu bewältigende Aufgabe außen vor lässt und im eher Allgemeinen verbleibt – Fragen, die zwar nur, aber doch immerhin ganz praktischer Natur sind und jedenfalls einer plausiblen Antwort bedürften, wenn man mit entsprechenden Forderungen hervortritt. Interessanter noch sind Quensels Überlegungen mit Blick auf die von ihm selbst angesprochene Thematik der *informalen* Sozialisationsprozesse in den einschlägigen Peergroups. Hier erscheint die von ihm unterstellte (und in der Situationseinschätzung zustimmungswürdige) Vorstellung, dass die herkömmliche Drogenprävention oft in die Irre (in übertriebene Ängstlichkeit, Desorientierung usw.) führe, gleichwohl aber der Schulunterricht der geeignete Ort für Drogenerziehung sei, doch etwas realitätsfern[7]. Naheliegender dürfte es sein, dass sich Jugendliche in ihren subkulturellen Kontexten noch am ehesten und durchaus kompetent über Fragen des Drogenumgangs, der Beschaffung, der diversen Applikationsformen usw. sachkundig machen; wenig spricht dafür, dass der Schulunterricht hier mehr und besseres bewirken könnte (Bauer 2005). Stattdessen scheint doch die Empirie des (illegalen) Drogenumgangs recht gut zu zeigen, dass der beste Ort der Drogenkunde die Drogenszene selbst ist; in ihr jedenfalls wird seit über

6 Das Thema *Drogenmündigkeit* und *Drogenerziehung* behandelt auch schon Barsch (2001).

7 Im Vorwort der zweiten Auflage seines Buch verweist Quensel immerhin selbst auf die („in einer methodisch sauberen Weise“ [a. a. O.: 18] gewonnenen) Ergebnisse einer interessanten Studie von Bauer (2005).

vier Jahrzehnten alles in allem einigermaßen zuverlässig der Drogenumgang erlernt und weitergegeben[8].

All dies ändert indes nichts an der Tatsache, dass Quensel in vielen Punkten seiner Kritik an der Sinnhaftigkeit und Wirksamkeit der gängigen Präventionskonzepte und -strategien zuzustimmen ist. Insbesondere schließt er mit seiner Arbeit an die plausible Einschätzung an, dass die allseits postulierte Präventionsnotwendigkeit symbolpolitisch vor allem das Bild eines durch und durch defizitären und bedürftigen Menschen kreiert, dessen Drogenwunsch nichts anderes sein kann als Ausdruck von Fehlsteuerung, Defekten und Mängeln. Im Übrigen steht Quensel mit seiner Forderung nach „besserer" Prävention keineswegs allein. In der gesamten, aktuell auch wieder in einigen politischen Parteien (z. B. Bündnis 90/Die Grünen; Die Linke) geführten Legalisierungs- bzw. Entkriminalisierungsdiskussion wird ausnahmslos jedwede Liberalisierungsperspektive im Strafrechtsbereich unmittelbar mit entsprechenden Forderungen nach mehr und besserer Prävention verkoppelt[9]. Und doch bleibt fraglich, ob die von Quensel geforderten modernen Präventionskonzepte besser funktionieren und wirken können als die von ihm zu Recht hart kritisierten bisherigen. Im allgemeinen, so die Vermutung, lassen sich die Lebenswelten und Szenen von Jugendlichen nur schwer und allenfalls marginal von öffentlichen Bildungs- bzw. Gesundheitspräventionsprogrammen beeindrucken; sie folgen anderen Logiken als denen staatlicher bzw. staatsbeauftragter Experten.

3. Drogenlegalisierung als Emanzipation von Hilfe und Prävention

Unternehmen verfolgen im Wesentlichen ihre Eigeninteressen; die Annahme, dass professionelle Sozialunternehmen anders agieren, ist schwerlich haltbar. Zudem ist unmittelbar nachvollziehbar und unter streng marktwirtschaftlichen Bedingungen auch durchaus legitim (dazu näher: Bossong 2011a), dass Sozialunternehmen ihre eigene Dramaturgie der „Hilfebedürftigkeit" und des „bedürftigen Klienten" ausformulieren und in Szene setzen – sie brauchen den Hilfebedürftigen und müssen die Öffentlichkeit vom Nutzen ihres Tuns überzeugen. Es ist folglich nur konsequent, dass die organisierte Drogenhilfe die Frage der Entkriminalisierung und Legalisierung des Drogenumgangs vorrangig mit Blick auf die

8 Hierauf deuten u. a. nahezu alle Studien zu Drogentodesfällen, Überdosierungsunfällen u. ä. hin; derlei Vorkommnisse ereignen sich eher selten aufgrund mangelnder Sachkunde, sondern weit überwiegend bedingt durch die Illegalität (unsauberer, hinsichtlich des Reinheitsgehalts nicht einschätzbarer Stoff; mangelnde Hygiene, schlechte körperliche Verfassung, Stress usw.).

9 Forderungen dieser Art finden sich sowohl in den Programmen der Parteien, sie werden aber auch in nahezu jeder Talkshow (so etwa bei Phönix) geradezu gebetsmühlenartig vorgetragen.

eigene (geschäftliche) Nutzenmaximierung kalkuliert – anderes zu unterstellen ist zwar nicht unüblich, aber letztlich naiv. Damit bleiben allerdings Legalisierungsdiskurse, soweit sie drogenhilfekonnotiert sind, im Kern immer an der Figur der Hilfebedürftigkeit ausgerichtet, anderenfalls gerieten sie potenziell zur Geschäftsgefährdung. Letzteres zu vermeiden, ist u. a. Zweck der Kooperationsnetze zwischen Drogenhilfe und ihren Fachverbänden, der Wissenschaft, diversen (Fach-) Medien und den politisch-administrativen Akteuren[10]; vielerorts bestehen quasi-geschlossene Kreise, die, mit entsprechender (symbolischer, aber auch ökonomischer) Macht ausgestattet, den jeweils aktuellen Drogendiskurs nachhaltig prägen[11] – dieser propagiert heute stärker denn je eine Art sozialpädagogisch gesteuerter Selbstkompetenz i. S. angeleiteter aktiver Selbstdisziplinierung. Folgerichtig herrscht in den drogenhilfekonnotierten Legalisierungs- und Entkriminalisierungsdiskursen nahezu unisono die Idee vor, in die Leerstelle, die das Strafrecht im Falle einer Legalisierung hinterlässt, müsse unmittelbar eine starke pädagogisch instrumentierte General- und Spezialprävention einrücken, die, so die i. d. R. begründungslose Behauptung, weitaus zuträglicher sei als justizieller Druck.

Es ist deshalb mehr als eine politikstrategische Frage, ob man meint, den immer wieder vertagten Legalisierungsdiskurs und die darauf aufbauenden notwendigen Schritte auch weiterhin eng verkoppelt mit Gesundheitspräventions- und Drogenhilfebelangen führen zu wollen, oder ob man sich hieraus löst. Angesichts der Erfolglosigkeit bisheriger Debatten, aber auch vor allem dann, wenn man Scheerer in seiner über all die Jahrzehnte hin konsequenten Freiheitshaltung folgt, spräche nichts dafür, auf den bisherigen Gleisen weiterzufahren, hingegen viel dafür, die Diskussion eher aus der Freiheitsperspektive heraus zu bestreiten.

Insbesondere die wirtschaftswissenschaftlich inspirierte Drogenprohibitionsforschung kann hier einiges bieten. Demnach böte sich in etwa folgende Konfiguration an[12]: Ausgangspunkt wäre nicht der Spezialfall der Sucht und Suchtgefährdung, sondern der Normalfall der (alles in allem quantitativ ziemlich unbedeutenden) Nachfrage nach und des Umgangs mit einem speziellen Konsum-

10 Böhme und Reimann (2012) haben die Reichweite dieser „vielerorts tragfähige[n] Netzwerke und Arbeitsstrukturen“ jüngst mit Blick auf das Daten-Monitoring im Suchtbereich beschrieben und in frappanter Offenheit resümiert: „Die enge Kooperation … erweist sich hierbei in einigen Städten als ausgesprochen förderlich“.

11 In der (Lobbying-) Forschung ist all dies bekannt und seit langem Gegenstand zahlreicher Untersuchungen; mit Blick auf den Drogensektor sucht man hier allerdings weitgehend vergeblich; eine der wenigen ergiebigen Studien zu den korporatistischen Strukturen im Suchtsektor hatte Storz (1987) vorgelegt.

12 Nachfolgende Passage ist inhaltlich weitgehend identisch mit Bossong (2011b); vgl. auch: Schmidt-Semisch (1992).

gut. Hierfür steht auf dem Markt – bisher: der Schwarzmarkt, unter Legalitätsbedingungen der „weiße" Markt – gegen Bezahlung ein entsprechendes Drogenangebot bereit, das bekanntlich im ersten Fall in Zusammensetzung, Reinheitsgehalt, Dosierung usw. unkontrolliert und zudem unversteuert, im anderen Fall dagegen qualitätskontrolliert und versteuert ist. Aufgabe des Staates wäre es, statt mittels strafbewehrtem Verbot und allerlei fürsorgerischer Intervention *durch die Rahmung des Marktgeschehens* seinen verbraucherschützenden Pflichten gerecht zu werden, und zwar sowohl gegenüber der nicht drogenaffinen Allgemeinbevölkerung wie auch gegenüber den drogennachfragenden Marktteilnehmern. Die hier nötigen Instrumente stehen samt und sonders zur Verfügung und wären allenfalls zielgerichtet anzupassen; in Rede stehen das Lebensmittelrecht (einschließlich Lebensmittelkennzeichnungs- und Lebensmittelüberwachungsverordnung), das Jugendschutzgesetz, das Produkthaftungs- sowie das Verbraucherschutzgesetz. Erst subsidiär und nur für den Sonderfall der manifesten Suchterkrankung kämen das Medizin-, Arzneimittel- und Sozialrecht zum Tragen. Im therapeutischen Kontext freilich hätten, und damit könnte dem schon vor langem von Hartwig und Pies (1995, S. 96) vorgetragenen Einwand der Paradoxie von Drogenverbot und akzeptierender Drogenhilfe abgeholfen werden, strikte Reglements zu gelten: Suchtbehandlung dient der Verschlimmerungsverhütung, Besserung und Heilung, nicht schlichter konsumakzeptierender Betreuung und Begleitung. Folglich erwartet sie vom Kranken eine seiner Situation angemessene aktive Mitmachbereitschaft; bleibt diese aus, steht die Behandlung in Frage. Der (i. d. S. behandlungsunwillige) Kranke würde in die Behandlungslosigkeit zurückfallen – hier aber träfe er unter Legalitätsbedingungen nicht auf die elenden Zustände des Schwarzmarktes, sondern auf einen ihn versorgenden „weißen" Drogenmarkt. Es könnte sein, dass dem Drogenabhängigen ein solches Szenario mehr Würde belässt, als all die viele Fürsorge, die der Staat ihm heute nahe zu bringen sucht.

Literatur

Akzept. 1993. *Menschenwürde in der Drogenpolitik*. Hamburg: Konkret Literatur Verlag.

Barsch, G. 2001. Risikoprävention oder Drogenmündigkeit oder beides? In *Gesellschaft mit Drogen – Akzeptanz im Wandel*, hrsg. Akzept, 263-277. Berlin: VWB Verlag.

Bauer, U. 2005. *Das Präventionsdilemma. Potentiale schulischer Kompetenzförderung im Spiegel sozialer Polarisierung*. Wiesbaden: VS- Verlag.

Berlin, I. 1958/1995. Zwei Freiheitsbegriffe. In *Freiheit. Vier Versuche,* hrsg. I. Berlin, 197-256. Frankfurt a. M.: S. Fischer.
Böhme, C., und B. Reimann. 2012. Datenlage Sucht – wo stehen die Kommunen? *Difu-Berichte* (1): 5.
Bossong, H. 2011a. Wohl-Wollen, Staatsauftrag und professionelles Eigeninteresse. *Neue Praxis,* 41: 591-617.
Bossong, H. 2011b. Suchtpolitik im paternalistischen, aktivierenden und ermöglichenden Staat: Versuch einer Entwirrung. In *ORDO – Jahrbuch für die Ordnung von Wirtschaft und Gesellschaft.* Bd. 62, 177-204. Stuttgart: Lucius Verlag.
Bossong, H., C. Marzahn, und S. Scheerer (Hrsg.). 1983. *Sucht und Ordnung.* Frankfurt a. M.: Extrabuch.
Bschor. F. 1984. Permissive, repressive oder rehabilitative Strategien im Suchtgiftbereich. In *Grenzen der Behandlung. Soziale Kontrolle und Psychiatrie,* hrsg. I. Eisenbach-Stangl, 173-182. Opladen: Westdeutscher Verlag.
Degkwitz, P. 2007. Plädoyer für ein psychosoziales Verständnis von Sucht. In *Sozialwissenschaftliche Suchtforschung,* hrsg. B. Dollinger, und H. Schmidt- Semisch, 59-81. Wiesbaden: Verlag für Sozialwissenschaften.
Ellinger, H. 1974. *Betäubungsmittel und Strafbarkeit.* Wiesbaden: Bundeskriminalität.
Hartwig, K.-H., und I. Pies. 1995. *Rationale Drogenpolitik in der Demokratie.* Tübingen: Mohr.
Heer-Rodiek, V. 2012. *Referat auf dem 8. Bundeskongress Soziale Arbeit.* Hamburg
Heuer, R., H. Prigann und T. Witecka 1971. *Helft euch selbst. Der Release-Report gegen die Sucht.* Reinbek: Rowohlt Taschenbuch.
Hurrelmann, K. 2006. *Gesundheitssoziologie.* Weinheim & München: Juventa
Kollektiv Release. 1973. *Krankheit und Institution.* Gießen: Edition 2000.
Körner, H.-H. 2001[5]. *Betäubungsmittelgesetz. Kommentar.* München: Beck Publishing.
Lessenich, S. 2008. *Die Neuerfindung des Sozialen.* Bielefeld: Transkript.
Oppenheimer, F. 1924. *Theorie der reinen und Politischen Ökonomie,* 2. Halbband. Jena: Verlag Gustav Fischer.
Quensel, St. 2010[2]. *Das Elend der Suchtprävention. Analyse – Kritik – Alternative.* Wiesbaden: VS-Verlag für Sozialwissenschaften.
Scheerer, S. 1979. *Therapie als Strafe.* Unveröffentl. Diplomarbeit, Universität Münster
Scheerer, S. 1982a. Freiheit und Kontrolle im neuen Betäubungsmittelgesetz. *Kritische Justiz:* 229-247.
Scheerer, S. 1982b. *Die Genese des Betäubungsmittelgesetzes in der Bundesrepublik Deutschland und in den Niederlanden.* Göttingen: Otto Schwartz.
Schmidt-Semisch, H. 1992. *Drogen als Genussmittel. Ein Modell zur Freigabe illegaler Drogen.* München: AG SPAK- Verlag.
Schötz, R., und F. Ullrich 2005. Rezension zu Quensel: Das Elend der Suchtprävention. *Socialnet Rezensionen.* http://www.socialnet.de/rezensionen/2193.php (Zugegriffen: 05.08.2012)
Storz, W. 1987. *Suchtpolitik. Eine Untersuchung zum Verhältnis von Staat und Wohlfahrtsverbänden in Baden-Württemberg.* Bielefeld: B. Kleine.

De nihilo aliquid facit – Zur Kriminologie des effizienten Regelbruchs

Klaus Günther

1. Vor Beginn der Hauptverhandlung im *Mannesmann*-Verfahren vor der Strafkammer des Düsseldorfer Landgerichts bemerkte der damalige Vorstandssprecher der Deutschen Bank, Josef Ackermann, gegenüber Presse und Fernsehen, Deutschland sei das einzige Land, „in dem diejenigen, die Werte schaffen, bestraft werden". Und er schien diese Haltung bekräftigen zu wollen durch die seit Churchill jeder und jedem unmittelbar verständlichen Standardgeste der auch in scheinbar aussichtloser Lage Siegesgewissen, das „*victory*"-Zeichen. Beides hat in der Öffentlichkeit reichlich Unmut erzeugt und den Autor zu einer öffentlichen Entschuldigung veranlasst. Jenseits der vieldiskutierten Frage, ob sich darin die Arroganz der Mächtigen zeige und Banker eine rechtsstaatliche Justiz verhöhnen würden, sind Geste und Äußerung kriminologisch aufschlussreich.

Unabhängig davon, ob und in welchem Ausmaß in diesen Fällen tatsächlich Rechtsnormen verletzt worden sind, kündigt sich in vielen öffentlichen Reaktionen auf behauptete Normbrüche dieser Art von Beschuldigten eine bis dahin nur in wenigen Ausnahmefällen anzutreffende Haltung zur geltenden Rechtsordnung an. Möglicherweise seien Normbrüche dann hinzunehmen oder würden in ihrem Unrechtsgehalt geringer, wenn die Beschuldigten Menschen sind, „die Werte schaffen", also in einem weit überdurchschnittlichen Maße erfolgreich sind – sei es als Fußballmanager, dessen Verein fortgesetzt Spitzenpositionen in der Bundesliga und bei internationalen Wettbewerben einnimmt, als Ministerin, die ihr Amt nach Überzeugung vieler erfolgreich führt, als Bankier oder Unternehmer, die hohe Umsatzzahlen und Gewinne erwirtschaften oder den *shareholdern* zu ungeahnten Kurssteigerungen verhelfen. Das Verhältnis von Normverletzung und erfolgreichem Täter spitzt sich insbesondere dann kritisch zu, wenn Verletzung und außerrechtlicher Erfolg nicht nur kontingent in ein und derselben Person zusammenfallen, sondern das eine notwendige Bedingung für das andere ist, also der außerrechtliche Erfolg – z.B. ein hoher wirtschaftlicher Gewinn infolge einer Unternehmensübernahme, der einer Vielzahl von Aktionären zugute kommt – nur um den Preis der Normverletzung – z.B. mögliche Verletzung der Vermögensbetreuungspflicht gegenüber dem verkauften Unternehmen durch dessen Aufsichtsrat, der dem scheidenden CEO eine Abfindung in zweistelliger Millionenhöhe zuspricht – erreicht werden kann. Aber auch im ersten Fall, wenn es um das Verhältnis der sogenannten Lebensleistung einer Ministerin oder eines Fußballmanagers zu einer Normverletzung geht, die für die Erfolge *nicht* notwendig war, wird die Berechtigung eines Vorwurfs in Frage gestellt. Dabei kommt es nicht so sehr darauf an, ob und wie sich objektiv beurteilen lässt, ob das, was diese Täter geschaffen haben, auch tatsächlich „Werte“ in einem allgemeingültigen Sinne oder nur nach relativen Maßstäben interessierter oder begünstigter gesellschaftlicher Gruppen sind. Es genügt, wenn der Täter selbst und eine mehr oder weniger große Gruppe davon überzeugt sind und wenn sie aufgrund ihrer hervorgehobenen Position oder ihrer Größe die öffentliche Meinungsbildung entsprechend beeinflussen können.

2. Es liegt nahe, in solchen Reaktionen nichts anderes als eine Bestätigung des uralten Klischees zu finden, dass die Kleinen eben gehängt und die Großen laufengelassen würden. Dagegen spricht allerdings, dass es nicht immer und überall dazu kommt, und dass es auch nicht bei jedem beliebigen Normbruch der Fall ist. Nicht erst bei einem Mord, sondern schon bei der folgenlosen Trunkenheitsfahrt einer exponierten und bekannten Bischöfin hört die allgemeine öffentliche Nachsicht weitgehend auf. Auch bei Völkerrechtsverbrechen und Regierungskriminalität hat sich die Einstellung gewandelt, dass ein später erreichter Erfolg (siegreiche Beendigung eines (Bürger-)Krieges, einer Revolution) das Mittel des Verbrechens in jedem Fall heilige oder aus dem Verbrecher einen Heiligen mache. Hier ist die Lage allerdings noch unübersichtlich. Die gezielte Tötung mutmaßlicher Terroristen und ihrer Begleiter durch den militärischen Einsatz sog. Drohnen oder die Auslöschung Usama bin Ladens durch ein US-Militärkommando erfreuen sich nach wie vor und weitgehend einer durch den Erfolg motivierten Nachsicht. Aber wirtschaftliche oder militärische Erfolge eines Diktators vermögen heute nicht mehr ohne weiteres Diskriminierung, Folter oder Menschheitsverbrechen zu neutralisieren, zumindest *ex post* kann sich das zunächst über diese vermeintlich unangenehmen Begleiterscheinungen hinwegsehende Urteil ändern und sogar einen Prozess der strafrechtlichen Aufarbeitung der Unrechtsvergangenheit in Gang setzen.

Dies gilt bis zu einem gewissen Grade auch für die eingangs genannten, in ihrem Unrechtsgehalt weniger schwer wiegenden Delikte. Eine durch staatliche Hehlerei von Datenträgern aus einer Schweizer oder Liechtensteiner Bank aufgedeckte Steuerhinterziehung wird heute nicht mehr mit der gleichen Zurückhaltung behandelt wie vielleicht noch – unter sehr viel kärglicheren Bedingungen der Informationsgewinnung – vor einem halben Jahrhundert. Und immerhin ist es im eingangs erwähnten *Mannesmann-Verfahren* wegen einer (zu) hohen Abfindung für einen ausscheidenden CEO nach einem Unternehmenskauf zur Anklage wegen Untreue gem. § 266 StGB gekommen und das freisprechende Urteil wurde in der Revisionsinstanz aufgehoben (BGHSt 50 ,331). Die Kriminalität der Mächtigen, sei es der Wirtschaft oder der Politik, kann nicht mehr *a limine* auf Nachsicht hoffen, seit es Staatsanwaltschaften gibt, die sich auf die Verfolgung einschlägiger Delikte spezialisiert haben. Zu beobachten ist in diesen und ähnlichen Fällen auch eine Art Vigilantismus, wenn Private sich selbst zu Ermittlungen ermächtigen. Unter den vielfältigen und überwiegend eigensüchtigen Motiven der Bankkundendaten-Diebe mag auch die Absicht, den wohlhabenden Steuerflüchtlingen das Leben schwerer zu machen, eine Rolle spielen, erst recht bei anonym bleibenden, sich selbst beauftragenden, Dissertationen öffentlich bekannter Personen rasternden Plagiatsjägern im Internet. Sekundiert werden sie von Moralunternehmern, die im Sinne einer „gebotenen Zuschreibung" gerade in diesen Fällen öffentlich für eine unnachsichtige Verfolgung eintreten (Lüderssen 1996). Vielleicht ist es unter anderem dieser öffentlich akklamierten, intensivierten Verfolgungstätigkeit und den damit unweigerlich einhergehenden Kriminalisierungs- und Stigmatisierungseffekten geschuldet, dass die Betroffenen vermehrt ihren Erfolg („Werte schaffen") oder ihre Lebensleistung zur Geltung bringen, um sich gegen diese Effekte zu wehren oder sie zumindest zu neutralisieren.

Doch wird in solchen Fällen, wiederum anders als bei Mord oder Trunkenheitsfahrt, immerhin öffentlich diskutiert, ob die (Straf-)Rechtsnormen, aus deren Anwendung und Durchsetzung die Kriminalisierung der Abfindungszahlung, des heimlichen Transfers von Vermögen auf eine ausländische Bank oder das Abschreiben aus ungenannt bleibenden Quellen zur Erlangung eines höheren akademischen Grades sowie die Stigmatisierung der Betroffenen ja erst folgen, überhaupt *legitim* seien. In ansonsten kaum anzutreffender Offenheit und mit einer zuweilen radikal normkritischen Einstellung wird gefragt, ob die Normen des Steuerrechts oder die wirtschaftsstrafrechtlichen Tatbestände und ihre richterliche Auslegung (z.B. bei der notorisch umstrittenen Untreue des § 266 StGB) geändert werden sollten. Während niemand zweifelt, dass es am Mörder und nicht am Mordverbot als solchem liege, wenn ein Mensch ermordet wird[1], darf

1 Ausnahme: Die vor allem im deutschen Strafrecht geltende ethische Deutung des Mordes diskriminiert Frauen, die Männer anders als im offenen Zweikampf töten, indem sie eine heimliche Tötung als „Heimtückemord" klassifiziert.

man, ohne Irritationen auszulösen, fragen, ob es am bestehenden Steuersystem – und damit am geltenden Steuerstrafrecht – liegen könnte, dass sog. Leistungsträger mit hohem Einkommen und Vermögen geradezu in die Illegalität getrieben würden, oder an einer zu unbestimmten gesetzlichen Fassung des Straftatbestandes der Untreue, dass eine von den Betroffenen für ökonomisch vertretbar oder sinnvoll gehaltene Maßnahme wie eine extrem hohe Abfindung kriminalisiert würden, oder an der mangelhaften Regelung der Promotionsphase und des Promotionsverfahrens an den Universitäten, dass allein gelassene, überforderte und unzureichend kontrollierte Doktoranden/-innen „ohne Vorsatz" (zu Guttenberg) plagiieren. Diese inzwischen klassische Argumentationsfigur des *labeling approach*, die beim Explanans Kriminalität weniger das kriminelle Verhalten als die dem Verhalten kriminellen Charakter allererst zuschreibende Norm (und die sie propagierenden Moralunternehmer) in den Blick nimmt, hat in der Kriminologie des Betäubungsmittelstrafrechts längst zu verstörenden und dessen Legitimität massiv in Frage stellenden Einsichten geführt. Die Kriminalisierung des Drogenhandels schaffe überhaupt erst die Marktbedingungen, die den Drogenhandel so unermesslich profitabel machen, dass normkonforme und durchschnittlich profitable wirtschaftliche Verhaltensalternativen in vielen Fällen und in einigen Regionen (wie z.B. von vielen Bauern im sog. „Goldenen Dreieck") nicht gewählt würden. Doch bleibt diese Einsicht für das Drogenstrafrecht kriminalpolitisch völlig bedeutungs- und folgenlos. Dagegen erkennt die Kriminalpolitik des Steuer- und Wirtschaftsstrafrechts Argumente zu den latent oder manifest kriminogenen Funktionen von Rechtsnormen durchaus an. Ein interessanter Transfer einer vormals linken kriminalsoziologischen, radikal konstruktivistischen Außenseiterposition in das Zentrum des modernen Kapitalismus!

3. Mit diesen Einschränkungen im Blick soll im folgenden gefragt werden, aus welchen Gründen die Behauptung öffentlich geäußert wird und zumindest auf Diskussionsbereitschaft, wenn nicht gar verständnisvolle Akzeptanz trifft, angesichts wirtschaftlicher, politischer, sportlicher oder anderer allgemein anerkannter Erfolge der Täter falle deren unrechtmäßiges Verhalten weniger ins Gewicht, und aus welchen Gründen ein Täter zu der entsprechenden Überzeugung gelangen kann. Eine einfache und naheliegende Erklärung, derzufolge die Täter oftmals wirtschaftliche oder politische Machtpositionen innehaben oder hohes Sozialprestige genießen und über ein erhebliches Maß an symbolischem Kapital verfügen, also über Ressourcen und Drohpotentiale, mit dem sie Ermittlungen unterbinden oder Ermittlungsverfahren wenigstens mit Einstellungen gem. §§ 153ff.

StPO blockieren können, trifft auf diese Fälle weitgehend nicht zu. Auch auf einen vorauseilenden Gehorsam der Strafverfolgungsorgane, die gar nicht erst auf eine Demonstration der Macht warten, sondern schon vorher zusammenzucken, ist nicht immer Verlass, und dies schon gar nicht, wenn es sich dabei um Moralunternehmer handelt. Der Verweis auf Erfolg und Lebensleistung gegenüber strafrechtsrelevantem Vorwurf und Verfolgung von Regelbrüchen scheint nur deshalb als Rechtfertigung[2] zu funktionieren, weil er mit einer graduell variierenden positiven Resonanz an öffentlich geteilte Überzeugungen und Werte appelliert. Damit wird auf klandestinen Machtgebrauch hinter verschlossenen Türen verzichtet – die Betroffenen und diejenigen, die sich mit ihnen solidarisch zeigen, treten vielmehr mit offenem Visier in der Öffentlichkeit auf. Sie fordern von dieser die Anerkennung ihrer Erfolge und Leistungen und nicht einschüchternd die bloße Unterwerfung unter das Faktum ihrer Machtposition.

Gleichwohl kommen für diese Rechtfertigung nicht jeder Erfolg und jede Leistung in Frage und sie kann auch nicht von jeder beliebigen Person mit Aussicht auf Erfolg vorgebracht werden. Ein Arbeiter, der tagelang Kohlen schippt, wird ebensowenig Gehör finden wie eine Angestellte in untergeordneter oder mittlerer Position oder ein Professor, der zehn Jahre an einem Buch geschrieben hat, das bestenfalls einen kleinen Expertenkreis interessiert. Es muss sich um eine herausgehobene Position handeln, die ihre Inhaber mit Macht und Einfluss ausstattet, aber nicht, um diese zu missbrauchen (z.B. für die Abwehr unangenehmer Fragen), sondern um sie eigenverantwortlich für die Realisierung selbst gewählter oder im Sinne einer außerordentlichen Herausforderung vorgegebener, in jedem Fall aber gesellschaftlich anerkannter Ziele einzusetzen. Und diese Ziele müssen nicht nur so erreicht werden, wie alle Beteiligten es erwarten, sondern rascher und effizienter, kostensparender und erfolgreicher, ja, die Ziele müssen auch selbst noch neu definiert, verändert oder überhaupt erst gesetzt werden, indem z.B. innovative Produkte erfolgreich auf den Markt gebracht, alte Produkte in eine begehrte Markenware transformiert oder auch einfach nur Gewinne in bisher nicht gekannte Höhen geschraubt, kurz: neue Erwartungen auf dem Markt erzeugt, gesteigert und schließlich übererfüllt werden. Die Schlüsselworte dafür sind „Innovation" und „Kreativität". Um daraus jedoch Aufmerksamkeit nachhaltig stabilisierende Erfolge werden zu lassen, bedarf es der Organisation und des Managements von Handlungsketten und -abläufen, der Strukturierung von Handlungsmöglichkeiten und -alternativen, die durch Entscheidungen und Interventionen permanent sich ändernden Umständen – letztlich eines globalisierten Marktes – angepasst werden müssen. Neben „Innovation" und „Kreativität" lautet das

2 „Rechtfertigung" hier verstanden im weiteren und nicht im engeren strafrechtlichen Sinne.

dritte Schlüsselwort daher „Verantwortung". Die Chance, mit dem Verweis auf Erfolg und Lebensleistung das Gewicht von Regelbrüchen minimieren zu können, ist eher bei sogenannten „Verantwortungsträgern" zu vermuten, die Positionen innehaben, von denen aus sie in das Leben anderer Menschen intervenieren können, um damit Erfolge zu erzielen, die jenseits dessen liegen, was während einer durchschnittlichen Renten- und Pensionsbiographie an Werten geschaffen wird.

Luc Boltanski hat gezeigt, dass das Attribut, „Verantwortungsträger" zu sein, zu den definierenden Merkmalen gehört, die gegenwärtig die herrschende Klasse gegenüber den niederen auszeichnen. Klassenunterschiede würden sich heutzutage weniger an herkömmlichen Merkmalen wie dem Eigentum an Produktionsmitteln und einer Grundrente oder allein in einem bestimmten Habitus zeigen (Boltanski 2010). Entscheidend seien vielmehr zwei Faktoren, die unter den aktuellen Bedingungen komplexer und globalisierter Gesellschaften relevanter als je zuvor sind. Dazu gehört, *erstens*, die Position, die jemand gegenüber sich selbst und Dritten bezüglich des Handelns und der Handlungsmöglichkeiten einnimmt. Wer viele, weitreichende und intensiv eingreifende Handlungen initiieren und realisieren kann, wer, vor allem, über sein Handeln oder die Delegation von Handlungen auf sein eigenes Leben und das Leben der anderen einen verändernden Einfluss ausüben kann, verfügt über eine ausgezeichnetere Position als diejenigen, deren Handlungsmöglichkeiten beschränkt sind oder deren Handeln überwiegend in der Ausführung von fremden Anweisungen, Vorgaben Dritter oder der Befolgung von fremdbestimmten Regeln besteht. Sie verfügen über mehr Möglichkeiten des Einwirkens auf die objektive, subjektive und soziale Welt und ein entsprechendes Reservoir an Erfahrungen – und sind damit berufen, „Verantwortung" zu übernehmen. Der *zweite* Faktor hängt mit dem ersten insofern zusammen, als Handlungen und Handlungsmöglichkeiten innerhalb einer Gesellschaft stets in einen Kontext von Regeln eingebettet sind, und zwar nicht nur technischen und operativen Regeln der Ausführung eines Handlungsplans, sondern vor allem auch normativen und evaluativen Regeln der Bewertung des Handelns. Sie konstituieren die „Prüfungsformate", nach denen Handlungen evaluiert werden, und zwar von den Prüfungen des Bildungs- und Ausbildungssystems über die Evaluation der Leistungen von Arbeitnehmern und Angestellten bis zu den normativen Bewertungen einer Handlung innerhalb des Rechtssystems. Alle Prüfungsformate eröffnen einen diskursiven Raum von Rechtfertigung und Kritik. Nun zeichnet sich die herrschende Klasse der Verantwortungsträger gegenüber anderen auch durch eine besondere Position in Bezug auf diese Welt der Konventionen, Verfahren und Regeln aus, d.h. durch ein privilegiertes Verhältnis zu „Recht, Verfahren, Normen, Standards, Vorschriften usw." (Boltanski 2010, S.210). Sie vereint in sich zwei scheinbar gegenläufige Haltungen, die man als Gleichzeitigkeit von *Regelgehorsam* und *Regelüberschreitung* bezeichnen könnte. Die Mitglieder der herrschenden Klasse teilen die Auffassung – die sie im Zweifel auch so nach außen vertreten –, dass Regeln „unabdingbar sind", also für das erfolgreiche Funktionieren eines Unternehmens oder die erfolgreiche Realisierung einer „Geschäftsidee" erforderlich sind und, wenn es um Recht und Gesetz geht, zu den Grundlagen des Zusammenlebens gehören und eingehalten werden müssen. Gleichzeitig insistieren sie jedoch auch auf der Notwendigkeit, Regeln zu überschreiten. Diese Haltung resultiert aus der Überzeugung, „dass man in einer komplexen Welt *nichts wirklich Profitables* (in ihre Sprache übersetzt: „wirklich Nützliches") *machen*, dass man schlicht und einfach nicht *agieren* kann, wenn man Regeln befolgt" (Boltanksi 2010, S.210).

Boltanski warnt ausdrücklich davor, in dieser ambivalenten Einstellung gegenüber Regeln bloß den Ausdruck von Zynismus oder gar Nihilismus der herrschenden Klasse zu sehen. Es ist keineswegs so, dass die Regeln überwiegend nur heimlich, schlicht zum eigenen Vorteil auf Kosten anderer oder auf der Basis eines taktischen Kalküls über die Verfolgungswahrscheinlichkeit gebrochen würden. Beide Einstellungen bestehen vielmehr nebeneinander. Gegenüber den niederen Klassen, vor allem gegenüber den ausführenden Organen von Organisationen, wird auf der Beachtung von Regeln insistiert. „Verantwortungsträger" sind überdies darauf angewiesen, dass sie ihre Pläne und Projekte durch das Handeln anderer realisieren können, die sich verlässlich an Vorgaben und Regeln halten. Mögliche Misserfolge würden dann ja auch ihnen und nicht den Ausführenden zugerechnet. Auch ein friedliches, Handlungsmöglichkeiten optimal ausschöpfendes Leben in einer Gesellschaft lässt sich nur führen, wenn gewisse Regeln für alle gelten und von allen befolgt werden, wenn die soziale Kooperation gewaltlos koordiniert wird. In dem Maße jedoch, wie die Kontexte des Handelns in einer beschleunigten, arbeitsteiligen, pluralistischen, komplexer werdenden, globalisierten Gesellschaft immer ungewisser werden und sich unaufhörlich wandeln, steigt der Bedarf an einer Flexibilisierung der Regeln. Handlungsmöglichkeiten lassen sich nur noch dann erfolgreich ausschöpfen, Ziele nur noch neu definieren, realisieren und sich permanent ändernden Kontexten einer globalisierten Ökonomie anpassen, wenn die Regeln *flexibel* gehandhabt werden können. Andernfalls werden sie zu einer Fessel für die Ausschöpfung desjenigen Vermögens, das heute vorzugsweise für unternehmerisches Handeln steht: *Kreativität*. Erfolgreiches Handeln unter Ungewissheitsbedingungen verlange, aus der Perspektive der herrschenden Klasse, in besonderem Maße einen Sinn für kreative, also von vorgegebenen Prüfungsformaten und Regeln abweichende Problemlösungen. Starre

Regeln und unflexibler Regelgehorsam würden Erfolge verhindern. Dies gilt besonders dann, wenn globales ökonomisches Handeln mit verschiedenen und widersprüchlichen nationalen rechtlichen Regelsystemen konfrontiert wird. Deren Ausnutzung oder Umgehung („cherry-picking“, „forum-shopping“) ist daher nach Boltanski ein Exerzierfeld für den Erwerb einer opportunistischen Einstellung gegenüber Regeln und das Erlernen einer regelskeptischen Praxis – und zugleich das *entréebillet* in die Klasse der *global players.* Diese fungiert dann zugleich als eine Art von Subkultur mit eigenen Regeln, die von den Regeln der übrigen Gesellschaft abweichen können und deren Internalisierung Teil des subkulturellen Sozialisationsprozesses wird. Die wichtigste subkulturelle Regel lautet, dass man Erfolg haben müsse.

So oder ähnlich lauten die Gründe, mit denen Regelbrüche der herrschenden Klasse gerechtfertigt werden. Kriminologisch handelt es sich um eine Neutralisierungstechnik. Ich schlage vor, sie als die „Neutralisierungstechnik des effizienten Regelbruchs“ zu bezeichnen. Ein Regelbruch wird als weniger gravierend oder gar erlaubt behauptet, wenn dadurch oder durch vorangegangene, regelunabhängige Handlungen des Täters („Lebensleistung“), der aber zugleich den Status eines „Verantwortungsträgers“ innehaben muss, außergewöhnliche Erfolge erzielt wurden. Als Neutralisierung lässt sich diese Technik, Verantwortung für den Regelbruch abzulehnen, nicht zuletzt auch deshalb bezeichnen, weil die Regel selbst nicht direkt zurückgewiesen wird, sondern die Delinquenten anderen Normen – erfolgreiches Handeln von „Verantwortungsträgern“ als Norm – Vorrang einräumen (Sykes und Matza 1974, S.370). An der gebrochenen Regel wird zudem nach außen, gegenüber den unteren Klassen, ohnehin festgehalten. Zu dieser Neutralisierungstechnik gehört auch die Strategie, den Regelbruch so darzustellen, dass dadurch der Geist der Regel bewahrt würde, wenn auch ihr Buchstabe aus Gründen der Effizienzsteigerung verletzt werden musste.[3] Die Klasse der Verantwortungsträger ist nicht dadurch gekennzeichnet, dass sie keine Moral hat, sondern sie hat, nach ihrem eigenen Selbstverständnis, eine „höhere Moral“, die sich den Angehörigen der unteren Klassen nicht immer verständlich machen lässt, weil es ihnen an Erfahrung nachhaltiger Einwirkungen auf die Realität und am Verständnis der komplexen Zusammenhänge globaler Märkte fehlt (Boltanksi 2010, S.216).

Diese Gleichzeitigkeit von Regelgehorsam und Regelskeptizismus führt nach Boltanski zu einer Art Realismus gegenüber der Geltung und Funktion von Regeln. Man handhabt sie flexibel und, nach eigener Überzeugung: problemlösungs-

3 Man könnte hier interessante Überlegungen anschließen, ob und inwiefern die berühmt-berüchtigte „teleologische Auslegung“ einer Rechtsnorm eine Variante der Neutralisierungstechniken ist.

orientiert pragmatisch, während man gleichzeitig von den Angehörigen der übrigen Klassen Regelbefolgung erwartet.[4] Aus dem geteilten Realismus gegenüber Regeln speist sich das entsprechende Klassenbewusstsein: „Dieses gemeinsame Wissen um den Realismus stellt eine der Grundlagen des stillschweigenden Einverständnisses unter den Mitgliedern der herrschenden Klasse dar" (Boltanski 2010, S.216). Wird jemand von ihnen beim Regelbruch auf frischer Tat ertappt und mit Kritik konfrontiert, werden die oben aufgeführten Rechtfertigungen öffentlich mobilisiert. Vielleicht distanziert man sich milde – der Ertappte ist etwas „zu weit gegangen", „hat ein wenig übertrieben" (Boltanski 2010, S.214) – aber auch diese leise kritischen Einschätzungen werden begleitet von den üblichen Hinweisen darauf, dass der Betroffene wohl nur gezwungenermaßen und unter der Last einer Bürde als Verantwortungsträger gehandelt habe, die denjenigen, die ihn von unten kritisieren, nicht verständlich zu machen ist. Man könnte hinzufügen, dass Einzelfälle publik gewordener Regelbrüche der herrschenden Klasse auch öffentlich so skandalisiert werden können, dass man den Betroffenen fallen lässt. Das ändert nichts daran, dass sich die herrschende Klasse in ihrem flexibilisierten Regelverständnis nur umso enger zusammenschließt, während einer von ihnen zum Sündenbock gemacht wird. Die Öffentlichkeit wird nochmals in die Irre geführt, wenn sie den Regelbruch dann nicht als ein typisches Klassenverhalten diskutiert, sondern als Charakterproblem desjenigen, der erwischt worden ist (z.B. als individuelle Untugend „gierigen" Verhaltens).

4. Dass Regeln verhandelbar sind und um eines ökonomischen Erfolges willen unter bestimmten Voraussetzungen (und mit bestimmten Konsequenzen) gebrochen werden dürfen, ist auch das Ergebnis einer juristisch-ökonomischen Deutung des modernen Vertragsrechts im anglo-amerikanischen *common law*.[5] Einer ökonomischen Analyse des Vertragsrechts geht es um die ökonomische Funktion des Schadensersatzes, den der Schuldner nach einem Vertragsbruch seinem Gläubiger zu zahlen hat – im *common law* grundsätzlich das Erfüllungsinteresse. Die Verpflichtung zu Schadensersatz ist ökonomisch rational, wenn dadurch dem Schuldner qua *homo oeconomicus* ein Anreiz zur Leistung gegeben wird, unter der Voraussetzung, dass seine Kosten für die Bereitstellung der Leistung geringer als die Sanktion oder mit ihr gleichwertig sind. Liegen die Kosten für den

4 Dass die Flexibilität von Rechtsnormen ein Anknüpfungspunkt für Neutralisierungstechniken ist, zeigen Sykes und Matza 1974, S.365.

5 Ich danke Prof. Dr. Tobias Tröger (Frankfurt am Main) für hilfreiche Hinweise zu den im folgenden Abschnitt vorgetragenen Überlegungen. Fehler und Fehleinschätzungen fallen allein mir zur Last.

Schuldner jedoch höher, ist es für ihn rational, den Vertrag zu brechen und dem Gläubiger Schadensersatz in Höhe des Erfüllungsinteresses zu leisten: *efficient breach of contract*. Dies gilt auch und vor allem dann, wenn der Schuldner zwischenzeitlich das Angebot eines Dritten erhält, der bereit ist, für die Leistung einen höheren Preis zu zahlen als das Erfüllungsinteresse des ursprünglichen Gläubigers. Dem Schuldner würde, wenn er den Vertrag nicht zugunsten des Dritten brechen würde, ein Gewinn entgehen, der Dritte müsste auf ein Gut verzichten, das nach seinem rationalen Kalkül für ihn wertvoller ist als für den ursprünglichen Gläubiger – und dieser würde bei Vertragserfüllung vom Schuldner ein Gut erhalten, das für ihn weniger wertvoll ist als für den Dritten. Dadurch käme es wohlfahrtsökonomisch zu einer suboptimalen Güterverteilung, die nicht den rationalen Interessen der Akteure entspricht.

Freilich geht es dieser Deutung des Vertragsrechts nicht um die Rationalisierung einer schlichten Neutralisierungstechnik für den Vertragsbruch. Immerhin muss ja der effiziente Vertragsbruch gegenüber dem ursprünglichen Gläubiger kompensiert werden. Als Beispiel für die Neutralisierungstechnik des effizienten Regelbruchs eignet sich diese Neutralisierungstechnik aber insofern, als der Vertragsbruch nicht mehr als Problem der Gerechtigkeit, der Verpflichtung und des Wertes der Institution des Versprechens gedeutet wird, sondern als eine Frage der ökonomischen Effizienz.[6] Das Nicht-Einhalten eines Versprechens gilt nicht als ein moralwidriges Verhalten, als Nichterfüllung einer Verpflichtung, als Unrecht, und der Schuldner nicht mehr als eine Person, die unmoralisch handelt, weil sie bewusst und absichtlich ein Versprechen bricht, sondern als ein Verhalten, das sich aus ökonomischen Gründen rational rechtfertigen lässt. Es liegt daher der generalisierende Schluss nahe, Regelbrüche dann als weniger gravierend anzusehen, wenn dadurch Effizienz im wohlfahrtsökonomischen Sinne gesteigert werden kann. Es könnte also sein, dass die Neutralisierungstechnik des effizienten Regelbruchs vor allem dann funktioniert, wenn sie auf ökonomische Erfolge ausgerichtet ist – worunter in einer Gesellschaft, in der man fast alles für Geld kaufen kann, nahezu alle Güter fallen. Der globale Erfolg eines deutschen Fußballvereins würde dann vor allem wegen seiner ökonomischen Bedeutung rechtfertigungsrelevant für mögliche Steuerhinterziehungen des Vereinsmanagers sein.

5. Allerdings sind nicht alle Erfolge, auf die man sich zur Rechtfertigung eines effizienten Regelbruchs berufen kann, unmittelbar ökonomischer Natur – auch

6 Ähnliche Einwände werden auch gegen die ökonomische Deutung des Vertragsrechts erhoben. S. zum Stand der Diskussion: Katz 2012.

wenn in modernen kapitalistischen Gesellschaften nahezu alles kommerzialisierbar sein mag. Für den Fußballverein kommt es zumindest in der öffentlichen Wahrnehmung doch primär auf den sportlichen Erfolg an, und die Lebensleistung einer erfolgreichen Politikerin misst sich weniger an ökonomischen Kriterien – auch wenn gegenwärtig der Wohlstand der Bevölkerung ein maßgeblicher Bewertungsfaktor für Politik ist. Auch Josef Ackermann nannte keine Zahlen, sondern sprach von „Werten", die er und seine Klasse in Deutschland schaffen würden. Diese Ausdrucksweise und der gleichfalls häufig verwendete Terminus „Lebensleistung" lassen vermuten, dass ökonomischer Erfolg zumindest in einer spezifischen Weise gedeutet werden muss, um eine neutralisierende Wirkung entfalten zu können. Es ist diese Deutung, die ökonomischer Erfolg mit Erfolgen andrer Art teilt. Den Schlüssel dazu liefert wiederum Luc Boltanski, allerdings in einem anderen Zusammenhang – und es erstaunt, dass er selbst nicht die Verbindung zu seiner Analyse der Klasse der Verantwortungsträger sucht. In seinen gemeinsam mit Eve Chiapello vorgelegten Untersuchungen über den „Neuen Geist des Kapitalismus" führen die Autoren als eines der Merkmale dieses neuen Geistes eine veränderte Einstellung zu Arbeit und Produktion vor (Boltanski und Chiapello 2003). In der „projektbasierten Polis" wird Arbeit nicht mehr als entfremdete und entfremdende Produktion konfiguriert, sondern als Selbstverwirklichung eines unternehmerischen Selbst. Ihr Ursprung liegt in der „Künstlerkritik am Kapitalismus", die in einem langen Prozess von Friedrich Schillers ästhetischen Schriften über die Romantik bis in die jüngere Vergangenheit das Künstlerideal des sich im Produkt authentisch verwirklichenden kreativen Selbst zum Maßstab der Kritik an der kapitalistischen Produktionsweise nahm. Diese Kritik hatte nicht die Aufhebung dieser Verhältnisse zur Folge, sondern führte langfristig zu einem Transfer des Künstlerideals in die Produktionsverhältnisse. Freilich wandelten diese sich ebenfalls, als die für das Industriezeitalter lange Zeit paradigmatische „fordistische" Produktionsweise zunehmend einer dezentral organisierten wich, in der projektförmig und in wechselnden Netzwerken eigenverantwortlich produziert wird, statt in lange dauernden Arbeitsverhältnissen innerhalb einer Hierarchie mit vorgegebenen Tätigkeitsmustern, Weisungsabhängigkeit und *top-down*-Strukturen. Das „unternehmerische Selbst" (Bröckling 2007) arbeitet, so definiert es sein eigenes Ideal und so wird dieses Ideal gesellschaftlich definiert, um sich selbst zu verwirklichen, nicht um fremde Weisungen gegen Lohn auszuführen. Die Schlüsselbegriffe der Klasse der „Verantwortungsträger" werden zu den normativen Idealen, an denen sich das Selbstverständnis der übrigen Klassen orientiert, auch wenn es sie für sich selbst kaum realisieren kann: Eigenverantwortung, Kreativität, Innovation. Zu einem entscheidenden Faktor der Produktivität werden die Lebensführung des einzelnen, seine Motivation, seine Flexibilität, seine Bereitschaft, sich neu zu erfinden, sich für neue Projekte und in neuen Netzwerken zu engagieren. Eine „Lebensleistung" kann nur eine gesellschaftliche Anerkennung gewinnen, wenn sie von der Tätigkeit eines sich in seiner Lebensführung am Ideal der authentischen Produktivität orientierten Selbst kündet (Günther 2013). Diejenigen, die an diesem Ideal scheitern, müssen sich ihre Misserfolge und ihr verfehltes Leben auch selbst zurechnen (Ehrenberg 2004).

Künstlerkritik und *Künstlerideal* ermöglichen nun auch eine Erklärung der Neutralisierungstechnik des effizienten Regelbruchs. Sie verweisen nämlich auf eine lange, mit der Renaissance beginnende Tradition des künstlerischen Selbstverständnisses und der ästhetischen Produktivität. Nach diesem Selbstverständnis schöpft der Künstler gleichsam aus dem Nichts, orientiert sich dabei zwar an allgemeinen ästhetischen Regeln, durchbricht sie aber auch zugleich, um mit dem niemals zuvor gesehenen, neuen Werk auch neue Regeln zu setzen. Ernst Kantorowicz kommt das Verdienst zu, als erster auf die Parallelität dieses künstlerischen Selbstverständnisses mit dem der humanistischen Juristen und, vor allem, des höchsten irdischen Gesetzgebers, zunächst des Papstes und dann des Kaisers, hingewiesen zu haben (Kantorowicz 1998). Zugleich verändert sich die der Kunst zugeschriebene Bedeutung. Sie besteht nicht mehr in der Nachahmung der Natur, sondern im Erschaffen von Neuem – diese Eigenschaft zeichnet das wahre Kunstwerk aus. So wie der Künstler, der, nach einem von Kantorowicz überlieferten Zitat Albrecht Dürers wie Gott „in seinem Herzen" etwas erschaffe, „was nie zuvor in jemandes Sinn gewesen sei", so vermag auch der Papst aus Recht Unrecht (und umgekehrt) zu machen, z.B. durch die Erteilung eines Dispenses vom kanonischen Recht: „Was der Papst durch diese Machtfülle bewirken konnte (…) war die Erteilung von Dispens über und gegen das Gesetz, vorausgesetzt, sein Handeln verstieß nicht gegen den Glauben und göttliches oder natürliches Recht (…), und er konnte neues Recht schaffen und dadurch in Unrecht versetzen, was bis dahin Recht gewesen war" (Kantorowicz 1998). Es dauerte nicht lange, bis dieses Attribut, aus Nichts etwas schaffen zu können, zunächst auf den Kaiser und schließlich auf den Gesetzgeber überhaupt übertragen und zum Inbegriff der Souveränität wurde.

Horst Bredekamp hat in einer brillanten Studie gezeigt, wie sich die jeweilige Souveränität des Papstes, des Fürsten und des Künstlers in der Renaissance ineinander spiegeln (Bredekamp 2005). Ganz unmittelbar manifestiert sich das in den Akten der „Entstrafung", mit denen Papst und Kaiser herausragende Künstler, die sich schwerer Straftaten schuldig gemacht hatten, von der Strafverfolgung ausnehmen. So hatte Benvenuto Cellini, der berühmte Schöpfer der Perseus-Medusa-Gruppe in der Loggia dei Lanzi in Florenz (abgeschlossen 1554) im September 1534 seinen Konkurrenten um das Amt des päpstlichen Münzmeisters, einen ebenfalls anerkannten Künstler, durch zwei in den Kopf geführte Dolchstöße ermordet (Bredekamp 2005, S.12).[7] Statt Cellini vor einem Strafgericht anklagen zu lassen, befördert Papst Paul III. den Mörder zum Münzmeister. Cellini quittiert diesen Dispens von der Strafverfolgung mit der Neutralisierungstechnik des effizienten Regelbruchs: „Nehmt also zur Kenntnis, dass Männer wie Benvenuto, die in ihrem Beruf einzigartig sind, nicht dem Gesetz unterworfen sein müssen“ (Bredekamp 2005, S.12). Cellini war nicht der einzige Fall, andere später weltberühmte Künstler wie Bernini, die sich wegen ähnlicher Verbrechen strafbar gemacht hatten, blieben ebenfalls mit Verweis auf ihre Ausnahmestellung als Künstler verschont. Bredekamp weist ausdrücklich darauf hin, dass dieser Dispens nicht als bloßer Akt der Gnade gemeint war und so auch nicht verstanden wurde, sondern mit dem Verweis auf den analogen Ausnahmestatus von Künstler und politischem Souverän gegenüber ästhetischen ebenso wie rechtlichen Normen gerechtfertigt wurde.[8] Wer Regeln aus dem Nichts schaffen kann, muss sie brechen können und darf ihnen nicht blindlings unterworfen sein.

Spätestens in der Inkubationsphase der modernen Kunst zu Beginn des 19. Jahrhunderts wird die Souveränität des Künstlers gegenüber den Regeln wieder zum Thema. Diesmal nicht als Dispens von Strafverfolgung, sondern in der Konfrontation von Kunst und Leben. Wie kann man in einer konventionell gewordenen bürgerlichen Gesellschaft, deren sich langsam verallgemeinernde kapitalistische Produktionsweise zur entfremdeten Tätigkeit führt, das Leben als Kunstwerk führen und die eigene Produktivität an ästhetischen Normen und Idealen ausrichten? Wie kann man sich von den erstarrten Konventionen und den Charaktermasken des bürgerlichen Lebens befreien, um ein authentisches Dasein zu gewinnen? Hier liegt der Keim zu einer erneuerten Apotheose der Regelüberschreitung. Der Künstler, der Regeln befolgt und zugleich überschreitet, um neue Regeln zu setzen, provoziert, notfalls um den Preis sozialer Isolation und Exklusion, das „stählerne Gehäuse der Hörigkeit“ – Max Webers Bild für die bürokratische Herrschaft, das auf die Lebensform moderner Gesellschaften insgesamt übertragen wurde. Ästhetische Freiheit wird zum Inbegriff der Souveränität des Individuums, die mit der regelbefolgenden Freiheit der unter dem Druck verinnerlichter Konventionen zwanghaft heuchelnden Bürger kollidiert. Friedrich Nietzsche hat in seiner „Genealogie der Moral“ die Fähigkeit zur Regelüberschreitung zur hervor-

7 Zur nachträglichen, genialen Spiegelung von Verbrechen und Dispens in Cellinis Perseus-Statue, s. Bredekamp 2005, S.68ff.

8 Zu diesen und weiteren Fällen der „Entstrafung“ berühmter Künstler s. Bredekamp 2005, S.23ff.

ragenden Eigenschaft des souveränen Menschen erklärt, mit der er sich von den mit Schuldgefühlen gequälten Sklaven der tradierten Moral unterscheidet. Eines der vielen Bilder, an denen er diese Fähigkeit exemplifiziert, ist das des archaischen Eroberers, dessen Grausamkeit bereits implizit am Künstlerideal ausgerichtet ist: „(…) ihr Werk ist ein instinktives Formen-schaffen, Formen-aufdrücken, es sind die unfreiwilligsten, unbewußtesten Künstler, die es gibt – in Kürze steht etwas Neues da(…), wo sie erscheinen, ein Herrschafts-Gebilde, das *lebt*, in dem Teile und Funktionen abgegrenzt und bezüglich gemacht sind, in dem nichts überhaupt Platz findet, dem nicht erst ein ‚Sinn' in Hinsicht auf das Ganze eingelegt ist" (Nietzsche 1997, S.827). Erneut scheint hier die Analogie zwischen der Gründung einer politischen Herrschaft mit ihrem inneren Funktionsgefüge und der internen Selbstbezüglichkeit von Teil und Ganzem in einem Kunstwerk auf. Entscheidend ist jedoch das Schaffen aus dem Nichts, das auf bestehende Regeln und Erwartungen keinerlei Rücksicht nimmt, in dem sich die authentische Schöpfung des Künstlers manifestiert, die sich in ihrem Werk, dem Setzen der neuen Regel, rechtfertigt: „(…) in ihnen waltet jener furchtbare *Künstler-Egoismus*, der wie Erz blickt und sich im ‚Werke', wie die Mutter in ihrem Kinde, in alle Ewigkeit voraus gerechtfertigt weiß" (Nietzsche 1997, S.827).

In dem Maße, wie nun diese Konzeption des souveränen Individuums und seiner ästhetischen Freiheit gesellschaftlich verallgemeinert und nicht nur in das politische, sondern auch das ökonomische System übertragen wird, kann sie die rechtfertigenden Gründe für die Neutralisierungstechnik des effizienten Regelbruchs liefern. Die Effizienz, auf die sich die Klasse der Verantwortungsträger angesichts eines Regelbruchs beruft, ist nicht nur eine ökonomische, sondern vor allem auch eine ästhetische. Das unternehmerische Selbst muss die Regelüberschreitung zumindest so darstellen können, dass sie als Manifestation eines souveränen Individuums, als die Erzeugung von etwas Neuem aus dem Nichts erscheint – gleich einem Kunstwerk. Damit wird auch klar, warum sich nur eine kleine, ausgezeichnete Gruppe mit Erfolg darauf berufen kann. Während das unternehmerische Selbst zu dem sozio-ökonomischen Ideal generalisiert wird, dem alle, vor allem die Hartz IV-Empfänger, als Arbeitskraftunternehmer nachstreben sollen (und sei es um den Preis von Erschöpfung und Depression), bleibt es nur wenigen vorbehalten, dieses Ideal in der eigenen Person vollkommen zu manifestieren. Das Künstlerideal verwirklicht sich heute im Unternehmer – nicht zuletzt deshalb sucht der moderne Unternehmer, wie einstmals Papst und Kaiser, die Nähe zur Kunst und Künstlern, vorzugsweise der modernen Kunst. Und wie die Regelüberschreitung des Künstlers letztlich immer auch esoterisch bleibt, nur dann als gelungen gilt, wenn sie zugleich fasziniert und undurchschaubar bleibt, um endlos ästhetisch kommentiert zu werden, bleiben auch die Gründe für den effizienten Regelbruch den Massen unverständlich. Es ist auch nicht so, dass die herrschende Klasse sich über Regelbrüche mit der Einstellung des souveränen Individuums hinwegsetzte, während die niederen Klassen sich darüber in Schuldgefühlen verzehrten. Das Scheitern der niederen Klassen wird von diesen selbst und von der herrschenden Klasse schlicht als Unfähigkeit zur Effizienz wahrgenommen, als Unfähigkeit zur eigenverantwortlichen künstlerisch-ökonomischen Produktivität, die sich in außergewöhnlichen Erfolgen realisiert. Regelbrüche der niederen Klassen sind schlicht ineffizientes Versagen. Umgekehrt erscheint der Versuch, diejenigen strafrechtlich zu verfolgen, die heute in Deutschland „Werte schaffen", indem sie diese Werte als eine ökonomisch-ästhetische Einheit darstellen und sich selbst als Unternehmer-Künstler erfolgreich präsentieren, als Ausdruck eines spießigen, kleinkarierten, unverständigen Moralismus.

6. Um Missverständnissen vorzubeugen, sei am Ende klargestellt, dass es in dem vorstehenden Beitrag nicht darum ging, Regelkritik und Regelüberschreitung *per se* zu kritisieren. Moderne Gesellschaften zeichnen sich dadurch aus, dass sie in Prozessen öffentlicher Meinungs- und Willensbildung im Verein mit demokratischen Gesetzgebungsverfahren Rechtskritik ermöglichen und Wege zu permanenten Rechtsänderungen institutionalisiert haben. Auch ist nicht zu bestreiten, dass es oftmals spektakuläre Einzelfälle sind, die Anlass und Grund für Rechtsänderungen sind – dazu gehören auch Fälle offenkundiger Dysfunktionalität von Rechtsnormen oder ihrer ökonomischen Ineffizienz. Regel*bruch* und Rechts*kritik* lassen sich oftmals nicht klar unterscheiden, und in jeder Neutralisierung eines Regelbruchs steckt ein potentieller Grund für eine Änderung der Rechtsregel. Natürlich darf unter diesen Bedingungen über ein anderes Steuersystem und ein anderes Steuerrecht oder über eine Reform des Untreuetatbestands diskutiert und dürfen entsprechende Änderungen in verfassungskonformer Weise auch durchgesetzt werden. Freilich widerspricht es den elementaren Grundsätzen eines demokratischen Rechtsstaates mit Gewaltenteilung, wenn es Bürgerinnen und Bürger in der Rolle des Normadressaten und des Beschuldigten sind, die zugleich die Rolle des Mit-Gesetzgebers einnehmen wollen und angesichts ihres Falles mit dem Argument des effizienten Regelbruchs die Legitimität der Rechtsnormen bestreiten.

Das oben Vorgetragene lässt jedoch noch eine weitere Beobachtung zu: Während öffentliche Rechtskritik über lange Zeit *politisch* oder *moralisch* motiviert war – und dies auch immer noch ist – also mit dem Gemeinwohl sowie den Grund- und Menschenrechten argumentierte, tritt in jüngerer Zeit vermehrt eine *ästhetische*

Rechtskritik hinzu. Sie tritt im Namen ästhetischer Freiheit auf und kritisiert die Unfähigkeit des gleichen, allgemeinen und abstrakten Rechts, Räume für das individuell Außergewöhnliche zuzulassen – für Ausnahme-Menschen, die außergewöhnliche Erfolge aus dem Nichts schaffen. Peter Sloterdijks Vorschlag, staatlich festgesetzte und eingetriebene Zwangssteuern (und damit auch das Risiko, wegen Steuerhinterziehung belangt zu werden) abzuschaffen und durch eine Kultur der großherzigen und großzügigen freiwilligen Spende zu ersetzen, mit der souveräne und erfolgreiche Verantwortungsträger um öffentliche Anerkennung wetteifern, wie einst im antiken Athen die Sponsoren von Kunstwerken wie Statuen und Tempeln, weist in diese Richtung. Ob ästhetische Rechtskritik am Ende zu einer Gesellschaft souveräner Menschen führt, die nach Nietzsche ja Tiere sind, die wahrhaft *versprechen können*, bleibt allerdings abzuwarten.

Literatur

Boltanski, L. 2010. *Soziologie und Sozialkritik*. Frankfurt am Main: Suhrkamp.

Boltanksi, L., und E. Chiapello. 2003. *Der neue Geist des Kapitalismus*. Konstanz: Universitätsverlag Konstanz.

Bröckling, U. 2007. *Das unternehmerische Selbst*. Frankfurt am Main: Suhrkamp.

Bredekamp, H. 2005. *Der Künstler als Verbrecher – Ein Element der frühmodernen Rechts- und Staatstheorie*. München: Carl Friedrich von Siemens Stiftung.

Ehrenberg, A. 2004. *Das erschöpfte Selbst: Depression und Gesellschaft in der Gegenwart*. Frankfurt am Main und New York: Suhrkamp.

Günther, K. 2013. „Du musst Dein Leben ändern" – Die ethische Produktivität des Menschen und ihre Ausbeutung. *Blätter für deutsche und internationale Politik*, 58: 81-90.

Kantorowicz, E. 1998. Die Souveränität des Künstlers – eine Anmerkung zu Rechtsgrundsätzen und Kunsttheorien der Renaissance. In *Götter in Uniform. Studien zur Entwicklung des abendländischen Königtums*, hrsg. Eckart Grünewald und Ulrich Raulff, 329- 348. Stuttgart: Klett-Cotta.

Katz, A. 2012. Virtue, Ethics, and Efficient Breach. *45 Suffolk University Law Review 777.*

Lüderssen, K. 1996. Gebotene Zuschreibung? In *FS für Fritz Sack*, 113- 122. Baden-Baden: Nomos Verlag.

Nietzsche, F. 1997. Zur Genealogie der Moral. In *Werke, 2. Band*, hrsg. Karl Schlechta, Darmstadt: Wissenschaftliche Buchgesellschaft.

Sloterdijk, P. 2009. Die Revolution der gebenden Hand. *Frankfurter Allgemeine Zeitung v. 13.6.2009*

Sykes, G.M., und David Matza. 1974. Techniken der Neutralisierung: Eine Theorie der Delinquenz. In *Kriminalsoziologie*, hrsg. Fritz Sack und René König, 360-371. Frankfurt am Main: Akademische Verlagsgesellschaft.

Definitionsmacht und Selektivität in Zeiten neuer Kontrolltechnologien

Jan Wehrheim

Die *Critical Surveillance Studies* boomen seit einigen Jahren, obwohl ihnen – oder gerade deswegen – nach wie vor eine klare Definition ihres Gegenstandes ‚Überwachung' fehlt. Ihr Kernproblem begründet dabei gleichzeitig ihre Popularität und politische Reichweite: Überwachungsdiskussionen sind normative Diskussionen. Nicht das wie auch immer definierte Überwachen gilt per se als Problem (bei Patienten auf Intensivstationen etwa wird es nicht problematisiert, ebenso wenig, wenn es um die Herkunft von Rindfleisch geht), sondern wer wen zu welchem Zweck überwacht oder wozu Alltagstechnologien wie Handy und Internet oder alltäglich entstehende Datensammlungen potenziell verwendet werden könnten. Die normative Kritik aufgrund dieser Potenzialität bringt den Überwachungskritikern teilweise den Vorwurf ein, paranoid zu sein (Hess und Scheerer 2004). Dem entgegen schwingt des Öfteren die These der Demokratisierung von Kontrolle durch Überwachungstechnologien mit: Weil Datensammlung und Computer ubiquitär seien und somit Überwachung alle beträfe und weil Techniken nur binär – ja/nein, richtig/falsch – entscheiden könnten, spielten typischerweise zuschreibungsrelevante Variablen wie Schichtzugehörigkeit, Geschlecht, Lebensführung oder Ethnizität bei Prozessen der Kriminalisierung und Ausgrenzung keine Rolle mehr. Soziale Kontrolle wäre neutral und somit demokratisiert (vgl. dazu auch Marx 1995).

Im Folgenden soll danach gefragt werden, in wie weit Kontrolltechnologien in diesem Sinne neutrale und demokratische sind und somit klassische kriminologische Befunde etwa zur Relevanz von Definitions- und Beschwerdemacht (Feest und Blankenburg 1972) überholt wären oder aber, ob die Befunde zu Selektivität und Diskriminierung auch unter veränderten technischen Vorzeichen Bestand haben. Die damit verbundene Frage, was denn überhaupt passiert, wenn neue Kontrolltechnologien im Einsatz sind, soll schrittweise anhand der Darstellung einfacher Videoüberwachung über biometrische Erkennung bis hin zu „algorithmischer Überwachung“ (Norris et al. 1999) komplexer Handlungsabläufe beantwortet werden.[1]

Videoüberwachung

Zunächst kann festgestellt werden: eine einfache Videokamera in einer Straße hat abgesehen von der symbolischen Dimension und dem, was die Betrachter der Kamera mit ihr verbinden, von sich aus keinen Effekt. Ohne das Bewusstsein beobachtet zu werden und ohne den Glauben daran, dass jemand beobachtet, und dies ggf. mit einer Kontrollintention, sind die Kameras für das Handeln der Beobachteten bedeutungslos. (Was nicht heißt, sie wären ohne Bedeutung für diejenigen, die mit bestimmten Intention die Bilder betrachten, später auswerten oder publizieren.) Betrachtet man die zahlreichen Studien zu präventiven, panoptischen Effekten von Videoüberwachung (Closed Circuit Television – CCTV), dann zeigt sich, dass – je nach setting – die Wirkung etwa auf Gewalt genannte Handlungen tendenziell gegen Null geht; präventive Effekte scheinen mehr oder weniger auf Kfz-Aufbrüche und -diebstähle auf überwachten Parkplätzen beschränkt zu sein (u. a. Welsh und Farrington 2002; Gill and Spriggs 2005).[2] Generelle disziplinierende Effekte sind zu bezweifeln. Ebenso wenig gibt es empirische Hinweise auf Ausgrenzung und etwa darauf, dass in innerstädtischen Fußgängerzonen als unerwünscht betrachtete Punks oder Obdachlose allein deshalb einen Ort verlassen, weil sie von einer Kamera beobachtet werden. Auch partizipieren die Menschen immer noch an Demonstrationen, obwohl diese regelmäßig (extralegal) von der Polizei gefilmt werden (zu politischem Protest und CCTV vgl. Ullrich 2011). Videokameras *alleine* führen nicht zu Ausgrenzung. Sie werden gleichwohl regelmäßig dazu genutzt, weitere Kontrollhandlungen einzuleiten, die auf Ausgrenzung und/oder Kriminalisierung zielen und diskriminierende Effekte haben können. Kameras müssen in Verbindung mit anderen Kontrollmaßnahmen analysiert werden (Wehrheim 2012).

---

1 Dieser Aufsatz geht u. a. auf zwei von der DFG geförderte Forschungsprojekte zurück. In dem noch laufenden Projekt „Biometrie als ‚soft surveillance‘“ sind u. a. auch Sylvia Kühne und Susanne Krasmann beteiligt. Der Beitrag geht zudem teilweise auf einen Vortrag auf der internationalen Tagung „Security, Ethics, and Justice: Towards a More Inclusive Security Design“ an der Universität Tübingen im Juni 2012 zurück. Ich danke v. a. Sylvia Kühne für kritische Anmerkungen zum Manuskript.

2 Dass Henner Hess und Sebastian Scheerer (2011, S.32f.) diese Empirie außen vor lassen und auf Basis eines ausführlicheren Tagungszeitungsartikels das Gegenteil behaupten und auch keine methodischen Fragen stellen, verwundert.

Hinsichtlich der Wirkungen bleibt zu fragen, was denn genau passiert, wenn Bilder von Videokameras von Beobachtern betrachtet werden. Stellen wir uns eine typische Situation vor, wie sie nach wie vor viele Kontrollräume kennzeichnet: Sicherheitspersonal sitzt vor einer Wand mit beispielsweise acht Bildschirmen, auf denen permanent Bilder von jeweils vier Kameras übertragen werden. Es liegen also 32 Settings vor. Je nachdem, welche Ausschnitte die einzelnen Kameras zeigen, sehen die Beobachter Menschen nur als kleine Punkte oder aber sie können ggf. sehen, welches Buch jemand liest – in dem Moment sehen sie aber den ganzen Rest nicht und auch nicht, was auf den 31 anderen Aufnahmen zu sehen ist. Polizisten oder andere so genannte Sicherheitsdienstleister müssen also entscheiden, worauf sie näher achten. Verdacht ist kein Ereignis, sondern ein Prozess (Norris 2005).

Um diesen Prozess zu verstehen, helfen die Befunde von Herbert Blumer (1981) und die Perspektive des interpretativen Paradigmas weiter: Menschen handeln aufgrund der Bedeutung, die Dinge für sie haben. Die Bedeutung der Dinge hängt wiederum von den Kontexten ab, innerhalb derer die Dinge wahrgenommen werden. Um komplexe soziale Situationen zu verstehen und handhabbar zu machen, greifen wir auf Typisierungen von Situationen und Personen zurück. Typisierungen sind Alltagsvorstellungen, die es uns ermöglichen, nicht jedes Mal von Neuen die kleinsten Details auszuhandeln und wechselseitig zu lernen. Sie belegen die Umwelt mit Sinn, machen uns entfernte Welten erst zugänglich und haben einen Entlastungscharakter. Um mit der Umwelt und alter ego eine Beziehung herzustellen, aufrechtzuerhalten oder auch abzubrechen, wird auf Typisierungen zurückgegriffen. Dabei nutzen wir, so Alfred Schütz (1972), ein „Rezeptwissen", das Orientierung schafft. Ein „Wissen", das sich bewährt hat. Je anonymer nun eine Situation ist, d. h. je weiter sie von unmittelbarer face-to-face-Interaktion und von bereits bekannten Personen entfernt ist, desto eher wird auf standardisierte Typisierungen zurückgegriffen (Berger und Luckmann 2000, S.1ff.). Dies kann, muss aber keineswegs darauf verweisen, was gemeinhin als Vorurteil bezeichnet wird. Typisierungen bewirken gleichwohl die Reproduktion bestehender Strukturen.

Bei CCTV ist nun die Relevanz von Typisierungen insofern gesteigert, als dass erst einmal keine sprachliche Vermittlung und Aushandlung stattfindet. Die Beobachteten sind im Schützschen Sinn eher „Mit-" als „Umwelt". Im Moment der Beobachtung findet bei Videoüberwachung keine *interaktive* Be-Deutung der Situation statt, sondern eine einseitige Zuschreibung. Videoüberwachung stellt keine Subjekt-Subjekt-Beziehung dar, sondern eine Subjekt-Objekt-Beziehung

(Rammert 2005). Die Definitionsmacht liegt bei den Beobachtern: allein ihre Interpretation ist für weitere Handlungen relevant.

Auch Polizisten verfügen über so ein „Rezeptwissen“, das Situationsdeutungen überhaupt erst ermöglicht. Verdacht, so Wolfgang Keckeisen, „gründet sich auf beides: Normalitätserwartungen, in denen festgehalten ist, welche Erscheinungen an einem bestimmten Ort zu einer bestimmten Zeit als ‚normal' gelten […]; und typisierten Vorstellungen ‚unangemessener' Erscheinungen, die eine Überprüfung nahe legen“ (1974, S.66). Dieser Befund bringt weit reichende Folgen mit sich, denn Polizisten reproduzieren ihre Typisierung durch ihr berufliches Alltagshandeln immer wieder von neuem: wenn ich erwarte, dass auf der Straße eher die ärmer als die wohlhabender aussehenden Personen mit Drogen handeln, dann beobachte ich diese öfter und länger und dann werden diese auch öfter mit illegalisierten Substanzen ‚erwischt‘. Die Typisierung gewinnt durch die Erfahrung an Glaubwürdigkeit und führt bei weiterer Orientierung daran zu einer self-fulfilling prophecy. Solche Erfahrungen und Bilder reproduzieren Alltagstheorien und Kriminalitätsvorstellungen: niemand wird vermutlich an Drogendeals oder Raub denken, wenn er auf der Straße zwei weiße Männer in teuren Anzügen mit einer Financial Times unter dem Arm sieht. Unsere Typisierung wird vielleicht eher sein: Oberschichtsangehörige und Investment Banker. Aber dies sagt rein gar nichts über die Wahrscheinlichkeit von Drogenkonsum aus oder darüber, ob man finanzielle Nachteile zu befürchten hat – aber genau das ist es, was in beiden Fällen regelmäßig passiert: Beim Raub und bei der Nachfrage nach einem Kredit. Im ersten Fall nennen wir es Kriminalität im zweiten nicht. Neben Entdeckungswahrscheinlichkeiten variieren die Zuschreibungen.

Dass junge, männliche, subkulturell gekleidete Personen sowie Personen mit dunkler Hautfarbe bei Videoüberwachung überproportional oft und lange beobachtet werden, wie es Norris und Armstrong bereits 1999 in ihrer paradigmatischen Studie „The maximum surveillance society“ nachwiesen, verweist auf Diskriminierung aufgrund von solchen Typisierungen, die ggf. auch durch Rassismus überhöht werden, aber nicht einfach darauf reduziert werden können. Der Befund verweist aber erneut noch nicht auf Exklusion oder Kriminalisierung. Knüpfen daran jedoch weitere kontrollierende Handlungen an, dann greifen wieder Typisierungen und dann auch sprachliche Aushandlungen – genau wie bei traditionellem Policing, wobei jedoch eine Vorselektion ausschließlich aufgrund visueller Merkmale stattfand. Die Interaktion bietet dann zwar die Chance, sich von der konkreten Person ein anderes Bild zu machen und dabei deren sprachlichen Äußerungen zu berücksichtigen, aber weil die Situation von den typisierenden

Schemata geleitet wird (Verdacht), sind die Situationsaushandlungen und -definitionen nun zusätzlich vorbelastet.

Bleiben verdachtsgenerierende Zuschreibungen jedoch aus, folgen auch keine intervenierenden Handlungen, wie sich anhand von zwei prominenten Videobildern, die beide in den letzten 20 Jahren als Argumente für mehr Überwachung herhielten, verdeutlichen lässt (siehe auch: Wehrheim 2008):

Bild 1: Szene in einer Shopping Mall

Quelle: http://www.guardian.co.uk/uk/2010/mar/02/james-bulger-jon-venables-prison; 12.02.1993 [2012-08-28]

Das Bild 1 stammt aus dem Jahr 1993 und zeigt den knapp dreijährigen James Bulger an der Hand des zehnjährigen Robert Thompson, der ihn kurze Zeit später zusammen mit einem Freund totschlagen wird. Obwohl die Aufnahme die Tat weder verhinderte noch zur Überführung der Jungen beitrug, galt ab dem Zeitpunkt, „an argument against CCTV was interpreted as an argument in favor of baby killers" (Davies 1999, S.244). Dass die Tat nicht aufgrund der Kameraüberwachung verhindert wurde, ist mit Blick auf das Ausgeführte nicht überraschend: Falls überhaupt jemand die Situation am Bildschirm beobachtet haben sollte, dann dürfte sie als Normalität im doppelten Sinn, als konform und üblich, und eben nicht als Abweichung und verdachtsleitend interpretiert worden sein. Die Alltagstypisierung wäre vielleicht ‚Kleinkind an der Hand des älteren Bruders' gewesen.

Bild 2: Szene in einem Flughafen

Quelle: http://en.wikipedia.org/wiki/File:Atta_in_airport.jpg [2012-08-28]

Ähnlich verhält es sich mit dem zweiten prominenten Bild. Es zeigt Mohammed Atta am 11.9.2001 am Flughafen von Boston kurz bevor er vermutlich das von ihm betretene Flugzeug in das World Trade Center in New York steuerte. Die Interpretation des Bildes im Moment seines Entstehens dürfte ggf. gewesen sein ‚ein namentlich bekannter und überprüfter Flugpassagier checkt ein' – und besondere Reaktionen folgen nicht. Auf als ‚normal' definierte Situationen erfolgen eben keine außergewöhnlichen Reaktionen – egal was ‚wirklich' passiert. Das ist es, was das berühmte Thomas-Theorem ausdrückt: "If men define situations as real, they are real in their consequences" (Thomas/Thomas 1928, S.572).

Biometrische Technologien

Diese Nicht-Reaktion wäre auch nicht anders gewesen, wenn das CCTV-System mit einem biometrischen Gesichtserkennungssystem kombiniert gewesen wäre. Mohammed Atta reiste unter seinem eigenen Namen, er war in keiner entsprechenden Datenbank enthalten.

Was wäre aber wenn er oder alle Menschen in so einer Datenbank erfasst wären und in Fußgängerzonen oder an Flughäfen automatische Gesichtserkennung eingesetzt würde? Wenn nicht ausnahmslose jede Person in so einer Datenbank erfasst ist – die biometrischen Fotos in unterschiedlichen Ausweisen böten dafür eine Basis – griffen zunächst übliche, i. d. R. polizeiliche oder geheimdienstliche Interpretationen von Situationen und Etikettierungen von Personen, die dann in eine Datenbank eingepflegt würden. Informationen entstehen bei und durch die Arbeit von Menschen, mit all den Typisierungen und (normativ ausgedrückt) mit all den Stärken und Schwächen, die uns tagtäglich bekannt sind.[3] Darüber hinaus ist es eine Frage der konkreten technischen Systeme, was weiter passiert. Der Biometrieboom in den letzten zehn Jahren hat zu rapiden Veränderungen und zu immer neuen Möglichkeiten und effektiveren Systemen geführt. Schaut man jedoch in die Literatur zum Thema, befragt man Nutzer von Biometrie und beobachtet sie oder nimmt man an einschlägigen Treffen von Biometrieproduzenten, -anwendern, Lobbyverbänden und Datenschützern teil, so drängt sich vor allem ein Eindruck auf: Aufgrund der technischen Komplexität, aufgrund der Vielzahl der Systeme – Gesichtserkennung etwa ist nicht gleich Gesichtserkennung – sowie aufgrund der Vielzahl konkurrierender Akteure und Interessen sind seriöse Aussagen darüber, was die biometrischen Technologien wirklich können und welche Risiken mit den komplexen Systemen verbunden sind, aktuell nicht möglich. Auch die Protagonisten selbst können es nicht wirklich beurteilen, auch wenn sie dies behaupten – egal ob sie Kritiker oder Befürworter sind. Was als verlässliches Wissen gilt, sind (interessensgeleitete) Interpretationen.

3 Wie dieser Prozess der Datenproduktion und -verarbeitung aussieht, lässt sich anhand einer aktuellen Stellenanzeige für eineR „Stadtangestellte/r in der Datenstation des Führungsstabes der Ortspolizeibehörde Bremerhaven" erahnen: „Das Aufgabengebiet umfasst im Wesentlichen: Überprüfung eingehender Vorgänge auf fachgerechte Ausfüllung und Vollständigkeit sowie Durchführung erforderlicher Ergänzungen und Berichtigungen, Eingabe von Daten in eine Datenverarbeitungsanlage (Speichern, Ergänzen, Berichtigen); Löschen von Daten sowie die Abfrage von Daten im Rahmen der Personen- und Sachfahndung und die selbstständige Recherche bei der Eingabe der Daten; Bearbeitung und Umschreibung eingehender Texte, Auswertung der Dateien/Auskunftssysteme mittels Recherche und Weitergabe der Ergebnisse/Auskunftserteilung; Überwachung des elektronischen Fernschreibsystems EPOST 810; Telefonvermittlung." (https://stellen.bremen.de/sixcms/detail.php?id=63325 v. 29.09.2012)

Daneben ist zu konstatieren, dass nicht die absolute technische Qualität des Systems ausschlaggebend ist, sondern bei Entscheidungen für den Einsatz von Biometrie Fragen nach der Alltagspraktikabilität sowie ökonomische Erwägungen vorherrschen. Bei den Entscheidungen für oder gegen Biometrie oder für oder gegen ein bestimmtes biometrisches System spielen ggf. bei Pilotprojekten identifizierte „Ausreißer" bei der Erkennungsleistung kaum eine Rolle. Dies ist bereits statistisch problematisch, denn über die Masse der Personen werden „Ausreißer" schnell zu einer relevanten Größe. Denkt man etwa an einen Einsatz bei Hunderttausenden von Flugpassagieren, so werden als niedrig geltende false acceptance (FAR) oder false rejection rates (FRR) von 0,01 % schon zu einem ernsthaften Problem.[4] Hinsichtlich eines Biometriepilotprojekts am neuen Flughafen Berlin-Brandburg, bei dem zukünftig lediglich die Tausenden von Angestellten biometrisch erfasst werden sollen, seien die „Ausreißer" Personen mit Tattoos sowie mit Hautkrankheiten gewesen, so berichtete es ein Vertreter. Diskutiert wurden sie jedoch nicht unter Fragen von Diskriminierung, sondern unter Fragen der möglichen Verzögerung von Arbeitsabläufen. Das Beispiel der Tattoos und die über die Benachteiligung entstehende neue Kategorie von Personen (Tätowierte) deutet es an: Biometrische Technologien haben bereits einen *technischen Bias* und sie selegieren dadurch. Für Fingerabdrucksysteme etwa gilt: ältere Menschen sind aufgrund von im Lebensverlauf stärker abgenutzten Fingern schwerer einzulesen und zu identifizieren als jüngere; Arbeiter mit trockenen oder stark beanspruchten Fingern wie etwa Gärtner oder Maurer sind problematischer zu erkennen als Büroangestellte. Weil Fingerprint-Systeme gewöhnlich Systeme zur Zugangsregulierung sind – Zugang zu Computern, Gebäuden, Bankkonten, Nationalstaaten – ist die Konsequenz, dass die Gruppen mit einer schlechteren Erkennungsleistung eine höhere Wahrscheinlichkeit haben, dass der Zugang verweigert wird. Dies bedeutet nicht automatisch Exklusion, wohl aber eine häufigere Erfahrung von Diskriminierung: die soziale Sichtbarkeit der Betroffenen wird erhöht, sie sind ggf. genötigt, einen alternativen Marker oder Code zu benutzen, und an Grenzen müssen sie sich eher mit ggf. rüden Beamten auseinandersetzen oder aber gar Verhöre über sich ergehen lassen.

Für Gesichtserkennungssysteme weisen Lucas Introna and David Wood (2004, S.190) in Bezug auf drei Pilotstudien aus den Jahren 2002/2003 darauf hin, dass "Asians are easier to recognize than whites, African-Americans are easier than whites, other race members are easier than whites, older people are easier than

4 FAR und FRR bedingen sich gegenseitig. Sie stellen sozial definierte Toleranzgrenzen dar: je empfindlicher das System, desto höher die FRR (v. a. in Hochsicherheitsbereichen mit wenigen Nutzern) und je toleranter die Systeme eingestellt sind, desto höher die FAR (in Bereichen, in denen viele Menschen schnell erfasst werden müssen).

young people, …". Die Erkennungsleistung soll je nach weiteren Bedingungen (Lichtverhältnisse, Alter der Ausgangsfotografien etc.) zwischen 5-10% variiert haben. Unabhängig davon, wie groß die Unterschiede im Jahr 2012 bei technisch fortgeschritteneren Systemen und unterschiedlichen Ausgangsbedingungen sind, es bedeutet bei automatischer Erkennung, dass diese Personen eine größere Wahrscheinlichkeit haben einen automatisierten Alarm auszulösen: und zwar nicht, weil sie nicht erkannt werden, sondern weil sie (richtig oder ggf. auch falsch) erkannt wurden. D.h. bei einer Richtigerkennung ist die Wahrscheinlichkeit, erkannt zu werden, für in einer Datenbank erfasste, asiatisch aussehende Personen größer, als für „whites". Nach einem automatisierten Alarm greifen dann wieder die Typisierungen und Situationsinterpretationen von denen bereits die Rede war. Wie Introna und Wood weiter schreiben: Im Fall eines falsch positiven Alarms an einem us-amerikanischen Flughafen war es für die weitere Behandlung definitiv relevant, dass die Person, die den Alarm auslöste, aussah, „as if he might be from the Middle East" (Introna und Wood 2004, S.193). Die Definitions- und Beschwerdemacht variiert nach wie vor mit dem sozialen Status einer Person und diese Macht dürfte noch geringer sein, wenn ein automatisiertes Überwachungssystem sie zuvor als verdächtig identifiziert hat. Der technische Bias wird überhöht durch die alltagsweltliche Typisierung und durch politisch begründete Verdachtskonstruktionen. Nach dem technischen greift ein *sozialer Bias.*

Intelligent Monitoring for Threat Detection

Bereits seit den 1990er Jahren in der Entwicklung, sind Projekte und Feldversuche, Personen automatisiert zu identifizieren oder ‚Abweichung' zu erkennen, bis heute immer wieder mehr oder weniger kläglich gescheitert. Gleichwohl ist es nach wie vor das Ziel, verdächtiges Verhalten und/oder Personen in Echtzeit sowie Kriminalität zu erkennen, *bevor* sie geschieht (für einen Überblick über aktuelle Projekte siehe Adams und Ferryman 2012). Der wesentliche Unterschied zur anfangs erwähnten konventionellen Videoüberwachung ist, dass der Verdacht wie beim Biometriebeispiel automatisiert wird, also die Definitionsmacht auf das technische System übertragen wird, das eine soziale Situation objektiv „erkennen" soll.

Software kann dabei erstens auf Basis der durch die Überwachung selbst gewonnenen statistischen Auffälligkeiten programmiert werden. Für die Londoner U-Bahn fiel etwa auf, dass Personen mit suizidalen Absichten häufig eine längere Weile unbeweglich am Gleis stehen und Züge passieren lassen, bevor sie vor einen Zug springen. Die Konsequenzen, falls jemand etwa nur betrunken ist und keineswegs springen will, scheinen bei einer Intervention verhältnismäßig unproblematisch. Anders sieht es aus, wenn unmittelbare Kriminalitätszuschreibungen erfolgen: sowohl wenn sie auf statistischen Wahrscheinlichkeiten beruhen als auch wenn sie zweitens als Typisierung, als sozialer Bias, vorab in die Programmierung eingeflossen sind. Letzteres ist beim Bild 3 der Fall, das zum Projekt „Perceptrak" der Firma Smart CCTV gehört. Überwachungssoftware soll eine Gefahr erkennen, bevor etwas passiert und so möglichst ex ante Interventionen ermöglichen. Mit dieser Vorstellung werden entsprechende Systeme zumindest beworben.

Bild 3: Lurking Person

Quelle: http://derstandard.at/1227287603564 [2012-08-24]

Bei der „lurking person", die automatisch als Indikator für eine bedrohliche Situation gedeutet wird, wurden die Typisierungen und Alltagsvorstellungen bereits bei der Programmierung in das System eingeschrieben. Programme wissen nicht von alleine, wann sie Alarm schlagen sollen. Diese Vorgehensweise ist auch bei dem seit 2009 von der EU mit ca. 15 Millionen Euro finanzierte Projekt INDECT „Intelligent information system supporting observation, searching and detection for security of citizens in urban environment" der Fall.[5] INDECT soll

5 Für Hinweise auf verschiedene andere, nationale Projekte mit teilweise breiter Beteiligung von Rüstungskonzernen siehe: Monroy (2012).

nicht nur automatisiert „abnormales“ Verhalten erkennen,[6] sondern Drohnen, die Überwachung von Internetverkehr, der Abgleich biometrischer Datenbanken mit sozialen Netzwerken und vieles mehr sollen zusammen zum Einsatz kommen (das Programm PRISM der NSA berührt nur einen vergleichsweise kleinen Teil dieser ambitionierten Überwachung). Gerüchten zufolge erfolgte ein erster Test 2012 bei der Fußball EM in Polen und der Ukraine. Eine Basis der automatisierten Überwachung soll es sein, dass die Typisierungen von Polizisten in die Programmierung eingehen (INDECT Consortium 2009/2012, S.18ff.). Dafür wurden (polnische) Polizisten befragt, die – so muss man sagen – glücklicherweise nicht auf alle Fragen geantwortet haben (Tab.1):

Tabelle 1: Zuschreibungsrelevante Merkmale

A 3. How would you recognize a particular person that is of following type? Is it a dress, behaviour, what type?	
Burglar	Observes entrances and monitoring, loiters, nervous, untypical tools, luggage, frequent presence in the location, peeking through the window
Pickpocketeer	Observes people, holds cloth in ones hand, frequent presence in public transport nodes, doesn't avoid crowd, a group of perpetrators is spreading, then gathers around the victim creating artificial crowd
Thief	
Drug dealer	
Drug addict	
Lost kid	Cries, bothers other people, loiters, runs without purpose, in circles
Pedophile	
Terrorist	
Hooligan	

Quelle: INDECT 2009/2012, S.20

6 “Q1.3: What behaviour is an “abnormal” behaviour? A: As regards the definition of “abnormal behaviour”, the term is not introduced by the INDECT Project, and it was created by EC and explained in the FP7 Work Programme. This term will be always controversial. In our case we clearly understand abnormal behaviour as “criminal behaviour”, and especially as “behaviour related to terrorist acts, serious criminal activities (e.g.: murders, bank robberies, someone leaving the luggage in the airport with the bomb) or criminal activities in the Internet (e.g.: child pornography)”. We will produce the tools to avoid such situations.“ (http://www.indect-project.eu/faq#Q1.3 [2012-09-01], Herv. i. O.). Dass die INDECT-Projektmitarbeiter glauben oder behaupten, die Trennung zwischen kriminellem und nicht-kriminellem „abnormen“ Verhalten sei eindeutig, ist schon beachtlich. Beachtlich ist darüber hinaus, dass bei der weiteren Forschung viele Aktivitäten auf die Erkennung von Graffiti und Taschendiebstahl bezogen werden und nicht auf das, was als meist Terrorismus oder Bankraub bezeichnet wird.

Bereits das Antwortverhalten zeigt die Problematik der Fragestellung: Definitionstheoretisch informierte Soziologen und Kriminologen könnten nicht einmal sagen, was Terroristen, Drogenabhängige oder Pädophile genau sein sollen, geschweige denn, welche visuellen Merkmale diese und ihr Verhalten grundsätzlich charakterisieren sollen.

Weiterhin wurde beispielsweise gefragt, was die wichtigsten Symptome von „gefährlichen Bestrebungen" seien (Tab.2).

Tabelle 2: Symptome „gefährlicher Bestrebungen"

A 5. What are the most important symptoms for dangerous attempts?		
Situation	Percentage of answered YES	What type of danger can it suggest?
Looking around	76 %	
Running with looking around repeatedly	33 %	
Loitering	71 %	
Standing near the door/ car for too long	57 %	
What else in your opinion?	Staying for too long in a single place, repeatedly coming back to a place	

Quelle: INDECT 2009/2012, S.20

71 % der befragten Polizisten antworteten „Rumhängen" und 33 % nannten etwa „Laufen mit wiederholtem Umdrehen". Aber was meint „Rumhängen"? Sitzen, liegen, stehen? Für eine Stunde, für 10 Minuten oder für fünf? Auf der Straße, auf einer Bank, in einem Park? Bei Sonnenschein und lauen Lüftchen bei 25°C oder bei Hagel und 0°C? Was heißt „Rennen mit wiederholtem Umdrehen"? In welchem Kontext? Wenn ich einen Fahrradweg überqueren will, um einen Bus zu erreichen und ich gucken muss, dass ich nicht überfahren werde, weil mehrere Fahrradfahrer passieren?

Solche nahe liegenden theoretischen Einwände werden in der Praxis auch empirisch bestätigt. So kommen Robert Rothmann und Stefan Vogtenhuber (2012, S.109f.) bei ihrer ethnographischen Videoanalyse einer Anlage, die das technisch vergleichsweise relativ simple Ziel hatte, u. a. Diebstähle aus Kraftfahrzeugen in einer Parkgarage automatisch zu erkennen (Gehen von einem Auto zum nächsten und nicht direkt vom Auto zum Ausgang diente als ein Indikator), zu dem Ergebnis, dass in etwa mit 50 Fehlalarmen pro Stunde zu rechnen sei, weil ca. 20 %

der „normalen“ Garagenbenutzer sich genauso verhielten, wie das zuvor als „verdächtig“ programmierte Verhalten.

Eine kontextunabhängige allgemeingültige, im unmittelbaren Wortsinn berechenbare Objektivität kann es nicht geben, egal wie präzise Soft- und Hardware arbeiten, und Vorhersagen basieren eben nur auf statistischen Wahrscheinlichkeiten. Auch der Wetterbericht stimmt manchmal, und ob das Wetter dann als ‚gut‘ oder ‚schlecht‘ interpretiert wird, variiert zusätzlich mit persönlichen Vorlieben, körperlicher Konstitution, geplanten Aktivitäten, Diskursen über Hautkrebs oder „vornehme Blässe“, dem Vergleich zum Wetter die Tage vorher etc. pp.

Automatisierung und die Verdoppelung der Typisierung

Michalis Lianos and Mary Douglas schrieben, eine der bedeutensten Änderungen der neuen Kontrollkultur sei, dass Automated Socio-Technical Environments[7] “*radically transform the cultural register of the societies in which they operate by introducing non-negotiative contexts of interaction*” (Lianos and Douglas 2000, S.265; Herv. i. O.). Die Definitionsmacht würde ausschließlich auf die technischen Systeme übertragen. Ein Alarm erfolgt dann unabhängig davon, ob jemand läuft und sein Laufen sowohl als Versuch, einen Bus zu erreichen, als auch als Flucht nach Aneignung einer fremden beweglichen Sache bedeutet werden könnte. Die Software kennt ggf. nur „Laufen“ als zuschreibungsrelevantes Merkmal.

Zurück zur „lurking person“: natürlich trägt die „lurking person“ eine Sonnenbrille[8]; natürlich trägt sie einen Kapuzenpullover und selbstverständlich ist dieser schwarz; natürlich handelt es sich um eine vermutlich männliche Person und natürlich sind die potenziellen Opfer weiblich. Der soziale Bias ist in das technische System eingeschrieben und damit wird von den Produzenten geworben. Wenn das System funktioniert wie programmiert und wenn die „algorithmic surveillance“ einen Alarm auslöst, dann wird jeder mit einem „hoody“ und einer Sonnenbrille, der auf den Bus oder einen Freund wartet von einem Polizisten kontrolliert werden – wenn denn ein Polizist in der Nähe ist – und zwar *nur* weil er wartet und die „falsche“ Kleidung trägt. Ab diesem Moment endet jedoch der automatisierte und nicht-verhandelbare Verdacht. Die neuen „Automated Socio-Technical Environments“ sind den bekannten Interaktionsformen und -situatio-

---

7 Automated Socio-Technical Environments “… are technology-based contexts of interaction that regulate, organize or monitor human behaviour by integrating it into a pre-arranged environment, built upon a conception of ‘normality’ or ‘regularity’ that all subjects are expected to reproduce.” (Lianos und Douglas 2000, S.264)

8 Auch bei nicht-automatisierten CCTV-Systemen war das Tragen einer Sonnenbrille verdachtsgenerierend. (Norris und Armstrong 1999)

nen (nur) vorgeschaltet und sie sind über ihre Programmierung und über die Ausrichtung des technischen System eben gerade auch sozial. In der ggf. folgenden face-to-face-Interaktion griffen dann wieder die oben erwähnten Typisierungen, und die Chance für die „lurking person", die Situation nicht als mutmaßlichen Überfall, sondern etwa als schlichtes Warten zu definieren, hängt u. a. davon ab, ob und wie sie sich dazu äußern kann und als wie plausibel das dann von Polizisten vor dem Hintergrund ihrer Alltagstheorien gedeutet wird. Allerdings wird die Ausgangsposition im Falle einer so gekleideten Person vermutlich noch ungünstiger, als ohne vorherigen technischen Alarm. Die *Typisierungen verdoppeln sich*: bei der Programmierung griff bereits das stereotype Bild des Muggers und bei der Interpretation des automatisierten Alarms/Verdachts wird es erneut relevant, wobei die Situation dann „technisch vorbelastet" ist. Soll der Kontrolleur nun *nicht* diskriminierenden Typisierungen folgen, dann wird von ihm nicht nur verlangt, von den beruflich mitproduzierten *Sinnprovinzen*, dem eigenen „Denken wie üblich" (Schütz 1972) und von den im Alltag ja bewährten Typisierungen abzuweichen, sondern zusätzlich müsste er entgegen seiner eigenen Vorstellung auch noch der technischen Diagnose widersprechen. Das System hatte ja Alarm geschlagen und die Annahme, dass da was dran sein muss, ist näher liegender als die gegenteilige Annahme (zumindest wenn sich noch nicht die Erfahrung eingestellt hat, dass das System 50 Fehlalarme pro Stunde produziert). Aufgrund des Status, den Technik in heutigen Gesellschaften besitzt, hat diese schon selbst eine große „Definitionsmacht".[9] Datenbanken und Gesichtserkennung können generell und besonders in Situationen von Unsicherheit bzw. reduzierter Erwartbarkeit als „autoritärer" gelten, als die involvierten Personen.

Was wären also die statistischen und damit auch sozialen Konsequenzen im Fall der „lurking person"? Wenn das System tatsächlich dann Alarm schlagen würde, wenn ein Raub bevorstünde (und Sicherheitspersonal in der Nähe wäre), dann hätten Personen mit Kapuzenpullover eine höhere Wahrscheinlichkeit wegen Raubes kriminalisiert zu werden, als Personen in Anzügen. Würde das System reagieren, ohne dass später die „lurking person" die beiden Frauen überfällt, so würden Personen mit Kapuzenpullover regelmäßig Diskriminierungserfahrungen machen, denn (so Polizei vor Ort ist) die Erfahrung der polizeilichen Kontrolle ist immer unangenehm und in der Öffentlichkeit aufgrund ihrer star-

9 Das wird einem spätestens dann bewusst, wenn man bei der it-Abteilung der eigenen Universität ein technisches Problem meldet, was nach deren Einschätzung gar nicht sein kann, oder wenn man bei einer Behörde den Sachbearbeiter überzeugen will, dass der Eintrag in seiner Datenbank nicht stimmt. (Technik und Bürokratie gehen eine unheimliche Allianz ein.)

ken Symbolik beschämend und stigmatisierend.[10] Man stelle sich nun vor, die beim INDECT-Projekt befragten Polizisten hätten auf die Frage, wie Pädophile und Terroristen aussehen und handeln, geantwortet und Informatiker hätten dies dann programmiert…

„Social control technologies" und auch die ‚algorithmischen' sind nicht neutral und objektiv: erstens, weil Technologien schon in ihrem Design grundsätzlich politisch sind, denn sie basieren auf bestimmten Interessen und klammern andere aus (Introna und Wood 2004, S.179). Normalität und Abweichung sind immer durch Macht- und Herrschaftsbeziehungen mitbestimmt und Normen Produkte solcher Beziehungen. Gleiches gilt für die Definition von Risikokategorien (vgl. Wehrheim 2011). Zweitens greifen die Technologien in ihrer Anwendung Zuschreibungen und Typisierungen auf und reproduzieren diese. Für eine Theorie der Kriminalität, wie sie Henner Hess und Sebastian Scheerer (2004) vorschwebt, müssten diese Aspekte der Zugang sein, denn die fürchterlichsten Dinge werden meist gerade nicht Kriminalität genannt.[11]

Um jedoch wirklich zu wissen, was passiert, wenn Personen, die zu einer bestimmten sozialen Gruppen oder zu einer „Risikokategorie" gezählt werden, durch ein Fingerabdrucksystem nicht erkannt, durch Gesichtserkennung als „besonders" erfasst oder des Raubes aufgrund eines System automatisierter Gefahrenerkennung verdächtigt werden, bedarf es mehr Forschung und insbesondere ethnographischer Forschung. Klar scheint bisher jedoch, dass die technischen Systeme (noch) einen in ihrer Entwicklung begründeten technischen Bias haben und dieser durch einen sozialen beeinflusst und ggf. verstärkt wird. Wenig strittig dürfte auch sein, dass diese technische Vorselektion nachgehende Situationsbedeutungen beeinflusst. Eine entscheidende Frage für weitere Forschung scheint jedoch die nach der Relevanz einzelner neuer und alter zuschreibungsrelevanter Variablen wie Alter, Geschlecht, Klasse und Beruf sowie Ethnizität und Aussehen zu sein. Die Selektivität von Exklusion und Kriminalisierung beginnt beim Verdacht.

10 Einmal von dem prinzipiellen rechtlichen und ethischen Dilemma abgesehen, das entstünde, wenn die Polizei tatsächlich vor Ort wäre, *bevor* überhaupt etwas passieren konnte, und abgesehen davon, wie die letztendliche Zuschreibung ‚Raub' zustande kommt.

11 Schade ist es, dass die Autoren die Herrschaftsfrage zwar erwähnen, die Konsequenzen daraus aber weitestgehend ignorieren. Schade ist auch, dass sie davon ausgehen, die Täter würden ihr Handeln immer selbst als Kriminalität deuten. Harald Welzer (2009) etwa zeigt nachdrücklich, wie Massenmord von den Handelnden selbst zwar als unerfreuliche und ggf. auch moralisch problematische Handlung interaktiv definiert wird, aber eben gerade nicht als Kriminalität.

Literatur

Adams, A. A. und J. M. Ferryman. 2012. *The Future of Automated CCTV Analysis and Its Ethical Implication.* Vortragsmanuskript, The Fifth Biannual Surveillance and Society Conference „Watch This Space: Surveillance Futures". Sheffield.

Berger, P. L. und T. Luckmann. 2000. *Die gesellschaftliche Konstruktion der Wirklichkeit.* 5. Aufl. Frankfurt/Main: Fischer Verlag.

Blumer, H. 1981. Der methodologische Standort des Symbolischen Interaktionismus. In *Alltagswissen, Interaktion und gesellschaftliche Wirklichkeit,* hrsg Arbeitsgruppe Bielefelder Soziologen, 5. Aufl., 80-146. Reinbek bei Hamburg: Rowohlt.

Davies, S. G. 1999. CCTV: a new battleground for privacy. In *Surveillance, Closed Circuit Television and Social Control.* hrsg. Norris et al., 243-254. Aldershot/Brookfield USA/Singapore/Sydney.

Feest, J., und E. Blankenburg. 1972. *Die Definitionsmacht der Polizei.* Düsseldorf: Bertelsmann.

Gill, M., und A. Spriggs. 2005. *Home Office Research Study 292: Assessing the impact of CCTV.* http://www.homeoffice.gov.uk/rds/pdfs05/hors29.pdf. Zugegriffen: 27.02.2007.

Keckeisen, W. 1974. *Die gesellschaftliche Definition abweichenden Verhaltens.* München: Juventa Verlag.

Lianos, M., und M. Douglas. 2000. Dangerization and the End of Deviance. *British Journal of Criminology* 40, 261-278.

Hess, H., und S. Scheerer. 2004. Theorie der Kriminalität. *Kölner Zeitschrift für Soziologie und Sozialpsychologie. Sonderheft 43: Kriminalsoziologie*, hrsg. von S. Karstedt, und D. Oberwittler: 69-92.

Hess, H., und S. Scheerer. 2011. Radikale Langeweile. In *Langweiliges Verbrechen,* hrsg. H. Peters und M. Dellwing, Michael, 27-52. Wiesbaden: VS Verlag.

INDECT Consortium 2009/2012: *D1.1 Report on the collection and analysis of user requirements.* http://www.indect-project.eu/files/deliverables/public/INDECT_Deliverable _D1.1_v20091029a.pv.pdf/view Zugegriffen: 01.09.2012.

Introna, L. D., und D. Wood. 2004. Picturing Algorithmic Surveillance. The Politics of Facial Recognition Systems. *Surveillance & Society* 2 (2/3), 177-198.

Marx, G. T. 1995. The Engineering of Social Control: The Search for the Silver Bullet. In *Crime and Inequality*, hrsg. J. Hagan and R. Peterson, 225-246. Stanford: Stanford University Press.

Monroy, M. 2012. Nasenhaare in Großformat. *Telepolis.* http://www.heise.de/tp/artikel/37/37653/1.html. Zugriffen: 20.09.2012.

Norris, C. 2005: Vom persönlichen zum Digitalen. Videoüberwachung, das Panopticon und die technologische Verbindung von Verdacht und gesellschaftlicher Kontrolle. In *Bild – Raum – Kontrolle. Videoüberwachung als Zeichen gesellschaftlichen Wandels,* hrsg. L. Hempel und J. Metelmann, 360-401. Frankfurt a. M.: Suhrkamp.

Norris, C., und G. Armstrong. 1999. *The maximum surveillance society. The rise of CCTV.* Oxford/New York: Berg.

Norris, C., J. Moran, und G. Armstrong. 1999. Algorithmic surveillance: the future of automated visual surveillance. In *Surveillance, Closed Circuit Television and Social Control*, hrsg. Dies., 255-276. Aldershot/Brookfield USA/Singapore/Sydney.

Rammert, W. 2005. Gestörter Blickwechsel durch Videoüberwachung? Ambivalenzen und Asymmetrien soziotechnischer Beobachtungsordnungen. In *Bild – Raum – Kontrolle. Videoüberwachung als Zeichen gesellschaftlichen Wandels,* hrsg. L. Hempel und J. Metelmann, 342- 359. Frankfurt/Main: Suhrkamp.

Rothmann, R., und S. Vogtenhuber. 2012. Videoüberwachung, *Ereigniserkennung und Automation*. Wien: IHS. http://www.equi.at/dateien/Rothmann-Vogtenhuber_2012.pdf. Zugegriffen: 01.09.2012.

Schütz, A. 1972. Der Fremde. Ein sozialpsychologischer Versuch. In *Gesammelte Aufsätze II. Studien zur soziologischen Theorie*, hrsg. A. Schütz, 53-69. Den Haag: Nijhoff.

Thomas, W. I., und D. S. Thomas. 1928. *The Child in America. Behavior Problems and Programs*. New York: Knopf.

Ullrich, P. 2011. *Gesundheitsdiskurse und Sozialkritik – Videoüberwachung von Demonstrationen. Zwei Studien zur gegenwärtigen Regierung von sozialen Bewegungen und Protest*. München: Deutsches Jugendinstitut.

Wehrheim, J. 2008. Videoüberwachung. Das Interesse am Ungewöhnlichen im gewöhnlichen Alltag, In *Bilderatlas des 20. und beginnenden 21. Jahrhunderts, 1949-2006*, Bd. 2, hrsg. Paul, Gerhard, 622-629. Göttingen. Vandenhoeck und Ruprecht.

Wehrheim, J. 2011. Kriminologie, Sicherheit und die herrschende Normalität des ungleichen Sterbens. Zur gesellschaftlichen Funktionalität von Kriminalisierung und Securitization. In *Langweiliges Verbrechen*, hrsg. H. Peters und M. Dellwing, Michael, 53-70. Wiesbaden: VS Verlag.

Wehrheim, J. 2012. *Die überwachte Stadt. Sicherheit, Segregation und Ausgrenzung*. 3. Aufl. Opladen/Toronto: Leske und Budrich.

Welsh, B. C., und D. P: Farrington. 2002. *Crime prevention effects of closed circiut televison: a systemetic review*. London: Home Office.

Welzer, H. 2009. *Täter. Wie aus ganz normalen Menschen Massenmörder werden*. Frankfurt a. M.: Fischer Verlag.

Die Punitivität und die atypischen Moralunternehmer

Helge Peters

1. Eine Reihe namhafter Kriminologen – David Garland, Jock Young, Fritz Sack u. v. a. m. – sieht in der Zunahme der Punitivität einen wesentlichen Zug gegenwärtiger Kriminalpolitik. Es verbreite sich der Ruf von Gesellschaft, Öffentlichkeit und Politik nach mehr, härterer und längerer Strafe (vgl. Lautmann und Klimke 2004, S.11). Die Punitivität äußere sich auf personeller Ebene als Neigung zur Rache. „Das archaische Motiv der Rache siegt über die rationalisierende Art einer Wiedergutmachung", schreiben Rüdiger Lautmann und Daniela Klimke (2004, 10). Vor allem aber handele es sich bei der Zunahme der Punitivität um ein politisches Phänomen. Sie sei das Ergebnis der Bemühungen politischer Herrschaft, ihren Status zu erhalten und auszubauen.

Punitivität gilt als eine Variante des „governing through crime", der Neigung von Regierungen also, durch Kriminalität zu herrschen. Ein großer Teil der kritischen Kriminologie lässt sich dieser These zurechnen. Helga Cremer Schäfer und Heinz Steinert etwa nehmen an, dass Strafen und Strafrecht Mittel sozialer Ausschließung sind, die im Sinne von Kapitalverwertungsinteressen eingesetzt würden – insbesondere in Zeiten hoher Arbeitslosigkeit. Dann erübrigten sich Maßnahmen sozialer Integration. Die Sozialarbeit etwa werde restriktiver. Die gesellschaftliche Teilhabe werde exklusiver. Das Strafrecht offenbare seinen Charakter: Es sei grundsätzlich kein integrierendes Moment gesellschaftlicher Entwicklung. Indem es mehr und mehr Strafen rechtfertige, stütze es die Politik der sozialen Ausschließung (vgl. Cremer-Schäfer und Steinert 2000, S.61. Ähnlich sieht es Loic Wacquant 2009). Strafrecht und Strafen seien Mittel der Niederhaltung und Unsichtbarmachung unterster sozialer Schichten. Wacquant orientiert sich zunächst an empirischen Daten. Er zeigt, dass die Gefängnispopulation in den USA (auf die sich seine These vor allem bezieht) nicht mit der registrierten Kriminalität variiert und folgert daraus, dass die soziale Existenz des Gefängnisses nichts mit der Kriminalitätsentwicklung zu tun hat. Diese Existenz werde deutlich, wenn man die soziale Zusammensetzung der Gefängnispopulation untersuche. Es zeige sich, dass Angehörige unterster sozialer Schichten – unter ihnen vor allem Schwarze – in ihr überrepräsentiert seien. Dies deutet Wacquant als

Hinweis auf die Aufgabe, die Gefängnisse zu bewältigen hätten. Im Sinne seiner These übernähmen sie es, die untersten sozialen Schichten unsichtbar zu machen und „unten" zu fixieren. Die Inhaftierung sei an die Stelle des wohlfahrtsstaatlichen Umgangs mit Armut und sozialem Elend getreten (vgl. Wacquant 2009).

Nach Cremer-Schäfer/Steinert und Wacquant verfolgen Strafen und Strafrecht also nicht mehr das Ziel, die Konformität ihrer Adressaten herzustellen. Gleichwohl kann man sie noch als Maßnahmen bzw. Instanzen sozialer Kontrolle bezeichnen: Devianz soll ausgeschlossen werden.

Es mehren sich indes Thesen, die jeglichen Zusammenhang zwischen Strafrecht und Konformitätsherstellung leugnen. Henner Hess und Sebastian Scheerer heben in ihrem einleitenden Aufsatz den „Kriminalitätsmythos" hervor, der durch Dramatisierung von Kriminalität und Sicherheitspaniken entstehe. Dies – und nicht die Zunahme von Kriminalität – lasse Kontrollapparate und Kontrollmaßnahmen expandieren (vgl. 2003, S.22) Ähnliche Annahmen sind in der gegenwärtigen Kriminologie verbreitet. Die Forderung konservativer Politiker nach harten Strafen – meint etwa Jonthan Simon – sei mit der Erwartung begründet, „einfache Leute" für sich zu gewinnen. Forderungen dieser Art böten ihnen Gelegenheit zu zeigen, dass man auf der richtigen Seite stehe (Simon 1997, S.284). Oder Nils Christie: Er sieht einen Zusammenhang zwischen der Neigung von Regierungen, strenge Strafen zu fordern, und dem Schrumpfen des Sozialstaats. Diese Neigung sei insbesondere bei Regierungen ausgeprägt, die im übrigen nicht mehr viel ausrichten könnten. Sie würden sich gern als Kämpfer gegen die Kriminalität empfehlen. Gefahren, die etwa von der „Mafia" oder vom „Terrorismus" ausgingen, würden deswegen hochgeredet (vgl. Christie 2005, S.57 ff.).

Die von der Kriminalität tatsächlich ausgehenden Gefahren sind danach politisch nicht bedeutsam. Behauptet wird also die Existenz eines Unzusammenhangs zwischen Strafrecht und Kriminalitätsbekämpfung.

Geht man von dieser Annahme aus, muss man daran zweifeln, dass das Strafrecht und das Strafen noch „soziale Kontrolle" sind – jedenfalls dann, wenn soziale Kontrolle als das Handeln definiert wird, das auf die Wiederherstellung von Konformität zielt. Man kann hier mit Michael Dellwing Unterschiede der Arten der Normbindung feststellen. Nach Dellwing fungieren in der von ihm so genannten klassischen Sanktionssoziologie die als objektiv vorhanden gedachten Normen als „Legitimationsanker": Strafen und Strafrecht sollen dazu dienen, die Geltung von Normen, gegen die verstoßen wurde, zu festigen. Dies kennzeichnet die oben wiedergegebenen Thesen nicht. Sie sind in der Terminologie Dellwings der neoklassischen Sanktionssoziologie zuzurechnen, in der Strafrechtsnormen ihren Charakter als Legitimationsanker verloren haben (vgl. Dellwing

2012, S.21ff.). Zwischen Strafrecht und Kriminalitätsbekämpfung besteht danach kein Zusammenhang mehr.

Dies ist eines der wesentlichen Merkmale der gegenwärtig verbreiteten „governing through crime"- und Punitivitätsthesen.

2. Verschiedene Kriminologen sind nun mit der Annahme hervorgetreten, dass das Sexualstrafrecht ein wesentliches oder sogar *das* wesentliche Vehikel der gegenwärtigen punitiven Kriminalpolitik ist. Daniela Klimke und Rüdiger Lautmann sehen in der sexuellen Devianz einen „Motor der Kriminalpolitik" (vgl. 2006, S.98). Entschieden in diesem Sinne haben sich auch Fritz Sack und Christina Schlepper geäußert (2011). Wir gehen deswegen etwas ausführlicher auf ihren Beitrag ein.

„Das Sexualstrafrecht als Motor der Kriminalpolitik", so ist der Aufsatz überschrieben, in dem die beiden Autoren ihre These zu erhärten versuchen (Sack/Schlepper 2011, S.247 ff.). Sie zeigen, dass es in diesem Rechtsbereich seit Beginn der 1990er Jahre zahlreiche Strafverschärfungen gegeben hat – insbesondere für Straftaten, die sich gegen die sexuelle Selbstbestimmung von Kindern richten. Sack und Schlepper heben dabei die Verschärfung der Sicherungsverwahrung für Rückfalltäter hervor (vgl. ebd., S.252). Dies wie auch die gesellschaftsweite Erregung über Sexualstraftaten seien keine Reaktionen auf einen Anstieg der schweren Sexualkriminalität gewesen. Die registrierten Fallzahlen in diesem Bereich seien seit Jahren rückläufig (vgl. ebd., S.260). Es wird also auch hier die Existenz eines Unzusammenhangs von Strafrecht und Kriminalitätsbekämpfung behauptet. Es gehe nicht um Kriminalitätsbekämpfung, sondern um Irrationalismen und Empörungen. Sie würden von den politischen Akteuren genutzt. Diese verschafften sich so „ein leicht bedienbares Vehikel zur ‚Abfuhr' von Ängsten und Unsicherheiten, die ihren Ursprung auf anderen Politikfeldern als denen der Kriminalpolitik haben."(ebd., S.256). Besonders geeignet für diese ‚Abfuhr' sei die Pädophilie. Die Autoren zitieren als Beleg für ihre These Zygmunt Bauman, demzufolge „der Umgang mit der Pädophilie geradezu zum Signum einer Gesellschaft (wird), deren struktureller Mangel an ‚Hassobjekten' durch diese Straftäter gleichsam ‚kompensiert' werde, weil ein pädophiler Täter ‚die seltene Gelegenheit (bietet), jemanden wirklich zu hassen, laut, öffentlich und absolut ungestraft'"(ebd., S.260). Die Nutzbarkeit von Empörungen verdeutlichten die Autoren mit einem Zitat Garlands. Es gehe den politischen Akteuren „vor allem darum, entschieden zu handeln, mit unmittelbarer Wirkung auf öffentliche Empörung zu reagieren, zu demonstrieren, dass der Staat alles im Griff hat und seine Macht einsetzt, um ‚Recht und Ordnung' aufrechtzuerhalten und die gesetzestreue Bevölkerung zu schützen" (ebd., S.254).

3. Betrachtet man die Akteure, die sich in den vergangenen Jahrzehnten in Deutschland um eine Verschärfung des Sexualstrafrechts bemüht haben, so beginnt man allerdings an der These der Autoren und – da es sich bei ihrem Aufsatz auch um den Versuch handelt, die Punitivitätsthese zu belegen – an der Punitiviätsthese generell zu zweifeln. Gerade die Hervorhebung der Aktivitäten dieser Gruppierungen begründen Zweifel: Als Akteure identifizieren die beiden Autoren eine „Teilgruppe" in der Gesellschaft, „der hinsichtlich der Thematisierung … des sexuellen Kindesmissbrauchs eine ausweislich herausgehobene Aktivität und Bedeutung zu attestieren ist. Es handelt sich um die Vertreterinnen eines ′militanten′ Feminismuss" (Sack und Schlepper 2011, S.263). Sollte diese „Teilgruppe" im Sinne der hier charakterisierten These der neoklassischen Sanktionssoziologie – also in der Absicht, durch Kriminalität nur herrschen, nur Ressentiments bedienen zu wollen – Strafrechtspolitik betreiben und betrieben haben?

Sebastian Scheerer hat diese „Teilgruppe" in einem 1986 erschienenen Aufsatz bekanntlich – Sack und Schlepper weisen darauf hin – als eine Variante von „atypischen Moralunternehmern" bezeichnet und ausführlich beschrieben. Scheerer zufolge haben sich diese „Unternehmer" in Bewegungen organisiert, denen es um eine neue Moral geht: um eine höhere Umweltsensibilität, eine Neudefinition des Verhältnisses der Geschlechter, um „Selbstverwirklichung", um die Verschärfung der strafrechtlichen Verfolgung von Vergewaltigung usw. (vgl. Scheerer 1986, S.134 ff.). Scheerers Hauptinteresse richtet sich auf die Wirkungen der Mittel, die die atypischen Moralunternehmer einzusetzen befürworten, damit sich die neue Moral verbreite. Da seien sie nicht wählerisch. Sie schreckten nicht vor dem Einsatz des repressiven Strafrechts zurück. Ausführlich erörtert Scheerer das damit entstehende Problem eines Ziel-Mittel-Konflikts. Die Wirkungen der eingesetzten Mittel widersprächen der angestrebten Moral. Es komme zu einem „institutionellen Umschlag" (vgl. ebd., S.136 ff.), man koaliere mit den Instanzen sozialer Kontrolle, akzeptiere das Strafrecht und den starken Staat. Indem man bei der Verfolgung der Ziele auf „autoritäre Mittel" setze, trage man zum Erhalt gesellschaftlicher Strukturen bei, die man mit der Verbreitung der neuen Moral bekämpfen wolle. Die Akteure begünstigten die Legitimitätsansprüche staatlich-repressiver Verhaltenssteuerung, unterschieden sich kaum noch von reaktionären politischen Bewegungen (vgl. ebd., S.144).

Hervorzuheben ist hier wohl das „kaum noch“. Denn keinen Zweifel lässt Scheerer daran, dass die atypischen Moralunternehmer ihre Ziele mit den von ihnen vorgeschlagenen Mitteln auch anstreben wollen. Sie wollen eben eine neue Moral. Sie übersehen dabei – das beschreibt Scheerers Bedenken – , dass der Einsatz der von ihnen befürworteten Mittel dieser Moral entgegenwirken. Nichts spricht allerdings dafür, dass es ihnen darum geht, durch Kriminalisierung und Dramatisierung von Kriminalität zu herrschen. Nichts spricht dafür, dass sie die Straflust treibt, dass sie der Hassobjekte bedürfen, rachedurstig sind und Rachedurst verbreiten wollen. Es wird nicht der Pädophile verteufelt, weil der erhoffte Beifall die Etablierung von Herrschaft ermöglicht, der die Pädophilie egal ist. Die Sexualdelinquenz ist für sie nicht – um Murray Edelman zu zitieren – das bedauerliche Verhältnis, das günstige Gelegenheiten schafft (vgl. Edelman 1988, S.177). Sie wollen diese Delinquenz bekämpfen. Normen bleiben für die angestrebten Sanktionen der Legitimaitionsanker.

4. Es ist nicht sicher, dass die Punitivität in Deutschland zugenommen hat. Die meisten Versuche, die entsprechende Annahme zu belegen, leiden an methodischen und methodologischen Mängeln. Meist wird der kriminalisierte Sachverhalt nicht konstant gehalten, so dass man nicht weiß, ob die Zunahme der Strafen und Strafbarkeiten nicht Reaktionen auf die Entwicklung der kriminalisierten Sachverhalte sind (vgl. dazu Peters 2013, S.52 f.). Stellt man jedoch bei Konstanz der kriminalisierten Sachverhalte eine Zunahme der Strafen und Strafbarkeiten fest, ist meist unklar, ob dies auf zunehmende Punitivtät verweist. Inhaftierungsquoten z. B. variieren mit verschiedenen Faktoren, z. B. mit dem Auslastungsgrad von Gefängnissen. Verschärfungen des Strafrechts können auch das Ergebnis der Bemühungen der „atypischen Moralunternehmer“ sein.

Wir wissen also nicht, ob in Deutschland die Punitivität zugenommen hat. Zumindest aber können wir sagen, dass der Geltungsbereich der entsprechenden These überschätzt wird. Wenn es denn richtig ist, dass die von Sack angeführten Verschärfungen des Sexualstrafrechts auch das Ergebnis der Bemühungen eines “militanten Feminismus“ sind, dann kann man diese Verschärfungen nicht als Beleg für jene These gelten lassen.

Zweifel an dieser These ergeben sich darüber hinaus, wenn man andere Bereiche des Strafrechts betrachtet. Nicht in Übereinstimmung zu bringen mit dieser These ist etwa die Entwicklung der(straf)rechtlichen Würdigung der Devianz ohne Opfer. Die Reste der Strafbarkeit der Homosexualität – die Homosexualität mit unter 18jährigen Männern – wurden 1994 abgeschafft. Mit dem Prostitutionsgesetz von 2001 wurde die Prostitution weiter entdiskriminiert. Sie war nicht mehr „sittenwidrig“. Außerdem wurde die Sozialversicherungslage von Prostituierten verbessert. Beides Devianzen, die geeignet sind, nicht nur Stammtische in Rage zu bringen und als Hassobjekte zu dienen.

5. Alles in allem muss man sagen: Viel erklärt die Punitivitätsthese nicht. Ihre Verfechter scheinen von einem herrschaftskritischen Impetus getrieben zu sein, der gesellschaftliche Entwicklungen übersehen lässt, die nicht oder doch nur auf den ersten Blick mit besagter These im Einklang stehen. Geht man von unseren Einwänden gegen die Punitivitätsthese aus, so sind es vor allem Entwicklungen, die die Autonomie und Individualität der Person hervorheben. Die Forderungen der Feministen entsprechen dem. Ebenso die Entkriminalisierungen der Devianz ohne Opfer.

Namhafte Soziologen sehen in derartigen Entwicklungen ein wesentliches Merkmal der Ethik unserer Zeit. Zu ihnen zählt etwa Axel Honneth. „Unter all den ethischen Werten, die in der modernen Gesellschaft zur Herrschaft gelangt sind (…) war nur ein einziger dazu angetan, deren institutionelle Ordnung auch tatsächlich nachdrücklich zu prägen: die Freiheit im Sinne der Autonomie des einzelnen,“ schreibt er (Honneth 2011, S.35). Er erklärt dies aus der Fähigkeit des Autonomiegedankens, „zwischen dem individuellen Selbst und der gesellschaftlichen Ordnung eine systematische Verknüpfung herzustellen“ (ebd., S.36). Vorstellungen darüber, was für den Einzelnen gut sei, seien gleichzeitig auch Anweisungen für die Entwicklung einer legitimen Gesellschaftsordnung und für die Regeln des gesellschaftlichen Zusammenlebens (vgl. ebd., S.36). Als „gerecht“ müsse gelten, was den Schutz, die Förderung oder Verwirklichung der Autonomie aller Gesellschaftsmitglieder gewährleiste (vgl. ebd., S.40).

Ähnlich ist die Rede von der „Sakralisierung der Person“ zu verstehen, die Hans Joas seit einigen Jahren verbreitet. Sie steht in direktem Verhältnis zu der hier erörterten Thematik. Joas nimmt an, dass seit dem späten 18. Jahrhundert eine tiefreichende kulturelle Verschiebung stattgefunden hat, „durch die die menschliche Person selbst zum heiligen Subjekt wird“ (Joas 2011, S.81f.). Die Sakralisierung der Person zeige sich gegenwärtig vor allem in immer nachdrücklicher gestellten Forderungen nach dem Erhalt der körperlichen Unversehrtheit. Diese wecke und hemme zugleich den Strafimpuls. „Derselbe Prozeß nämlich, der uns grausame Strafen abzulehnen lehrt, weil wir auch im Verbrecher den Menschen sehen und diesen damit respektieren, macht uns zugleich empfindlicher gegenüber der Grausamkeit der Verbrechen“, schreibt Joas (2011, S.97 f.). Diese These und ihre Exemplifizierung entsprechen unseren Einschätzungen strafrechtlicher Entwicklungen. Einerseits: Homosexualität und Prostitution verletzen den Körper anderer nicht. Die in solchen Devianzen zum Ausdruck kommende Individualität kann deswegen nicht bestraft werden. Andererseits: Was den menschlichen Körper verletzt, wird stärker kriminalisiert – z. B. die Vergewaltigung in der Ehe.

6. Die These Joas′ befriedigt allerdings in zweierlei Hinsicht nicht. Zum einen ist seine Beschreibung der ethischen Qualität der Sakralisierung nicht nachzuvollziehen. Zum anderen überzeugt sein Versuch, diese Entwicklung zu erklären, nicht.

6.1 Es gehe bei der Sakralisierung nicht um die egozentrische Selbstsakralisierung der Person, schreibt Joas (2011, S.86).

Unter Verweis vor allem auf Durkheim versucht Joas zu zeigen, dass mit der Sakralisierung der Person ein anspruchsvolleres Ideal verfolgt werde, nämlich „so zu handeln, dass alle Menschen ihrer Handlung zustimmen können bzw. die Maxime ihres Handelns universalisierbar ist“ (Joas 2011, 84). Es gehe nicht darum, dass sich individueller Egoismus Bahn breche, sondern um – hier zitiert Joas Durkheim – „die Sympathie für alles, was Mensch ist, ein größeres Mitleid für alle Schmerzen, für alle Tragödien, ein heftigeres Verlangen, sie zu bekämpfen und sie zu mildern, ein größerer Durst nach Gerechtigkeit“ (ebd., S.87). Joas sieht diese Forderungen in der 1948 von den Vereinten Nationen verabschiedeten Erklärung der Menschenrechte verwirklicht.

Mir scheint, dass dies die von Joas stets auch gemeinte strafrechtliche Entwicklung nicht kennzeichnet. Die Begründungen für die Geißelung von Gewalt und die Entkriminalisierung der Devianz ohne Opfer folgen nicht einem positiven Ideal des guten menschlichen Lebens. Es geht – um hier die Begriffswahl Honneths zu übernehmen – um „negative Freiheit“ (vgl. ebd., S.44ff.), die alles erlaubt, was die Rechte anderer nicht verletzt. “Alle Lebensziele, so unverantwortlich, selbstdestruktiv oder idiosynkratisch sie auch sie auch sein mögen, müssen als Zweck der Realisierung von (negativer – H.P.) Freiheit gelten, solange sie nur die Rechte anderer Personen nicht verletzen“, schreibt Honneth (2011, S.51). Andere Freiheitsbegriffe – Honneth etwa erörtert zwei weitere: die reflexive und die soziale Freiheit – gewinnen in der skizzierten Rechtsentwicklung keine Geltung.

6.2 Joas sieht die Sakralisierung der Person als Ausdruck der Wirksamkeit der Menschenrechte, die ihrerseits das Ergebnis des Zusammenwirkens von Vertretern unterschiedlicher Werttraditionen seien (vgl. Joas 2011, S.265 ff.). Eine wichtige

Rolle habe dabei das Christentum gespielt. Dessen Motivation zur praktischen Umsetzung einer prinzipiell vorhandenen universalistischen Moral sei intensiviert worden (vgl. Joas 2011, S.141 f.) – eine Moral, die sich an der Perspektive „der geringsten unter uns Brüdern" (Matthäus 25, 40) orientiere.

Aber warum bricht sich diese Moral gerade gegenwärtig Bahn? Diese Frage beantwortet Joas nicht. Seine Beschreibungen der Sakralisierung der Person legen jedoch Vermutungen über Erklärungen nahe. Obwohl Joas ausdrücklich von der Sakralisierung der *Person* und nicht von der des Individuums spricht und damit die Sozialität der Person hervorheben möchte, ist die Sakralität ganz überwiegend individualistisch definiert. Es geht fast nie um die Befreiung von materieller Not und sozialem Elend, sondern fast immer um die Befreiung der Person von Gewalt, Zumutungen und rechtlichen Zwängen: Der Mensch und seine Ehre dürfen nicht angegriffen werden (vgl. Joas 2011, S.83), Normen würden gelockert und Sensibilitäten gegenüber anderen würden gesteigert, die Aufmerksamkeit für sexuelle Belästigung und Missbrauch von Kindern steige (vgl. ebd., S.97), festgestellt wird ein Schwinden körperlicher Strafen und die „Aufwertung des Körpers" (ebd., S.100), hingewiesen wird auf die Ausbreitung von Empathie und eine gesteigerte Sensibilität für die Leidensfähigkeit des fremden Körpers, auch des Körpers des Verbrechers (vgl. ebd., S.100).

Es geht eben um Menschenrechte. Joas belegt die Behauptung ihrer Verbreitung. Ihre Geltung wird konventionellerweise ziemlich unabhängig vom Wirken sozial-ökonomischer Zwänge behauptet. Das macht Joas deutlich.

Wir wissen nicht, wie solche Entwicklungen entstanden sind. Wir können aber begründet vermuten, dass es heute leichter ist als – sagen wir – vor 50 Jahren, solche Entwicklungen voranzutreiben. Wir leben in einer Zeit, in der der Markt das Prinzip geworden ist, nach dem sich die wesentlichen gesellschaftlichen Bereiche und Prozesse zu richten haben. Unter solchen Umständen sind Beeinträchtigungen der persönlichen Freiheit und körperliche Versehrungen keine Erfolg versprechenden Mittel der Verhaltenssteuerung mehr. „(Ä)ltere Formen der Unterwerfung und Disziplinierung (werden) obsolet", schreibt Joseph Vogl (2010/11, S.136). Das die Gesellschaft dominierende „ökonomische Regieren" ziele auf eine Art „Selbstbeschäftigung, in der der Wettbewerb und seine Abwandlungen das Dickicht der sozialen Beziehungen klärt und durchdringt" (ebd.). Über marktgeprägte „incentives" werde das Verhalten der Individuen koordiniert. Haushalte würden als Fabriken, Individuen als Mikro-Unternehmen definiert (vgl. Vogl 2010/11, S.136). Und diese „incentives" verlieren ihre institutionelle Bindung. Man kann immer weniger sicher sein, ob man seinen Job morgen noch hat. Hartmut Rosa spricht von der „Beschleunigung" kapitalistischer Gesellschaften (vgl.

Rosa 2009, S.98ff.), was für die Individuen bedeute, fähig sein zu müssen, sich – um sich zu halten – unablässig neu zu entscheiden, zu positionieren und darzustellen. Beschneidungen der Entscheidungsfreiheit, gar Gewalt gegen Personen wären hier dysfunktional.

Wer sollte unter solchen Umständen erfolgreich gegen die Sakralisierung der Person opponieren können?

7. Paraphrasiert wird hier die alte linke Verdächtigung des liberalen Freiheitspathos, dessen Marktfunktionalität hervorgehoben wurde. Dergleichen bleibt spekulativ. Ohne Spekulation aber kann die Punitivitätsthese entschieden in Frage gestellt werden – gerade auch dank Scheerers Analyse der Aktivitäten der atypischen Moralunternehmer.

Literatur

Christie, N. 2005. *Wieviel Kriminalität braucht die Gesellschaft?* München: Beck Verlag.

Cremer-Schäfer, H., und H. Steinert. 2000. Soziale Ausschließung und Ausschließungstheorien: Schwierige Verhältnisse. In *Soziale Kontrolle. Zum Problem der Nonkonformität in der Gesellschaft*, hrsg. H. Peters, 43- 63. Opladen: Leske und Budrich.

Dellwing, M. 2012. *Sanktionen als Theater: Eine Dramaturgie der Sanktion.* (unveröffentlichtes Manuskript).

Edelman, M. 1988. Die Erzeugung und Verwendung sozialer Probleme. *Journal für Sozialforschung* 28: 175-192.

Hess, H., und S. Scheerer. 2003. Theorie der Kriminalität. In *Soziologie der Kriminalität.* Sonderheft 43 der Kölner Zeitschrift für Soziologie und Sozialpsychologie, hrsg D. Oberwittler und S. Karstedt.

Honneth, A. 2011. *Das Recht der Freiheit. Grundriß einer demokratischen Sittlichkeit.* Berlin: Suhrkamp Verlag.

Joas, H. 2011. *Die Sakralisierung der Person. Eine neue Genealogie der Menschenrechte.* Berlin: Suhrkamp Verlag.

Klimke, D., und R. Lautmann. 2006. Die neoliberale Ethik und der Geist des Kapitalismus. *Zeitschrift für Sexualforschung* 19: 97-117.

Lautmann, R., und D. Klimke. 2004. Punitivität als Schlüsselbegriff für eine Kritische Kriminologie. In *Punitivität.* Kriminologisches Journal, 8. Beiheft, hrsg. R. Lautmann, D. Klimke und F. Sack,

Peters, H. 2013. Politiken und Konjunkturen des Strafens. In *Hilfe! Strafe! Reflexionen zu einem Spannungsverhältnis professionellen Handelns,* hrsg. P. Rieker, S. Huber, A. Schnitzer, und S. Brauchli. Weinheim: Beltz Juventa.

Rosa, H. 2009. Kapitalismus als Dynamisierungsspirale – Soziologie als Gesellschaftskritik, In *Soziologie – Kapitalismus – Kritik. Eine Debatte*, hrsg. K. Dörre, Klaus, S. Lessenich, H. Rosa. Frankfurt a. M.: Suhrkamp Verlag.

Sack, F., und C. Schlepper. 2011. Das Sexualstrafrecht als Motor der Kriminalpolitik. *Kriminologisches Journal* 4: 247-268.

Scheerer, S. 1986. Atypische Moralunternehmer. *Kriminologisches Journal* 1. Beiheft: 133-156.

Simon, J. 1997. Gewalt, Rache und Risiko. Die Todesstrafe im neoliberalen Staat. In *Soziologie der Gewalt, Kölner Zeitschrift für Soziologie und Sozialpsychologie*, Sonderheft 37, hrsg. T. v. Trotha, 279-301. Opladen: Westdeutscher Verlag.

Vogl, J. 2010/11. *Das Gespenst des Kapitals*. Zürich: Diaphanes Verlag.

Wacquant, L. 2009. *Bestrafen der Armen. Zur neoliberalen Regierung der sozialen Unsicherheit*. Opladen, Farmington Hills: Verlag Barbara Budrich.

Making Punishment Appear Reasonable: Police and Social Work Professionals' Representations of Delinquency in the Context of a 'Punitive Turn'

Bernd Dollinger / Matthias Rudolph / Henning Schmidt-Semisch / Monika Urban

1. The debates and research on a "punitive turn"

The wide ranging debate concerning a rise in punitivity in international criminal policy and practice has led to controversial findings. On the one hand, there is no doubt that a fundamental transformation of criminal policy has taken place. It has been claimed that in the case of the U.S. and England/Wales in particular, welfare-oriented policies have been increasingly diminished and replaced with policies of retribution, surveillance and imprisonment. Analyses conducted by David Garland (2001) or Loïc Wacquant (2010) have been broadly received in that regard. On the other hand, one matter which is still in dispute is the question of whether, or to what extent, there has also been a punitive turn outside of English-speaking countries (e.g., Pratt and Eriksson 2013). This article is meant to contribute to a clarification of how punitivity can be reconstructed and how relevant the transformations are that could occur outside of the English-speaking world.

There are many theoretical and empirical analyses which can be used to extrapolate the extensive international differences in punitive practices. In order to evaluate punitivity, it is important to look beyond criminal policy debates, as they are often only held for the public and systematically differ from the actual situation on the level of practice and punishment (cf. Jones 2010): Public stagings of policy cannot be understood as a reflection of the actions taken in the field of criminal law, since "the manner in which governments describe their own legislation may reflect political concerns more than the legislation itself" (Doob and Sprott 2006, 230). In contrast to the impression frequently given by politicians, it is of critical importance that in most democratic countries professionals are granted leeway in their actual application of the law; their discretion "suffuses the process of law enforcement and regulation" (Hawkins 2002, 424). Therefore, the attitudes of professional actors prove to be a decisive factor for the ways in which penal reforms are implemented, and thus in general concerning the question of punitivity (Fielding 2011; Steiner et al. 2011; Ulmer et al. 2007).

International comparative analyses highlight differences on the level of institutional and professional policy: for example, in the context of a comparison between the U.S. and Germany, Savelsberg underscores cultural and ethical differences which are demonstrated by the particular respective institutional conditions (1994; 2000). Nicola Lacey also emphasizes differences in institutional arrangements in a comparison between England and Germany (2012). However, unlike Savelsberg, Lacey does not focus primarily on ethical and cultural aspects, but rather on political and economic aspects. She nevertheless reinforces the high relevance of the criminal justice system's institutional structures and professional actors. Therefore, similar to Savelsberg, Lacey stresses "that the selection, training and tenure of judges and other key criminal justice officials will have distinctive implications for the environment in which penal policy is developed and implemented" (Lacey 2012, 20). Thus, although criminal policy is a decisive implication of penal cultures, professionals can be regarded as a central variable in their overall structure. In the end, it is the professionals who decide whether a crime has occurred and how it is handled on an individual basis. However, empirical analyses are then confronted with (at least) two problems:

First, official incarceration rates are often utilized to evaluate professionals' actions in regards to punitivity. There can be no doubt that they are an important indicator of punitivity, and numerous studies discuss rates of incarceration and/or of prison population in order to infer punitive tendencies (e.g., Beckett and Western 2001; Christie 2000; Downes and Hansen 2006; Sutton 2004). However, these rates are difficult to interpret (Aebi and Stadnic 2007). In fact, tendencies towards a decrease in punitivity for certain people can even be hidden behind rising prison population rates. For instance, in the USA in the 1980s and 1990s, more and more people were indeed imprisoned. They were disproportionately black men, although the probability of incarceration did decline slightly for black men with college experience (cf. Western 2006, 27). Moreover, rising prison population rates can be deceiving in that it is conceivable that less people may be incarcerated than before, but the prisoners are serving longer sentences thereby inducing correspondingly higher prison populations. For this reason, prison population rates are not in and of themselves significant, but rather must be carefully interpreted. Snacken rightly states, "'Punitiveness' thus has a quantitative and a qualitative dimension, which goes beyond the often used prison population rates per 100,000 inhabitants" (2010, 274).

Second, actions in the context of penal law are often analyzed using qualitative methods (cf. Bartels and Richards 2011; Copes 2012). Interviews and ethnographies are often utilized (e.g., Burns 2005; Field 2007). Professional actors' experiences and their approaches and attitudes can be revealed using those fundamental methods, and interactions can also be taken into consideration, within the framework of judicial proceedings for example. In that way, it is no longer only the result of professional actions which is revealed, as in the case of imprisonment and criminal justice statistics. Instead, important questions regarding punitivity can be answered; namely, if criminality is interpreted by the professionals as a welfare policy issue or as an invitation to severe punishment. The assumption of a punitive turn points to a longer-term historical process however. Interviews and ethnographies are not very informative for the analysis of the latter, as they can only reconstruct why and how professionals acted in regards to one given, current point in time. If the qualitative dimension of professional action is to be analyzed over a longer period of time, it would be necessary to use an alternative empirical approach.

With respect to the last two points, the next section will present a research method with which we analyze longer-term changes on the basis of texts that were composed by the professionals themselves and which describe their interpretations of criminality. We focus here more precisely on youth crime, since how it has been dealt with internationally is designed in a way that leads to professionals being conceded relatively broader discretionary powers (cf. Gensing 2010). Therefore, it is especially important and informative in the case of youth crime to ask whether professionals are acting in an increasingly punitive way, or if they (still) favor an integrative welfare approach to delinquency.

2. The empirical approach: interdiscoursive analysis

Discourse analyses are especially suitable for the analysis of a relatively long time period, as they are tailored to the reconstruction of historical, longer-term transformations (cf. Wodak and Meyer 2009). In contrast to the diverse approaches to discourse analyses and the barely manageable amount of literature that exists on the topic, we will not address discourse analyses in general here, but will instead focus on a specific variant that we will utilize for the reconstruction of punitive tendencies by professional actors; namely, "interdiscoursive analysis". It is a form of discourse analysis that is broadly implemented in literary studies and linguistics in particular (for a summary, see Parr and Thiele 2010). It is especially geared towards analyzing forms of symbolic communication. In the following section, we will clarify the reasons for which that is relevant for the study of criminality, in order to then discuss interdiscoursive analysis and the investigation's chosen time frame in more detail.

2.1 Criminality as symbolic communication

Punishment has a key symbolic component. This finding has been highlighted by such diverse thinkers as Emile Durkheim (1893/1997), George-Herbert Mead (1918) and Friedrich Nietzsche (1887/1999). New research into current logics of punishment also emphasizes that the way in which crime is dealt with is shaped by symbolic communication. Symbols are at the center of discourses on criminality as symbolic communication is used in order to convey what criminality "is" and to make that seem plausible (cf. Tonry 2010, 388). What is understood, or rather what should be understood by the public under the term criminality is rendered intelligible through symbolizations (including verbal images, metaphors and particular rhetorics). Thus, symbolisms are of decisive importance for criminal policy, for example, since the public – at least in democratic societies – must have confidence in criminal policy decisions, thereby making it necessary for criminal policy messages to take on an "appropriate symbolic form" (Garland 1993, 264). Particular symbols are also used with the goal of persuading in academic discourses. Watts, Bessant and Hill provide an example:

> „For example, criminologists might refer to an 'epidemic of crime'. Using a medical metaphor like 'epidemic' constructs and shapes people's understanding in terms of something that is 'infectious' or highly 'contagious'. For example, it implies that healthy normal people could 'catch it' if they associated with or came too close to certain other groups of people. Understood as an 'epidemic', delinquency or crime is clearly dangerous, a threat to 'community health' and in urgent need of treatment if the infection isn't to become widespread. As in medical contexts, the use of the term in relation to societal issues also implies that there are 'experts' who can 'treat' the problem with appropriate technical solutions" (Watts et al. 2008, 108-9).

That example characteristically demonstrates that there are symbols which are especially significant for criminality discourses, as they communicate an apparently unambiguous picture of criminality and involve clear guidelines for action. Culturally, they are deeply rooted and generally understandable, making it possible to refer to them as "collective symbols" (see Section 2.2 below). These symbols are particularly important for professional actors, as there is no consensus regarding what criminality "is" – there are instead extensively varying understandings of criminality and different ways of dealing with it (e. g., Lilly et al. 2011; Pfohl 1994). For that reason, it is especially important for professionals to be able to credibly communicate their authority and competence in the interest of a "project of successful persuasion" (Freidson 2001, 214): professionals must receive a pronouncement of their competence from the state and the public, and they obtain that trust if they can credibly present themselves as competent and in authority (Hasenfeld 2010). If they are successful in doing so, then professionals are in turn awarded with extensive discretionary powers in their managing of delinquency, as they understand it. If they are not successful, then those professionals have no possibilities for action. For example, if youth crime is not conceived of as a problem with social causes, then the authority of social workers is up for debate: if criminality is understood as an "epidemic", for instance, then it follows that a socio-pedagogical response would not be considered plausible, but rather a psychiatric response or other 'severe' and drastic interventions. On the other hand, if a welfare perspective which explains criminality on the basis of social causes is dominant, then criminality will be dealt with predominantly "by social authorities and professional groups" (Garland 2001, 36).

In relation to a punitive turn, that would mean that social explanations of criminality and thus welfare professionals are losing support in the long-term. Criminal prosecution actors, such as the police and the department of public prosecution, are then granted more interpretive authority than social professionals, such as those who work in the social work field. As Garland has stated (2001, 176), that leads to a discussion which still includes the concept of resocialization, but in which the latter is no longer understood as a welfare project, but rather redefined "to impose restrictions, reduce crime, and protect the public." According to our hypothesis, there must be evidence of the corresponding changes in the symbolic communication on criminality.

2.2 *Interdiscourse and Collective Symbols*

Based on the reasons discussed above, an analysis of collective symbols is useful in order to reveal possible changes towards an increase in punitivity. The goal of our study (detailed below) lies in the analysis of the question regarding how professionals symbolically represented youth crime from 1970 to 1999. In the following section, we will briefly describe the research methods and account for the choice of the investigation's time-frame, before providing the results of the study in Chapter 3.

Collective symbol analysis is an important aspect of a particular variant of discourse analysis, namely interdiscursive analysis. Interdiscourses are understood as integrative forms of knowledge. Juergen Link, who coined the analysis of interdiscourses since the 1970s (closely linked to Foucault's discourse theory), describes "interdiscourses" as "discourses whose specialty is the non-specialty"

(Link 2006, 412): Interdiscourses are about knowledge that is meant to be communicated and made understandable across broad circles. An important tool to enable the spread of knowledge is the use of symbols that are deeply rooted in culture and thus immediately understandable, so-called "collective symbols". Link defines them as discourse elements that, "come to be used in a multitude of discourses (…), thus immediately becoming fundamental ideological concepts of a civil society" (1989, 228). Collective symbols originate mostly from a specific context (for example, medicine, sports or technology) and are deployed in such a way that they denote very diverse social circumstances, thereby seeming to be immediately understandable. For instance, it is common in political debates to use sports symbols to make certain measures appear reasonable within the discourse framework.

In punitive crime policy, the "three strikes law" is a telling example of a collective symbol. The term originates from baseball, whose familiarity and popularity is utilized to present tough measures against crime to the population in a reasonable way (Zimring et al. 2001). Each person seems to understand immediately what is meant by this law, even though the statutory laws can be very complicated concerning individual cases. Collective symbols thus serve to credibly present social circumstances and the implementation of particular ideological approaches. As demonstrated by the examples of the 'epidemic' or the 'three strikes' rule, collective symbolic representations are linked to certain measures. If criminality is, for instance, interpreted to three-strike-rules, then whoever fails repeatedly (i.e., commits a felony three times), is "out" (in other words, she or he is given a life sentence). Therefore, collective symbols analysis is an adequate tool to analyze the representation of criminality and its connection with specific intervention measures. Although there has yet to be a study on the question of the 'punitive turn' in the field of crime analysis, numerous empirical studies have employed this kind of analysis (Parr and Thiele 2010) and there are overviews of well-established collective symbols (cf. Becker et al. 1997; Drews et al. 1985).

The discourses which we are utilizing for the analysis of collective symbols include police and social work periodicals. One thing that the periodicals have in common is that they are all practice-oriented journals, as our goal is to analyze texts which refer to the professionals' practices and understandings of criminality. The periodicals cover the whole spectrum of social work and police activities; all texts that dealt with youth crime were selected for the project: 90 (police) and 80 (social work) texts from the 1970s were analyzed, 63 (police) and 179 (social work) from the 1980s, and 99 (police) and 167 (social work) articles from the

1990s. Thus a total of 678 texts underwent close symbol analysis. The analysis included the following steps:[1]

1. Selection and reading of all the texts in the periodicals which deal with youth crime.
2. Reconstruction of all collective symbols and the interpretation of their semantic content in relation to the question of how youth crime is represented and what counter measures are demanded.
3. Comparison of the symbolic representations in the police texts and the social work texts, as well as their development over time.

We chose the *professions of social work and the police* because they are essentially affected when there are changes to how youth crime is handled. According to how the professionals in the field view themselves, social work is above all in charge of help and support, while, in contrast, the police are primarily in charge of prosecution and repression. Since contrastive studies are especially productive in extrapolating the unique position of each profession (Bourgeault et al. 2011), we have chosen a comparable design so that transformations in the representations of crime will be immediately apparent. If the 'punitive turn' premise applies, then one would expect that social work would be increasingly put on the defensive, or follow interpretations that resemble those of the police. Inversely, one would expect the police to both increasingly admit their goal of repression and to criticize resocialization measures in an explicit way. Whether or not this is the case and what corresponding symbols emerge must be proven by empirical analysis.

We have chosen the *time between 1970 and 1999* because it represents the time period in which the majority of analyses have demonstrated a fundamental transformation in how youth crime is handled. For example, Garland has pointed to consequential changes which occurred in the 1970s in various sectors of society (2001, 97). In terms of politics, political parties that emphasized criticisms of welfare state programs took over powerful positions at the end of the 1970s. As a consequence, in the field of juvenile crime, youth were perceived not so much as victims of social problems, but rather as a danger to social order, according to Muncie (2009, 355). Lacey claims that since the 1970s the structures behind these transformations have taken effect on a global level and have affected crime policy, in that support for welfare state crime policy has eroded (2012, 10). In this regard, it is understood that the 1970s were a time of transformation in Germa-

1 Our methodology is only briefly outlined here, for a more complete presentation, see Dollinger and Urban (2012).

ny as well, since the expansion of the welfare state was reaching its limits (e.g., Ritter 2010, 212–13).

There is a particular need for more research in Germany's case, as the German juvenile penal system is inconsistently categorized in international comparative studies: Cavadino and Dignan see Germany as being characterized by strong corporative structures and emphasize a "remarkably firm and stable attachment to a mildly welfarist approach" to youth delinquency (2006, 260). In contrast, Winterdyk categorized Germany under the "justice" model, in which principles of the rule of law are particularly predominant (2002). Albrecht also considers the claim that youth crime is handled in Germany based on a welfare state rationality as being only "marginally" valid (2004, 450). Up until now, the answer to the question of whether Germany has experienced a punitive turn or not varies correspondingly. Sack (2010) and Streng (2006) agree to the premise, whereas Heinz (2012) and Tonry (2004) deny it. For this reason, an empirical analysis of Germany and in particular of German professional actors is especially informative.

In the following section, we will begin by demonstrating how youth crime has been conceptualized by police and social work professionals. Scores of collective symbols were revealed in our analyses. As we are not following a quantitative analysis approach, we will only pursue, describe and interpret particularly meaningful and prototypically significant examples from the wide range of symbolics found in our corpus. The subsequent section will then address the question of whether, or to what extent, one can speak of a 'punitive turn' in Germany.

3. Youth crime in the discourse of professional actors in social work and the police from 1970 to 1999

In this section, we will present findings from a research project on how social work and police professionals in Germany have represented youth crime over time using collective symbols. We will analyze six social work periodicals and five police periodicals from the years 1970–1999[2], in order to look into the respective collective symbols that are employed, as well as the images of delinquency and demands for intervention with which the latter are associated.

2 The social work periodicals are: *Sozialmagazin, Archiv fuer Wissenschaft und Praxis der sozialen Arbeit, Sozial/Paed Extra, Blaetter der Wohlfahrtspflege, Theorie und Praxis der sozialen Arbeit, Bewährungshilfe;* those of the police: *Deutsche Polizei, Magazin fuer die Polizei, Der Kriminalist, Polizei heute, Kriminalistik.*

a. Social Work Findings

In the 1970s, the field of social work clearly differentiated itself from police practices, representing them as counterproductive and detrimental to youth. For a long time, social workers have criticized police acts of violence as well as subtle, deliberately secret investigation practices. In this context, symbolics of deception and espionage are especially important to illustrate the danger one faces from the police. For example, social work journals have used the image of specially trained 'youth police officers' who "creep into" youth groups to win their trust, portraying the officers as only doing so to guarantee their ability to monitor those youth (cf. *Sozialarbeiter Initiative* 1977, 14). The pretense of help and support claimed by the police is presented as being only a superficial "façade" (*Sozialarbeiter Initiative* 1977, 14). In contrast, the social workers' actions are represented as authentic and trustworthy. In other words, the youth can trust the social workers, but not the police, because only the social workers have the interests of the youth in mind. Any cooperation with the police or the passing on of information to them is therefore rejected. Doing so would "fundamentally threaten" the relationship of trust between social workers and youth (Miltner and Specht 1978, 21). This stance is underscored by a very negatively colored corporeal symbolism: if the social work institutions were to cooperate with the police, then there would be the threat that they were only functioning as their "lengthened arm" (Anon. 1979a, 16).

In addition, the conflict with the police is emphasized through symbolics of fighting and confrontation, and youth are called upon to "march side by side [with social workers] in determined rejection" of police activities (*Sozialarbeiter Initiative* 1977, 14). Another example of this category of symbolics, is when authors write that they have to bring in the heavy "artillery" (Anon. 1979b, 60) against the police. This is justified by specific constructions of the causes of delinquency: it is based on social factors (such as the alienation of individuals due to economic relations, anonymous living conditions or social inequality), so reacting to it with repression or bureaucratic means would be inadequate.

In the 1980s, this line of argument was continued. There was in addition a particularly critical suggestion about the attitude of the social workers at that time, that the police and the social work institution were not dissimilar. Specifically, the question was asked – using corporeal symbolism – as to whether social work and the police were "the 'right and left hand' of the state" (Rothschuh 1982a, 14) and if it were possible that they had had a "mostly suppressed relation to one another" (ibid.). After all, both were occupations vested with power and could effect critical changes in youths' lives. Thus it is not at all "clear whether children and youths always experience social work as the friendly, giving hand or in fact much more as the hand reaching up as if to caress, but which then knocks them down" (Rothschuh 1982b, 15). Having said this, while similarities are indeed highlighted, there is also a call to overcome them, as "all forms of cooperation" with the police are to be avoided (Beverungen and Krombach 1983, 36). The question still remains then, however: what else should social work institutions be responsible for? Social explanatory models of youth crime resulted in social work remaining in a kind of state of helplessness in the 1970s and 1980s: a social worker had to "live with the constant feeling (…) of never achieving the goal that she or he had set" and one occasionally feels as if one were "beaten down by the flood of hardships and problems, with basically no chance of being able to overcome them" (Plaß 1982, 36). Although social workers believe that they have identified the problems that youth have, they are only able to contribute to their solution in a limited way due to the fact that the causes are structural. They seem to be caught in a predicament, as social workers don't have the power to solve those structural problems. What remains is, for example, the call to "take the problems of youths seriously" (Elsaß 1981, 126) and to demonstrate their opposition to the police.

In the 1990s, the situation changed for social work institutions. While they were in a difficult situation before and practically unable to deal with the relevant social causes for crime, now more opportunities for intervention were seen. These opportunities are linked to the intense political and mass media discussion of youth violence and right-wing extremism after the German reunification 1989/1990. The introduction of these new categories of deviance considerably hampered solidarity with the affected youth (Peters 1997). Moreover, it made the search for manageable solutions for intervention into a significant problem for the social work field as well. The symbolization of youth crime becomes correspondingly negative: they claim that "an ongoing surge of youth violence with primarily right-wing, nationalist and/or racist tendencies" had befallen Germany, so that there was increased pressure to act (Wendt 1994, 35). Older, social interpretations of youth crime were still pursued to some extent, and social workers warned of the threat of excessive demands in the face of structural causes for the problems with which youth are confronted. At the same time however, the new responsibility of fighting against violence and right-wing extremism is willingly accepted by some authors, in that "confrontation" is professed as a guiding principle for acting. One must "establish [clear] boundaries" (Weidner 1997, 33); this being conveyed with the help of a territorial symbolic. It is legitimate to "mistreat bad boys" (ibid.) and one must "vigorously crack down [on them] if necessary" (Wendt 1997, 15). Social causes for the problems are relativized in these statements, and responsibility for crime is attributed to the respective perpetrators. That is a stance that repudiates social work discourses, and which calls for more focus on the victims of crime, similar to the international trend (cf. Albrecht 2010), in order to push for tougher policies against perpetrators. Cooperation with the police also became possible in the 1990s (for ex. Haustein 1997).

b. Police findings

In the 1970s, the symbolic of a strict family upbringing dominated the way in which police themselves viewed their work around youth crime: there should be a marked, authoritarian-oriented "compensatory-education" (Caspari 1978, 126) and perpetrators should be disciplined with a "strong, punishing hand" (Bauer 1971, 528). Furthermore, they use a territorial symbolic when they say that police activities should be preemptively redeployed to the assumed "forefront" of crime (Salewski 1976, 159). At the same time, through the use of those symbolics, youth crime is positioned and spatially located in desolate familial structures, and for ex. in anonymous housing complexes ("concrete desert"; Schreiber 1979, 58). Simultaneously, biological symbolics are employed when they speak of a "seed of violence" (Fuellgrabe 1978, 57) that will rise up in the cities if authorities don't intervene in time. A significant actor for the police at the "forefront" of the origin of crime is the youth police officer who was introduced in pilot programs in which youth had up until then been supervised by social work experts (for example in youth centers, schools, associations or problem areas in urban neighborhoods). This police intervention into the social field is illustrated through the symbolics of a health discourse. The procurement of information about intended criminal activities by youth police is symbolized as a "preventative" (Salewski 1976, 160) measure, for example. Police interventions become "prophylactic efforts" (Erber 1972, 8) and "outpatient treatments" (Davin 1971, 37). These kinds of measures comply with the maxim: "Prevention is better than healing and warding off" (Becker 1977, 25). By transferring the health discourse onto the *body of society*, youth delinquency is represented as a disease of that body. Based on this conceptualization, and by referring etiologically to the family and to territorial spaces, a social theory of youth crime is formulated that makes the fight against it into a responsibility of socialization. In this spirit, supportive interventions are advised since the youths themselves are not considered to be fully responsible for their wrongdoing. The protection of the society and the reintegration of individuals should be realized simultaneously, wholly in terms of Garland's described "penal welfarism" (1985). In addition, however, it is claimed that fast and hard measures taken immediately following a criminal act are often quite helpful, so that the welfare approach and punitivity do not preclude one another.

In the 1980s as well, the police forced cooperation and networking with the social work field at the *forefront of crime*. However, through the use of symbolics of youth compensatory-education, the authors now push more intensely for a homogeneous authoritarian approach: in the diverging practices of the police and of social work, symbolized as "authoritarian father –indulging mother" (Eyrich 1986, 25), the parental dilemma that is identified as one of the causes of juvenile delinquency would continue to resurface. In order to succeed at prevention, social work would have to comply with the "head of the family's" education measures. In addition, an authoritarian approach against youths is then supported through the use of social threat symbolics, in which the political dimension of youth crime is described as a "revolt of an entire generation" (Haeußling 1982, 30). That revolt is linked to new perpetrator groups in the form of youth protest cultures and subcultures (punks and skinheads). Some authors claim that this new form of criminality is fostered by the youths' alliance with alternative political structures – a dynamic that provokes the "fear of a breakdown of our system" (Haeußling 1982, 30). Political protest and criminality thus become thought of together and are explained as a problem of social order. The police are brought in to combat this problem as the "refuge for concepts of social order" (Haeußling 1982, 30). Furthermore, the perpetrator group defined as the children of guest workers, is identified as a "social time bomb" (Gebauer 1981, 3). A repressive course of action against these two threatening perpetrator groups – the politically motivated and the foreign perpetrators – is said to be advisable, and less in the form of education but rather in the form of emphatic, criminal prosecution. Some demands for intervention now become correspondingly more punitive: for example, some authors postulate the lowering of the age of criminal responsibility from 14 years-old to 12 years-old, so that children can also be "processed" in the criminal justice system (Wehner-Davin 1985, 501). Strict punitivity is however only apparent in exceptional cases and there are also dissenting voices: some say that by engaging the judicial system, there is a risk that children and youths will "get caught up in the machinery" (Ohder 1983, 517). Accordingly, calls for reduced sentences are made in the case of transient, impulsive and group-based juvenile delinquency.

The 1990s is the decade of expert commissions, special projects and above all working groups on crime prevention: prevention is deemed important as one must address issues in deprived areas early, for instance in comprehensive or secondary schools located in those areas. Likewise, early intervention, especially concerning problem groups such as hooligans and neo-Nazis in former East

Germany, is approved by the authors. The issue of greater importance here is the violence from which the population must be protected. The measures that should be taken depend upon the form of violence. A differentiation is made between a) extreme right-wing violent offenders and juvenile petty offenders or between b) children of immigrants and young multiple and chronic offenders.

a. In the case of extreme right-wing violent offenders and juvenile petty offenders, it is necessary to cooperate with those in the social work field, above all. This form of criminality is assumed to have social causes; these youth are victims of fundamental upheavals in the performance-based, consumer society (Kraeupl 1992, 20). Their criminality points to social problems and makes them into the "seismographs of society" (Mueller 1993, 19). Therefore, these youth will be shown empathy and diversion measures will be promoted, as they should be spared the "stain on their record" (Spieß 1994, 117).
b. The situation for the children of immigrants and young multiple and chronic offenders is represented completely differently: in this case, social workers are not "miracle healers" (Hermann 1991, 418), these youths are unresponsive to educational measures, imprisonment is therefore the only sensible measure to be taken. In the case of both groups, this concept is illustrated with various symbolics: for instance, a socio-biological symbolic: the "breeding ground" (Lenzer 1998, 25) for further criminal acts should be taken away from the young multiple and chronic offenders. To a large extent, the measures serve to protect society, while assistance for perpetrators is rarely demanded. This is also true for the perpetrator group consisting of the children of immigrants. In their case, symbols of foreboding are in the foreground; they are full of symbols of masses and floods: it is claimed that the "unremitting influx" (Freyer 1990, 145) of immigrants is threatening the collective, whereupon the idea that children of immigrants have different characters than authochthonal Germans is emphasized; it is said that children of immigrants only understand authority (Solon 1994, 75). Imprisonment measures are said to be the only measures that they would understand.

c. Comparative Analysis

The analysis of police and social work representations of criminality initially reveals a similarity: in the three decades, both explained juvenile delinquency in similar ways, namely as a problem (of upbringing and education) with social causes. Society, its anonymity and its transformation, but also conditions within the immediate social sphere (such as family problems or 'bad friends') appear to produce delinquency. There are however clear differences, especially in regards to what measures the respective institutions demand be taken against juvenile crime. At the beginning of the 1970s, the field of social work was affected by its close association with Marxist positions and with socio-critical movements (Fuessenhaeuser and Thiersch 2011, 1639–640). As our analysis also revealed, social problems such as youth crime were primarily thought of in terms of structural relationships. That explains the high significance of "façade" symbolics: criminality is caused by the alienation of the individual in capitalist societies, while attempts at individual-oriented counter measures only serve to ideologically obscure pervasive social relativity. Problem solving based solely on individualistic methods is called a "puppet show" (*Redaktion Sozialmagazin* 1979, 31). What remained, was to show solidarity to the youth and a call to political action, but not methodological courses of action or cooperation with other institutions (such as police, criminal justice system or schools). By continually insisting that youth deviance is based on structurally determined societal problems, the social work field was looking to approach the youth offenders in an authentic way – it was, however, not in a position to solve their problems.

The situation was different with the police. They agreed that society was a significant cause of crime in the 1970s (Weinhauer 2005). However, in contrast to the social work institution's position, they saw no conflict between the social conditionality of crime and its treatment on an individual basis. In an analysis of the historical shifts in the interpretations of crime in Germany, Baumann reconstructs how biological, social and psychological compromise formulas were frequently used (2006, 73–4): it was indeed argued that social living conditions are important, but also that the individual could only be affected by the corresponding influences due to her or his *individual predisposition*. A deficient state of society and adverse experiences with socialization could inscribe themselves into the personality of the individual to a certain extent without questioning the person as a responsible actor – as sometimes postulated in Marxist positions (Brown et al. 2010, 335–51; Garland 1993, 176–95). Punishment, authoritarian education and social etiologies were thus logically integrable for the police and there was a wide selection of multifactorial (social, psychological and, to some extent, biological) explanations for criminality to pursue in order to justify one's actions.

How did the state of the discourse continue to develop and is it possible to describe this change as a shift towards more punitivity? A clear transformation took place *within the field of social work* in the 1990s: there was now a call to relentlessly confront perpetrators with their crimes and with the harm they had caused their victims. Prior to this, youth crime had been addressed in a relatively diffuse fashion; partly through references to the noticeable problems of youth in a general way, and less often in discourses about drug use, violence or vandalism. At first, youth were not really made responsible for these problems. In contrast, it was violence that became the focus of discussion in the 1990s above all, in part due to riots by extreme-right groups. That was followed by a distinct aversion to these youths. Going against them in a tough way seemed like a credible idea and with evidence of this violence, it was possible to directly go along with political measures and projects which called for a reduction in the occurrence of violence. While corporeal symbolism was used before to warn that social work could become the "lengthened arm" of the police and the criminal justice system, these considerations were now abandoned. The prevention of violence and in particular of recidivism applied on an individual basis – and therefore for the protection of society – was not completely without controversy in the 1990s, but it was a relatively widely held and endorsed goal of social work activities. In social work practice, the corresponding methods and demands were taken up to a large extent (Weidner and Kilb 2011). At this point, it is possible to say that there was a clear rise in punitivity, since juvenile offenders were now no longer supposed to be treated with leniency and solidarity. The field of social work complied with political and police demands to fight crime by having all of society's actors and institutions working together. One criticism did remain: it was stipulated that youths, precisely in the case of delinquency, must be treated with care and respect (Krafeld 1993).

The evolution of policies within the police is more difficult to assess. Since the 1970s, they favored a program of authoritarian compensatory-education to fight youth crime. They claimed that that would protect society from crime, a society that was in a state of moral and social decay, and that it would reintegrate perpetrators into the social order, as it is defined by the police. The tough and the tender are always there standing together, each one ready to be activated depending on the profile of the perpetrator or the crime. At its core, this argumentation underwent no fundamental change within the three decades analyzed here. There were, however, two relevant developments:

First of all, crime prevention was given increasing priority in relation to their other activities. This corresponds to the international trend of promoting prevention and managing the risks of crime before they become acute (Feeley and Simon 1994; Goddard 2012). The police already sought to accomplish this in the 1970s, in seeking to become directly involved in youths' lives by making use of youth police and a close cooperation with the social work field. The gradual decrease in opposition from the social work field since the 1980s and above all the 1990s demonstrates that this program was completely successful. The police were able to publicly establish their crime prevention agenda so that by the 1990s all social institutions that work with children and adolescents were ultimately combined into so-called "communal prevention committees". In Germany, the existence of such committees became more and more widespread in the 1990s (Kury 1997) and the social work field integrated itself into this police-based program (Kessl 2011).

Secondly, the police – and the field of social work – have focused particular attention since the 1990s on violent offenders; for the police, three perpetrator groups are central: extreme-right youth, children of immigrants and so-called chronic offenders. That focus fell into line with mass media and political discourses, in which corresponding dramatizations were likewise pursued (Cavadino and Dignan 2006, 259; Geißler 1999). While the widespread petty juvenile crime was supposed to be treated with leniency and with diversion measures, as tended to also be the case with extreme-right youth violence, authorities were supposed to concentrate on plans for restrictive, early crime prevention procedures for people with a migration background and the so-called "chronic offenders". The direct and persistent link between chronic delinquency and migration background that will be proposed in the 2000s (cf., Boeger 2011; Naplava 2008), is, however, barely existent in the 1990s.

The ambivalent nature of the current crime policy and criminal justice system described by Garland (2001) is therefore manifest in our corpus: tough measures should be applied to socially conspicuous or 'disruptive' people, while large perpetrator groups could most likely continue to expect to be treated with leniency (for Germany: Dollinger 2011; Heinz 2012). One can therefore conclude that punitivity is not a ubiquitous phenomenon; it primarily affects people who are already discredited, above all when they become visible to the authorities because of criminal offenses that are interpreted as being particularly problematic and dangerous in cultural and political contexts.[3] That is not a dramatic transformation compared to traditional constructions of risk and calls for a social defense of society (e. g., Pratt 1997; for Germany: Baumann 2006), it does demonstrate, however, a form of punitivity focused on the control of fringe groups (Wacquant 2010).

4. Conclusion

The past is often painted in a more attractive light in retrospect. In the course of changes to international crime policy, the 1960s and 1970s appear more and more

3 In Germany, this currently applies in particular to sexual and violent crime, as well as to perpetrators with migration backgrounds (Duenkel 2011; Geißler 1999; Heinz 2012).

to have been a time of complete integration, of pure welfare-state reasoning, in contrast to the following decades. The state appears "benevolent" (Garland 1985, 257) as it was prepared to respond to crime with the allocation of resources and opportunities for reintegration. Our analysis reveals that not all of the professional actors held that view. Even the social workers – representatives of an institution that is directly responsible for the implementation of welfare state goals – had a completely different opinion: for them, the state threatened young people's living conditions (with their institutions of law enforcement, their right to an extensive investigation into information about perpetrators and with their bureaucratic structure). Social workers saw delinquency as a sign of social injustices that make a change in society and trustworthy, authentic commitments necessary. For them, the police and the criminal justice system only compounded the problems. The police in particular were in part represented as a brutal institution; for a large proportion of social workers, the idea of cooperating with them was unthinkable. In the 1970s, with this criticism, social work institutions could make use of the fact that welfare structures and supportive projects were financed by the state. In the 1980s and 1990s however, German social policy was increasingly affected by neoliberal restructuring (cf. Bruett 2011; Lessenich 2008); social workers had to fight even more intensively than before for a position in a welfare-state institution. We cannot explicitly prove any corresponding causalities with our analysis, it does at least reveal however, that there is an historical connection between the restructuring of the German welfare state and the reduction of positions taken in social work discourse on youth crime that are critical of the state, identified by our research. This coincidence supplies the background for public debates in the 1990s, where youth violence and right-wing extremism were widely discussed and problematized. This provided the field of social work with the opportunity to play a part as the institution which was versed in problem solving methods – it used this opportunity to reproduce the public scandalization of youth violence and to abandon its previous interpretations of criminality to a large extent. Calls for social reforms and for an understanding of juvenile delinquency were relativized, while simple confrontation of individual perpetrators was proposed and then also put into practice.

Finally, if we apply this to punitivity, then one must conclude that professional actors inscribe themselves actively into public discussions in a particular way. The police is a relatively established social institution that fulfills a clear political and social contract in its implementation of a state monopoly on violence (Albrecht 2010, 171–202). In contrast, the social work institution can be considered as an especially significant case study for a 'punitive turn', as its role in society is not established to a comparable extent, at least as far as youth crime is concerned. If youth crime is not dealt with through resocialization and education, then the social work institution quickly loses the basis for its work in this contextual frame. The example of social work institutions demonstrates how necessary it is to participate in the public discourse of social issues. Using this example, we can reconstruct how clearly punitive tendencies increased in German crime policy in the 1990s (Hilgendorf 2007; Pfeiffer et al. 2005). Our analysis shows that social work institutions conformed to this trend, at least in terms of violent crime. The particular form of punitivity promoted by social work institutions can therefore be understood as a turn towards that political consensus, as well as the one articulated by the police: it was necessary to establish strict regulation against this putative threat to society.

One can therefore conclude that punitivity is a complex phenomenon that is implemented by the relevant actors in accordance with their respective opportunities for action. They attempt to establish themselves in dominant (or assumed) discourses in such a way so as to be able to credibly act as the problem-solving institution; in doing so, these institutions in turn affect the public discourse. Punitivity is therefore less a question of imprisonment rates or of bad intentions, but rather a question of discoursive efforts (at persuasion) in which political, professional and public actors participate in order to legitimize their position.

References

Aebi, M., and N. Stadnic. 2007. Imprisonment Rates in Europe. *Criminology in Europe* 6: 1, 11-15.

Albrecht, H.J. 2004. Youth Justice in Germany. In *Youth crime and youth justice*, eds. M.H. Tonry and A.N. Doob, 443-93. Chicago: University of Chicago Press.

Albrecht, H.J. 2010. Internationale Tendenzen in der Entwicklung des Jugendstrafrechts. In *Handbuch Jugendkriminalitaet*, eds. B. Dollinger and H. Schmidt-Semisch H, 43-59. Wiesbaden: VS.

Anon. 1979a. Der nicht verlaengerte Arm der Polizei. *Sozialmagazin* 10: 16-17.

Anon. 1979b. Jugendpolizei – Fuer Kinder wird alles getan. *Sozialmagazin* 10: 60-1.

Austin, J., J. Clark, P. Hardyman, and D.A. Henry. 1999. The impact of 'three strikes and you're out'. *Punishment & Society* 1: 131-62.

Bartels, L., and K. Richards. 2011 *Qualitative Criminology.* Annandale: Hawkins Press.

Baumann, I. 2006. *Dem Verbrechen auf der Spur.* Goettingen: Wallstein.

Bauer, G. 1971. Kriminalpolizei und minderjaehrige Straftaeter. *Kriminalistik* 26: 527-31.

Becker, F., U. Gerhard, and J. Link. 1997. Moderne Kollektivsymbolik, (Teil II). *Internationales Archiv fuer Sozialgeschichte der deutschen Literatur* 22: 70-154.
Becker, W. 1977. Jugendschutz als Vorbeugung gegen Kriminalitaet. *Deutsche Polizei* 30: 25
Beckett, K., and B. Western. 2001. Governing social marginality. In *Mass Imprisonment,* ed. D. Garland, 35-50. London: Sage.
Beverungen, E., and U. Krombach. 1983. Klare Linie und aufrechter Gang. *Extra Sozialarbeit* 6: 34-38.
Boeger, A. 2011 *Jugendliche Intensivtaeter.* Wiesbaden: VS.
Bourgeault, I.L., C. Benoit, and K. Hirschkorn. 2009. Introduction: Comparative Perspectives on Professional Groups. *Current Sociology* 57: 475-85.
Brown, S.E., F.A. Esbensen, and G. Geis. 2010. *Criminology.* 7th ed. NJ: New Providence: Matthew Bender & Company.
Bruett, C. 2011. *Workfare als Mindestsicherung.* Bielefeld: Transcript.
Caspari, J. 1978. Ein Fall von brutaler Jugendkriminalitaet. *Kriminalistik* 33: 123-2.
Cavadino, M., and J. Dignan. 2006. *Penal systems.* London: Sage.
Christie, N. 2000. *Crime control as industry 3.* London: Routledge.
Copes, H. (ed. 2012) *Advancing Qualitative Methods in Criminology and Criminal Justice.* London: Routledge.
Davin, W. 1971. Hat Polizeiarbeit so noch Sinn? *Kriminalistik* 26: 34-7.
Dollinger, B. 2011. „Punitivitaet" in der Diskussion. In *Gerechte Ausgrenzung?*, eds. B. Dollinger and H. Schmidt-Semisch, 25-73. Wiesbaden: VS.
Dollinger, B., and M. Urban. 2012. Analysis of Interdiscourse as a Qualitative Social Research Design. *Forum Qualitative Social Research.* http://nbn-resolving.de/urn:nbn:de:0114-fqs1202258. 13 (Art. 25, 27 paragraphs).
Doob, A.N., and J.B. Sprott. 2006. Punishing youth crime in Canada. *Punishment & Society* 8: 223-233.
Downes, D., and K. Hansen. 2006. Welfare and punishment. *Crime and Society.* http://www.crimeandjustice.org.uk/opus303/Welfare_and_Punishment_webversion.pdf; download Retrieved: 04.15.2009.
Drews, A., U. Gerhard, and J. Link. 1985. Moderne Kollektivsymbolik. In *Internationales Archiv fuer Sozialgeschichte der deutschen Literatur. 1. Sonderheft: Forschungsreferate*, eds. W Fruehwald, G. Jaeger and A. Martino, 256-375. Tuebingen: Niemeyer.
Duenkel, F. 2011. Werden Strafen immer haerter? In *Gewaltdelinquenz, Lange Freiheitsentziehung, Delinquenzverlaeufe,* eds. B. Bannenberg and J.M. Jehle, 209-43. Moenchengladbach: Forum.
Durkheim, E. 1893/1997. *The division of labor in society.* New York: Simon & Schuster.
Elsaß, S. 1981. Laestige Jugend? *Blaetter der Wohlfahrtspflege* 6: 126.
Erber, I. 1972. Zu den Ursachen der Kinderkriminalitaet. *Der Kriminalist* 4: 2-8.
Eyrich, H.J. 1986. Jugendliche Gewalttaeter. *Deutsche Polizei* 41: 22-25.
Feeley, M., and J. Simon. 1994. Actuarial Justice: the Emerging New Criminal Law. In *The futures of criminology,* ed. D. Nelken, 173-201. London: Sage.
Field, S. 2007. Practice cultures and the ‚new' youth justice in (England and) Wales. *British Journal of Criminology* 47: 311-330.
Fielding, N.G. 2011. Judges and Their Work. *Social & Legal Studies* 20: 97-115.
Freidson, E. 2001. *Professionalism.* Cambridge, UK: University of Chicago Press.
Freyer, C. 1990. Die Problematik junger Auslaender in der Bundesrepublik Deutschland. *Kriminalist* 26: 145-49.
Fuellgrabe, U. 1978. Die psychologische und soziologische Analyse des Vandalismus. *Kriminalistik* 37: 56-61.

Fuessenhaeuser, C., and H. Thiersch. 2011. Theorie und Theoriegeschichte Sozialer Arbeit. In *Handbuch Soziale Arbeit* 4th ed., eds. H.U. Otto and H. Thiersch, 1632-45. Muenchen: Reinhardt.
Garland, D. 1985. *Punishment and welfare*. Aldershot: Gower.
Garland, D. 1993. *Punishment and modern society*. Chicago: University of Chicago Press.
Garland, D. 1996. The Limits of the Sovereign State. *British Journal of Criminology* 36: 445-71.
Garland, D. 2001. *The culture of control*. Chicago: University of Chicago Press.
Gebauer, M. 1981. Kriminalitaet der Gastarbeiterkinder. *Kriminalistik* 36: 2-8.
Geißler, R. 1999. Der bedrohliche Auslaender. In *Integration durch soziale Kontrolle?*, eds. M. Ottersbach and S.K. Trautmann, 23-38. Koeln: Der andere Buchladen.
Gensing, A. 2010. Jurisdiction and characteristics of juvenile criminal procedure in Europe. In *Juvenile justice systems in Europe* (4 Volumes), eds. F. Duenkel, J. Grzywa, P. Horsfield and I. Pruin, 1581-1622 Moenchengladbach: Forum.
Goddard, T. 2012. Post-welfarist risk managers? *Theoretical Criminology*: 1-17. doi: 10.1177/1362480611433432.
Haeußling, J. 1982. Wie kriminogen sind Jugendproteste? *Deutsche Polizei* 30: 30-2.
Hasenfeld, Y. 2010. Worker-Client Relations. In *Human services as complex organizations*. 2nd.ed., ed. Y. Hasenfeld, 405-425. Los Angeles: Sage.
Haustein, R. 1997. Zwischen den Stuehlen sitzend. *Sozial Extra* 11: 2-4.
Hawkins, K. 2002. *Law as last resort*. Oxford: Oxford University Press.
Hayward, K.J., and M. Presdee. 2010. *Framing crime*. London: Routledge.
Heinz, W. 2012. Aktuelle Entwicklungen in der Sanktionierungspraxis der Jugendkriminalrechtspflege. In *Achtung (fuer) Jugend!*, ed. DVJJ, 513-62. Moenchengladbach: Forum.
Herrmann, L. 1991. Gefahr im Verzug. *Der Kriminalist* 27: 414 – 19.
Hilgendorf, E. 2007. Beobachtungen zur Entwicklung des deutschen Strafrechts 1975-2005. In *Der Strafgedanke in seiner historischen Entwicklung*, eds. E. Hilgendorf and J. Weitzel J., 191-215. Berlin: Duncker & Humblot.
Hogeveen, B.R. 2005. "If we are tough on crime, if we punish crime, then people get the message". Constructing and governing the punishable young offender in Canada during the late 1990s. *Punishment & Society* 7: 73-89.
Jones, R. 2010. Populist leniency, crime control and due process. *Theoretical Criminology* 14: 331-347.
Kessl, F. 2011. Von der Omnipraesenz der Kooperationsforderung in der Sozialen Arbeit. *Zeitschrift fuer Sozialpaedagogik* 9: 405-15.
Krafeld, F.J. 1993. Grenzen duerfen nicht zu eng gesteckt sein. *SozialExtra* 1+2: 6-7.
Kraeupl, G. 1992. Zur Gruppengewalt Jugendlicher in den ostdeutschen Bundeslaendern. *Magazin fuer die Polizei* 23: 20-9.
Kury, H. 1997. *Konzepte Kommunaler Kriminalpraevention*. Freiburg i.Br: MPI.
Lacey, N. 2012. Punishment in the Perspective of Comparative Political Economy. *Kriminologisches Journal* 44: 9-31.
Lenzer, H. 1998. AG‚Gewalttaeter an Schulen' (AGGAS). *Der Kriminalist* 43: 24-7.
Lessenich, S. 2008. *Die Neuerfindung des Sozialen*. Bielefeld: Transcript.
Lilly J.R., F.T. Cullen, and R.A. Ball. 2011. *Criminological theory*. 5th ed., Thousand Oaks, Calif.: Sage.
Link, J. 1989. Collective Symbolism in Political Discourse and its Share in Underlying Totalitarian Trends. In *The Public realm*, ed. R. Schuermann, 225-38. Albany: State University of New York Press.

Link, J. 2006. Diskursanalyse unter besonderer Beruecksichtigung von Interdiskurs und Kollektivsymbolik. In *Handbuch Sozialwissenschaftliche Diskursanalyse,* eds R. Keller, A. Hirseland, W. Schneider and W. Viehoever, 407-30. Wiesbaden: VS.
Mead, G.H. 1918. Psychology of Punitive Justice. *American Journal of Sociology* 23: 577-602.
Melossi, D. 2008. *Controlling crime, controlling society.* Cambridge: Polity Press.
Miltner, W., and W. Specht. 1978. „Seid ihr auch von den Bullen?" *paed.extra/Sozialarbeit* 1: 16-21.
Mueller, G. 1993. Gewaltkriminalitaet. *Die Kriminalpolizei* 11: 13-25.
Muncie, J. 2009. *Youth and crime.* 3rd ed., London: Sage.
Naplava, T. 2008. Jugendliche Intensivtaeter als Kriminalitaetsproblem und Problemkonstruktion. In *Soziologie sozialer Probleme und sozialer Kontrolle,* eds A. Groenemeyer and S. Wieseler, 193-214. Wiesbaden: VS.
Nietzsche, F. 1887/1999. *Zur Genealogie der Moral (inkl. Jenseits von Gut und Boese).* Muenchen: DTV.
Ohder, C. 1983. Zwischen subjektiver Erfahrung und formaler Orientierung. *Kriminalistik* 38: 515-19.
Parr, R., and M. Thiele. 2010. *Link(s).* Heidelberg.
Peters, H. 1997. Distanzierung von der Praxis in deren Namen. *Kriminologisches Journal* 29: 267-74.
Pfeiffer, C., M. Windzio, and M. Kleimann. 2005. Media Use and its Impacts on Crime Perception, Sentencing Attitudes and Crime Policy. *European Journal of Criminology* 2: 259-85.
Pfohl, S. 1994. *Images of deviance and social control.* New York: McGraw-Hill.
Plaß, D. 1982. Sozialarbeit auf verlorenem Posten. *sozialmagazin* 6: 35-7.
Pratt, J. 1997. *Governing the dangerous.* Sydney: Federation Press.
Pratt, J., and A. Eriksson. 2013. *Contrasts in punishment.* Abingdon, Oxon, New York, NY.
Redaktion Sozialmagazin. 1979. Normalitaet oder die verdraengten Katastrophen. *Sozialmagazin* 4: 31-3.
Ritter, G.A. 2010. *Der Sozialstaat.* 3rd ed., Muenchen: Oldenbourg.
Rothschuh, M. 1982a. Die rechte und die linke Hand des Staates. *extra sozialarbeit* 12: 14.
Rothschuh, M. 1982b. Was unterscheidet Sozialarbeiter und Polizisten? *extra Sozialarbeit* 12: 15.
Sack, F. 2010. Der weltweite „punitive Turn". In *Wege der Sicherheitsgesellschaft,* ed. A. Groenemeyer, 165-91.Wiesbaden: VS.
Salewski, W. 1976. Jugendkriminalitaet im Vorfeld bekaempfen! *Kriminalistik* 31: 159-60.
Savelsberg, J.J. 1994. Knowledge, Domination, and Criminal Punishment. *American Journal of Sociology* 99: 911-943.
Savelsberg, J.J. 2000. Kulturen staatlichen Strafens: USA und Deutschland. In *Die Vermessung kultureller Unterschiede,* ed. J. Gerhards, 189-209. Wiesbaden: Westdt. Verlag.
Schreiber, M. 1979. Staedtebau und Kriminalitaet. *Kriminalistik* 34: 54-9.
Snacken, S. 2010. Resisting punitiveness in Europe? *Theoretical Criminology* 14: 273-92.
Solon, J. 1994. Jugendgewalt in Muenchen. *Der Kriminalist* 30: 73-9.
Sozialarbeiter Initiative. 1977. JUPO. Dein Freund und Helfer – ohne Uniform. *paed.extra/Sozialarbeit* 2: 13-15.
Spieß, G. 1994. Junge Wiederholungstaeter. *Kriminalistik* 51: 111-17
Steiner, B., L.F. Travis, and M.D. Makarios. 2011. Understanding Parole Officers' Responses to Sanctioning Reform. *Crime & Delinquency* 57: 222-46.
Streng, F. 2006. Sanktionseinstellungen bei Jura-Studierenden im Wandel. *Soziale Probleme* 17: 210-31.
Sutton, J.R. 2004. The Political Economy of Imprisonment in Affluent Western Democracies, 1960-1990. *American Sociological Review* 69: 170-89.
Tonry, M. 2004. Why Aren't German Penal Policies Harsher and Imprisonment Rates Higher? *German Law Journal* 5: 1187-206.

Tonry, M. 2010. The costly consequences of populist posturing. *Punishment & Society* 12: 387-413.
Ulmer, J.Y., M.C. Kurlychek, and J.H. Kramer. 2007. Prosecutorial Discretion and the Imposition of Mandatory Minimum Sentences. *Journal of Research in Crime and Delinquency* 44: 427-58.
Wacquant, L. 2010. Crafting the Neoliberal State. *Sociological Forum* 25: 197-220.
Watts, R., J. Bessant, and R. Hil. 2008. International criminology. London: Routledge.
Wehner-Davin, W. 1985. Kinder- und Jugenddelinquenz. *Kriminalistik* 40: 500-503.
Weidner, J. 1997. Das schwierige Geschaeft: Grenzen ziehen. *Sozialmagazin* 1: 33-7.
Weidner, J., and R. Kilb. 2011. *Handbuch Konfrontative Paedagogik.* Weinheim: Beltz.
Weinhauer, K. 2005. Drogenkonsum und Jugendgewalt in bundesdeutschen Großstaedten der 1960/70er-Jahre. In *Jahrbuch Jugendforschung*, eds. H. Merkens and J. Zinnecker, 71-90. Wiesbaden: VS.
Wendt, P.U. 1994. Professionalitaet neu bestimmen! *Sozialmagazin* 19: 35-41.
Wendt, W.R. 1997. Neue Entschiedenheit. *Sozialmagazin* 22: 14-19.
Western, B. 2006. *Punishment and inequality in America.* New York: Russell Sage.
Winterdyk, J.A. 2002. Introduction. In *Juvenile Justice Systems.* 2nd ed., ed. J.A. Winterdyk, XI-XL. Toronto: Canadian Scholars Press.
Wodak, R., and M. Meyer (eds.). 2009. *Methods of critical discourse analysis.* 2nd ed., Los Angeles: Sage.
Zimring, F.E., G. Hawkins, and S. Kamin. 2001. *Punishment and democracy. Three strikes and you're out in California.* Oxford: Oxford University Press.

Terrorismus und staatliches Strafen: Figurationen der sozialen Kontrolle[1]

Michael Fischer

„Soziale Kontrolle“ ist ein sehr heterogen gebrauchter Begriff (vgl. z. B. Scheerer und Hess 1997). Ich verwende hier, in Anlehnung an Donald Black (1983; 2004a), eine eher enge Begriffsfassung und bezeichne als soziale Kontrolle soziale Prozesse, die abweichendes Verhalten definieren und darauf reagieren. Mit „abweichendem Verhalten“ ist dabei Normabweichung aus der Perspektive der jeweiligen Kontrollinstanzen, nicht eine wie immer definierte objektive Abweichung, und nicht in erster Linie Normalitätsabweichung gemeint. Eine wichtige Variante sozialer Kontrolle ist negative Sanktionierung: die mit Verantwortungszuschreibung einhergehende Zufügung eines Übels in Reaktion auf abweichendes Verhalten, m. a. W.: Strafe. Der Begriff der negativen Sanktion impliziert (der Sanktion vorausgehend und/oder ihr folgend) die Sanktionsdrohung, die dem Ausdruck einer Verhaltenserwartung eine Dauer verleiht. Sanktionierende soziale Kontrolle reagiert auf Normbrüche *und* definiert sie, insofern die Sanktion für die Norm konstitutiv ist.[2] Anders gesagt: Die Sanktionsdrohung definiert Devianz zusammen mit der mindestens gelegentlichen Durchführung der Sanktion im Falle der Normabweichung. Ein Handeln ist jenseits seiner Sanktionierung deviant, insofern (und nur insofern) es trotz einer angedrohten Sanktion stattfindet (für den Fall der Kriminalität vgl. Hess und Scheerer 2003).

Viele Akte der Kriminalität sind Akte der sozialen Kontrolle. “[M]uch crime”, so Black (1983, S.34), “is moralistic and involves the pursuit of justice. It is a mode of conflict management, possibly a form of punishment, even capital punishment. Viewed in relation to law, it is self-help. To the degree that it defines or responds to the conduct of someone else – the victim – as deviant, crime is social control.” Wenn und insofern Kriminalität nicht nur durch soziale Kontrolle definiert wird,

---

1 Dieser Text entstand im Rahmen des BMBF-geförderten Forschungsprojekts „Technische Prävention von Low-Cost-Terrorismus“. Für Hinweise und Anregungen zu früheren Fassungen danke ich Martin Carrillo Aravena, Henner Hess, Robert Pelzer und Eva-Maria Reh.

2 Vgl. Popitz (2006), der allerdings die Unterstützung durch die „Gruppenöffentlichkeit“ zur Voraussetzung der Rede von der Sanktion macht.

sondern ihrerseits soziale Kontrolle ist, muss eine Theorie der Kriminalität die Strukturen herrschender *und* devianter sozialer Kontrolle beschreiben und ihre Genese erklären. Ausschnittshaft werde ich im folgenden einige wesentliche Aspekte der Kontrollstruktur des revoltierenden Terrorismus skizzieren und diese mit der Logik des aktuellen Strafrechts vergleichen.

1. Terrorismus als soziale Kontrolle

Terrorismusdefinitionen werden teils so angelegt, dass sie sich ausschließlich auf substaatliche Akteure beziehen, teils so, dass sie substaatlichen und staatlichen Terrorismus umfassen. Unabhängig von der präferierten Definition wird allerdings substaatlicher Terrorismus meist ohne systematischen Vergleich mit staatlichem Handeln beschrieben und analysiert. Er gehört jedoch wie nicht nur staatlicher Terrorismus, sondern wie staatliches Strafen an sich zu den Formen der sozialen Kontrolle (vgl. Senechal de la Roche 1996; Black 2004a; 2004b).[3] Terrorismus (hier und im folgenden zunächst: substaatlicher, revoltierender; vgl. Hess 2006) behauptet und reagiert auf Normabweichung. Alle typischen Formen des revoltierenden Terrorismus gehen zentral mit starken Behauptungen von Normverletzungen einher. Ethnoseparatistischer Terrorismus behauptet ein (aktuell verweigertes) Recht auf Selbstbestimmung. Sozialrevolutionärer Terrorismus behauptet eine grundlegend falsche gesellschaftliche Ordnung. Rechtsextremer Terrorismus behauptet die Verletzung sozialer ‚Reinheitsnormen', die Benachteiligung der Eigengruppe, eine falsche Herrschaftsordnung und/oder die Verletzung vermeintlich naturgegebener Superioritätsansprüche. Religiöser Terrorismus kann sich auf *Single-Issue*-Abweichungen konzentrieren, sich in einem kosmischen Krieg zwischen Gut und Böse wähnen, ethnonationale oder sozialrevolutionäre Züge annehmen oder verstärken oder verschiedene Ebenen integrieren. Jihadistischer Terrorismus beinhaltet die Aspekte der Selbstverteidigung (Abwehr ungerechtfertigter Angriffe auf Muslime), der Gruppenselbstbestimmung und des Territorialismus (Freiheit islamischer Länder von Einflüssen ‚Ungläubiger') und der Sozialrevolution (Falschheit jeder anderen gesellschaftlichen Ordnung als der vermeintlich gottgewollten).

In jedem Fall werden Unrichtigkeit, meist Ungerechtigkeit der Verhältnisse beklagt. Im typischen Fall ist revoltierender Terrorismus der militante Ausläufer

3 Ich folge im Weiteren diesem Grundgedanken von Senechal de la Roche und Black, ohne deren Terrorismusdefinition zu übernehmen, und ohne die inhaltliche Ausführung im Rahmen der Blackschen Konzeption einer ‚pure sociology' oder einer ‚geometry of terrorism' hier diskutieren zu können.

einer auch in gewaltfreien Formen bestehenden sozialen Protestbewegung, die sich im Kampf gegen ungerechte Verhältnisse sieht (vgl. Scheerer 1988). Er ist hochmoralisch und reagiert auf Abweichung von – je unterschiedlich definierter – guter Ordnung sowie auf das aus dieser Perspektive abweichende Verhalten von Akteuren, deren Handeln die falsche Ordnung etabliert und stabilisiert. Revoltierender Terrorismus ist soziale Kontrolle vor dem Hintergrund einer faktisch noch zu etablierenden, moralisch aber als geltend erachteten Alternativordnung oder mindestens alternativer Bewertungen von Recht und Unrecht. Er ist negative Sanktionierung von Normverletzungen, also eine Form der Bestrafung. Er droht mit sich selbst (Steinhoff 2005, S.61) und definiert Devianz in der Kombination von Sanktionsdrohung und gelegentlicher Sanktionierung.

Kontraintuitiv mag dies wirken, wenn man mit ‚Strafe' vorwiegend Vergeltung assoziiert. Terrorismus, so könnte man dann einwenden, will nicht nur auf vergangenes (vermeintliches) Unrecht reagieren, sondern verfolgt prospektiv politische Ziele; er ist Drohung, Zwang, instrumentelle Machtausübung. Dieser vermeintliche Widerspruch löst sich leicht auf, wenn wir berücksichtigen, dass Strafe selbstverständlich präventive Ansprüche jenseits bloßer Vergeltung haben kann und regelmäßig hat. Dass Strafe auf vergangenes Handeln reagiert, heißt nicht, dass sie nicht zukünftiges Handeln beeinflussen will. Dass Terrorismus Zukunft durch instrumentelle Gewalt (vgl. Popitz 1992) gestalten will, heißt nicht, dass er nicht als eine Form der Strafe auf eine als Unrecht empfundene Situation und das diese Situation etablierende Verhalten sanktionierend reagiert.[4]

Anders als private kriminalisierte soziale Kontrolle, versucht der revoltierende Terrorismus herrschende soziale Kontrolle ihrerseits öffentlichkeitswirksam zu stigmatisieren und zu kriminalisieren. Er nutzt den Umstand, dass die „gesellschaftlichen Kräfte, die sich im Strafrecht artikulieren können (…) keineswegs die alleinige Definitionsmacht" haben (Hess und Scheerer 2003, S.74), richtet die Stigmatisierungswirkung gegen den Staat und ist nicht an der Affirmation, sondern an der Überwindung bestehender Herrschaftsverhältnisse interessiert. Agierend vor dem Hintergrund einer Protestbewegung, steht ihm ein Reservoir an Gegeninterpretationen zu offiziellen Wirklichkeitsbeschreibungen zur Verfügung, deren argumentative Differenziertheit private Rechtfertigungen von Devianz weit übertrifft, und deren kollektiv geteilter Charakter ihre Plausibilität erhöht. Wie herrschende soziale Kontrolle, so nutzt auch der Terrorismus häufig Pathologisierung als ergänzende Stigmatisierungs- und Kontrolltechnik: Die

4 Möglicherweise liegt im englischen Sprachgebrauch die Rede vom Terrorismus als ‹punishment' näher als im Deutschen. So stellt z. B. Pape (2003, S.346) fest: "The common feature of all suicide terrorist campaigns is that they inflict punishment on the opposing society".

gewöhnliche Wahrnehmung der Wirklichkeit wird als zu überwindende Illusion (‚falsches Bewusstsein', Jahiliyyah) diagnostiziert. Und wie herrschende Kontrollorgane auch, so führen terroristische Organisationen bzw. die ihnen ideologisch nahestehenden Protestmilieus mehr oder minder genaue Abweichungsstatistiken, in denen Verfehlungen der Gegenseite gezählt und dokumentiert werden – wobei gelegentlich einzelne Abweichungen kampagnenartig besondere Skandalisierung erfahren.

2. Terrorismus und staatliches Strafen

2.1 Kontrollinstanzen, Delinquenten, Bezugsgruppen

Private Formen des Strafens können in einer bipolaren Beziehung zwischen Strafendem und Bestraftem vorkommen. Staatliches und terroristisches Strafen aber haben gemeinsam, dass sie regelmäßig beobachtet werden und Beobachter auch beeinflussen *wollen.* Angestrebt wird eine ‚psychische Wirkung' auf Dritte (vgl. zum Terrorismus: Hess 2006). Die Figuration (vgl. Elias 2004) staatlichen Strafens ist in vereinfachter Darstellung eine dreipolige mit Beziehungen zwischen Staat, Delinquent und Allgemeinheit (Volk, Bevölkerung). Der demokratische Nationalstaat legitimiert sein Strafen als Handeln im Sinne, zum Vorteil und im Auftrag der Allgemeinheit. Er agiert ‚im Namen des Volkes'. Die Allgemeinheit wird dabei als grundsätzlich normkonform, aber potentiell abweichend vorgestellt. Strafend eingewirkt wird auf eine relativ kleine Zahl von (für schuldig befundenen) Delinquenten, an denen Verantwortung personalisiert und isoliert wird. Spezialprävention will den Delinquenten, Generalprävention die Allgemeinheit im Sinne der Normkonformität beeinflussen. Vergeltung sucht einen Ausgleich des Unrechts durch schuldangemessene Schädigung des Delinquenten und beeinflusst die Anerkennungsbeziehung zwischen Staat, Delinquent und Allgemeinheit durch den Ausdruck von Missbilligung.

Wie der Staat, so beansprucht der revoltierende Terrorismus, im Sinne und zum Vorteil einer Bezugsgruppe zu agieren (z. B. unterdrückte Volksgruppe, Proletariat, Gläubige). Allerdings erscheinen viele, wenn nicht alle Mitglieder der Bezugsgruppe zugleich als Opfer des beklagten Unrechts – die Situation ist die einer Massenviktimisierung. Die Beziehung einer terroristischen Gruppe zur Bezugsgruppe ist zudem in legitimatorischer Hinsicht differenzierter und komplizierter als die eines funktionierenden Staates zur Allgemeinheit. Straft letzterer ‚im Namen des Volkes', regt sich dabei unter signifikanten Bevölkerungsgruppen selten grundsätzlicher Widerspruch bzgl. der Legitimität des Strafrechts. Nur relativ wenige ‚Extremisten', ‚Radikale' oder ‚Gefährder' zweifeln am staatlichen

Recht, zu strafen, und unterliegen, soweit nicht kriminalisiert, prä-kriminalisierenden Formen der sozialen Kontrolle. Dem Terrorismus sprechen aber immer wieder relevante Teile der Bezugsgruppe (dem sozialrevolutionären Arbeiter, dem Jihadismus Muslime usw.) das Recht zur Sanktion ab. So scheiden sich – bei graduellen Abstufungen – Unterstützer, Genossen, Sympathisanten, ‚wahre' Gläubige von solchen Mitgliedern der Bezugsgruppe, die mangelnde Solidarität zeigen, sich mit den Verhältnissen abgefunden haben oder mit der Gegenseite kollaborieren und letztlich zur Feindgruppe gezählt werden können.

Auch die Beziehung des Terrorismus zu seinen Delinquenten ist in bestimmten Hinsichten eine kompliziertere als im Falle eines Staates im Zustand relativer Ordnung. Der Terrorismus sieht sich mit massenhafter, systemischer und organisierter Delinquenz konfrontiert. Die herrschende Ordnung und Normalität selbst werden als fundamentales und skandalöses Unrecht qualifiziert, und die Rechtsordnung, die dies billigt, erscheint nichtig. Angesichts massenhafter und organisierter Delinquenz entsteht einerseits eine „logic of collective liability" (Senechal de la Roche 1996; Black 2004a), andererseits werden Grade von individueller Verantwortung und Schuld, von Täter- und Mittäterschaft unterschieden. Dabei werden typischerweise staatliche Instanzen, die dem Terrorismus erheblich an Macht überlegen sind, als Haupttäter identifiziert. Aber auch anderen als staatlichen Akteuren und Gruppen sowie der Allgemeinheit überhaupt kann, in unterschiedlichem Ausmaß und mit unterschiedlichen Argumenten, Schuld im Hinblick auf die beklagten Missstände zugeschrieben werden. Der Terrorismus sieht sich einem Feld kollektiv generierter und beständig perpetuierter Delinquenz gegenüber, in dem zahlreiche Akteure mehr oder minder verantwortlich scheinen.

Dem Terrorismus wird oft eine besonders manichäische, fundamentalistische Unterscheidung von Gut und Böse attestiert. Hinsichtlich der sozialen Figuration verhält es sich aber gerade so, dass die terroristische Differenzierung von Guten und Bösen, von In- und Outgroup, von Bezugsgruppe und Delinquenten unschärfer und schwieriger ist als für den funktionierenden Staat. Erheblich stärker als dieser ist der Terrorismus mit dem Umstand konfrontiert, dass die legitimierende, unterstützende und als grundsätzlich konform gedachte Bezugsgruppe auf der einen, und die Gruppe der Delinquenten auf der anderen Seite, „fuzzy sets" (vgl. Ragin 2008) sind – Mengen, in denen Individuen nicht einfach Mitglied sind oder nicht, sondern in denen Einzelne in unterschiedlichem (und oft schwer zu bestimmendem) Ausmaß mehr oder weniger Mitglied sein können.

2.2 Strafzwecke

Die figurativen Gemeinsamkeiten und Unterschiede haben zur Folge, dass die Handlungslogik (auf expressiver, dramaturgischer, normativer und instrumenteller Ebene; vgl. ähnlich Habermas 1988) des Terrorismus im Verhältnis zu staatlichem Strafen modifiziert ist, dabei aber grundsätzliche Analogien zeigt.

In expressiver Hinsicht ist ein terroristischer Anschlag immer und wesentlich, wie staatliches Strafen auch, Ausdruck von Missbilligung. Er lenkt die Aufmerksamkeit auf das vermeintliche Unrecht, unterscheidet Gut und Böse und benennt zusammen mit der Drohung der Wiederholung den Geltungsanspruch der in Frage stehenden Norm. Dieses expressive Moment wird sich regelmäßig mit anderen Motiven vermischen, kann aber prinzipiell auch seinen Sinn in sich finden. Es kann als an sich wichtig, als kathartisch befreiend oder als Pflicht empfunden werden, dem wahrgenommenen rabiaten Unrecht deutlich zu widersprechen (selbst wenn die politischen Erfolgsaussichten dabei schlecht sind). In dramaturgischer Hinsicht lenkt der Anschlag zugleich die Aufmerksamkeit auf die Täter, welche durch den riskanten starken Ausdruck von Missbilligung ihre moralischen Qualitäten und ihren heldenhaften Einsatz für das Gute demonstrieren – er unterscheidet nicht nur Gut und Böse, sondern zugleich Gute und Böse.

Terroristisches Handeln ist fundamental normenreguliert. Ein Topos, der in diesem Zusammenhang besonders wichtig ist, ist der der Vergeltung. "The most powerful theme", so Richardson (2007, S.88), "in any conversation with terrorists past or present, leader or follower, religious or secular, left wing or right wing, male or female, young or old, is revenge." Die Schuld wird stets dem Gegner zugeschrieben, eigene Aktionen erscheinen als Reaktionen auf vorangegangene Angriffe bzw. vorangegangenes Unrecht. Rachemotive können für den Einstieg in eine terroristische Gruppe entscheidend sein, was auch zu Rekrutierungszwecken genutzt wird – man denke an Berichte, Bilder und Filme, welche die Untaten und Grausamkeiten der Gegenseite ausführlich präsentieren. Dabei kann es um Rache für Misshandlungen oder Tötungen im persönlichen Umfeld, aber auch um Rache im Namen mehr oder minder abstrakter Kollektive gehen. Vergeltung kann für spezifische Ereignisse oder für die Verfehlungen der Gegenseite insgesamt geübt werden. Kommt es zu einer Eskalation von Terrorismus und Antiterrorismus, so ergeben sich stets neue Anlässe für weitere Vergeltung (vgl. Richardson 2007; Scheerer 2011).

Typische strategische bzw. instrumentelle Zielsetzungen terroristischer Gruppierungen sind schließlich: das Aufstellen von Forderungen und die Drohung mit weiterer Gewalt für den Fall der Nichterfüllung – die basale Logik der instrumentellen Gewalt; die Mobilisierung der Bezugsgruppe zum Widerstand

– sei es dadurch, dass die Möglichkeit des Widerstands demonstriert wird, sei es durch die Provokation staatlicher Repression, die widerstandsbefördernd wirken soll; die Erzeugung von Aufmerksamkeit für ein ansonsten weniger beachtetes Problem oder Anliegen; die Schwächung des Gegners – auch wenn die psychische Wirkung auf Dritte charakteristisch für den Terrorismus ist, so findet sich doch wenigstens im Jihadismus gelegentlich ebenfalls die Strategie einer direkten Schwächung der Kampffähigkeit des Gegners;[5] und die Unterminierung des staatlichen Legitimitätsanspruchs – durch die Demonstration, dass der Staat seine Bürger nicht schützen kann (vgl. z. B. Crenshaw 1981; Hoffman und McCormick 2004; Münkler 2003; Richardson 2007; Scheerer 2002; Waldmann 1998).

Insgesamt zeigt die Handlungslogik des Terrorismus eine deutliche Analogie zu staatlichem Strafen: Die ‚sekundären Motive' (d. h. Motive diesseits der finalen ideologischen Ziele; vgl. Richardson 2007) bzw. ‚proximate objectives' (Crenshaw 1981) des Terrorismus entsprechen im Wesentlichen den für staatliches Strafen vorgetragenen Strafzwecken. Dem Terrorismus geht es in Zusammenfassung um:

- Vergeltung für geschehenes Unrecht
- negative Prävention: Der Staat (als Hauptdelinquent), gesellschaftliche Funktionsträger oder Kollektive sollen durch die Sanktionsdrohung dazu angehalten werden, sich in Zukunft normkonform zu verhalten (Forderungen und Drohungen, Abschreckung) oder in ihrer Fähigkeit, Unrecht zu begehen, physisch eingeschränkt werden (Schwächung, *incapacitation*).
- positive Prävention: Der terroristische Anschlag ruft Normbrüche ins Bewusstsein, erzeugt Aufmerksamkeit für regelwidrige Verhältnisse, drückt Missbilligung aus und will mobilisierend zeigen, dass der Kampf gegen das Unrecht möglich und erforderlich ist (Normstärkung). Er will die Einsicht in das Richtige befördern durch die Entlarvung falscher Sichtweisen und die Erzeugung eines Bewusstseinswandels (Re- bzw. Umsozialisation).

Nicht möglich ist eine klare Zuordnung terroristischer Strategien zu General- vs. Individualprävention, was sich aus dem kollektiven Charakter der Delinquenz und der *fuzziness* der Figuration erklärt. Während staatliche soziale Kontrolle Delinquenten wesentlich individualisiert und es mit einer potentiell abweichenden, aber weithin auch normkonformen Allgemeinheit zu tun hat, hat es terroristische so-

5 Etwa wenn im Rahmen einer „strategy of a thousand cuts" das via ökonomische Schwächung zu erreichende Ziel ausgegeben wird: „to bleed the enemy to death." Hier kann auch die Konfliktlogik über durch psychische Wirkungen bearbeitbare Fragen hinausgehen: "[T]he conflict between Islam and disbelief will not end until the Day of Judgement."; vgl. das von Al Qaida auf der Arabischen Halbinsel via Internet vertriebene Magazin „Inspire", Special Issue, November 2010.

ziale Kontrolle mit massenhafter, systemischer und organisierter Delinquenz zu tun und kann sich auf Funktionsträger, auf die Staatsorganisation selbst, und in manchen Fällen auch gegen ganze ‚delinquente' Bevölkerungsgruppen oder Gesellschaften richten, die insgesamt für das beklagte Unrecht verantwortlich gemacht werden. Dazu kommt, dass (manchmal große) Teile der eigenen Bezugsgruppe die Sanktionspraxis nicht anerkennen oder selbst als (aufgrund falschen Bewusstseins noch) delinquent erscheinen.[6] Angesichts dieser multiplen Delinquenz und ihrer Verortung auf individuellen, organisationellen und verschiedenen kollektiven Ebenen ist eine einfache Unterscheidung von ‚individual' (auf den Täter bezogen) und ‚general' (auf die konforme Allgemeinheit bezogen) nicht immer möglich. Dies ändert indes nichts daran, dass die Strafzwecke des Terrorismus den staatlichen wesentlich entsprechen: Vergeltung, Abschreckung, *incapacitation*, Normstärkung, sekundäre Sozialisation.[7]

Legitimiert wird die Zufügung des Übels dabei – auch dies wie im Falle staatlichen Strafens – wesentlich durch den Verweis auf Schuld, Gerechtigkeit durch reziproke Vergeltung sowie das Ultima-Ratio-Argument: In einer Art Notstands- und Notwehrlage erscheint Gewalt als das einzig verbleibende, angesichts des Ausmaßes von Unrecht auch angemessene und angesichts strategischer Erwägungen (mindestens möglicherweise) geeignete Mittel.

2.3 Selbsthilfe und Pars-Pro-Toto-Sanktion

Den Gemeinsamkeiten in Strafzwecken und -legitimation stehen eine Reihe von figurativ erklärbaren Unterschieden zwischen Terrorismus und staatlichem Strafen gegenüber. Der revoltierende Terrorismus setzt i. d. R. nicht rechtliche, sondern moralische Normen um.[8] Er tut dies in Selbsthilfe (vgl. Black 2004a) und kann die Sanktionierung nicht besonderen Organisationen überlassen; stattdessen organisieren sich Individuen in mehr oder minder großem Ausmaß und schreiten selbst zur Tat. Zugleich stellt sich dem Terrorismus mit dem Staat ein hauptverantwortlicher Delinquent, der den terroristischen Agenten der Kontrolle erheblich an Macht überlegen ist und seinerseits mit starker sozialer Kontrolle auf diese zu-

6 Im Fall des Jihadismus ist dies gut daran zu erkennen, dass sich große Teile jihadistischer Gewalt gerade nicht gegen Nicht-Muslime, sondern gegen Muslime richten.

7 Delegitimierung des Staates und Erzeugung staatlicher Repression sind die einzigen häufig genannten strategischen Ansätze terroristischer Gruppen, die keine unmittelbare Entsprechung im Strafzweckdiskurs haben. Allerdings dürfte auch die Delegitimierung von Herrschaftsansprüchen bei der staatlichen Sanktionierung organisierter und politischer Kriminalität de facto eine Rolle als Strafzweck spielen.

8 Eine Besonderheit ist der jihadistische Terrorismus, der sich auf einschlägige Interpretationen des islamischen Rechts beruft.

rückwirkt. Das erhebliche Risiko der rückwirkenden Bestrafung (das in kleinerem Umfang auch für staatliche Akteure der sozialen Kontrolle gelegentlich gegeben ist) bedeutet, dass terroristische soziale Kontrolle nur klandestin möglich ist.

Eine Folge der relativen Schwäche, des geringeren Organisationsgrades und der Klandestinität sind Einschränkungen hinsichtlich möglicher Sanktionsprozeduren und -modi. Ein öffentliches und geregeltes Verfahren gegen Delinquenten kann nicht organisiert werden.[9] In der Regel kommen nur überraschende und schnelle, unvorhersehbare und ein Stück weit willkürlich erscheinende, d. h. *anschlagsförmige* Sanktionen in Betracht. Der terroristische Anschlag ist ein Spektakel. Er sucht die starke Inszenierung und das Publikum (vgl. Juergensmeyer 2001) und gleicht darin dem vordisziplinarischen Staat (vgl. Foucault 1991; zu terroristischer staatlicher Strafpraxis vgl. Scheerer 2002, S.49). Das öffentliche Leid der Opfer illustriert im Fall des revoltierenden Terrorismus nicht die Souveränität der Herrschaft, aber die Souveränität der Moral. Auf der Basis einer manchmal quasi-religiösen (manchmal auch schlichtweg religiösen) Moralität implementiert der Terrorismus ein vormodernes Strafspektakel in moderne Gesellschaften und verweist auf die absolute Geltung heiliger Prinzipien, welche weltliche Macht legitimieren, aber im Konfliktfall keine Rücksicht auf sie nehmen können. Dies heißt jedoch nicht notwendig, dass rechtlich geregelte Verfahren und disziplinarische Systeme von Terroristen nicht gewünscht, sondern zunächst nur, dass sie angesichts der Umstände nicht möglich sind. Der Terrorismus kann schon mangels Macht keine öffentlichen und langwierigen Verfahren implementieren; und ein Disziplinarsystem ist nur denkbar zur Durchsetzung bestehender Herrschaftsverhältnisse, nicht zu deren Überwindung.

Ein auffälliger Unterschied zwischen Terrorismus und strafendem Rechtsstaat ist schließlich der Gegenstand und die Auswahl der Opfer der sozialen Kontrolle. Der funktionierende Staat mit einigermaßen gut legitimierter Herrschaft hat es mit – im Verhältnis zur Bevölkerung als Bezugsgruppe – relativ wenigen starken Delinquenten zu tun, die meist einzeln oder in kleinen Gruppen agieren und ihn selbst nicht bedrohen. Er hat den Anspruch, erhebliche Delinquenz erschöpfend zu sanktionieren und tut dies auch, sofern er der Täter habhaft wird – was ihm häufig gelingt. Das Strafrecht bestraft typischerweise *individuelle* Delinquenten für *vergangene* Straftaten und setzt damit ein Beispiel für die Behandlung potentieller künftiger Delinquenten. Der Terrorismus sieht sich aber massenhafter und *systemischer* Delinquenz gegenüber. Das herrschende Gesellschaftssystem

9 Allerdings werden Elemente wie Anklage- und Urteilsschriften in terroristischen Erklärungen und Bekennerschreiben gespiegelt; im Fall von Entführungen kann auch eine Inhaftierung und ein Anklage- und Urteilsprozedere vor einer eventuellen Exekution des Entführten inszeniert und über Bild- oder Videomaterialien der Öffentlichkeit zugänglich gemacht werden.

generiert *fortwährend* Unrecht und wird beständig reproduziert von den Handlungen vieler Akteure, die je individuell mehr oder weniger Verantwortung tragen können. Der Terrorismus hat weder den Anspruch, noch verfügt er über die Mittel, erhebliche Delinquenz erschöpfend individuell zu sanktionieren. Seine Sanktion richtet sich auf Organisationen und/oder Kollektive; er schädigt *ausgewählte* Personen, die individuell als mehr oder weniger schuldig erscheinen mögen, wesentlich aber symbolisch für soziale Einheiten (Staaten, Organisationen, Subsysteme, Gesellschaften, Gemeinschaften) stehen, welche fortgesetzte Delinquenz generieren – und zeigt damit beispielhaft anderen Mitgliedern der jeweiligen Gruppen, was auch ihnen droht, sollte die Delinquenz nicht eingestellt werden. Terroristische Bestrafung ist die fortgesetzte Sanktionierung exemplarischer Individuen, und während jede von Dritten beobachtbare negative Sanktion exemplarisch für das steht, was anderen Delinquenten droht, ist die terroristische Sanktion insofern doppelt exemplarisch und kollektivistisch: Sie statuiert das Exempel für soziale Einheiten an exemplarischen Individuen.[10]

Wir können auf dieser Basis ‚Terrorismus' definieren als *fortgesetzte Pars-Pro-Toto-Sanktionierung exemplarischer Individuen.* ‚Sanktionierung' meint hier negative Sanktionierung und impliziert Sanktionsdrohung; und diese wiederum impliziert die Forderung, das sanktionsbewährte Verhalten nicht zu zeigen. ‚Fortgesetzt' meint, dass die Sanktionsdrohung über eine gewisse Dauer aufrechterhalten wird und die (insofern sinngemäß gleiche) Sanktionierung im Rahmen einer Serie gelegentlich (d. h. wiederholt) durchgeführt wird. Der typische Grund für fortgesetzte Sanktionierung ist, dass das delinquente Verhalten nicht nur wiederholt, sondern ständig auftritt und andauernd normwidrige Verhältnisse etabliert. ‚Pars pro toto' impliziert, dass sich die Sanktion in ihrer Intention nicht nur auf Dritte überhaupt, sondern auf mit exemplarisch sanktionierten Individuen identifizierte soziale Einheiten richtet, welchen die Verantwortung für die andauernd normwidrigen Verhältnisse kollektiv zugeschrieben wird. ‚Exemplarisch' meint, dass ausgewählten, ein Kollektiv repräsentierenden Individuen ein unmittelbares Übel zugefügt wird, und impliziert, dass die symbolische Repräsentation der sozialen Einheit als solche (und typischerweise: von anderen Mitgliedern des Kollektivs) beobachtbar ist. Die Auswahl der exemplarischen Individuen hat dabei einen großen Spielraum und ist im Einzelnen unvorhersehbar und insoweit be-

10 Neben der direkten Schädigung von das feindliche Kollektiv repräsentierenden Individuen bestehen die Möglichkeiten a. eines Angriffs auf gesellschaftliche Strukturen (z. B. Infrastruktur, Architektur) und b. des Angriffs auf Dritte, die sich im Verantwortungsbereich des gegnerischen Staates aufhalten (z. B. Anschläge auf beliebige Touristen). Auch in diesen Fällen zielt die Zufügung des Übels jedoch (auf weniger oder stärker indirekte Weise) auf Delinquenz generierende soziale Einheiten und diese vertretende Individuen.

liebig; sie ist aber nicht völlig willkürlich, sondern fokussiert auf mit bestimmten Organisationen oder Kollektiven identifizierte Personen.[11]

2.4 *Schuldprinzip*

Das zentrale moralische und verstehensbezogene Problem des Terrorismus besteht dort, wo gezielt getötete exemplarische Personen Zivilisten sind – der gewaltsame Angriff auf Zivilisten wird auch oft als definitorische Voraussetzung des Terrorismus gesetzt. Der Begriff des ‚Zivilisten' bezeichnet nicht nur Nicht-Kombattanten, sondern im Alltagssprachgebrauch auch spezifischer die Figur des *unbeteiligten Unschuldigen.* Hierin liegt augenscheinlich ein wesentlicher Unterschied zwischen Terrorismus und staatlichem Strafen: Letzteres richtet sich auf Schuldige, ersterer scheint das Schuldprinzip aufzugeben.[12] Nun können terroristisch Handelnde die Tötung von Zivilisten auf verschiedene Weise jenseits der Logik von Schuld und Reziprozität legitimieren (oder die Legitimierungsbedürftigkeit abschwächen): als nicht-intendierte Kollateralschäden, als ultima ratio in einer besonderen Notstandssituation, als Gehorsam, durch situative ('es herrscht eben Krieg') oder gruppenspezifische (Abwertung des Feindes) Negation eines besonderen Legitimierungsbedarfs oder schlicht durch Nicht-Thematisierung des Legitimationsproblems in kommunikativer Isolation.

Bedeutsam sind jedoch auch Formen der direkten Legitimation des gezielten Angriffs auf Zivilisten durch Responsibilisierung. 1. Durch *individuelle* Responsibilisierung des Opfers: als Angriffe auf (Mit-) Schuldige. Terroristische Anschläge richten sich regelmäßig gegen Personen, die von den jeweiligen Tätern gerade nicht als unbeteiligte Unschuldige, sondern als schuldhaft Verantwortliche gesehen werden (bzw. gegen Einrichtungen, die diese repräsentieren) – insbesondere gegen Soldaten und militärische Einrichtungen, Politiker und politische Einrichtungen sowie Repräsentanten ‚der Wirtschaft'. Auch der terroristische Jihadismus (der durch zivile Massenviktimisierungen besondere Aufmerksamkeit erregt) wählt regelmäßig militärische und politische Anschlagsziele. Wo Durchschnittsbürger als ‚soft targets' angegriffen werden, wird auch diesen

---

11 Eine derartige idealtypische Begriffsbestimmung dient nicht dazu, jene Gruppen zu bezeichnen, die üblicherweise ‚terroristische Gruppen' genannt werden und sie scharf von anderen zu unterscheiden, sondern im Gegenteil dazu, terroristische Komponenten in verschiedenen Handlungszusammenhängen zu identifizieren und den Blick für Beziehungen zwischen Terrorismus im gewöhnlichen Sinne und anderen Phänomenen der sozialen Kontrolle zu schärfen. ‚Terroristische Gruppen' sind im hier verstandenen Sinne nur substaatliche Spezialisten politisch orientierten und gewaltsamen terroristischen Handelns.

12 Steinhoff (2005, S.162) betont dies, wenn er die schwere Schädigung nicht von ‚Zivilisten', sondern explizit von ‚Unschuldigen' zum Definitionsbestandteil des Terrorismus macht.

Schuld zugeschrieben.[13] Kaum möglich ist die individuelle Responsibilisierung von Kindern, und entsprechend selten werden Kinder gezielt als Anschlagsopfer ausgewählt. 2. Durch *kollektive* Responsibilisierung einer gegnerischen Gruppe: als Vergeltung für Angriffe auf andere ('eigene') Unschuldige. Der Terrorismus richtet seine Sanktionierung nicht nur auf kollektiv generierte Delinquenz, ihm liegt auch eine Logik kollektiver Verantwortung zugrunde. Nicht-Kombattanten werden in kollektivistischer (z. B. klassenbezogener, nationalistischer, religiös-gemeinschaftlicher) Logik dem Gegner zugerechnet, für andere Nicht-Kombattanten wird ein Vertretungsanspruch qua Zugehörigkeit zu einer Eigen- und/oder Opferseite erhoben. Die Tötung individuell Unschuldiger erscheint dann reziprok, insofern diese nicht als unbeteiligt, sondern als Teil eines gegnerischen Kollektivsubjekts wahrgenommen werden, welches den Konflikt begonnen hat. Auf individuelle Verantwortung kommt es dann nicht mehr an.[14]

Die erhebliche Bedeutung responsibilisierender Denkmuster zur Legitimation des Angriffs auf Zivilisten zeigt, dass das zentrale Problem des Terrorismus – der gezielte Angriff auf unbeteiligte Unschuldige – i. d. R. ein Problem nicht so sehr der terroristischen Aktion, sondern ihrer Außenwahrnehmung ist. Terroristisch Handelnde erfahren typischerweise die exemplarischen Opfer als auch individuell (mit-)schuldig und jedenfalls nicht als unbeteiligt. Das Schuld- und Reziprozitätsprinzip wird in der terroristischen Handlungslogik partiell kollektiviert, nicht aber grundsätzlich aufgegeben.

3. Antiterrorismus

Durch antiterroristische Maßnahmen wirkt der Staat mit sozialer Kontrolle auf substaatliche terroristische soziale Kontrolle zurück. Dabei kann sich die Figuration im Verhältnis zu Delinquenten und Bezugsgruppe in Richtung erhöhter *fuzziness* verschieben und sich somit derjenigen nähern, die für substaatliche Terroristen typisch ist. Der Staat sieht sich angesichts revoltierenden Terrorismus' mit gravierenden Normbrüchen und mit Angriffen auf sich selbst konfrontiert, die Ursache dafür scheint jedoch nicht allein bei einzelnen Personen, sondern in ei-

13 Der Jihadismus arbeitet hier u. a. mit dem (angesichts der faktischen Mitbestimmungsmöglichkeiten in westlichen Gesellschaften ironisch klingenden, aber an sich nicht abwegigen) Demokratieargument: Die Bevölkerung in demokratischen Staaten sei für das Handeln ihrer Regierungen verantwortlich.

14 So kann z. B. einem Mohammed Merah die gezielte Tötung jüdischer Kinder in Toulouse angesichts der Tötung palästinensischer Kinder durch Israelis fraglos gerecht erscheinen; er muss ihnen dazu keinen persönlichen Vorwurf machen. Vgl. den Mitschnitt seines Gesprächs mit einem Polizisten, „Protokolle von Toulouse", Ms.

nem Milieu oder einer Szene zu liegen. Die Haupttäter sind üblicherweise nicht unmittelbar auffindbar, sie beanspruchen, für ein Kollektiv zu agieren, und es besteht typischerweise ein Feld von Unterstützern und ideologischen (sei es gewaltbefürwortenden oder -ablehnenden) Sympathisanten, deren ideologische Nähe zu den Tätern alleine schon als abweichendes Verhalten erscheint. Die Verantwortung ist schwerer als im Falle gewöhnlicher Devianz zu isolieren und zu personalisieren, Hauptverantwortliche werden von solchen unterschieden, denen in der einen oder anderen Form Unterstützung oder Beförderung des Terrorismus vorgeworfen wird. Es besteht eine tendenziell massenhafte, teils mehr, teils minder organisierte und andauernde Ordnungsverletzung. Die Menge der Delinquenten wird unscharf. Und je mehr antiterroristische Maßnahmen von Teilen der Bevölkerung kritisiert werden oder die Befürchtung besteht, dass Teile der Allgemeinheit Sympathien mit Terroristen entwickeln könnten, desto mehr wird auch die eigene Bezugsgruppe von Unschärfe erfasst. Wie revoltierende terroristische Gruppen, so neigen auch staatliche Instanzen dann dazu, Gut und Böse fundamental und pointiert zu unterscheiden, während Gute und Böse, In- und Outgroup, schwerer identifizierbar werden.

Diese figurative Verschiebung kann zur Ausbildung einer Reihe von weiteren Strukturanalogien zu terroristischem Vorgehen führen. Die staatliche soziale Kontrolle tendiert nun dazu, ihrerseits partiell kollektivistisch zu werden. "Although counterterrorism pursues individual offenders as criminals", so Black (2004a, S.23), "it also reaches beyond individual cases to destroy a collective enemy." Der Konflikt wird dabei typischerweise stark moralisch, statt nur rechtlich, definiert; es werden moralische statt nur rechtliche Normbrüche bearbeitet.[15] Kollektivismus und starke Moralisierung konfligieren mit dem individualisierenden Schuldprinzip und der Tatbestandsorientierung des Strafrechts. Der Antiterrorismus neigt zur Dehnung und Überschreitung der Mittel konventioneller Strafverfolgung bis hin zum Einsatz kriegsförmiger Mittel – „[c]ounterterrorism (…) combines criminal justice with quasi-warfare“ (Black 2004a, S.23). Er operiert oft klandestin, und manchmal anschlagsartig gegen so wahrgenommene kollektive Delinquenz.

Der Kreis der von (aufklärender, präventiver, präemptiver oder sanktionierender) Kontrolle betroffenen Personen kann sich in dieser Situation ausweiten (a) durch die Schaffung neuer Straftatbestände, (b) durch sanktionsanaloge Kontrolle (z. B. Tötung, Inhaftierung) informell definierter Kriminalität,[16] (c) durch

15 Symptomatisch: Der ursprüngliche Name der ‚Operation Enduring Freedom‘ war ‚Operation Infinite Justice‘.

16 D. h. nicht von den zuständigen Instanzen definierter Kriminalität; vgl. Hess und Scheerer 2003, 74.

die Einschränkung von Rechten und die Schädigung von Personen auch außerhalb des Bereichs der strafrechtlich definierten Kriminalität. Antiterroristische Formen der Kontrolle erfassen und beeinträchtigen dann auf verschiedene Art und Weise auch mehr oder minder unbeteiligte Unschuldige jenseits der (hauptsächlichen) Täter. Der Antiterrorismus kann die Kontrolle auf leichter zu fassende Ziele – in Form vermeintlicher Unterstützerszenen, gewissermaßen ,soft targets' – ausweiten, er kann sich auf außergerichtlich als Hauptschuldige ausgemachte Personen richten, und er kann Kollateralschäden (in Form der Einschränkung und/oder Verletzung der Rechte Unbeteiligter) in Kauf nehmen.[17]

Die Rechtfertigungen für die Ausdehnung staatlicher Repression sowie die Schädigung nicht gerichtlich verurteilter oder überhaupt unbeteiligter Personen spiegeln dann wiederum terroristische Legitimationen des Angriffs auf Zivilisten wider: Kollateralschäden; ultima ratio in einer Situation unbedingten Handlungsbedarfs; (mindestens moralische) Responsibilisierung der ideologisch Assoziierten; Externalisierung der Verantwortung als Gehorsam; situative und gruppenspezifische Negation besonderer Legitimierungsbedürftigkeit (die „Gefährdungslage" erfordert selbstverständlich Maßnahmen gegen „Extremisten"); Nicht-Thematisierung, wenn im Zuge längerer Antiterrorismuskampagnen Rechtseinschränkungen und Kollateralschäden zur seltener hinterfragten Normalität geworden sind.

Analogien von Antiterrorismus und Terrorismus befördern den Umstand, „dass jeder Terrorismus sich selbst als Anti-Terrorismus definiert und dass sich im Krieg gegen den Terrorismus deshalb in gewisser Weise zwei Kräfte gegenüber stehen, die überzeugt sind, selbst antiterroristisch zu sein und Terroristen zum Gegner zu haben" (Scheerer 2002, S.87 f.). Sie bedeuten jedoch nicht, dass der Antiterrorismus notwendig selbst in einem starken Sinne terroristisch wird, also wesentlich zur Pars-Pro-Toto-Sanktionierung exemplarischer Individuen übergeht. Je mehr er sich sanktionierend oder quasi-sanktionierend auf (auch informell definierte) Hauptverantwortliche richtet und diese erschöpfend zu sanktionieren versucht, desto weniger haben diese einen wesentlich exemplarischen Charakter. Allerdings suggeriert jede kollektive Rahmung – etwa als ,Krieg gegen den Terrorismus', aber auch als Kampf gegen spezifische Gruppen oder Repression in einschlägigen Milieus – den *auch* exemplarischen, Kollektive symbo-

17 Datensammlungs- und Rasterfahndungsprogramme, polizeiliche und geheimdienstliche Personenüberwachungen, Personenkontrollen, Hausdurchsuchungen, Kriminalisierung der ,Unterstützung' des Terrorismus, Kriminalisierung bloßer ,Mitgliedschaften', Einschränkung prozessualer Rechte, Inhaftierung ohne Anklage und Verfahren, Folter, Kriege, Bombardierungen, Drohnenangriffe – all derartige Maßnahmen können, mehr oder weniger invasiv, und legal oder rechtswidrig, nach formeller und nach strafrechtlicher Definition Unschuldige treffen (und im Falle der Konstruktion neuer Straftatbestände: Personen, die jedenfalls zuvor noch Unschuldige gewesen wären).

lisierenden Charakter individueller Täter, ‚enemy combatants' oder ideologischer Feindfiguren. Ein terroristisches Handlungsmoment kann sich in der Sanktionierung erheblicher Delinquenz, die als fortgesetzte und kollektiv generierte wahrgenommen wird, leicht etablieren.

Die Schädigung von auch im strafrechtlichen Sinne unschuldigen Personen ist andererseits – wenigstens formal – keine responsibilisierende Sanktion, sondern entweder nicht intendiert oder aufklärend bzw. präventiv orientiert. Die Opfer der Kontrolle sind in diesen Fällen nach offizieller Deutung nicht für ein Kollektiv exemplarische, sondern zufällige, plausibel individuell verdächtige, unglücklicherweise in der Nähe von Feinden sich aufhaltende oder staatlicherseits nicht intendierte Opfer des Fehlverhaltens einzelner Staatsvertreter. Gleichwohl ist auch hier die Nähe zur kollektiv orientierten negativen Sanktionierung groß. Auch in der aufklärenden und präventiven Kontrolle sowie im Falle von Kollateralschäden der Präemption wird Individuen in Reaktion auf abweichendes Verhalten (anderer) ein Übel zugefügt, was – je nach der Stärke der Verletzung – jedenfalls terrorisierende Wirkung haben kann. Ob terroristisch intendiert oder nicht, kann dies leicht als terroristische Strategie gedeutet werden und somit auf Seiten der substaatlichen terroristischen Gegenkontrolle die Plausibilität einer antiterroristischen Handlungslogik erhöhen.

Literatur

Black, D. 1983. Crime as social control. *American Sociological Review* 48 (1): 34–45.

Black, D. 2004a. The Geometry of Terrorism. *Sociological Theory* 22 (1): 14–25.

Black, D. 2004b. Terrorism as Social Control. In *Terrorism and Counter-Terrorism: Criminological Perspectives*, hrsg. M. Deflem, Vol. 5, S. 9-18.

Crenshaw, M. 1981. The Causes of Terrorism. *Comparative Politics* 13 (4): 379-399.

Norbert E. 2004. *Was ist Soziologie?* Weinheim: Juventa.

Foucault, M. 1991. *Überwachen und Strafen. Die Geburt des Gefängnisses*, 9. Aufl. Frankfurt a. M.: Suhrkamp.

Habermas, J. 1988. *Theorie des kommunikativen Handelns. Band I: Handlungsrationalität und gesellschaftliche Rationalisierung.* Frankfurt a. M.: Suhrkamp.

Hess, H. 2006. Terrorismus: Quo vadis? Kurzfristige Prognosen und mittelfristige Orientierungen. In *Terrorismus und Extremismus: Der Zukunft auf der Spur.* Polizei und Forschung, Bd. 33., hrsg. Uwe E. Kemmesies, 105-150. München: Luchterhand.

Hess, H., und S. Scheerer. 2003. Theorie der Kriminalität. In *Kölner Zeitschrift für Soziologie und Sozialpsychologie, Sonderheft 43, Soziologie der Kriminalität*, hrsg. D. Oberwittler und S. Karstedt. Wiesbaden: VS Verlag

Hoffman, B., und G. H. McCormick. 2004. Terrorism, Signaling, and Suicide Attack. *Studies in Conflict & Terrorism* 27 (4): 243-281.

Juergensmeyer, M. 2001. *Terror in the Mind of God: The global Rise of Religious Violence*. Berkeley u. a. : University of California Press.

Münkler, H. 2003. *Die neuen Kriege*. 5. Aufl. Reinbek bei Hamburg: Rowohlt Verlag

Pape, R. A. 2003. The Strategic Logic of Suicide Terrorism. *American Political Science Review* 97 (3): 343-361.

Popitz, H. 1992. *Phänomene der Macht*, 2. Aufl. Tübingen: Mohr.

Popitz, H. 2006. *Soziale Normen*, Frankfurt a. M.: Suhrkamp.

Ragin, C. C. 2008. *Redesigning Social Inquiry: Fuzzy Sets and Beyond*. Chicago and London: University of Chicago Press.

Richardson, L. 2007. *What Terrorists Want. Understanding the Terrorist Threat*. New York: Random House.

Scheerer, S. 1988. Ein theoretisches Modell zur Erklärung sozialrevolutionärer Gewalt, in: *Angriff auf das Herz des Staates: Soziale Entwicklung und Terrorismus*. Analysen von Henner Hess, Martin Moerings, Dieter Paas, Sebastian Scheerer und Heinz Steinert, Vol. 1, 75-189. Frankfurt a. M.: Suhrkamp.

Scheerer, S. 2002. *Die Zukunft des Terrorismus. Drei Szenarien*, 1. Aufl. Lüneburg: zu Klampen.

Scheerer, S. 2011. Agonaler Autismus und diskrepante Interpunktion. Zwei Restriktionen im Umgang mit terroristischer Gewalt. IKS Working Paper Series Nr. 2, März 2011. http://www.wiso.uni-hamburg.de/fileadmin/sowi/kriminologie/Workin_Paper_Series/IKS_WPS_002_Scheerer.pdf. Zugegriffen: 10.06.2013.

Scheerer, S., und H. Hess. 1997. Social Control. A Defense and Reformulation. In *Social Control and Political Order. European Perspectives at the End of the Century*, hrsg. R. Bergalli, und C. Sumner. 96–130. London; Thousand Oaks: Sage.

Senechal de la Roche, R. 1996. Collective Violence as Social Control. *Sociological Forum*, 11 (1): 97-128.

Steinhoff, U. 2005. *Moralisch korrektes Töten. Zur Ethik des Krieges und des Terrorismus*. Neu-Isenburg: Melzer.

Waldmann, P. 1998. *Terrorismus: Provokation der Macht*. München: Gerling.

„Gewalt“ und „Zwang“ – Überlegungen zum Diskurs über Polizei[1]

Raphael Behr

Vor einigen Monaten hielt ich einem Vortrag an der Deutschen Hochschule der Polizei vor Führungskräften der Polizei zum polizeilichen Heroismus und zur Debatte um die zunehmende Gewalt von und an der Polizei. Unmittelbar nach meinem Statement wies mich ein Teilnehmer darauf hin, dass er den von mir verwendeten Begriff „Gewalt“ im Zusammenhang mit Polizeihandeln deplatziert finde, es handele sich vielmehr um „unmittelbaren Zwang“, den Polizeibeamte ausübten. Diesem Einwand stand ich zunächst in einer Mischung aus Staunen und Sprachlosigkeit gegenüber. Mir ist bis heute nicht ganz klar, was den Teilnehmer zu dieser besonderen Nachhilfestunde veranlasst hat: er hat aber meine Vermutung bestätigt, dass sich das Führungspersonal der Polizei zunehmend von der faktischen Gewaltausübung ihrer Mitarbeiter distanziert, und dass sie sie stattdessen juristisch verklausuliert. Das Verwenden einer „klinischen“ Sprache befreit sozusagen das komplexe Geschehen von seinen unangenehmen Begleiterscheinungen: der „unmittelbare Zwang“ ist frei von „Blut, Schweiß und Tränen“ und auch frei von Aggressionen, Angst und Emotionen – unmittelbarer Zwang ist im Übrigen immer rechtens, die Gewalt kann schon mal Unrecht tun. Immerhin hat der Einwand mich darin bestärkt, das Thema der Gewalt in meinen Überlegungen zu vertiefen.

Wer sich wissenschaftlich mit der Polizei beschäftigt, hat zwar möglicherweise ein abgrenzbares Themengebiet, aber keinen eigenen Gegenstand, sondern lediglich eine *eigene Perspektive* auf einen Gegenstand, den alle anderen Menschen auch kennen oder mindestens zu kennen glauben. Die sich (empirisch wie theoretisch) ausdifferenzierende Beschäftigung mit der Polizei wird in den letzten Jahren unter dem Etikett „Polizeiwissenschaft“ verhandelt. Besonders im Zuge der Transformation der Polizeiführungsakademie zur Deutschen Hochschule der Polizei gewann dieser Begriff an Popularität, Resonanz und Kritik (vgl. dazu

1 Dieser Aufsatz ist die ergänzte Fassung eines Vortrages im Rahmen einer Ringvorlesung an der Universität Hamburg im Wintersemester 2012/2013 mit dem Thema „Neue Aufgaben, neue Möglichkeiten, neues Selbstbild: Müssen wir die Polizei neu denken?“

ausführlich Feltes und Punch 2005; Feltes 2007; Mokros 2011 sowie Möllers und van Ooyen 2011). Der Begriff „Polizeiwissenschaft" hätte zur Entwicklung und Fokussierung einer „Theorie der Polizei" und auch zur Unterstützung einer Professionalisierung der Polizeipraxis und zu einer Erhöhung des Reflexionsniveaus der Polizeiarbeit führen können, er hat es meines Erachtens aber bis heute nicht getan. Zwar wurden an einigen Bildungseinrichtungen der Polizei Professuren für Polizeiwissenschaft(en) geschaffen (u.a. an der Deutschen Hochschule der Polizei, in Hamburg, Nordrhein-Westfalen) und es gibt einen eigenen „Verlag für Polizeiwissenschaft"[2], jedoch führte das nach meiner Einschätzung nicht dazu, dass diejenigen, die bisher in der Kriminologie, in der Soziologie, in den Politik- oder Geschichtswissenschaften mit Polizei sich beschäftigt haben, sich nun über diese Plattform verständigten und sich so eine neue wissenschaftliche Disziplin etabliert hätte. Möglicherweise sind die Artikulationswege – ebenso wie deren Perspektiven – für die etablierten Wissenschaftler und Wissenschaftlerinnen schon „ausgetreten" bzw. geprüft und abgesichert. Und möglicherweise sind die noch nicht etablierten Polizeiwissenschaftlerinnen und -wissenschaftler noch nicht so weit, druckvoll und einschlägig zu publizieren. Oder sie suchen auch Anschluss an die etablierten Verlage. Jedenfalls sehe ich noch kein gemeinsames „Organ", das einer aufstrebenden Wissenschaft eine Hilfestellung wäre. Vielmehr streitet man sich innerhalb des neuen Gebildes noch darüber, ob es Polizei*wissenschaft* (im Singular) oder Polizei*wissenschaften* (im Plural) heißen soll und innerhalb oder außerhalb des Deutungssystems „Polizei" arbeiten soll. Auch von der Perspektive der (Un-)Abhängigkeit betrachtet, ergibt sich eine eher nüchterne Bestandsaufnahme: Wahrscheinlich ist der Lehrstuhl für „Kriminologie und Polizeiwissenschaft" von Thomas Feltes an der Ruhr-Universität der einzige, der explizit den Begriff in der Lehrstuhlwidmung trägt und dabei nicht institutionell mit der Polizei verbunden ist. Die meisten anderen in der Polizeiwissenschaft Tätigen arbeiten entweder in prekären Beschäftigungsverhältnissen oder sie müssen sich in Konfliktsituationen immer noch sagen lassen, dass es letztlich die Polizei (bzw. die Innenverwaltung) ist, die ihnen das Gehalt zahlt (davon gibt es Ausnahmen, wie z.B. an der Hochschule für Recht und Wirtschaft in Berlin, die dem Wissenschaftssenator untersteht, aber auch dort ist der „Resonanzkörper" letztlich die Polizei). Das macht unabhängiges Arbeiten über die Polizei nicht unmöglich, es verleiht ihm aber auch keine Flügel. Die weiteste Fassung von Polizeiwissenschaft bezieht neben der Polizei als Institution auch die Analyse von und das Nachdenken über die Rahmen- und Randbedingungen des Polizierens mit ein, das im Wesentlichen, aber nicht ausschließlich durch die staatliche Polizei voll-

2 URL: http://www.polizeiwissenschaft.de (10.06.13)

zogen wird (Mokros 2011, S. 5). Doch diese Erweiterung findet erst recht keine breite Rezeption, sondern bleibt ein Spezialgebiet einiger weniger in der Polizeiwissenschaftsszene (z. B. Lange 2009, 2013).

Eine der neueren bzw. wiederbelebten sozialwissenschaftlichen Perspektiven, auf die Polizei und „das Polizieren“ in seiner ganzen Vielschichtigkeit und Widersprüchlichkeit zu schauen, ist der unter anderem von Alfred Schütz (1974) soziologisch fruchtbar gemachte „Lebensweltansatz“. Mit dem Verständnis des staatlichen Gewaltmonopols als Lebenswelt können die alltäglichen kulturellen Praxen (Routinen, Traditionen, Konventionen) beschrieben und analysiert werden, ohne dabei den strukturellen Zusammenhang aus dem Auge zu verlieren. In der Organisation wird ja tatsächlich gelebt, geliebt und gehasst, Menschen steigen in ihr auf oder nicht, sie werden in ihr alt, und sie sammeln Erfahrungen, die sie mit anderen teilen, sie weitergeben etc. pp. Man erlebt die Polizei nicht als Planstelle, sondern als Mann und Frau, als junger oder älterer Mensch, als in Deutschland Geborener oder als nach Deutschland Eingewanderter oder als etwas in der Mitte (wenn man etwa als Beamter/Beamtin „mit Migrationshintergrund“ benannt wird). Manche jungen Menschen erleben in der Polizei erstmals Konfliktkonstellationen, die sie vorher noch gar nicht kannten. Andere werden mit urbanen Lebensformen konfrontiert, die auf sie manchmal abstoßend und beängstigend wirken, manchmal auch exotisch und sie neugierig machen. Man erfährt von den Kollegen, wie man am besten mit Vorgesetzten umgeht, wie man das Recht nutzt oder im Einzelfall erfolgreich suspendiert. Man erfährt auch, wo es die besten und günstigsten Produkte des alltäglichen Bedarfs gibt und viele andere nützlichen Dinge mehr. Nicht alle sind rein beruflicher Natur, man lernt in der Polizei in erster Linie, sich beruflich und privat in eine *sichere Position* zu bringen, sowohl individuell als auch im Sinne einer Sinnzuschreibung in Bezug auf die eigene Berufsrolle. Dazu braucht es vor allem ein Wissen der offiziellen und informellen Organisationsregeln und Kommunikationskompetenz. So entstehen nicht nur innerhalb der Kriminalität, sondern auch innerhalb der mit ihr korrespondierenden *Institution Recht und Ordnung* milieuspezifische „Lebenswelten“ (vgl. Hess und Scheerer 2004).

Vom Beschützer zum Opfer oder: warum der „Gewalt-gegen-die-Polizei“-Diskurs gerade jetzt so attraktiv für die Polizei ist

Es gibt aus der Beobachtung des polizeilichen Alltagshandelns etliche Hinweise darauf, dass es nicht die tatsächliche (physische) Gewalt ist, die Polizisten erschreckt, sondern die Selbstverständlichkeit und der Verbreitungsgrad der so genannten Respektlosigkeit ihnen gegenüber. Spricht man dagegen mit älteren Polizeibeamten in vertraulicher Atmosphäre, dann erfährt man, dass „früher" eben nicht alles nur besser, sondern die Zeiten auch für die Polizei auch rauer waren. Nicht nur, dass physische Gewalt viel selbstverständlicher und informeller gehandhabt wurde, auch auf der Strukturebene war mehr Gewalt im Spiel. Die Terrorismusphase in Deutschland war auch eine Zerreißprobe für die Gewalttoleranz in Polizei und Bevölkerung (vgl. Busch et al. 1985; Gössner 1995; Neidhardt 1997). Demgegenüber gestaltet sich Polizeiarbeit heute sehr viel konsensorientierter, einige Autoren in Deutschland sprechen schon vom Übergang von der „Staatsschutzpolizei" zur „Bürgerpolizei" (vgl. Behrendes und Stenner 2008).

Vor der Ermittlung und Analyse von konkreten Gewaltinteraktionen steht nach meinem Dafürhalten die Dekonstruktion der polizeiinternen Diskurse um die „Gewalt der Anderen". Denn dort sind es ausschließlich die Anderen („Störer", „gewaltbereite Linke", „Links-Autonome" oder schlicht „Chaoten"), die gewalttätig sind. Und wenn es keine konkrete körperliche Gewalt ist, dann wird das gewalttätige Verhalten vorverlagert in den Bereich der Verbalinjurien. Eine interne, nur Polizeibediensteten via polizeilichem Intranet zugängliche Lagebilddarstellung der Hamburger Polizei kommt, sowohl für 2010 als auch für 2011, explizit zu dem Ergebnis, dass die Gewalt im täglichen Dienst weder quantitativ noch qualitativ zunimmt, und dass sie bei besonderen Anlässen auch nicht qualitativ zunimmt, sondern die Kontextbedingungen sich verändern (so wird insbesondere auf die Zunahme von Handykameras hingewiesen, die einzelne Polizeiaktionen sofort ins Netz stellen können, wodurch sich die Beamten auch verunsichert fühlen – im Übrigen wird dieser Trend ausweislich der Polizeilichen Kriminalstatistik 2012 fortgeführt). Dieses Lagebild spricht aber auch von einer Zunahme des sog. *straflosen Vorfeldverhaltens* [3].

Ich vermute, die heutige Wahrnehmung ist eine Reaktion auf eine Politik des *smart policing* (vgl. Behr 2000). So unterschiedlich die konkreten Varianten dieser Strategie auch sein können, ihnen allen ist gemeinsam, dass sie die Beziehung zwischen Polizei und Bevölkerung zu verbessern suchen. In Deutschland geschieht dies insbesondere dadurch, dass etwa Ende der 80er Jahre in der Polizei neue Begriffe und Leitlinien eingeführt werden, die Polizei nennt sich zunehmend *Bürgerpolizei*, man kümmert sich intern um eine *corporate identity* und um *soft skills* (was nur unzulänglich mit *soziale Kompetenz* zu übersetzen

3 Diese juristische Definition bezeichnet Verhaltensweisen, die zwar von Polizeibeamten subjektiv als Gewalt wahrgenommen werden, die aber juristisch noch keine Gewalt, und auch keine andere Straftat, darstellen, z. B. demonstratives Hinspucken und andere Gesten der Geringschätzung etc. Strafloses Vorfeldverhalten führt aber in der Logik der strafrechtsfixierten Vertreter der Polizei fast zwingend zum strafbaren Verhalten.

ist), der Bürger wird nun nicht mehr Herrschaftsunterworfener genannt, sondern *Kunde*, der von der Polizei eine *Dienstleistung* erhält. Die *Serviceorientierung* bestimmt fortan die Außendarstellung der Polizei (vgl. Riehle 1992). Einen Höhepunkt erreichen diese Initiativen mit der Rezeption der angelsächsischen Strategien des *community policing* (Bässmann und Vogt 1997), deren deutsche Variante in einer Vielzahl von Kommunalen Präventionsinitiativen mündet. Auf der Ebene von Polizeikultur arbeiten die meisten Länderpolizeien und der damalige Bundesgrenzschutz nun an einem *Polizeilichen Leitbild* (Prigge 2003). Es werden viele Anstrengungen unternommen, um den Mitarbeitern und Mitarbeiterinnen klar zu machen, dass *das polizeiliche Gegenüber*, wie es traditionell versachlicht wird, nicht *Störer* oder *Spacko*[4], sondern *Kunde* heißt, und dass die Polizei eine deutliche Hinwendung zum Bürger unternimmt. Dies funktioniert auch deshalb, weil die großen gesellschaftlichen Proteste aus der Friedens- und Umweltbewegung an Militanz abnehmen und sich ein gesellschaftlicher Konsens durchsetzt, dass die Polizei nicht der Feind der Demonstranten ist, sondern zwischen Bürger- und Staatsinteressen als Puffer dient. Sowieso scheinen die neunziger Jahre eine Dekade relativer Ruhe für die Polizei gewesen zu sein, vergleicht man diese Zeit mit den späten 80 Jahren des letzten Jahrhunderts. Demgegenüber sagen im Jahr 2010, nach dem Ausstieg aus dem Atomkonsens und dem Anstieg der Protestwelle, wieder viele Polizisten, sie fühlten sich als „Prellbock einer verfehlten Politik". So etwa Konrad Freiberg, bis 2010 Chef der Gewerkschaft der Polizei (GdP), der im Zusammenhang mit Stuttgart 21 äußert: „Wir wollen als Polizisten nicht für ungelöste gesellschaftliche Konflikte den Kopf hinhalten".[5] Diese Bilder tauchen seit dieser Zeit immer häufiger und in immer stärkerer Zuspitzung auf. Die Polizei wird von Ihren Berufsverbänden, aber auch von der Polizeiführung, nicht mehr als Institution des Staates, sondern deutlich menschlicher, damit auch vulnerabler, als Individuen mit Menschenrechten („hinter jeder Uniform steckt doch auch

4 Neuumgangssprachlich für „dummer Mensch", aufgenommen in den Duden im Jahr 2013, vgl. http://www.duden.de/rechtschreibung/Spacko (7.7.13)

5 Diese Meldung ging am 12.10.2010 in die Medienlandschaft hinein (vgl. Thieme 2011). Interessant ist, dass sich die Gewerkschaftsfunktionäre nach oder vor jedem Großereignis in apokalyptischen Bildern übertreffen. Freiberg sprach schon 2010 vom Kollaps, der Vorsitzende der Deutschen Polizeigewerkschaft (DPolG), Rainer Wendt, nach dem Castor 2011 auf deren Homepage davon, dass „die brutale Gewalt gegen Polizisten einen neuen Höhepunkt erreicht" und die „Angriffe auf Einsatzkräfte ein unerträgliches Maß erreicht" hätten (vgl. DPolG 2011). Man fragt sich unwillkürlich, ob es für Herrn Wendt überhaupt ein erträgliches Maß an Gewalt gegen die Polizei gibt, wenn er immer wieder aufs Neue behauptet, dass es so schlimm wie dieses Mal noch nie war. Auffällig ist es weiterhin, und das scheint ein Teil der Hybris der Gewerkschaften zu sein, dass sie eben nicht nur Personalpolitik, sondern in erheblichem Ausmaß auch Polizeipolitik betreiben. Wobei deren Vertreter die einzigen sind, deren Expertenstatus nie hinterfragt wird.

ein Mensch!“) dargestellt, die sich einer enthemmten Menge von (meist juvenilen) Gewalttätern ausgeliefert sieht. Mit der bewussten Distanzierung von einer „Staatsschutzpolizei“ und der Kritik der Gleichsetzung von Polizist = Staatsdiener gelingt es den Gewerkschaften, sowohl zu bestimmten politischen Zielen auf Distanz zu gehen als auch die Klientel erfolgreich zu vertreten. Folgendes ist auffällig: Die Polizisten werden – wieder insbesondere von den Berufsverbänden – zunehmend zu Opfern brutalster Gewalt stilisiert. Sie erscheinen nicht mehr als funktionsorientierte Rollenträger, auch nicht als diejenigen, die ebenfalls über ein erhebliches Gewaltpotential verfügen, sondern als Menschen, die zu Opfern werden[6]. Dagegen erscheinen die als ‚Täter‘ attribuierten Menschen immer anonymer als ‚Chaoten, Abschaum, Unterschicht‘[7]. *Smart policing* ist auch verknüpft mit der sog. *präventive Wende* (Lehne und Schlepper 2007; Riehle 1988) in der Polizeipolitik, in der die Sensibilität für das Tätigwerden, bevor etwas passiert ist, steigt und als Ziel des polizeilichen Erfolgs postuliert wird, *vor die Lage* zu kommen (ein Leitsatz des amtierenden BKA-Präsidenten Zierke). Dies bedeutet, umgangssprachlich gesagt, dass die Polizei eine Gefahr aufspürt und abwendet, bevor sie zur manifesten (unmittelbaren) Gefahr geworden ist. Im Präventionsparadigma kommt konsequenterweise keine Gewalt mehr vor.

Eine zweite wichtige Wendung nimmt die Polizeipraxis der 90er Jahre, nämlich die *Hinwendung zum Opfer*. Das Opfer im Strafverfahren ist heute nicht mehr nur ein mehr oder weniger seelenloses Beweisstück für die Anklage, sondern als Subjekt mit eigenen Interessen und mit Ansprüchen auf eine polizeiliche und justizielle Aufmerksamkeit. Der Schweizer Kriminologe Karl-Ludwig Kunz spricht schon vom Trend zu einer „viktimären Gesellschaft“ (Kunz 2008, S. 329), in der das Opfer bzw. der Verlierer zum neuen Referenzobjekt wird, nicht der Sieger. In der Polizei werden seit der Jahrtausendwende die Dienststellen, die Prävention und Opferschutz betreiben, aufgestockt bzw. neu geschaffen. Das neu geschaffene

6 Dieser Opferbegriff („Opfer sein“) ist der von den Gewerkschaften benutzte. Er widerspricht diametral dem Opferbegriff der Cop Culture, weil es dort völlig unmännlich ist, sich als wehrloses Opfer zu fühlen. Polizisten sprechen auch vom Opfer, aber von dem, das sie bringen (etwa im Sinne des englischen „sacrifice“), z. B. die eigene Gesundheit riskieren, Einbußen an Freizeit in Kauf nehmen etc. „Opfer sein“ ist für Polizisten ganz offensichtlich eine Opfereigenschaft „zweiter Wahl“ – wenn aber die (bewunderungsfähige) Opferbereitschaft gesellschaftlich (bzw. innerdienstlich) keine Wertschätzung erzeugt, dann weicht man notgedrungen auf das mitleiderregende „Opfer-sein“ aus.

7 Die Verwendung der Begriffe „Abschaum“ und „Unterschicht“ ist eine Spezialität des Hamburger Landesvorsitzenden der Deutschen Polizeigewerkschaft (DPolG) und langjährigen Bürgerschaftsabgeordneten der Hamburger CDU, Joachim Lenders, der diese Zuschreibung relativ ungehemmt und auch weitgehend unkritisiert im Zusammenhang mit einem Gewaltexzess in Hamburg-Neuwiedenthal an die Adresse derjenigen Menschen richtete, die Polizisten nach einer eher missglückten polizeilichen Maßnahme angriffen (vgl. G. Knödler 2010).

deutsche Opferschutzgesetz hat ab 2001 Auswirkungen auf das Polizeirecht, die Polizei überwacht nun nicht mehr die allgemeine Gerechtigkeit, sondern mischt sich aktiv in Konflikte ein, sie schützt – z. B. bei Gewalt im sozialen Nahraum – das Opfer und weist den Täter weg. Neben die Überwachung der allgemeinen Gerechtigkeit tritt nun der Gedanke der konkreten *polizeilichen Fürsorge.*

Diese drei Elemente (Leitbilddebatte, Präventive Wende, Hinwendung zum Opfer) haben direkt nichts miteinander zu tun, verändern jedoch nachdrücklich das Selbstverständnis der Polizei: Die Abkehr von der Dominanz der repressiven Funktion (Strafverfolgung) prägt das Selbstverständnis der jungen Polizistinnen und Polizisten, sie werden nunmehr stärker und früher darauf vorbereitet, dass Prävention auch heißen kann, sich in einem Stadium um Menschen zu kümmern, in dem die Polizei früher noch gar nicht sachlich zuständig war. Opferarbeit verlangt mehr Empathie und soziale Kompetenzen (Kommunikation, Mediation, prozessuales und ganzheitliches Denken). Die Leitbilder und die Hochglanzbroschüren verzichten auf den Gewaltbegriff. Auch in der Präventionslogik gibt es keine manifeste Gewalt, da diese ja gerade verhindert werden soll. Und auch im Opferdiskurs geht es lediglich um die Gewalt der Anderen, der Täter, es handelt sich also, psychologisch gesprochen, um eine Externalisierung der Gewalt.[8] In der Polizistenkultur ist sie natürlich noch präsent, in einigen Arbeitsmilieus (z. B. auf der berühmten Davidwache in Hamburg) praktisch jeden Tag, spürbarer aber noch als mythopoetischer Bestand der Erzählkultur unter Polizisten. In ihr wird die (eigene und die fremde) Gewalt praktiziert und mündlich überliefert, aber sie wird nicht reflexiv vermittelt. Die Verbannung der Gewalt aus den Hochglanzbroschüren der Polizei ist lange Zeit niemandem aufgefallen. Das ist für mich auch ein Beleg dafür, dass *Basis* und Überbau in der Polizei zwar sehr gut eingespielt sind und funktionieren, dass sie sich selbst, aber auch sich wechselseitig, relativ wenig hinterfragen. Immerhin hätte der Basis auffallen können, dass ein elementarer Teil ihrer Alltagserfahrung in den Leitbildern nicht zum Ausdruck kommt. Ein Satz hätte ja durchaus auch heißen können: „Wir gehen mit der uns verliehenen Gewalt verantwortungsbewusst um.“ Doch diese Verbindung fehlt in Deutschland völlig. In einem Reformprojekt der österreichischen Polizei wurden, angelehnt an die deutsche Leitbilddebatte, Orientierungssätze formuliert, die die Spaltung von polizeipolitischem Überbau und der handelnden Basis überwinden wollten. Ein Orientierungssatz widmet sich deshalb explizit der Gewalt der Poli-

8 Genau so sind alle Broschüren und Flugblätter der Gewerkschaften aufgebaut. Die Gewalt existiert ausschließlich bei den Anderen, die Polizei reagiert lediglich auf sie. Die Polizei selbst bleibt als Gewaltakteur außen vor, vgl. z. B. das Plakat der Jugendorganisation der deutschen Gewerkschaft der Polizei, auf dem ein Polizist und eine Polizistin jeweils zur Hälfte in Uniform und in Zivil zu sehen sind, vgl. GdP (2011).

zei: „Wenn wir in der Durchsetzung von Befugnissen Gewalt anwenden müssen, orientieren wir uns am Grundsatz: ‚So viel wie nötig, so wenig wie möglich.'"[9] Immerhin ist dies ein Versuch, die Gewalt ins Bewusstsein der Institution und der Mitarbeiter und Mitarbeiterinnen zu heben. Dagegen avanciert in der deutschen Polizeikultur der 90er Jahre die Gewaltlosigkeit zum Leitbegriff. Begriffe wie *soziale Kompetenz, Stressverarbeitung, Deeskalation durch Kommunikation* etc. werden nun nicht nur gelehrt, sondern auch in der Weiterbildung vermittelt. Heute finden Weiterbildungsseminare mit Titeln wie *Work-Life-Balance, Gesundheitsvorsorge am Arbeitsplatz, Pilates, Rückenschulung* und *Ruhestandsvorbereitung* reißenden Absatz. Der Umgang mit „Respekt auf dem Kiez", „Provokationen cool behandeln" etc. wird dagegen in den mir bekannten Weiterbildungsangeboten der (besonders: Hamburger) Polizei nicht vermittelt, zumindest existiert dazu keine Veranstaltung mit einem entsprechenden Titel, die den Anspruch auf eine professionelle Deeskalation in Extremsituationen erfüllen würde.

Transformation vom physischen zum psychischen Polizieren

Die oben skizzierten Veränderungsprozesse münden nach meiner Wahrnehmung in einem Formenwandel der Aufgabenwahrnehmung durch die Polizei. Man kann dies grob als Übergang vom physischen zum psychischen Paradigma nennen. Die körperliche Konfrontation findet zwar auch noch statt, aber nach der ‚präventiven Wende', die man auch ‚kommunikative Wende' nennen könnte, richtet sich der gesamte polizeistrategische Überbau an einer subtileren Durchsetzung des staatlichen Gewaltmonopols aus. Gewalt ist keine selbstverständliche Ressource mehr, sondern „ultima ratio", man handelt umsichtiger, abhängiger auch von den öffentlichen Reaktionen auf polizeiliches Fehlverhalten, kommunikativer und insgesamt *reaktions- oder folgensensibler* und risikoabschätzender. Die Polizei wird Partner an diversen runden Tischen im Rahmen der Kriminalpräventiven Räte und auch sonst ist viel Kont(r)aktarbeit der Polizei zu spüren. Diesen Schritt vom *Bollwerk des Staates gegen seine Bürger* zum *Mediator zwischen Staat und Zivilgesellschaft* vollziehen nicht alle *Kunden* der Polizei mit. Die Diskrepanz wird größer zwischen den Einsatzkräften, von denen heute viele mit Abitur zur Polizei gehen und dort gleich die Hochschule besuchen, und dem ‚abge-

9 Diese Orientierungssätze sind im Rahmen eines mehrjährigen Reformprojekts der Österreichischen Polizei entstanden, das unter dem Namen „Polizei.Macht.Menschen.Rechte" (P.M.M.R.) steht, vgl. BM.I. Republik Österreich.

hängten Prekariat‘[10], das zwar ausgehalten (im doppelten Wortsinn von *ertragen* und *alimentieren*), aber weder wertgeschätzt noch gebraucht wird. Doch nehmen (besonders: Schutz-)Polizisten seismographisch genau wahr, dass sich etwas verändert am unteren Rand der Gesellschaft, mit dem sie es meistens zu tun haben. Für sie wird die Arbeit schwerer, weil sich vor allem der Ton und die innere Haltung gegenüber dem Staat verändert hat, weil viele Menschen nicht mehr um ihre eigene Integration in und um Zugehörigkeit zur unteren Mitte der Gesellschaft ringen, sondern von lang anhaltender Exklusion betroffen sind. Mit diesen sozialen Milieus gibt es möglicherweise größere Kommunikationsschwierigkeiten als früher. Polizisten werden nicht auf resignierte und aussichtslose Lebensperspektiven vorbereitet, die nichts mehr mit Gestaltungswillen zu tun haben, aber sehr viel mit Lethargie und Fatalismus. Vielleicht ist es das, was für Polizistinnen und Polizisten deutlicher hervorgetreten ist als früher, dass Resignation keine individuelle Erfahrung von wenigen, sondern das Erkennungsmerkmal einer Klassenlage und somit sozial geworden ist. Resignation geht häufig mit Aggression einher, und das ist ein schwer zu handhabendes Gemisch für Polizisten, die noch nie ein Spiegelbild der Gesellschaft, sondern immer ein Spiegelbild der sozialen Mittelschicht waren.

Die 2010er Studie des Kriminologischen Forschungsinstituts Niedersachsen (KFN) zur *Gewalt gegen Polizeibeamte* dokumentierte eine Verlagerung und eine Formveränderung von Gewalt, relativierte aber insgesamt die Dramatisierungsanmutung so erheblich, dass sie zum Beleg für einen erschreckenden Gewaltanstieg nicht taugte.[11] Auch die polizeiinternen Lagebilder kommen dabei zu ähnlichen Ergebnissen.[12] Es ist nicht die Gewalt, die den Polizisten Sorge bereitet, sondern

10 Diese Begrifflichkeit verwendet ein Gutachten der Friedrich-Ebert-Stiftung, vgl. http://www.fes.de/aktuell/documents/061017_Gesellschaft_im_Reformprozess_komplett.pdf (Zugegriffen: 10.06.2012)

11 Vgl. Ellrich et al. (2012). Die Studie ist verdienstvoll und generiert zahlreiche neue Erkenntnisse, sie ist aber im engeren Sinne nicht die ‚Gewaltstudie‘, für die sie ausgegeben wird, sondern eine Gewalt*diskurs*studie. Die Auswahl der Teilnehmenden an einer Online-Befragung ist nicht kontrolliert, es fehlt eine Kontrollgruppe, und von den mehr als 20.000 Personen, die auf den Fragebogen zugegriffen haben (was einer Quote von unter 10 % des Gesamtpersonals der deutschen Polizei entspricht), sagen mehr als 18.000, dass sie keine eigenen Gewalterlebnisse zu berichten haben (vgl. Ellrich et al. 2012, S. 10). Es bleiben etwas mehr als 2000 Respondenten, die von eigenen Gewalterlebnissen sprechen. Das schmälert den Gehalt der Studie nicht insgesamt, aber es relativiert die Aussagekraft doch erheblich. Wir wissen also letztlich nicht, wie viele Gewaltereignisse welchen Einsatzzahlen gegenüberstehen und können von einem Anstieg aus dieser Studie nichts Objektives erfahren.

12 Für Hamburg kann man z. B. für das Jahr 2011 sagen, dass 214 Dienstunfallanzeigen wegen Gewalteinwirkung durch Dritte an den Dienstherrn gerichtet wurden, wovon lediglich 35 Beamte so seriös verletzt wurden, dass sie ihren Dienst nicht mehr fortsetzen konnten. Im

die aggressive Kommunikation der Bevölkerung, mit der es die Polizei zu tun hat. Dabei spielt Alkohol eine wesentliche Rolle, es sind auch kulturelle Barrieren, Sprachunterschiede, Verhaltensdifferenzen zwischen den mittelschichtigen Polizisten und den (in der Regel männlichen) Angehörigen des modernen Prekariats, die die Begegnungen schwierig gestalten.

Im Übrigen kann man bei vielen Gelegenheiten in unserem Alltag feststellen, dass nicht die Gewalt zugenommen hat, sondern die Gewaltsensibilität bzw. Gewaltaversion. Gewalt ist eigentlich für die meisten von uns tabuisiert und nur noch als Medienkonserve zu konsumieren. Als Gewalt wird demnach heute schon empfunden, was früher noch keine Gewalt war: Früher war körperliche Gewalt (Schläge) in den Berufsalltag der Polizei viel selbstverständlicher eingearbeitet als heute. Die ‚Ohrfeige an Vaters statt', die pädagogische Tracht Prügel wurde nicht nur von vielen Polizisten als selbstverständliches Züchtigungsmittel angesehen, sondern offenbar auch von vielen der so Behandelten. In Erzählungen der heute älteren Polizisten erscheint stets der Topos der *Wirtshausschlägerei* paradigmatisch für die Autorität und die Schiedsrichterfunktion der Polizei; auch wird auffällig oft berichtet, dass Personen, die am Abend zuvor mit Gewalt in eine Ausnüchterungszelle gesperrt wurden, am nächsten Morgen entlassen wurden und sich dann für ihr Verhalten entschuldigten – schriftliche Vorgänge wurden für diese Fallgestaltungen in der Regel nicht oder nur als sog. „Eintrag ins Tätigkeitsbuch" angefertigt[13]. Bei solchen Einsätzen wurden Polizisten oft Teil einer allgemeinen Raufkultur. Was an solchen Erzählungen wahr ist, vermag ich nicht einzuschätzen, aber diese Szenen werden immer berichtet, um den Unterschied zwischen früher und heute zu verdeutlichen. Heute ist die Situation etwas schwieriger einzuschätzen: Einerseits mutieren Beleidigung, Geringschätzung, Verhöhnung, Nichtbefolgung von Anweisungen, freches Lachen, Hinspucken, demonstratives Weggehen, Anschreien, Mobbing, Bossing, Stalking, zur Gewalt. All diese Tatbestände sind bitter für die Betroffen, keine Frage. Aber mit der medialen Aufwertung von mancherlei „Ärgernissen und Lebenskatastrophen"[14] ist eben auch eine inflationäre Nutzung des Gewaltbegriffs verbunden. Der Gewaltbegriff mutiert insgesamt zu einem Sammelbegriff. Wie wir aus der „*broken-windows*"-

Vergleich zu mehr als 500.000 Einsätzen, die die Hamburger Polizei in diesem Jahr absolviert hatte, sind weder 0,042 % (bei 214 Dienstunfallanzeigen) noch 0,007 % (bei 34 seriös verletzten Beamtinnen und Beamten) ein Hinweis auf alarmierende Opferrisiken Hamburger Polizisten.

13 Solche Tatbestände kann man im Nachhinein nicht mehr empirisch belegen, denn sie stammen aus dem Fundus von Geschichten, die in der (weitgehend schriftlosen) „Cop Culture" generiert und perpetuiert werden. Doch gibt es mittlerweile eine wahrnehmbare ethnographische Polizeiforschung in Deutschland, die diese „Alltagskultur" auch aufbereiten und analysieren kann (vgl. beispielsweise Jacobsen 2008 und 2011; Mensching 2008; Schweer et al. 2008)

14 Hanak et al. (1989) benannten ihr Buch nach eben diesem Motto.

Debatte[15] noch in Erinnerung haben, wird mit Verdichtungssymbolen eine Fülle von diffusen Tatbeständen zu einem einzigen griffigen Tatbestand verarbeitet. Viele Ärgernisse, *incivilities*, Belästigungen, Hundekot, Fahrradfahrer, laute Kinder, Bettler, Obdachlose, Angst vor Unbekanntem, verdichten sich zum Begriff der Gewalt, die sich dann folgerichtig auch überall zeigt. Gewalt ist zum flexibel einsetzbaren Begriff geworden und bezeichnet daher alles und nichts. Letztlich ist Gewalt das, was als Gewalt empfunden wird, und das ist für eine nüchterne Betrachtung relativ unbefriedigend.

Ich glaube, zweierlei macht Polizisten in der heutigen Gesellschaft zu schaffen: Im Publikumsverkehr ist es das subjektive Erleben, dass die Arbeit mit *der Kundschaft* unberechenbarer geworden ist. Ich fasse das unter den Begriff der so wahrgenommenen grassierenden *Insubordination*. Es ist das Aufbegehren des (oft: nichtbeteiligten) Bürgers gegen die Maßnahmen der Polizisten. Die Bürger tun vermehrt, wozu sie lange Zeit aufgefordert wurden: Sie legen die Angst vor der Polizei ab, sie mischen sich ein und verbinden dies u. U. mit der Darstellung von Zivilcourage. Durch sie hat die Nähe der Polizei zu vielen Bürgern und Bürgerinnen zugenommen, der Verlust von Autorität gegenüber einer bestimmten Klientel aber auch. Polizisten spüren, dass sich da in der Kommunikation etwas verändert. Sie nennen es Respektlosigkeit, Autoritätsverlust, Nichtachtung. Und sie definieren das als Beginn und/oder Kennzeichen einer erodierenden Beziehung zwischen Staat und Gesellschaft.

Dies bemerken besonders diejenigen Beamtinnen und Beamten, die selbst geringen Anteil an der Organisationsmacht haben: Junge Einsatzkräfte an sozialen Brennpunkten, Schichtdienstbeamte, Bereitschaftspolizei, eben die ‚handarbeitenden Polizisten', die nicht als bürgernahe Beamte arbeiten oder einen anderen Expertenstatus für sich reklamieren können (Kriminalpolizisten können das schon besser als Schutzpolizisten). Für sie bleibt der schwer verdauliche Rest der ansonsten ziemlich domestizierten Welt: Kieze, die nicht mehr beherrschbar zu sein scheinen, Innenstädte, die sich am Wochenende in Alkoholseen verwandeln, nicht mehr erreichbare Außenseiter, Menschen in menschenunwürdigen Umständen. Es wird zunehmend das moderne Prekariat sichtbar, das, abgehängt von Bildung und Wohlstand, sich gerade eben so durchschlägt und nicht gebraucht,

15 Durch die amerikanischen Kriminologen James Q. Wilson und George L. Kelling wurde der Ansatz etwa um 1982 in der Kriminologie populär. Die Metapher der „zerbrochenen Fenster" ist im Prinzip eine trivialisierende ordnungs- und kontrolltheoretische Fassung des auf Ovid zurückgehenden Spruches „*Principiis obsta*" („Wehret den Anfängen"). Die Annahme ist, dass ein Objekt, eine Situation, eine Gegend, die den Eindruck hinterlassen, dass man sich nicht um deren Erhaltung kümmert, zunächst Unordnung und dann Kriminalität auf sich ziehen. Zur weiteren Vertiefung eignet sich die Lektüre von http://www.kriminologie.uni-hamburg.de/wiki/index.php/Broken_Windows (13.06.12) sowie Hess (2004).

sondern eher ertragen wird. Das Ganze wird einigermaßen durch Sozialhilfe, Rund-um-die Uhr-Fernsehen und Alkohol sediert (vgl. zu den Erscheinungsformen und Entwicklungen von Armut exemplarisch Häusermann et al. 2004; Hartmann 2012; Kessl 2007). Die Polizei ist dort jeden Tag. Gerade junge Polizistinnen und Polizisten machen an diesen Orten die ersten und nachhaltigen Erfahrungen der *Vergeblichkeit ihrer Arbeit* und – wenn sie sensibel genug sind – über die *Paradoxie des Wohlfahrtsstaates*. Sie haben wenig spürbare Erfolge, es bleibt ihnen oft eine substanzielle Befriedigung versagt. Manche Polizisten fixieren sich auf Einsperrungszahlen und sie verzweifeln an der Rechtsordnung, wenn wieder ein Haftrichter jemanden aus der Untersuchungshaft entlassen hat, von dem die Beamten überzeugt waren, dass er oder sie da hineingehört. Ich glaube es den Männern und Frauen an der Basis der Polizei, die mir über die Jahrzehnte hinweg recht kontinuierlich sagen, ihr Dienst werde immer schwerer, aber ich glaube nicht, dass es die Gewalt ist, sondern die aggressive Kommunikation und die Insubordination (sehr ähnliches sagen auch Pflegekräfte, Justizvollzugsbeamte, Lehrpersonen, Fahrlehrer, Müllwerker, eigentlich alle, die mit Menschen in besonderen, situativ von anderen Ausschnitten abgegrenzten Bedingungen zu tun haben). Auch Beleidigungen sind in bestimmten Szenen und Milieus an der Tagesordnung, untereinander und auch der Polizei gegenüber. Das kann man beklagen, aber nach meinem Dafürhalten werden Polizisten und Polizistinnen heute nicht mehr als früher gezielt beleidigt, *sondern lediglich aus den alltäglichen Beleidigungsgewohnheiten der Klienten nicht mehr so häufig ausgenommen.* Das alles ist schwierig zu ertragen für Polizisten und Polizistinnen, gerade für junge und gerade für solche, die in behüteten Verhältnissen aufgewachsen sind. Diese Menschen leiden unter der „Paradoxie von Polizei“ am meisten. Denn ihnen wird zugemutet und zugesagt, Profis für Ambiguität und Konfliktmanagement zu sein. Dies ist Teil einer von Thomas Ohlemacher verschiedentlich[16] beschriebenen „Simulation“ von Ordnung bzw. rationalem Handeln einer professionellen Polizei. Es wird angenommen, unterstellt und so getan, als ob man alles beherrschen bzw. Ordnung herstellen oder halten könne, und es wird verdrängt, dass man täglich mit dem Scheitern dieser „Einrede“ zu tun hat. Schon die postulierte Annahme, man könne der Dynamik und der Logik von Macht und Ohnmacht, von Etikettierung und Diskriminierung, von Dominanz und Unterwerfung, von Sieg und Niederlage, von Erfolg und Scheitern, irgendwie entgehen, ist eine Simulation. Ich bin davon überzeugt, dass Polizeibeamte mehr unter einem, qua-

16 Zuletzt und sehr überzeugend im Zusammenhang mit dem Bildungsthema der Polizei in seinem Aufsatz „Polizei und Wissenschaft an polizeilichen (Aus-)Bildungseinrichtungen: Eine schwierige Beziehung mit Perspektive“ in: DIE POLIZEI 07/213, S.189

si dienstlich initiierten, Kommunikationsklima leiden, das intellektuelles Austarieren und gedankliches Probehandeln nicht zulässt, als unter der Bedrohung durch physische Gewalt durch die Klientel. Diese Veränderungen im Interaktionsgebaren sind es, die verdichtet werden zur Gewalt, der sie nichts Wirksames entgegenzusetzen haben. Die Mechanismen sind größtenteils den Beamtinnen und Beamten aber auch der Institution nicht bewusst. So lernen sie, die Simulation weiter zu denken, aber sie lernen z. B. nicht, dass man Teil des Problems ist, das man zu lösen hat[17].

Durch die Besetzung des Themas „Gewalt gegen Polizeibeamte“ und durch die Stilisierung von Polizisten und Polizistinnen als Opfer gelingt es den Gewerkschaften, von der Gewalt der Polizei ebenso abzulenken wie von einer Veränderung des Verhältnisses des Zivilgesellschaft zur Polizei. Sowohl die generelle Kennzeichnung von uniformierten Polizeibeamten und –beamtinnen als auch eine externe Kontrolle der Polizei sind für die Gewerkschaften[18] im Moment eine „no-go-area“. Andererseits fungiert der gesamte Gewaltdiskurs lediglich als Hilfsmittel, um auf die Nöte der Polizisten und Polizistinnen aufmerksam zu machen, die aber genau genommen nichts mit akuten Gewalterfahrungen zu tun haben.[19]

Schließlich ist noch darauf zu verweisen, dass mit der Thematisierung der Vulnerabilität der Polizisten und Polizistinnen auch eine Verletzlichkeit der Polizei berührt ist. Mit der impliziten (manchmal auch ausdrücklichen) Aufforde-

17 Jüngst wurde ich zufällig Zeuge einer Übung, in der Polizeischüler trainierten, eine Person aus dem Fahrzeug „zu sprechen“. Über den Platz hallte ein Stakkato an Aufforderungen, laut und schnell gesprochen, die ich selbst als entfernter Zuhörer, der nicht gemeint war, kaum in Handlung hätte übersetzen können („Hände auf das Lenkrad, nach links drehen, linken Fuß auf den Boden, langsam aussteigen, Hände nach oben, langsam umdrehen, ...“). Die Schüler haben alles zur Zufriedenheit der Kolleginnen und Kollegen erledigt, und die Übung wurde mit Applaus quittiert. Wenn man aber in einer Situation ist, in der man nicht verstehen will oder kann, dann nutzt diese Ansprache nichts, außer dass sie die rechtlich notwendige Vorbedingung einer polizeilichen Zwangsmaßnahme darstellt und die nächste Eskalationsstufe legitimiert. (Die Auszubildenden werden aber diese Übung hoffentlich noch oft wiederholen, bevor sie sie in die Realität überführen).

18 Hier sind insbesondere die GdP (Gewerkschaft der Polizei, Mitglied des Deutschen Gewerkschaftsbundes) und die DPolG (Deutsche Polizeigewerkschaft, Mitglied im Deutschen Beamtenbund) gemeint, der BdK (Bund deutscher Kriminalbeamter) scheint diese Debatte nicht mit Verve zu verfolgen.

19 In Hamburg wurden im Jahr 2011 ausweislich der internen Dienstunfallstatistik 214 Beamtinnen und Beamte durch Gewalteinwirkung verletzt, 35 von ihnen so schwer, dass sie den Dienst nicht fortsetzen konnten. Bei einem Aufkommen von 503.784 durch die Einsatzzentrale ausgelösten Einsätzen entspricht das einem Anteil von 0,042 % für alle Verletzungen und 0,007 % für die seriös Verletzten. Im Vergleich dazu verunfallten 316 Beamtinnen und Beamte im Jahr 2011 durch Sport oder auf dem Weg von oder zur Arbeit so schwer, dass sie länger als drei Tage dienstunfähig waren. Verglichen mit der Zahl der serös durch Gewalt Verletzten sind das neun Mal so viele Personen, die durch Sport etc. verletzt werden.

rung, sich Beleidigungen und kleinere Insubordinationen nicht mehr gefallen zu lassen, steigt die Sensibilität in der Polizei, es steigt auch die Anzeigebereitschaft der (gerade jüngeren) Beamtinnen und Beamten, und es steigt damit die Polizeiliche Kriminalstatistik (z. B. im Bereich „Widerstand gegen Vollstreckungsbeamte" gem. § 113 StGB). Letztlich kommt es – sozusagen lediglich – zu einer Verschiebung vom Dunkelfeld ins Hellfeld. Diese Zahlen geben den Dramatisierungsakteuren in gewisser Weise wieder Recht, denn das haben sie immer gesagt, allerdings unter der Gleichsetzung von „Widerstand" mit „Gewalt" (bzw. mit Verletzung von Personen). Um dies zu überprüfen, müsste man sich jede einzelne Widerstandsanzeige genau anschauen, um etwas zum Zustandekommen und zu den Auswirkungen einer Tat sagen zu können. Die Gleichsetzung des „Widerstands" mit „Gewalt" scheint mir jedoch empirisch nicht gerechtfertigt zu sein.

Der Sublimierungsprozess der Polizeiarbeit hat viel Gutes gestiftet, denn er hat gezeigt, dass die große Wertschätzung der Institution Polizei in der Bevölkerung nicht daher rührt, dass die Polizei martialisch von ihren Eingriffsbefugnissen Gebrauch macht, sondern dass sie darauf verzichtet. Gleichwohl hat dieser Konsens nicht alle Bürger mitgenommen, und er hat auch nicht alle Polizisten und Polizistinnen mitgenommen, viele Praktiker (und ihre Berufsvertreter) hängen noch im nostalgischen Stadium, in dem ‚das Wort des Schutzmanns noch etwas gegolten hat'. Ob das je gestimmt hat, wage ich zu bezweifeln. Und wenn schon, so müsste man sagen, dass die goldenen Zeiten endgültig vorbei sind, und eine andere Gesellschaft nicht in Sicht ist. Und von ‚der Gesellschaft' eine Veränderung zu erwarten, ist entweder völlig naiv oder populistisch. In beiden Fällen offenbart es jedoch ein höchst lückenhaftes Verständnis der sozialen Wirklichkeit – und von der Rolle der Polizei.

Literatur

Bässmann, J., und S. Vogt. 1997. *Community Policing.* Wiesbaden: BKA-Forschung.

Behr, R. 2000. Paradoxien gegenwärtiger Polizeiarbeit: Zwischen „Smooth-Policing" und „Knüppel-aus-dem-Sack". In *Staat, Demokratie und Innere Sicherheit in Deutschland,* hrsg. H.-J. Lange, 221-234. Opladen: Leske&Budrich.

Behrendes, U., und M. Stenner. 2008. Bürger kontrollieren die Polizei. In *Polizei und politische Bildung,* hrsg. P. Leßmann-Faust, 45-88. Wiesbaden : VS Verlag für Sozialwissenschaften.

BM.I. Republik Österreich, Bundesministerium für Inneres (o. J.). Polizei als Menschenrechtsschutzorganisation. Polizei. Macht. Menschen. Rechte. http://www.bmi.gv.at/cms/cs03documentsbmi/787.pdf . Zugegriffen: 22.11.2011.

Busch, H., A. Funk, U. Kauß, W.-D. Narr, und F. Werkentin. 1985. *Die Polizei in der Bundesrepublik Deutschland.* Frankfurt a. M.: Universität Frankfurt.

Ellrich, K., D. Baier, und C. Pfeiffer. 2012. *Polizeibeamte als Opfer von Gewalt: Ergebnisse einer Befragung von Polizeibeamten in zehn Bundesländern.* Baden-Baden: Nomos Verlag.

Feltes, T., und E. Rebscher (Hrsg). 1990. *Polizei und Bevölkerung.* Holzkirchen/Obb: Felix Verlag.

Feltes, T., und M. Punch. 2005. Good People, Dirty Work? Wie die Polizei die Wissenschaft und Wissenschaftler die Polizei erleben und wie sich Polizeiwissenschaft entwickelt. *Monatsschrift für Kriminologie und Strafrechtsreform* 1: 26-45.

Feltes, T. 2007. Polizeiwissenschaft in Deutschland. Überlegungen zum Profil einer (neuen) Wissenschaftsdisziplin. *Polizei & Wissenschaft* 4: 2-21.

Gewerkschaft der Polizei (GdP). 201. Auch Mensch. http://www.gdp.de/gdp/gdp.nsf/id/DE_AUCH_MENSCH?open&l=JG&ccm=200050. Zugegriffen: 30.04.2012.

Gössner, R. (Hrsg.). 1995. *Mythos Sicherheit. Der hilflose Schrei nach dem starken Staat.* Baden-Baden: Nomos Verlag.

Hanak, G., J. Stehr, H. Steinert. 1989. *Ärgernisse und Lebenskatastrophen.* Bielefeld: AJZ Verlag.

Hartmann, K. 2012. *Wir müssen leider draußen bleiben: die neue Armut in der Konsumgesellschaft.* München: Karl Blessing Verlag.

Häusermann, H., M. Kronauer, und W. Siebel (Hrsg.). 2004. *An den Rändern der Städte. Armut und Ausgrenzung.* Frankfurt a. M.: Suhrkamp.

Hess, H. 1998. Die Zukunft des Verbrechens. *Kritische Justiz* 31 (2): 145-161.

Hess, H. 2004. Broken Windows. Zur Diskussion um die Strategie des New York Police Department. *Zeitschrift für die gesamte Strafrechtswissenschaft* 116 (1): 66-110.

Jacobsen, A. 2008. „Was mach ich denn, wenn so'n Türke vor mir steht?“ Zur interkulturellen Qualifizierung der Polizei. In *Empirische Polizeiforschung X: Einflüsse von Globalisierung und Europäisierung auf die Polizei,* hrsg. B. Frevel, 44-55. Frankfurt a. M.: Verlag für Polizeiwissenschaften.

Jacobsen, A. 2011. Interkulturelle Kompetenz als Methode: Der situative Ansatz. In *Polizei und Polizieren in multiethnischen Gesellschaften, Reihe Soziale Probleme,* Heft 2, hrsg. D. Oberwittler und R. Behr, 154-172. Freiburg i.Br.: Gesis.

Kessl, F. (Hrsg.). 2007. *Erziehung zur Armut? Soziale Arbeit und die „neue Unterschicht“.* Wiesbaden: VS- Verlag.

Kunz, K.-L. 2008. *Kriminologie. Eine Grundlegung,* 5. Auflage. Bern: Staempfli- Verlag.

Lange, H.-J. 2013. *Versicherheitlichung des Bevölkerungsschutzes, Reihe Studien zur Inneren Sicherheit,* Band 15. Wiesbaden: Springer Verlag.

Lange, H.-J. 2009. *Auf der Suche nach neuer Sicherheit: Fakten, Theorien und Folgen.* Wiesbaden: Springer Verlag.

Lehne, W., und C. Schlepper. 2007. Die „präventive Wende“ in Deutschland: Auf dem Weg zum rationalen Sicherheitsmanagement? *Kriminologisches Journal, 9. Beiheft.*

Mensching, A. 2008. *Gelebte Hierarchien – Mikropolitische Arrangements und organisationskulturelle Praktiken am Beispiel der Polizei.* Wiesbaden: Gesis.

Möllers, M., H.W., und R. C. van Ooyen (Hrsg.). 2011. *Polizeiwissenschaft 1.* Frankfurt a. M.: Verlag für Polizeiwissenschaft.

Mokros, R. 2011. *Polizeiwissenschaft und Polizeiforschung in Deutschland. Versuch einer kritischen Bestandsaufnahme*. Band 2 der Reihe „Kriminologisch-polizeiwissenschaftliche Arbeitspapiere" der Ruhr-Universität Bochum. Holzkirchen: Felix-Verlag.

Neidhardt, F. 1997. Gewalt, Gewaltdiskussionen, Gewaltforschung. In *Gesellschaftliche Entwicklung, wissenschaftliche Verantwortung und Gewalt*. Symposium zur Gründung des Instituts für interdisziplinäre Konflikt- und Gewaltforschung der Universität Bielefeld am 16. April 1997 (Bielefelder Universitätsgespräche und Vorträge 7), hrsg. Universität Bielefeld. Bielefeld: Universitätsverlag.

Prigge, W.-U., und R. Sudek (Hrsg.). 2003. *Innere Führung durch Leitbilder? Eine Analyse des Leitbildprozesses bei der Polizei*. Berlin: WVB Verlag.

Riehle, E. 1992. Die Polizei – Dienstleistungsbetrieb oder Institution staatlicher Herrschaftssicherung? *Kriminologisches Journal*, 4. Beiheft: 34-45.

Riehle, E. 1988. Von der repressiven zur präventiven Polizei – oder: Die Verpolizeilichung der Prävention. In *Die Neue Sicherheit. Vom Notstand zur Sozialen Kontrolle*, hrsg. R. Appel, D. Hummel, und W. Hippe, 129-139. Köln: Kölner Volksblatt.

Schweer, T., H. Strasser, und S. Zdun. 2008. *„Das da draußen ist ein Zoo, und wir sind die Dompteure": Polizisten im Konflikt mit ethnischen Minderheiten und sozialen Randgruppen*. Wiesbaden: Verlag für Sozialwissenschaften.

Thieme, M. 2011. Polizei befürchtet Kollaps. *Frankfurter Rundschau*. http://www.fr-online.de/politik/sicherheit-polizei-befuerchtet-kollaps,1472596,4735320,view,asFitMl.html. Zugegriffen: 30.11.11.

Schütz, A. 1974. *Der sinnhafte Aufbau der sozialen Welt. Eine Einleitung in die verstehende Soziologie*. Frankfurt am Main: Suhrkamp.

The Ambivalence of Police Democratization. Notes from Argentina[1]

Máximo Sozzo

1. In Argentina since the middle of the 1990s, against a backdrop of a drastic economic, political and social transformation which entailed an extraordinary expansion of social exclusion and vulnerability and the rise of governmental alliances with neo-conservative and neo-liberal components, urban insecurity was socially constructed as one of the key social problems, under the language of "crisis", in the public agenda. This "crisis" was politically and socially translated into a "crisis" of crime control institutions and, particularly, of the police.

A political and cultural reading of this "police crisis" was built, particularly at the end of the 1990s, which was quite consistent –at least in the intentions of its proponents– with a "reformist" strategy. The failure of the police to cope with the urban insecurity crisis at that time was explained through the fact that this state institution was a deposit of authoritarianism that remained untouched and active within the context of the transition to democracy that began in the 1980s after long periods of military dictatorships. In this reading, police practices were particularly marked by the strong legacy derived from the active involvement of the police institution in the crimes of the State during the last military dictatorship from 1976 to 1983 –tortures, murders, illegitimate deprivation of freedom, forced disappearance of persons, etc. The very high level of use of force by the police institution was used as empirical evidence of this persistence after years of democratic governments. A large number of examples of daily arbitrary po-

1 During the preparation of this essay, Sebastian Scheerer visited for the first time the Universidad Nacional del Litoral at Santa Fe (Argentina) to teach a short course for our Master in Criminology students, beginning an ongoing collaboration that was reproduced in another, more recent, visit. Our students were delighted in both occasions by his classes and by his general attitude, marked by an openness and predisposition to talk and discuss with everybody – and not only for a couple of minutes – with equal interest. This combined with his talk in Spanish and frequent uses of videos to support his arguments, produced an enduring positive effect that is usually remembered by them. My conversations with Sebastian about the topic of this essay in that occasion were very interesting and, in some way, reflected on it, although the usual disclaimers apply here.

lice practices were added, particularly the detention of citizens without a court order – using as formal justification either the legal power of detention for identity checks or, in the city of Buenos Aires, until 1998, police edicts that define infractions and sanctions completely administered by the Argentinean Federal Police. In this reading also a connection was made, though in a rather lax way, between the persistence of authoritarianism within the police institution and the existence of extended networks of police illegality commonly described under the umbrella of "police corruption", especially as regards the active involvement of police officers in prostitution, gambling and traffic and commercialization of illegal drugs networks, but also in professional gangs involved in bank robberies or freight transport and cash-in-transit robberies. In this reading there was a certain language of "deficit" – though of a different kind than the one employed in the official police rhetoric to justify "regressive" positions and policies (Sozzo, 2005a; 2005b). On the one hand, more evidently, there was a deficit of legality of police activity. But also a deficit of legitimacy, in the sense that it was believed there was a great public distrust on the police institution mainly connected to frequent practices of police violence and corruption.

This political and cultural reading worked as one key element in the processes of "police reform" constructed in the name of the "democratization" and which – as we will see – were intended to solve both deficits identified above and also, to confront the urban insecurity crisis. These reform processes have had numerous peculiarities which are deeply embedded in the local contexts where they were developed – the provinces of Buenos Aires, Santa Fe or Mendoza[2] (Tiscornia 2000; Gonzalez 2005; Sozzo 2005b; Hinton 2005; 2006; Sozzo-Gonzalez-Montero 2010; Sain 2002; 2008; 2010). This essay does not want to describe these reform processes in detail, even though we will point out different elements from them. Its more modest aim is to analyze how they have channeled different ways of understanding the relationship between democracy and police, which in turn develop out of diverse interpretations of the first concept of this couple so widely used everywhere. In this respect we believe that the reflections that follow, although constructed around the police reform processes built in the name of democratization in the Argentinean context in the last fifteen years, have the ability to travel, especially to the cultural contexts of recent transitions to democracy.

2 Argentina is a federal state in which each province has its own police institution and there are four federal police forces –Policía Federal Argentina, Gendarmeria Nacional, Prefectura Naval Argentina and Policía de Seguridad Aeroportuaria.

2. The police reform processes taking place in contemporary Argentina embody two different ways of putting into effect the idea of a "democratic police" or a "police democratization", at times clearly distinguished, but many times closely intertwined, which subtly allow the display of two – at least partially – different governmental rationalities. In order to be able to understand these alternatives it is essential to open up a brief discussion on the very concept of democracy so as to find in the modern versions of the concept the conditions of the possibility of those variants.

In *On the Essence and Value of Democracy*, one of the most interesting classical texts discussing the concept of democracy in the 20th century, Hans Kelsen pointed out:

> "Democracy is the slogan which almost totally dominates the spirits of the 19th and 20th centuries. This is precisely the reason why it has lost, as it happens with all slogans, its specific sense. Following political fashions, this concept – the most exploited among all political concepts – has been applied to all possible ends and on every possible occasion and has taken on contradictory meanings at times, when it is not the case that the usual carelessness of stale political language diminishes it into a conventional phrase which bears no clear meaning" (Kelsen 1933, 11).

It was, therefore, essential for the Austrian author to assign a precise meaning to the concept, which was both an intellectual and a political task in the context of the crisis the German and Austrian democratic experiments were going through after WWI. Modern democracy is – in Kelsen's words – the "government by the people" – "if we have to be governed, let us at least be governed by ourselves" (Kelsen 1933, 16). But 'the people' does not exist as a sociological entity in which the "homogeneity of men" is forged, "split by national, religious and economic differences, it is more a bundle of groups than a compact, homogeneous mass" (Kelsen 1933, 30). As a result, the "will of the people" or "collective will", inescapably, will be the "will of the majority" and, in that way, will be "modernly" structured through "representation" mechanisms. Parliament, which is therefore an essential organ in modern democracy, is responsible for "the production of general acts which express the will of the State", i. e. the law. "Public administration" – including "administration of justice"– in turn produces "individual acts" which express the "collective will", i. e. the enforcement of the law. There is, in Kelsen's view, a practical impossibility in modern societies to democratize the production of each individual act expressing the collective will, even imagining the highest level of executive decentralization. It is thus inevitable the need for an "autocratic" organization of public administration, even in the context of democracy as a form of State, a "bureaucracy" ruled by the "principle of legality". The Austrian author does not see a contradiction in this, as the "bureaucratic system" must coexist with control mechanisms:

> "The future of modern democracy depends, to a great extent, on the development of a system of control institutions. Democracy without control will always be untenable, for disdaining the self-restriction imposed by the principle of legality represents democracy's suicide." (Kelsen 1933, 107).

According to Kelsen democracy is essentially "relativist" as regards political values – a "formalist" conception consistent with his formalist perspective in the field of legal theory. Democracy is in this sense a form of state which makes possible the creation of its own adversaries – unlike autocracy; opponents which are able to pronounce a "death sentence" for democracy through the democratic methods of producing the will of the state – a possibility Kelsen perceived, showing certain farsightedness, as an extremely probable bleak prospect in 1929.

> "Democracy is thus compatible with the greatest supremacy of the power of the state over the individual and even with the total annihilation of individual "freedom" and the denial of the ideal of liberalism. And History has proved that the power of the democratic state is not less inclined to expansion than the autocratic state" (Kelsen 1933, 24-5).

3. There is a vision of the idea of "democratic police" or "police democratization" in the reform processes in Argentina, which clearly shows a return to "liberalism" – understood as an "art of government"-, as it intends to recover and put into effect or fulfill the still partially unrealized promises typical of the liberal attempt of transforming the "old police" of the 17th and 18th centuries identified with the "ancien regime". Liberalism, as "rationalization principle and method for the exercise of government", was developed as an art of "frugal government", departing from a constant suspicion against the risk of "governing too much" and the correlative attempt to "build internal restrictions to the system of government itself" (Foucault 1997b, 120, 123; Burchell 1996, 21; Barry-Osborne-Rose 1996, 8; Rose 1996, 39; Dean 1999, 99). It is an "economic government", a government which economizes on its own costs – a greater technical effort to achieve more through a lesser degree of exercise of force and authority (Gordon 1991, 24; Barry-Osborne-Rose 1996, 8; Burchell 1991, 138 y 140; 1996, 22 y 26; Dean 1999, 115). As a reaction to the "totalitarian" nature of the "old police", liberalism from the late 18th century began a metamorphosis it characterized, on the one hand, by a certain "minimization of the police" and, on the other hand, by a certain "legalization of the police". Minimization in the sense of designing a police activity

which would no longer be in charge of "everything", of every detail in individual or social life, but of certain and specific things more or less precisely defined -crimes and misdemeanors. Legalization in the sense of designing a police activity subject to the law, which finds a limit in it – it is here that the opposition between the "rule of law" and the "police state" makes sense (Sozzo 2005a).

In this contemporary alternative, the role of the "democratic police" is to "enforce the law" – as regards crimes and misdemeanors – while "obeying the law". The idea of "rule of law" is widely exploited: the police institution as part of "public administration", in Kelsen's words, has the law simultaneously as the object and limit of its activity. This law is an "act which expresses the collective will", within the framework of representation and the construction of a majority in Parliament. The "demos" plays a central part when defining what the police must deal with – crimes and misdemeanors – and how they must do it – police procedures and faculties authorized by law. But it is an "indirect" role, because "democracy" itself is "indirect". In any case, in this vision of a "democratic police", the "demos", can also play a supplementary role controlling police activity – whether it is effectively adjusted to the law – mobilizing, through their complaints, different mechanisms which control police activity – both internal and external to the police institution, from the disciplinary to the judicial mechanisms- which should also work "enforcing the law, obeying the law", but now targeting the "democratic police" itself.

In the different Argentinian jurisdictions where police reform processes have taken place – as in other national contexts in Latin America – this vision of police democratization has been translated into three types of actions: 1) Restructuring police laws in order to adjust them to the "principles of the rule of law"; 2) Transforming in different ways police education processes and institutions as an initiative to modify police culture, as an instrument to build a police activity adjusted to the "principles of the rule of law" and respectful of "human rights"; 3) Modifying the way in which control mechanisms of police activity – internal and external – work, and creating new ones – mainly external – which aim at making "democratic police" "obey the law" while performing the task of "enforcing the law".

This first contemporary alternative of police democratization could be labeled as "kelsenian", as it is entirely consistent with the conceptualization of "modern democracy" promoted by the Austrian author that we have briefly described above. And has as its main objective coping with the deficit of legality in the police institution, which we have pointed out as one of the basic components of the political and cultural reformist reading of police crisis.

4. There is another, partially different vision of "police democratization" in the police reform processes in Argentina – as well as in other national contexts in Latin America–, closely connected to police discourses and practices which were produced since the 1970s onwards in the United States and are now spread across cultural frontiers in a sort of generalized exportation of ideas about police reform (Shering-Wood 1997; Bayley 2006). This is the understanding that can be usually found in the appeal to "community policing" and "problem-solving oriented policing" models (Moore 2003, 142). Within this framework it is said that there is an essential need for modern police to reconstruct its ways of acting so as to rectify the negative indicators of efficacy and efficiency, the strong public distrust in them -especially in those areas where the lower classes live – and their tendency to produce abuses and make excessive use of force. This new style of "democratic police" has its focus on the need to know the local communities' requirements, demands and needs in their areas or neighborhoods. Therefore it encourages the decentralization of police organization and the delegation of competences to police officials who operate in those settings in order to take decisions regarding the way police activity should be structured there. "New" police techniques are promoted in order to build a strategy of communication with the residents of a particular area: from an increase in walking patrols to setting up "mini-stations" in each neighborhood, from regular consultation meetings with groups of neighbors organized by police officials to door to door visits by police officials to every home in an area. Within this context of a strong relationship with the public the police must identify the problems – other than "incidents"- that the local community expects them to deal with – including the order of priority neighbors give to them. Those problems are not necessarily "crimes" or "misdemeanors" in legal terms. The police must also cope with "incivilities" and "disorders" which the local community finds worrying and threatening, as they affect their "quality of life". Even for these models of "democratic police" the levels of satisfaction and trust neighbors have about police activity largely depend on the capacity of "coping with" such "incivilities" and "disorders". Furthermore, within the context of this strong relationship with the public, it is essential that the police understand the way in which the local community expect them to answer to the most urgent problems. And also in this framework, the police must be "accountable for", keeping neighbors informed about the specific actions they have taken towards each problem they have given priority to, the state in which those actions are in and what has been achieved, becoming directly responsible before them. Thus, "democratic police" is rethought as a "service" and local communities turn out to be their "clients". However, in the "community policing" and "problem-solving-oriented policing" models there

is generally a recognition by the police institution itself of the limits of their activity as regards their traditional mission – crime control – which implies a strong appeal to the local community to become involved not only to define the problems the police should deal with and the way they should do it, but to go beyond their role of "clients", to become actively involved in the interventions to be made, what is generally known as "the co-production of security". This involvement of the local residents takes on different characteristics which range from making up groups of citizens to patrol the public space to adopting "neighborhood watch" schemes (Monjardet 2003, 257-265; Moore 2003, 117-144; Bayley-Skolnick 2002, 14-41; Crawford 1998, 124-160; Rosenbaum et al 1998, 173-200; Bayley-Shearing 1996, 588-591; Stenson 1993, 379-381).

In this vision of "police democratization", the "demos" plays a central role as – like in the previous one – it defines what the police must be responsible for – "problems" – and the way in which they must do it – "police interventions" – but no longer does it in an "indirect" way through the "law" produced by the Parliament, but "directly" within the context of a relationship based on permanent and immediate communication with individual police officials. It is, however, a fragmented "demos". It does not involve all the citizens exercising their political rights and being represented in the Parliament. It involves groups of residents living in the same neighborhoods, "local communities", isolated and independent from one another. These local communities provide definitions as regards both the object of police activity and the way it must be done. This fragmented "demos" can also play the supplementary role of controlling police activity – like in the other alternative of "police democratization" but not only "indirectly", through com – plaints via institutional mechanisms, but also "directly" within the context of the relationship based on permanent and immediate communication with the police institution. Besides, the direct involvement by these groups of residents – unlike in the other alternative- is not only circumscribed to what was mentioned before, but also implies the active involvement in interventions, in the implementation of solutions which, therefore, are no longer exclusive property of the "police".

This vision of "police democratization" clearly goes beyond the limits of the kelsenian conception of "modern democracy", as it triggers certain mechanisms of "direct democracy" in the field of "public administration", leaving aside, to a certain extent, the "legality principle" as a "self-restriction" mechanism and crossing the boundaries of that which the Austrian author calls the "state" or the "public sphere".

This vision does not imply a simple "return to liberalism". Explicitly, it does not aim at realizing the lines of transformation of the police project that we have identified as typically liberal. As regards minimization of police activity, by focusing on the idea of "problems perceived and defined by the local community" to determine its "object", it broadens the potential spheres of police interventions beyond crimes and misdemeanors defined by the law, including "disorders" and "incivilities" as well as a whole number of "emergencies" related to the "quality of life" in the urban contexts (Moore 2003, 116, 160-2). In the same way, the relation between this vision and the "legalization" of police activity is quite complex. Law is here displaced as a reference for the definition of the "object" of police activity, but it remains a limit to what the police can and must do, even when this can often cause problems for the relationship with the local community, which does not cheerfully accept this scheme of restrictions (Moore 2003, 140; Reiss 2003, 109; Stenson 1993, 385).

As Kevin Stenson (1993, 381) clearly states, it seems that the "community policing" and "problem-solving-oriented policing" models are politically multipurpose, as different governmental rationalities and programs can appeal to them or ally with them under different circumstances, emphasizing certain specific elements. However, there is certain privileged "elective affinity" of this alternative of "police democratization" with "neo-liberalism" or "advanced liberalism" (O'Malley 1996, 205-6; 1997, 367). "Neo-liberalism" or "advanced liberalism" should be considered a reaction to "welfarism" or "collectivist liberalism" which characterized the "golden age" of the Welfare State. This reaction, however, did not simply imply restoring the principles of classical liberalism. This opposition which marks its own birth fostered the development of certain innovations in the governmental imagination and techniques (Foucault 1997a, 123-4; Rose-Miller 1992, 198; O'Malley 1997, 368; Rose 1996, 50-61; 1999, 137-166). Confronting what it considers as the "dependent individuals" of welfarism, neo-liberalism expressed the need of constructing "independent and active individuals" and this "constructivism", to a certain extent, separates it from the typical "naturalism" of "classical liberalism" (Gordon 1991, 41; Barry-Osborne-Rose 1996, 10; Burchell 1996, 23). To that end, it revalidated the old idea of "free market" as the privileged setting for that construction, but in a "radical" way, as it promoted the transformation of the "state" itself according to its typical characteristics, making the "commercial enterprise" the paradigmatic example on which all institutions must be based on, even state institutions (Rose-Miller 1992, 199; Burchell 1996, 29; O'Malley 1997, 368). "Neo-liberalism" promoted the "privatization" – total or partial – of areas or services formerly provided by the "state". And this "privatization" involved a "responsabilization" process (O'Malley 1992, 266; 1996, 199-202; 1997, 370; Burchell 1996, 29; Valverde et al. 1999, 15-16). Rational, independent, responsible and enterprising individuals must be "prudent", must "choose" (Gordon 1991, 43-44) how to protect themselves against adversities in life (O'Malley 1992, 265; 1996, 199-201; 2001, 89-90). And if they decide to participate in an "aggregate", they no longer do it on a molar axis – "society" – but around a micro axis, the different possibilities of creating a "community" –around different cohesive elements, from the place they live in to their "sexual orientation" (Rose 1999, 167-197; Valverde et al. 1999, 19-29).

In the field of "security production", the birth and development of the "private security industry" is the most extreme expression of the impact of neoliberalism. "Community policing" and "problem-solving-oriented policing" models could be regarded as more moderate expressions of this political rationality – and, in this way, they could be understood as "relatives" of the "for profit" privatization (Shearing-Bayley 1996, 597). Here a state institution – the police – "shares" activities and responsibilities with the "local community", with the groups of residents – imagined "consumers" or "clients" but also "partners" – in the framework of a "partnership" language which blur the distinction between "public" and "private" spheres. (O´Malley 1997, 370-2; Crawford 1998, 169-186; Hughes 1998, 75-103).

In the different Argentinean jurisdictions where police reform processes have taken place this vison has been translated into a twofold "community appeal": 1) organizing regular meetings between residents and police officers of an area or neighborhood to discuss problems and solutions related to urban insecurity – under different names: "neighborhood committees for community safety", "neighborhood security forums", etc; 2) organizing neighborhood watch schemes – under different names: "Alert Plan", "Citizen Alarm", etc; 3) campaigning for the adoption of routines and devices for auto-protection by residents.

5. Both alternatives of "police democratization" in the reform processes in Argentina, between liberalism and neo-liberalism, have strong limits. Both make a "fetish" of a key element in their singular interpretation of "police democratization", turning it into something "obvious" and "objective", when they are, in fact, a result of human activity and, as such, are affected by conflicts and struggles, which seriously jeopardize their so-claimed "democratizing" potential (Marx 1976, 101-103).

The first vision of "police democratization" exudes a "fetishism of law". This liberal approach conceives the law as something objective, clear and evident. And this is – and was – simply not true in relation with policing. First, because what the law states must be always interpreted and, interpretation is basically an activity with a certain degree of creativity and subjectivity – even when the myriad of possible senses is not infinite as Hans Kelsen reminded us, and this makes possible that different interpreters hold different views about policing in relation with the same legal text and such conflict over legal interpretation is a political struggle which confronts actors with diverse forces. Second, because what the law states about policing has generally been highly ambiguous and vague allowing the "ex post facto" authorization of almost any kind of police activity. In the light of these recent police reform experiences, it seems that the task of imposing legal regulations according to the principles of the "rule of law" through different initiatives that is promoted by this vision will always be, to a certain extent, insufficient and will always have, at best, a marginal utility. Rather than "applying law", since its beginnings, modern police has been primarily concerned with "using law" to make sense and justify what they effectively did and do (Neocleous 2000, 99-106; Reiner 1997, 1008-1014; Shearing-Brogden 1993, 112-114).

The second vision of the "democratic police" exudes a "fetishism of community". The "community policing" and "problem-solving-oriented policing" models hold a view of the "local community" as an entity which exists in the contemporary city, a group of residents which not only share a territory but also a "sense of belonging" or "sense of community" understood as a source of "common attitudes, interests and identities" (Crawford 1998, 157; Hughes 1998, 105-6). This "local community" is not, in fact, pre-existent to the "community policing" and "problem-solving-oriented policing" discourses and practices which appeal to this entity and manage – only to a certain extent – to mobilize residents around it in order to "produce security", "working together" with the police institution. The group of residents of a neighborhood in a contemporary city can have different levels of "homogeneity" as regards the multiple sources of social differentiation – class, age, sex, ethnicity, etc. – but it can never form a single unit in all these respects. As regards each of them, the group of residents will always be split in rather extreme or radical ways, involving each of the aggregates which are likely to be identified, greater or smaller number of people. The visions the different aggregates would have as regards the problems the police must cope with, how they must do it and whether citizens must be actively involved can be extremely different from one another – especially when the idea of "law enforcement" as the essential mission of the police has been eroded. The "community policing" and "problem-solving-oriented policing" practices have generally proved to be more difficult to develop in poor neighborhoods than in affluent ones, because in the former settings there is a strong public distrust confronting police officers and their traditional practices of "order maintainance" through harassment, detention and use of violence (Shearing-Bayley 1996, 595). But even in those neighborhoods whose make-up, as regards class, is not uniform, or in middle-class and upper-class neighborhoods, the "community appeal" of this alternative of "police democratization" only results in the involvement of certain relatively homogeneous sectors within the group of residents, which are often similar in different cultural contexts (Bayley-Shearing 1996, 597). This is why the expression "hard to reach groups" has been coined in the literature on evaluation of these "community appeals" (Newburn 2002, 111), making reference to those sectors which are constantly excluded from this "local community involvement" (homosexuals, prostitutes, adolescents, young people, the poor, etc). The sectors which are effectively "involved" – often through "representatives" whose "representativeness" is not democratically founded – are those which constitute the "local community", systematically excluding those "hard to reach groups". In this way, they usually create an image of the "criminal" as a "foreigner", completely separate from "us", who "invades" the "local community" and against whom it is necessary to "defend ourselves", building up a "fortress mentality" (Crawford 1998, 262-266).

Our present poses the central dilemma about how to take up the challenge Pier Paolo Pasolini (1968) lucidly presented over 45 years ago: "as regards the police we can't be other than reformist" and being "reformist" means fighting "for a democratic police". Is it possible to develop – both in discourses and practices – a "democratic police" without resorting to the fetishisms these briefly depicted alternatives involve? Is it possible to neutralize the "perverse effects" caused by "law fetishism" and "community fetishism"? And to what extent?

It seems that police "democratization" should not be considered – especially in our context, but in no other either – as an absolute and definite solution to the deficiencies the police had and still has in modern times. The "reformist" vocation could only be embodied as "democratizing" interventions within a field of forces with hefty doses of inertia and resistance. In his context, it is necessary to promote the realistic objective of minimizing the pains caused by police activity, offering alternatives which are always open to be self-critically and thoughtfully reviewed so as to warn against its potential "perverse effects". More than twenty years ago, Stanley Cohen pointed out in an influential essay the dilemmas about the relationship, in the crime control field, between "political commitment" –which makes us act – and "intellectual skepticism" – which makes us hesitate, revealing the perverse effects actions always have. He said: "Those two worlds are divorced…All we can do is to find the best guide for each of them, so that we can later face the tension that might rise between them. All in all, the only guides we have are, first, our sense of social justice and, second, all the time we have the twenty-four hours of the day" (Cohen 1994, 28).

References

Bayley, D. 2006. *Changing the guard. Developing Democratic policing abroad.* Oxford: Oxford University Press.

Bayley, D., and J. Skolnick. 2002. *Policiamento Comunitario.* Sao Paulo: ED USP.

Bayley, D., and C. Shearing. 1996. The future of policing. *Law and Society Review* 30 (3): 585-606.

Barry, A., N. Rose, and T. Osborne. 1996. Introduction. In *Foucault and Political Reason. Liberalism, Neoliberalism and Rationalities of Government*, eds. A. Barry, N. Rose, and T. Osborne. London: UCL Press.

Burchell, G. 1996. Liberal Government and techniques of the self. In *Foucault and Political Reason. Liberalism, Neoliberalism and Rationalities of Government*, eds. A. Barry, N. Rose and T. Osborne. London: UCL Press.

Cohen, S. 1993-1994. Escepticismo intelectual y compromiso político: la criminología radical. *Delito y Sociedad* 4-5: 3-31.

Crawford, A. 1998. *Crime Prevention and Community Safety. Politics, Policies and Practices.* Harlow: Longman.

Dean, M. 1999. *Governmentality. Power and Rule in Modern Society.* London: Sage.

Foucault, M. 1997a. Security, Territory and Population. In *Ethics, Subjectivity and Truth. Essential Works of Foucault, 1954-1984*, ed. Michel Foucault. New York: The New Press.

Foucault, M. 1997b. Nacimiento de la biopolítica. *Archipiélago* 30: 119-124.

González, G. 2005. Las Reformas Policiales en la Argentina: Hablando de las Estatuas de Naipaul. In *Seguridad y Reformas Policiales en las Américas. Experiencias y Desafíos*, eds. J. Bayley and L. Dammert. México D.F: Siglo XXI.

Gordon, C. 1991. Governmental Rationality: an Introduction. In *The Foucault Effect: Studies in Governmentality*, eds. G. Burchell, C. Gordon, Colin and P. Miller. Hemel Hempstead: Harvester Wheatshef.

Hinton, M. 2005. A distant reality: Democratic policing in Argentina and Brasil, *Criminal Justice* 5 (1): 75-100.

Hinton, M. 2006. *The state on the streets. Politics and police in Argentina and Brazil.* Boulder: Lynne Riener Publisher.

Hughes, G. 1998. *Understanding Crime Prevention.* Buckingham: Open University Press.

Kelsen, H. 1933. *Esencia y valor de la democracia.* Barcelona: Ed. Labor.

Marx, K. 1976. *El capital.* Madrid: Akal.

Monjardet, D. 2003. *O que faz a policía.* Sao Paulo: Ed. USP.

Moore, M. H. 2003. Policiamento comunitário e policía mentó para a solucao de problemas. In *Policiamento Moderno,* eds. Michael Tonry and Norval Morris. Sao Paulo: Ed. USP.

Neocleous, M. 2000. *The Fabrication of Social Order.* London: Pluto Press.

Newburn, T. 2002. Community safety and policing: some implications of the Crime and Disorder Act 1998. In *Crime Prevention and Community Safety: New Directions*, eds. G. Hughes, E. McLaughlin and J. Muncie. London: Sage.

O'Malley, P. 1992. Risk , Power and Crime Prevention. *Economy and Society* 21 (3): 252-275.

O'Malley, P. 1996. Risk and Responsibility. In *Foucault and Political Reason. Liberalism, Neoliberalism and Rationalities of Government*, eds. A. Barry, N. Rose and T. Osborne. London: UCL Press.

O' Malley, P 1997. Policing, politics and postmodernity. *Social and Legal Studies* 3: 362-381.

O'Malley, P. 2001. Risk, Crime and Prudentialism Revisited. In *Crime, Risk and Justice*, eds. K. Stenson and R. P. Sullivan. Devon: Willan Publishing.

Reiner, R. 1997. Policing and the Police. In *The Oxford Handbook of Criminology*, eds. R. Reiner, R. Morgan and M. Maguire. Oxford: OUP.

Reiss, A. Jr. 2003. Organizacao da Policia no Seculo XX. In *Policiamento Moderno*, eds. M. Tonry and N. Morris. Sao Paulo: Ed. USP.

Rose, N. 1996. Governing "advanced" liberal democracies. In *Foucault and Political Reason. Liberalism, Neoliberalism and Rationalities of Government*,Barry, eds. A. Barry, N. Rose and T. Osborne. London: UCL Press.

Rose, N. 1999. *The Powers of Freedom*. Cambridge: Cambridge University Pres.

Rose, N., and P. Miller. 1992. Political power beyond the State: problematics of government. *British Journal of Sociology* 42 (2): 173-205.

Rosenbaum, D., A. J. Lurigio, and R. C. Davis. 1998. *The Prevention of Crime. Social and Situational Strategies*. Scarabourgh: West /Wadsworth.

Saín, M. 2002. *Seguridad, democracia y reforma del sistema policial en la Argentina*. BsAs: Fondo de Cultura Económica.

Sain, M. 2008. *El Leviatan Azul. Política y Policía en Argentina*, BsAs: Siglo XXI.

Sain, M. 2010. *La reforma policial en América Latina*. Buenos Aires: Prometeo.

Shearing, C. 2003. A Relacao entre Policiamento Publico e Policiamento Privado. In *Policiamento Moderno*, eds. M. Tonry and N. Morris. Sao Paulo: Ed. USP, Sao Paulo.

Shearing, C., and M. Brogden. 1993. *Policing for a New South Africa*. London: Routledge.

Shearing, C., and J. Wood. 1997. Toward Democratic Policing: Rethinking Strategies of Transformation, In *Policing in Emerging Democracies*, Washington: NJI.

Sozzo, M. 2005a. Metamorfosis de los discursos y las prácticas sobre la seguridad urbana en la Argentina. In *Seguridad y Reformas Policiales en las Américas. Experiencias y Desafíos*, eds. J. Bayley and L. Dammert. México D.F.: Siglo XXI.

Sozzo, M. 2005b. *Policía, Violencia y Democracia. Ensayos Sociológicos*. Santa Fe: UNL Ediciones.

Sozzo, M., G. Gonzalez, and A. Montero. 2010. ¿Reformar la policía? Representaciones y opiniones de policías. In *Por una sociología crítica del control social. Ensayos en honor a Juan Pegoraro*, ed. M. Sozzo. Buenos Aires: Editores del Puerto.

Stenson, K. 1993. Community policing as a governmental technology. *Economy and Society* 22 (3): 373-389.

Tiscornia, S. 2000. *Violencia Policial, Derechos Humanos y Reforma Policial*. Delito y Sociedad, Bs. As. 14.

Valverde, M. 1999. *Democracy in Governance: A Socio-Legal Framework*, Report to the Law Comision of Canada on Law and Governance Relationships. Ottawa: Law Commission of Canada.

Peculiar Institution: America's Death Penalty Today

David Garland

In coming to terms with America's system of capital punishment we need to answer three explanatory questions. *First: Why the death penalty disappeared throughout the West.* A practice that was once universal has now all but disappeared. What happened? To answer this, we need a theory focused on state formation and development and its implications for the use of violence. Violence, especially lethal violence and the power to kill one's enemies, were once an elementary particle of state power. These powers were crucial in the process of early state formation – to monopolize legitimate violence; to disarm and pacify the population. They became both unnecessary and problematic as states developed into liberal democratic polities with a settled social order. Interests of state, as perceived by state officials – and as influenced by social forces and sentiments – explain the long-term course of capital punishment practice.

Second: Why the death penalty persists in the USA, to the extent that it does, in the places that it does, in the specific forms it does. Here we need a theory of the US state, its history, its contemporary character, and their impact. In particular, we need to consider (i) The failure of the American state fully to monopolize legitimate violence (slavery, police powers in private hands, the frontier) or fully pacify the population – generating high levels of interpersonal violence and persistently high homicide rates. (ii) The devolution of control over the power to punish to a radically local, populist democratic process; (iii) The tendency of the US Supreme Court to uphold the "will of the (local) people" in this respect, while simultaneously imposing multiple due process requirements.

Third: How the death penalty functions in the USA today. It seems evident that the standard criminal justice purposes do not adequately explain the structure and functioning of the death penalty today. Deterrence, retribution, incapacitation, and victim satisfaction are stories we tell ourselves, not functional properties of the institution. We need a theory of the political and cultural uses of capital punishment; a theory about putting death into discourse for power, profit and pleasure. These "uses" of capital punishment are sectional, rather than social. They involve action by specific groups who make the death penalty work for them, who seek to manipulate its possibilities and benefit from its existence.

My claim is not that the death penalty is functional for "society" – rather it is made to function for specific groups and specific sections of society. Nor is my claim that these functional uses explain the persistence of the death penalty. Rather, my claim is that given the (contingent) persistence of capital punishment – an outcome shaped by America's political institutions and the politics of the last forty years – these actors have put the death penalty to a variety of uses, producing a variety of effects. Many of these effects are achieved by the discourse of death rather than by death itself – hence the disproportion between death penalty talk and death penalty deaths – though actual executions are necessary to sustain the credibility of the system and its discourses.

Let me explain this essay's title. What does it mean to refer to America's death penalty as a "Peculiar Institution"? *First meaning: a comparative anomaly.* Everywhere else in the liberal democratic western world, the death penalty has been decisively abolished. The Council of Europe and the European Union regards abolition as a condition of membership and as an important symbol of European identity. The International Criminal Court deals with genocide and crimes against humanity but has no power to impose the death penalty. Australia, New Zealand, Canada, South Africa, and many more besides are also abolitionist.

America's death penalty is, in that comparative context, *a peculiar institution*, an anomaly. This is especially puzzling when one considers the long-term history. For most of the last 200 years, America (or at least certain of its regions) was in the forefront of death penalty reform. States such as Michigan, Wisconsin and Rhode Island abolished capital punishment in the 1840s and 1850s, long before most European nations. How did US go from being in the western mainstream to being an outlier? From vanguard to laggard?

Second meaning: an observation about institutional design. If we look at the practice of capital punishment in America, its practical enactment, America's death penalty seems *peculiar* in a second sense – it seems oddly designed, poorly adapted to the ends it is supposed to serve.

Death penalty exists in 33 states and the federal government, but these "death penalty" states "have" the death penalty in very different ways. Some have the law on the books but never sentence anyone to death. (e. g. New Hampshire until 2008). Some impose a few death sentences but never execute any of them (Kansas; the US military; New Jersey before it repealed it in 2007). Some sentence many offenders to death but execute very few (California – 720 inmates on death row; only 13 executions since 1976). While others have the law, sentence offenders, and regularly carry out executions (Texas – 477 executions since 1976; Virginia 108; Oklahoma 96; Florida 69). And of course 17 states, plus the District of Columbia, have abolished capital punishment altogether.

Death sentences are very rare, at least when compared to the number of murders committed. There were 77 death sentences last year (112 in 2009; 114 in 2010; 78 in 2011) – while there were around 14,000 homicides. (This is down from more than 300 sentences per year in the 1990s.) And once a death sentence is imposed, the case begins its long journey through the appellate and post-conviction review process. Typically nine stages, often more. In that process, a great number of death sentences are reversed: Between 1973 and 1995 fully 66 % death sentences were over-turned. (Liebman, Fagan, West, "Broken System") Exonerations also occurred: in 138 cases, 17 because of DNA evidence. Finally, the death penalty "exists" around the country but it is executed primarily in the South: more than 80 % of executions since 1976. Texas alone accounts for more than 1/3 of the 1290 executions.

Death row: The number of death sentenced prisoners awaiting execution is currently around 3,250. Today, the practical, lived reality of a sentence of "capital punishment" is actually lengthy, decades-long, incarceration on "death row" awaiting news of one's execution date or, more likely, of the reversal of one's sentence. The primary cause of death of murderers sentenced to death is, in fact, natural causes. The percentage of murders that results in executions is miniscule – less than 1 %. In 2011 there were 43 executions. (2010: 46 executions; 2009: 52. So far this year – as of August 10th – there have been 26 executions.) Recall, there are about 14,000 homicides annually. And, in the 1990s – from when many of today's execution cases date – there were more than 20,000 annually.

We should think too about the chosen method of execution – the lethal injection – which is designed to avoid pain (or at least the sight of pain) and to respect the body of the offender (or perhaps the sensibilities of the witnesses). This event takes place behind closed doors in front of witnesses who are prohibited from making notes or taking photographs. This is execution as an embarrassed form of euthanasia, not full-throated retribution.

All of this is, I would suggest, quite peculiar. Certainly it is quite different from the normal means of enforcing a law or carrying out a punishment.

In the light of these arrangements, it is, I think, quite implausible to argue that the US death penalty operates as an effective deterrent, or an effectively retributive punishment. If the death penalty is a functional social institution in America today – and its constant reproduction and re-investment of energies and resources strongly suggest that it is – these functions are not the conventional criminal justice or crime control ones. For an account of the system's functions, we will have to look elsewhere.

So, how did we come to have capital punishment in this peculiar form? Why does this form persist? And, why do we invest so much energy and so many resources in an institution that is seemingly so ineffective?

The third meaning of *"Peculiar Institution"* is an historical reference to *slavery and racial violence.* America's death penalty is peculiar in being anomalous, and peculiar in being oddly designed. But the primary reference of the book's title is, of course, to the "Peculiar Institution" of racialized chattel slavery, to Kenneth Stampp's 1956 classic on Slavery in the Antebellum South, and to the legacy of Jim Crow segregation, racial violence, and lynching that slavery produced.

A striking feature of today's death penalty is the persistence of racism in its application, especially in the South. Not crude race-of-defendant discrimination so much as race-of-victim discrimination. This, together with the inadequate assistance of counsel for poor defendants, evokes memories of lynching and its more respectable cousin, legal lynching. As Stuart Banner says, "When we think about the death penalty, we think....of black victims and white mobs, of black defendants and white juries, of slave codes and public hangings." (*The Death Penalty: An American History,* 2006)

Of course, the *form* of today's death penalty does *not* resemble a lynching: elaborate legal process, lethal injection in a state prison, carried out by state officials, many years after a conviction in a court of law. But the *social dynamics* that produce these executions are much the same as those that produced lynchings 100 years ago: inter-racial crimes, enraged passions and powerful community sentiments in racially divided southern counties; compliant local officials; and the adoption of a hands-off approach by national government officials.

Normatively, the key question is, why does the US retain capital punishment. Sociologically, a prior and much more interesting question is, why did so many nations abandon the death penalty – a practice that was once universal and which has lost none of its capacity for terror and effective elimination?

So, how are these phenomena to be explained? Let's take the first question: *Why does the death penalty persist in the US today?* The first thing to notice here is that it barely persists. As we have seen, the American death penalty today is mostly a conflicted, ambivalent, attenuated version of the institution. It has been narrowed, reduced and restrained by 200 years of legislative change and 40 years of Supreme Court jurisprudence. In fact – if one can risk a morally-insensitive sociological observation – it is mostly a matter of discourse rather than death, of talk about execution rather than executed sentences. America may not have fully abolished the death penalty – as all other western nations now have – but it has certainly diminished its use and surrounded it with legal and cultural restraints.

Second, the reason why the death penalty is able to persist in places like Texas or Virginia today is the same reason why the death penalty was able to be abolished in places like Michigan and Wisconsin 160 years ago. The State of Michigan abolished capital punishment in 1846, more than a century before most of the European nations. Michigan was able to do so, because in the USA, control of the power to punish is devolved to the States. In America – in contrast to the other Western nations – the power to punish, to enact criminal law, and to decide penal sanctions, is a local not a central or national power. Each of the 50 states possesses that power. They each decide whether and how to use it. Some states – usually homogenous, low–crime, Northern liberal-Democratic states – have abolished it. Other states – often racially-divided, high-crime, Southern, conservative-Republican – have retained it. It is a state choice, not a national one. (Indeed, the decision to mount a capital prosecution is even more local, occurring at the county level.)

Moreover, in another striking contrast with Europeans, the decision to indict is made *not* by "neutral" civil servants but by locally-elected prosecutors who are, in effect, *politicians*. Just as the decision to sentence an offender to death is made not by a life-term judge but by local death-qualified juries in front of elected state judges. (You will look in vain for nations in Europe that have adopted such a radical, localist, populist form of democracy. The only example of it I could find is in Karl Marx's writings on the Paris Commune of 1870, where he proposes that the police, judiciary, and other officials ought all to be "elective, responsible, and revocable.")

These facts about the American system are very important. They explain the marked variation that characterizes the nation's death penalty practices. Local group relations, local homicide rates, local legal professionals, and local politicians are allowed, by the federal structure, to shape local outcomes. But they are significant in another respect too. Whenever the death penalty has been abolished in other countries, that abolition has occurred by means of a top-down, counter-majoritarian reform by national governing elites, undertaken despite the wishes of a majority of the population. The death penalty has never been abolished because it became unpopular with the mass of the people. It has been abolished because it has become inessential and problematic for state power and because governing elites have chosen to defy majority public opinion and abolish it. (France in 1981: 73 % support for retention; Germany in 1949: 66 % support for retention; in Britain in 1995, 30 years after abolition, 76 % support for reintroduction. In Canada in the same year, 65 % support.)

In the USA, the national government – the US Congress – lacks the legal power to impose a nation-wide abolition. (To do so would require a Constitutional Amendment, which requires 2/3 votes in both Houses and ratification by ¾ of the states.) Because of America's populist, majoritarian politics, Congress also lacks the will. (Elsewhere elections occur much less frequently, party voting is more important, and primaries don't exist.)

The structure of the American polity must play a prominent part in our explanation – as part of a comparative history of state formation and development in the Western nations generally. Before asking why the US retains capital punishment, we have to ask a prior question – why did the western world abandon this practice? We can then situate America's history in relation to this broader one. Why did the death penalty slowly decline and then largely disappear throughout the western world? This is a profound question of real interest to sociologists. Recall that the death penalty was, as recently as 300 years ago, a cultural universal. Every organized society used the death penalty for a wide variety of offences. Today it is prohibited by all but one western government and regarded as a violation of human rights.

What happened? Death did not lose any of its efficacy or its terror. The threat of execution is as powerful today as ever, perhaps even more so given our quality of life. But the conditions of its use by the state have changed markedly, making it less necessary and also less legitimate. Beginning about the late 18th century, the existence of alternative methods of punishment (especially the prison but also transportation to the colonies) and of stable, "enlightened" governments, made it possible to envision a reformed "criminal justice" that did not rely in punishments of torture and death.

What were the processes of transformation that drove these modal changes in the form and function of capital punishment? It could not have been modernization or economic development – or at least not these alone. There are many modern societies that use capital punishment – the USA, Japan, Singapore, today. In the recent past, the Soviet Union, Nazi Germany, Fascist Italy and the military junta in Spain and Portugal were clearly modern nations and also enthusiastic death penalty states. The key to understanding this process is not the development of the economy – or even the civilization of manners – but instead the character of the state.

The death penalty is always and everywhere an exercise of state power. And for much of modern history, it has been an elementary particle of state power, essential to the establishment and maintenance of the state's monopoly of violence. The primary determinant of the use of capital punishment is the character of the state that uses it. Liberal-democratic states, especially liberal-democratic welfare states, tend to abolish. Other states – whether authoritarian, communist, socialist, or theocratic – tend to retain. Beyond the *political character* of the state, which is the primary determinant, the following circumstances are also determining: (a) the state's *context of operation* (the extent to which the territory is pacified; the population disarmed; internal enemies defeated; and social order established.); (b) the state's capacities for control (the extent to which its powers are supported by an infrastructure; the existence of a police force; prisons; social policy; the consent of the population.); (c) the nature of the political and cultural forces shaping state action. The most important of these forces in bringing about the reform and abolition of the death penalty have been liberalism and democracy and their cultural corollaries – civilized sensibilities and humanitarian ethics.

We might note, however, that although democrats have often opposed capital punishment, associating the power of the sword with tyranny, the death penalty is quite compatible with democratic government. Indeed, majority rule, by itself, would typically lead to capital punishment's retention and use. Liberalism, on the other hand, with its distrust of state power, its commitment to protecting individual life and liberty, its respect for the rule of law, and its anti-absolutist values of doubt and tolerance, has been the chief enemy of capital punishment.

And although much death penalty reform has been undertaken in the name of "civilized" values, the culture of civilization is chiefly intolerant of *displays* of suffering and cruelty and often willing to tolerate such behavior if it can be hidden or rendered less aesthetically repulsive. Hence the abolition of the public execution but retention of executions in private. Hence the lethal injection, etc. It is humanitarianism with its horror of violence and cruelty and its concern for the sanctity and dignity of the individual that is most effectively opposed to the death penalty. The theory I would propose to explain these developments is therefore a *state-centric* one. I argue that the rise and fall of the death penalty in the West is to be explained by the changing capacities, institutions and interests of the nation state.

All these processes were general social processes, affecting every western nation, including the USA. But each nation's history of state formation is a specific one, as is its history of capital punishment, and the specific history of the American state is what explains the trajectory of capital punishment in this country. Particularly, the distinctive process of state formation that shaped the American polity (radical federalism, weak central state, local autonomy, early democratization, politicization of state agencies, including criminal justice, absence of intermediate institutions, incomplete disarmament and pacification of the population, high levels of interpersonal violence, racial and regional divisions, southern defiance of federal power, etc.).

Throughout its history, state power in America has been more divided, more contested, and more subject to local popular control than is true elsewhere. (This is why I reject the Foucauldian model and substitute the heuristic of lynching-as-popular-justice for that of the sovereign state.) The development of state capacity (especially police, prison, etc.); the imposition of social order and the pacification of everyday life; the coming of liberalism and full democracy; the emergence of a welfare state – all of these processes made the death penalty practically inessential and politically and culturally problematic in the USA, just as they did elsewhere. They transformed our use of capital punishment and the form that capital punishment takes.

But each nation's history of state formation is a specific one – and the distinctive history of American state formation is the context in which to understand the development of America's death penalty. In particular, America's radical local democracy made it difficult to complete the last stage of long-term reform process, i. e. national abolition. The mechanism that produced nation-wide abolition in other nations – top-down, counter-majoritarian reform by a governing elite – was absent here. We would require 52 separate abolitions – and over the course of American history only about half the states have gone that route, with several of them subsequently reversing themselves.

There is, of course one national government agency in America that could impose nation-wide abolition – the US Supreme Court. And the Court is at the center of three explanatory narratives: (i) why the death penalty persists; (ii) why it takes the peculiar form it does; (iii) why it is still marked by the shadow of lynching.

This takes us to Question 2: *How did the American death penalty come to exist in such an attenuated, ambivalent form?* (And relatedly, how did it become so deeply imbricated in the culture wars and political discourse in the 1980s and 1990s?) The basic explanation is the contradiction between state killing, which a majority of the voters support, and the norms of liberalism and humanism, which are embedded in our modern institutions. But the detailed explanation of the forms in which thus ambivalence is expressed must refer to the hundreds of Supreme Courts decisions taken since the 1960's which – in an ongoing dance with state legislatures and state courts – have re-invented capital punishment and shaped its current, convoluted form.

How did the Supreme Court become involved? We need to trace this history because the process that drew the Supreme Court into the death penalty business – the civil rights struggle – would fundamentally change the meaning of the issue. What had once been a *penal* issue evoking moral and religious disagreement became, in the 1960s and 1970s, a *political* issue evoking racial, regional, and cultural divisions.

Capital punishment was, before the 1960s, an issue determined by state legislatures, the state trial courts, and state governors, with very little involvement of the appellate or federal courts. In the nearly 200 years before the 1960s, there are only a handful of Supreme Court death penalty decisions. In the fifty years since the 1960s there are literally hundreds of Supreme Court decisions on the issue, and every capital case is now transformed from a matter of state criminal law to a matter of federal constitutional rights.

What happened? The short answer is: the Civil Rights movement and the enlargement and rationalization of the American nation-state (i. e. the federal government) in the aftermath of the Great Depression and World War 2. The Supreme Court was first drawn into the death penalty arena by complaints of "legal lynching" which is to say court proceedings that were so summary and grossly unfair as to make a mockery of justice. (So, for example, the Scottsboro Boys cases in the 1930s involved forced confessions, all-white juries, and capital defendants who had no legal counsel.)

In the early 1960s, in a political context defined by the civil rights movement and the Great Society welfare state reforms and a legal context defined by a series of 8th Amendment cases and the Warren Court's due process revolution, Supreme Court Justice Arthur Goldberg issued a memo, then published a dissent indicating that the death penalty might be open to constitutional challenge. Goldberg used the case of *Rudolf v Alabama* (1963) to make his point: Frank Lee Rudolf was a black man who claimed that his conviction and death sentence for the rape of a white woman were based on a forced confession. The civil rights community responded to Goldberg's invitation, mounting a litigation challenge that characterized the death penalty as a civil rights issue, the last trace of Jim Crow justice. Their claim was that the death penalty violated the 8th and 14th Amendments. To this end they developed a series of arguments about "evolving standards", rarefaction, arbitrariness, race discrimination, and the absence of any rational state purpose in the use of death penalties.

After a series of cases, the litigants won a remarkable victory in *Furman v Georgia* (1972) but the victory was an ambivalent one. The decision ran to 200 pages of text, with each of the *majority justices* – Stewart, Douglas, Brennan, Marshall, and White – setting out separate opinions and arguments; and with the dissenting justices – Blackmun, Burger, Powell, Rehnquist – doing likewise. (Only Justice Rehnquist indicated that he supported the practice – the other dissenters voiced criticisms and disquiet but regarded earlier law as binding.)The majority ruled that the death penalty, as then administered, was in violation of the 8th and the 14th Amendments and their decision had the immediate effect of rendering void each of the nation's capital statues – affecting 40 states and effecting the release of 600 inmates from death row.

This civil rights challenge to capital punishment had begun in 1963 at the height of the civil rights movement, during President Johnson's administration – a period that was, in effect, the high point of American liberalism. But that challenge reached its apogee with *Furman* in 1972, by which time the country had undergone a series of dramatic events and developments (urban riots, black militancy, anti-war demonstrations, political assassinations, the election of Richard Nixon, the second time in a landslide, etc.) with the result that the center of political gravity had shifted markedly to the right.

The political backlash against *Furman* – which became part of a larger backlash against the Civil Rights movement and the gains made by African Americans – redefined what the death penalty meant. National and local politicians spoke out against the decision – notably President Nixon and Governor Reagan. Southern firebrands like Georgia Lt. Gov. Lester Madox called the Furman decision "a license for anarchy, rape and murder." And within two weeks, Philadelphia district attorney Arlen Spector had proposed a new law to reintroduce capital punishment in Pennsylvania. Over the course of a few years, popular support for the death penalty massively increased and came to be associated with three conservative political currents – that of "law and order"; the backlash against Civil Rights; and a revived "State's rights" movement.

Within two years, 35 states had passed new death penalty statutes and death row quickly became crowded once more as everyone awaited a ruling from the Supreme Court to decide on the constitutionality of the new statutes and the sentences passed under them. The death penalty was re-instated. Thou Shalt Not Kill became "Thou Shalt Not Kill Unless…" Henceforth this predominantly state institution would be regulated and supervised, more or less, by the federal courts.

Over the decades following the NAACP litigation, the Supreme Court effectively reinvented the death penalty in America. And it was the Supreme Court's decisions – and the response to them by state legislatures and the capital defense bar – which imparted to America's death penalty the peculiar form in which it is now enacted. But this fact prompts a further question – how was it possible for the death penalty to become an object of Supreme Court jurisprudence and yet remain so clearly and persistently racially discriminatory? To answer that question, we must look more closely at the pattern of Supreme Court decision making in respect of the death penalty.

The several hundred decisions handed down since 1976, and the labyrinthine jurisprudence to which they gave rise, can be reduced to a few simple propositions:

First, the Supreme Court determined, in the 1970's cases, that if the death penalty is to exist, it must not be arbitrary, lawless, or uncivilized – it must not resemble a lynching.

Second, to ensure this, the Court has developed a 14th Amendment doctrine of "super-due process" or what I call "juridification" and "rationalization." (This attempt to narrow the death penalty, and subject it to procedural limits, is what has had the effect of producing appeals and habeas petitions, together with the attendant delays, a massive death row, reversals, exonerations, etc.. It explains the peculiar form that the death penalty now takes. In these decisions, the Court did for the US death penalty what state elites did in other nations, i. e. it civilized, liberalized and rationalized an increasingly problematic institution.)

Third, throughout all of this, the majority of the Court has insisted, as a good American institution, that the ultimate decision about retaining or abolishing the death penalty must be left to the democratic process and more specifically to local political decision-makers. State legislatives, state governors, elected country prosecutors, elected state judges, and community-based juries. The people must decide!

These same local processes – unrestrained by national government – produced lynchings in the South 100 years ago. Today they produce death sentences and executions, and now, with the imprimatur of the highest court in the land. The practical result of this democratization and localization strategy is that, in 33 states, local majorities elect representatives who support the death penalty. And in some states, and some counties, the old race and class divisions still shape the outcomes of capital cases.

As we've seen, many death penalty states "have" the death penalty and rarely execute it. But the death penalty has many uses, not all of which require bodies to be put to death. Included among these uses are the productive ways in which people put death into discourse for power, profit and pleasure. The credibility of these death penalty discourses – their force as threats and symbols, their worth as political commodities – rests on the work of the Southern executioner. Texas executions are the gold standard that sustains the credit-worthiness of the much larger circulating currency of death penalty discourse.

Capital punishment in America today operates primarily on the plane of the imaginary and the great majority of its deaths are imagined ones. But the political and economic effects of these grim fantasies are no less real for being imagined. In American criminal sentencing, the availability of the death penalty permits very lengthy sentences of imprisonment, even life imprisonment without parole, to appear comparatively humane, thereby contributing to the nation's extraordinary rates of imprisonment.

In the American political system and in the entertainment zone of popular culture, talk about death permits symbolic acts, exchanges, and representations that are used by groups and individuals in their pursuit of power, profit and pleasure. That the death penalty is increasingly declaratory and discursive makes it no less powerful in its political, legal and cultural effects. Nor any less lethal for the more than thirteen hundred men and women who have been put to their deaths since executions resumed three decades ago.

References

Stuart, B. 2006. *The Death Penalty: An American History.* Cambridge, MA: Harvard University Press

Garland, D. 2010. *Peculiar Institution: America's Death Penalty in an Age of Abolition.* Oxford: Oxford University Press

Marx, K. 1989. *The Civil War in France: The Paris Commune.* London: International Publishing House

Stampp, K. 1956. *Peculiar Institution: Slavery in the Antebellum South.* New York: Vintage

Liebman, J., J. Fagan and V. West *"A Broken System: Error Rates in Capital Cases 1973-1995"* http://www2.law.columbia.edu/instructionalservices/liebman/liebman_final.pdf

Furman v Georgia. 1972. 408 US 238

Rudolf v Alabama. 1963. 375 US 889

The Negative C. V.

James B. Jacobs

> "Differently put, critical criminology broaches the acts of social control agents, the processes within control apparatuses, prosecution processes as well as the labeling processes that create the criminal in the first place. From this viewpoint, criminals are not only victims of their social settings (as highlighted by traditional criminology) but also victims of control apparatuses. Criminal law and social control institutions become themselves social problems. Sometimes, an almost paranoid control discourse emerges about the manipulation of public opinion, the transparent man and the computer state – following in the footsteps of Huxley & Marcuse or Orwell & Foucault."
>
> Henner Hess and Sebastian Scheerer

People seeking employment, especially high-status employment, pay a good deal of attention to their *curriculum vitae* (C.V.), an autobiographical document prepared for submission to potential employers and others whom they wish to positively impress (Knouse 1994). To maximize the chance of obtaining a desirable position, the job-seeker's C.V. should be much more than a compilation of biographical facts. It should be a skillful display of achievements and accomplishments presenting the author in the most positive light; authors often exaggerate or even lie about their accomplishments, especially pertaining to matters (e. g. hobbies, travel, language capability) that cannot easily be confirmed. It is not unusual to prepare different versions of the C.V. for different employers and positions.

The Negative C.V.

All modern-day governments create a different type of C.V., a "criminal record" for persons arrested, charged and convicted of crimes. This "negative C.V.," lists only disreputable information -- arrests, charges, convictions, sentences. No achievements or excuses are included. The rap sheet stigmatizes its subject. The more widely it is disseminated, the more damage is done to the record-subject's reputation and employment opportunities.

Each U.S. state creates and holds a "rap sheet" ("record of arrest and prosecution") for every individual who has ever been arrested and fingerprinted in that state (Jacobs 2005; Jacobs and Blitsa 2008; U.S. Department of Justice 2006).

Consequently, between one-fourth and one-third of adult males have a rap sheet. Once a rap sheet has been created for an individual, all future arrests in that state will be recorded on this rap sheet. Even if an arrestee tenders a pseudonym or alias to the police, fingerprints will quickly link him to his existing rap sheet (Cole 2001). Each state has a centralized "criminal records repository" that holds rap sheets and identity databases (names, fingerprints, DNA profiles) for individuals who have been arrested in that state. An individual has a separate rap sheet in each state (as well as the federal jurisdiction) where he has ever been arrested.

The 50 states' (plus District of Columbia's, federal jurisdiction's, U.S. territories') criminal records repositories are linked together via the Interstate Identification Index ("Triple I"), a national electronic information system administered by the Federal Bureau of Investigation (FBI) (Jacobs 2005; Jacobs and Crepet 2007; U.S. General Accounting Office 1984). The Triple I makes it possible for a police officer anywhere in the U.S., who has direct or indirect access to the internet, to obtain a suspect's or arrestee's rap sheet from every jurisdiction that holds one. For example, a police officer who stops a motorist for speeding can submit that motorist's name and birth date (found on the motorist's driver's license) to the Triple I to determine whether the individual is a fugitive or "wanted" for any other reason by police anywhere in the U.S. Increasingly, police officers in the field are equipped with hand-held devices that can take and transmit fingerprints, thereby allowing for an even more comprehensive and reliable search.

The rap-sheet subject has no control over what is recorded on "his" rap sheet. However, by law, he can obtain a copy of it. If he finds an error, he can petition the criminal repository to make a correction. However, petitioning for record correction can be time consuming, expensive and frustrating (Legal Action Center 2002). There is no guarantee that the record-subject will obtain the desired correction.

The arrest and criminal charges remain on the rap sheet, even if no conviction resulted. The police do not consider a non-prosecution (e. g. because the victim refuses to cooperate or the prosecutor prefers to refer the defendant to a diversion program) or even an acquittal to constitute an exoneration. They consider a previous arrest (and charges) to be potentially relevant for future investigations. However, some state repositories do not report to employers arrests that have been pending for more than a year without a conviction. A few states "seal" arrests that did not result in convictions; sealed information can be unsealed pursuant to a court order.

The majority of U.S. states have provisions for sealing adult convictions. However, convictions do not become eligible for sealing until a very lengthy period of time (e. g. 10 or 15 years) has passed without a subsequent conviction. By that time, the conviction will have been recorded in so many places that its confidentiality cannot effectively be restored. In any event, sealed convictions can also be unsealed for future investigations, sentencing and other purposes. In some states, juvenile court convictions (called "adjudications") are kept separately and not recorded on the individual's adult rapsheet (Jacobs forthcoming 2014). States are not required to send the FBI information about juvenile adjudications, but if they do so, the FBI treats them like any other arrest and conviction. If the juvenile is prosecuted and convicted in adult court, that conviction is recorded on a regular adult rap sheet.

U.S. Criminal Record Exceptionalism

The U.S. is exceptional for making criminal records publicly accessible. Every state authorizes its criminal record repository to provide rap sheet information to law enforcement and other government agencies for law enforcement, licensing and employment purposes. Every state also authorizes its criminal records repository to provide certain private sector employers with rap sheet information (Jacobs and Crepet 2007). This privilege is bestowed on different employers in different states, but private security companies, schools, child services organizations, banks and financial institutions, hospitals, and medical facilities are almost always authorized. A 1972 federal law provided that, once the U.S. Attorney General approves a state statute authorizing rap sheet access for a particular category of private employers, the FBI must provide those employers with the record-subject's rap sheets held by every U.S. criminal records repository. In other words, if an employer has been given access to rap sheets in one state, that employer will be able to obtain the record-subject's criminal record in every U.S. jurisdiction where he has a criminal record (SEARCH Criminal Backgrounding 2005). The FBI processes more fingerprint-based criminal records checks for non-law enforcement purposes than for law enforcement purposes.

Pre-employment criminal background checking is very common in the U.S. Such background checking is mostly conducted by commercial information vendors who usually obtain criminal record information from publicly-accessible court records. Most employment-related criminal background checking is based on name and other "soft identifiers" (e. g. birth date, place of birth, social security number), but an increasing number of employers require job applicants to submit fingerprints (usually obtained from a private fingerprinting services provider) (U.S. Department of Justice 2006). This protects the job applicant from being confused with someone else who has the same name and birth date.

There is also a black market in criminal (and even intelligence) record information. A police officer, who works part-time for a private employer, may be willing to access the Triple I to obtain rap sheet information for an employer or someone else. Private detectives (usually former police officers) have always been able to obtain such information.

Rap sheets were invented by police for use by police. Consequently, while police officers and prosecutors, who read rap sheets every day, are familiar with the names and statute numbers of the criminal offenses listed on their own state's rap sheets, non-law enforcement consumers find some of them confusing, especially those with overlapping arrests. Frequently, rap sheets fail to indicate how an arrest was resolved, for example by a dismissal or acquittal. The employer could obtain disposition information from the relevant prosecutor or court, but may not wish to bother, especially when there are dozens of other at least equally qualified applicants. Employment discrimination on the basis of criminal record is not prohibited unless it disproportionately disqualifies members of a protected minority group. Even then, such discrimination is permissible if the employer can demonstrate a "business necessity" (Harris and Keller 2005; Saxonhouse 2004; Equal Employment Opportunity Commission 2012) for using criminal record to screen job applicants.

Court Records

Rap sheets are not the only source of individual criminal history information. In fact, private sector employers, landlords, volunteer organizations and others more often use court records because they lack authorization to obtain rap sheets (Jacobs and Crepet 2007). Court records, including dockets and case files, have always been open to the public. Anybody can visit a courthouse and ask to see any criminal case file pertaining to a current or past prosecution of a named individual. The searcher does not have to have a "good reason", curiosity suffices. The criminal case file contains a wealth of information, e. g. formal charges, pretrial motions to suppress the fruits of a search or interrogation, the prosecutor's responses to those motions and the judge's rulings, the judgment and sentence.

In recent years, court records have become much more user-friendly. Increasingly, state-level offices of court administration create and maintain centralized databases that make it possible to identify all the criminal cases ever brought in that state against a named person. The investigator can then visit the local courthouse(s) where the relevant case files are located. The information technology revolution has also enhanced case file accessibility. Many courts accept or require electronic filings of charges, motions and briefs, which can then be accessed from computers at the courthouse, or even from remote locations (Martin 2008). Old case files are gradually being scanned and added to court record databases that can be accessed electronically.

Commercial Information Vendors

There is a flourishing criminal background checking services industry that takes advantage of easily accessible criminal court records. Hundreds, perhaps thousands, of private companies offer to conduct criminal background services for employers, business partners, landlords and social contacts (SEARCH Commercial Sale 2005). Some commercial information vendors copy court records into their own databases, thereby "privatizing" individual criminal history information. Others conduct computer and physical court record searches to order. Their charges for this information are quite modest.

Commercial vendors aggressively promote their criminal background checking services, warning employers that they will be held liable if they fail to check (and deny employment to) a job applicant's criminal record and hire an ex-offender who then injures a customer, client or fellow employee.

Criminal background checking has become common and routine. Eighty percent of large private employers obtain criminal background checks on prospective employees (SEARCH Criminal Backgrounding 2005). Companies that provide transportation services and those that operate in the critical infrastructure (power, petro-chemicals, financial institutions) are required to conduct background checks on job applicants and employees. Most government jobs require criminal background checks, as do all jobs that afford contact with children, the elderly and other vulnerable groups. Many landlords check the criminal record of prospective tenants. It is not uncommon for individuals to check the criminal record of a potential social acquaintance or romantic interest.

Consequences

Unlike European countries, the U.S. does not recognize a privacy right concerning one's criminal history records (Jacobs and Larrauri 2012). While court records have always been publicly accessible, before the advent of computerized court records, ex-convicts might have believed, rightly or wrongly, that most people, even employers, especially those in a different state, would be unlikely to find out about a prior conviction (Conley et al. 2012). Today, such an assumption is unrealistic. A criminal label is now indelible and permanent. It restricts employment opportunities, governmental benefits, social contacts and the exercise of certain rights (e.g. voting, jury service, and firearm possession) (Love et al. 2013).

The good news is that while the "ex-convict" (advocates prefer the term "previously-convicted person") bears a permanent stigma, this does not mean that all record-subjects will be universally treated as pariahs. As Erving Goffman observed almost half a century ago, some people who bear a stigma employ various strategies, with differing degrees of success, to neutralize that stigma. For example, they may present themselves as a "reformed sinner." In doing so, they can draw on a deep U.S. cultural strain of forgiveness. As then President George Bush said in his 2004 State of the Union address, "America is the land of the second chance- and when the gates of the prison open, the path ahead should lead to a better life." In 2008 Congress passed the Second Chance Act, which aims to "assist offenders reentering the community from incarceration to establish a self-sustaining and law-abiding life." The Act promotes funding of programs and other efforts that help offenders reenter society. President Barack Obama's administration has followed up with an Attorney General's Federal Interagency Reentry Council, which "includes 20 agencies that all have a stake in effectively integrating individuals back into their communities after incarceration, including those who focus on employment, housing and homelessness services, mental health, physical health, and public safety" (United States Interagency Council on Homelessness 2013).

It is likely that employers and others distinguish between ex-offenders with serious and less serious convictions and between one-time and chronic offenders (Dartmouth Psychiatric Research Center 2010). For example, a marijuana possession conviction likely will be regarded as a minor stain on character, while a conviction for an armed robbery or rape will severely and permanently scar reputation. A conviction's blight on character diminishes as time passes and as the ex-convict reconstructs his curriculum vitae. However, if new convictions are added to the negative C.V., the record-subject will increasingly be regarded as unreliable, irredeemable and perhaps dangerous.

Ex-convicts' post-conviction careers also have macro-level consequences. If ex-convicts cannot rebuild their legitimate status and standing, they will come to accept their criminal identity and find acceptance among similarly-situated individuals. As Hess and Scheerer insightfully pointed out in their seminal article:

"Even if the offender defines one of his actions as criminal, it remains for him initially just one of many actions that make up his identity. And as long as his current identity is socially protected, he may distance himself from his role as criminal – despite repeated offenses. Only when the labeling of his actions as criminal leads to an external redefinition of his person, does the offender's identity change, especially if close friends or relatives take back previous assessments and declare the offender has deceived them. Similarly, the offender's identity changes once control agents intervene or new partners appear, in whose groups the offender takes part (gangs, smuggling rings, cartels, terrorist groups, mafia cosche, etc.). Given that our self-image is for the most part the result of external evaluations and could hardly be held up against these, the offender goes through a period of competing identities, after which the subjective identity construction reflects and takes in external identity evaluations. This new identity limits the likelihood of the offender not acting according to his criminal role – both objectively and subjectively. The offender now expects a behavior that is in line with his criminal role. Needless to say, this new inner disposition influences the choice of goals and the means for achieving it. Since Lemert, such deviance, which is the result of social controls, is commonly referred to as *secondary deviance*. Likewise, growing out of a criminal career and shedding the identity as a criminal has to be described as a similar process – in reverse."

European Comparison

In continental European countries (the U.K. is more like the U.S.), the negative C.V. is not as indelible nor as publicly-accessible as in the U.S. (Jacobs and Larrauri 2012; Larrauri and Jacobs 2013). There is no EU-wide integrated system of police records (Jacobs and Blitsa 2008). Records created and held by each country's police agencies are usually available only to that police agency and certainly not to non-law enforcement agencies. Fingerprinting is not nearly as important in Europe as in the U.S., probably because national identity cards are reliably used to confirm identity.

Each continental European country maintains a National Criminal Register (NCR), a database of convictions rendered in its courts. The NCR is used by judicial authorities in investigating and adjudicating criminal cases, as well as for sentencing purposes. It does not disseminate criminal records to employers, much less to the general public. (Whether there is a black market in criminal records is not known, criminal records not having attracted much research in Europe.)

Citizens of E.U. member states are generally entitled to obtain a copy of their own criminal record. Employers generally are not prohibited from asking job-seekers to submit with their employment application an official criminal extract or an official certificate stating that the person in question has no record. Individuals who have been convicted of non-trivial offenses are ineligible for many government jobs. Private employers are not prohibited from discriminating against job-applicants with prior conviction, but it is widely thought (although surprisingly rarely researched) that few employers actually require job applicants to produce their criminal abstract or proof of a clean record. Perhaps European employers are less concerned with an employee's past criminal conduct? Perhaps they have informal ways of finding out about a job applicant's negative C.V.? Perhaps they require submission of a criminal record extract or certificate of a clean criminal record more often than is commonly believed?

It is easier for a national of an E.U. member state with a criminal record to live anonymously in another E.U. member state. Since there is no E.U-wide convictions database, a police officer in one country would be very unlikely to know that a suspect or arrestee has a criminal history in another European country. Once charges are brought against an E.U. non-national, the judicial authorities can obtain a foreign E.U. national's criminal record from the defendant's home country's NCR. At sentencing, judicial authorities are required to afford convictions rendered in other member states the same weight that they would afford "their own" convictions (Jacobs and Blitsa 2008).

European countries' court records are not publicly available. Someone wishing to see a court record must be a party to the litigation, have a close connection to the case, or be able to prove a good reason. Desire to monitor the criminal justice system, much less mere curiosity, does not constitute a satisfactory reason. In most E.U. member states, defendants' names and other identifying details are anonymized in any published decisions involving that case. Consequently, someone convicted in an E.U. member state is less burdened by a negative C.V. than his counterpart in the U.S. (Jacobs and Larrauri 2012).

Why Isn't the U.S.More Like Europe?

Government transparency, especially judicial transparency, is deeply entrenched and highly valued in the U.S. Court proceedings and court records have always been open to the public (Whitman 2004). The U.S. Supreme Court has held that the public and the media have a constitutional right to attend all stages of a criminal case. Although the Supreme Court has not held that the right to attend court proceedings extends to access to court records, several influential lower courts have so held.Moreover, the U.S. "First Amendment," which guarantees freedom of speech and press, would render unconstitutional any effort to ban or punish oral, print, or electronic communications about criminal charges and dispositions.

Even subjecting commercial information vendors to regulation raises constitutional problems. Truth being an absolute defense to a civil libel or defamation lawsuit, an ex-convict cannot successfully sue someone who has publicized his prior arrest or conviction. Criminal defamation does not exist in the U.S.

The strong belief in a broad and aggressive right of self defense also accounts for the U.S. position on public access to individual criminal history information. Just as the individual enjoys the right to keep and bear arms for his own and his family's protection, so too self-protection implies a right to having access to information about potential threats, i. e. from ex-convicts. Americans believe that they should not have to rely on governmental entities to give them the information that government officials believe to be "reasonably needed."

This right to information that may be useful to self protection is poignantly demonstrated by the existence and popularity of on-line sex offender registers in every state (Jacobs and Blitsa 2012). These databases include names, photos, addresses and criminal histories of serious sex offenders. The private citizen can go on-line to find out if someone is a previously-convicted sex offender. Even more significantly, the private citizen can easily find out the identity and whereabouts of any previously convicted sex offenders who live in her community or, for that matter, in any community in the United States.

Why Isn't Europe More Like the U.S.?

Europeans have much more confidence in government than Americans. Europeans are more willing to trust the police to protect them from criminals. Moreover, they place a high value on informational privacy. There is a deeply entrenched belief that the individual should enjoy a sphere of privacy and anonymity, at least with respect to her fellow citizens. Both national and E.U. laws protect reputational privacy (Jacobs and Larrauri 2012).

Europeans likewise have greater confidence in rehabilitation. They are less inclined to think that a criminal conviction indicates a permanently flawed character. Consequently, they are likely to treat as an outcast someone who has been convicted of a crime. Nevertheless, they are creating an exception for child sex offenders (Jacobs and Blitsa 2012). A series of E.U. directives requires member states to provide for excluding convicted child sex offenders from positions that afford close contact with children. Employers and volunteer organizations should obtain criminal background checks for applicants for these positions. Time will tell whether this will remain a limited, albeit significant exception to the unwillingness to exclude ex-convicts from the societal mainstream, or whether it marks a gradual shift in European attitudes and policy. Recently, criminal background checking has been extended to cover positions that afford close contact with other vulnerable groups, like the elderly.

References

Belair, R., E. C. Johnson, and P. L. Woodard. 2001. *Use and Management of Criminal History Record Information: A Comprehensive Report,* 2001 Update. Pub. No. NCJ 187670. http://www.bjs.gov/content/pub/pdf/umchri01.pdf.

Cole, S. A. 2001. *Suspect Identities: A history of Fingerprinting and Criminal Identification.* Cambridge, MA: Harvard University Press.

Conley, A., A. Datta, H. Nissenbaum, and D. Sharma. 2012. Sustaining Privacy and Open Justice in the Transition to Online Court Records: A Multidisciplinary Inquiry. *Maryland Law Review* 71: 772-847.

Dartmouth Psychiatric Research Center. 2010. *Employer Surveys Regarding Employment of People with Criminal Histories.* http://www.dartmouth.edu/~ips/page159/page162/files/employer-survey.pdf.

Equal Employment Opportunity Commission. 2012. *Consideration of Arrest and Conviction Records in Employment Decisions Under Title VII of the Civil Rights Act of 1964.* Washington, DC: U.S. Government Printing Office.

Harris, P. M., and K.S. Keller. 2005. Ex-Offenders Need Not Apply: The Criminal Background Check in Hiring Decisions. *Journal of Contemporary Criminal Justice* 21 (1): 6-30.

Jacobs, J. B. 2005. Mass Incarceration and the Proliferation of Criminal Records. *University of St. Thomas Law Journal* 3 (3): 387-420.

Jacobs, J. B. Forthcoming. 2014. *Juvenile Criminal Record Confidentiality,* eds. D. Tanenhaus, and F. Zimring. Choosing the Future of Criminal Justice. New York: NYU Press.

Jacobs, J. B., and D. Blitsa. 2008. Major "Minor" Progress Under the Third Pillar: EU Institution Building in the Sharing of Criminal Record Information. *Chicago-Kent Journal of International and Comparative Law* 8: 111-65.

Jacobs, J. B. and D. Blitsa. 2008. Sharing Criminal Records: The United States, the European Union and Interpol Compared. *Loyola of Los Angeles International and Comparative Law Review* 30: 125-210.

Jacobs, J. B., and D. Blitsa. 2012. US, EU & UK Employment Vetting as Strategy for Preventing Convicted Sex Offenders from Gaining Access to Children. *European Journal on Crime, Criminal Law & Criminal Justice* 20 (3): 265-96.

Jacobs, J. B., and T. Crepet. 2007. The Expanding Scope, Use and Availability of Criminal Records. *NYU Journal of Legislation and Public Policy* 11: 177-213.

Jacobs, J. B., and E. Larrauri. 2012. Are Criminal Convictions a Public Matter? The USA and Spain. *Punishment and Society* 14: 3-28.

Knouse, S. B. 1994. Impressions of the Resume: The Effects of Applicant Education, Experience, and Impression Management. *Journal of Business and Psychology* 9 (1): 33-45.

Larrauri, E., and J. B. Jacobs. 2013. *A Spanish Window on European Law and Policy on Employment Discrimination Based on Criminal Record.* Essays on European Penology, eds. T. Deams, D. van ZylSmit et al. Oxford: Hart Publishing.

Legal Action Center. 2002. How to Get and Clean Up Your California Rap Sheet. http://lac.org/doc_library/lac/publications/050542_ca_rap1.pdf.

Love, M. C., J. Roberts, and C. Klingele. 2013. *Collateral Consequences of Criminal Convictions: Law, Policy and Practice.* Minnesota: Thomson West.

Martin, P. W. 2008. Online Access to Court Records— Documents to Data, Particulars to Patterns. *Villanova Law Review* 53, 855-88.

Saxonhouse, E. 2004. Unequal Protection: Comparing Former Felons' Challenges to Disenfranchisement and Employment Discrimination. *Stanford Law Review* 56 (6), 1597-1639.

SEARCH. 2005. Report of the National Task Force on the Commercial Sale of Criminal Justice Record Information. http://www.search.org/files/pdf/RNTFCSCJRI.pdf.

SEARCH. 2005. Report of the National Task Force on the Criminal Backgrounding of America. http://www.search.org/files/pdf/ReportofNTFCBA.pdf.

U.S. Department of Justice. 2006. Attorney General's Report on Criminal History Background Checks. http://www.justice.gov/olp/ag_bgchecks_report.pdf.

U.S. General Accounting Office. 1984. Observations on the FBI's Interstate Identification Index. http://www.gao.gov/assets/150/142190.pdf.

United States Interagency Council on Homelessness. 2013. Federal Efforts to Improve Reentry: Federal Interagency Council on Reentry. http://www.usich.gov/issue/alternatives_to_criminalization/reentry_in_focus/federal_efforts_to_improve_reentry/.

Whitman, J. Q. 2004. The Two Western Cultures of Privacy: Dignity Versus Liberty. *Yale Law Journal* 113: 1151-1221.

Kriminalität als gesellschaftliche Unterhaltung. Publikum, Massenkultur und Verbrechen

Rüdiger Lautmann

Die Allgegenwart des Verbrechens in den Medien bereitet der Kriminologie oft Sorgen; das Publikum hingegen genießt sie mit Vergnügen. In Fachkreisen kritisiert man beispielsweise die verzerrenden Bilder, die geschürten Ängste, die einseitige Verteilung des Verdachts, die drohende Verrohung junger Seelen, die Grundierung im Law-and-order-Denken. Die Rezipienten schauen einfach zu, lassen sich erschauern, rätseln über die Lösung und sind zufrieden. Weiß die Wissenschaft es besser?

Kriminalität als Kulturtatsache

Für das Autorengespann Henner Hess und Sebastian Scheerer soll „die Kriminologie alle Phänomene zum Gegenstand der Erklärung machen, die ihren sozialen Sinn von der Kategorie des *crimen* erhalten" (2003, S.69). Die Schulkriminologie indessen sieht das enger und beschränkt sich auf den Sinnkomplex Täter-Tat-Opfer, wie es materielles und prozessuales Strafrecht den Kontrollinstanzen auftragen. Hess und Scheerer konzentrieren sich in ihrem theoretischen Manifest auf den Ausschnitt Tat-Täter-Umwelt und die Frage, wie es zur Kriminalität kommt. Nun verwenden auch viele andere Stellen das Kriminalitätsphänomen: Wissenschaften, Politiker, Medien – ja, und eben fast alle Individuen auch. Wer wissen will, was Kriminalität ‚ist', muss auch in Erfahrung bringen, was sie den Menschen im Alltag bedeutet. Denn ein jedes Phänomen empfängt seinen Sinn aus der Art und Weise, wie Menschen es verwenden.

Einige ‚Rätsel der Kriminalität' lassen sich lösen, wenn das Phänomen aus den mit ihm verbundenen Praktiken verstanden wird. Das durchaus weiterführende Vierermodell zu den Kriminalitätsbedeutungen von Hess und Scheerer (2003 sowie 2012, S. 35 f.) beschränkt sich allerdings auf Definitionsebenen und lässt andere Verwendungsarten außer Acht.

Wer sagt denn, dass *doing crime* sich nur auf die ‚Täter' bezieht? Es sind die Sprachregelungen des herkömmlichen Kriminalbetriebs, die eine solche Einengung hervorbringen, und die zugeordneten Wissenschaften unterwerfen sich dieser Betriebsblindheit. Wir tun gut daran, die Augen aufzumachen und in den Blick zu nehmen, was alles noch mit dem ‚Verbrechen' angestellt wird. Zu Recht sprechen Hess und Scheerer bei der „Kriminalität der Gesellschaft" auch von „Gefühlen, Phantasien, Symbolen, Diskursen und Geschichten der unterschiedlichsten Art" (2003, S. 70). Davon wissen wir aber viel zu wenig. Johannes Stehr (1998) hat einige Alltagsmythen dargestellt die Opferrisiken an die Wand malen, um so die herrschende Moral aufrechtzuerhalten. Birgit Menzel zeigt, wie in den Medien dargestellte Kriminalität – auch fiktive – dazu dient, das Normeninventar zu verdeutlichen; eine erfundene Figur eignet sich dafür mindestens so gut wie eine reale (2012, S. 74 f.).

Wenn Kriminalität eine „*Kulturtatsache*" ist (Hess und Scheerer 2012, S. 36, dort kursiv), wenn die „Langeweile" der Kriminalwissenschaft gemessen werden kann (Hess und Scheerer 2012), dann führt kein Weg daran vorbei, den Unterhaltungswert von Verbrechen ins Auge zu fassen, statt ständig den Ernst der Lage zu beschwören – das ist die Wippe zwischen U und E. Wer traut sich? Sebastian Scheerer wäre dazu eigentlich prädestiniert, war er doch stets der unterhaltsamste Kriminalwissenschaftler deutscher Zunge – nicht erst seit seinem Artikel zu Terrorismus-Witzen (2003). Manche hätten ihn ja gern mit der E-U-Zange zerquetscht. Wenn ihm der Spaßwert des Verbrechens entgangen sein sollte, dann gewiss nur aus berufsstrategischen Gründen in seinen Veröffentlichungen. Immerhin bescherte er uns eines der meistzitierten Kernworte kritischer Kriminologie, das wir nunmehr betrachten wollen.

Scheerer: ‚Politisch-publizistischer Verstärkerkreislauf'

Scheerer hat eine Drei-Wörter-These in die Welt gesetzt, die Schule gemacht hat und damit zu seiner vielleicht erfolgreichsten Kreation geworden ist: der *politisch-publizistische Verstärkerkreislauf* (1978). Danach räumt die Politik dem Verbrechen einen unangemessen hohen Rang ein; denn die Medien berichten über Kriminalität selektiv, hervorgehoben und sensationalistisch; Politiker lesen das, halten es für relevant und nutzen es zur Profilierung; dies wiederum spiegeln die Medien, und dergestalt schaukelt sich die vermeintliche Bedeutsamkeit immer weiter auf. Behauptete und empfundene Gefahren für eine Innere Sicherheit drehen sich spiralförmig in die Höhe. So kam es zur Prominenz von Ladendiebstahl (lange her!), Jugendgewalt, Ausländerkriminalität, Organisierter Kriminalität (OK), Terrorismus u. v. a. – allesamt aufgeheizt in jenem Kreislauf.

Die Figur findet sich heute bei sehr vielen Kriminolog*innen – letztlich wohl im Repertoire sämtlicher Fachvertreter*innen. Gelesen habe ich sie jetzt bei: Udo Branahl, Monika Frommel, Roland Hefendehl, Wolfgang Heinz, Michael Kubink, Karl-Ludwig Kunz, Siegfried Lamnek, Frank Neubacher, Heribert Prantl, Karl-Heinz Reuband, Hans-Dieter Schwind, Susanne Spindler, Wiebke Steffen, Johannes Stehr, Joachim Walter. Inzwischen taucht der *politisch-publizistische Verstärkerkreislauf* zunehmend ohne jede Quellenangabe auf; der Begriff hat sich vom Schöpfernamen gelöst und lebt selbständig in der Fachsprache – das bedeutet die höchste Ehre für seinen Erfinder Scheerer.

In der öffentlichen Wahrnehmung dominiert der Ausschnitt Strafverfolgung das gesamte Rechtsdenken. Statt über die Strukturen des Rechts- und Sozialstaats zu reflektieren, ergehen sich die meisten Menschen in Phantasien über Verbrechen und Täterjagd. Gefüttert werden sie durch die Medien. Schon die klassische Zeitung zeigt eine starke Übergewichtung der Berichte aus dem Strafsaal. Die Justizberichte in der Westdeutschen Allgemeinen Zeitung und der Süddeutschen Zeitung in den Jahren 2004 bis 2006 betrafen etwa zur Hälfte Strafverfahren und nur zu einem Viertel Zivilprozesse (realiter verhalten sich die Quantitäten umgekehrt); das restliche Viertel verteilte sich auf die Arbeitsgerichte, die Verwaltungs-, Sozial- und Finanzgerichte, die Verfassungsgerichte und den Europäischen Gerichtshof. Dazu kommentiert der Autor dieser Studie, Uwe Branahl (2012), die Gewichtung der Strafprozessberichte entspreche nicht der öffentlichen Aufgabe einer Zeitung. Die Verzerrung führt er zum einen auf das (vermutete) Unterhaltungsinteresse des Publikums an der Bestrafung zurück, zum anderen darauf, dass Berichterstattung über Strafprozesse weniger anspruchsvoll sei als die über Verfahren der anderen Gerichtsbarkeiten. In der Tat – die Simplizität der Strafrechtsdogmatik mag journalistische Arbeit anlocken. Der publizistische Teil des Verstärkerkreislaufs verfügt mithin über hohe Energien, der politische Teil sowieso.

Selbst in der Politik ist die Idee angekommen. Der Zweite Periodische Sicherheitsbericht der Bundesregierung benutzt sie, wenn er den Medieneinfluss auf die öffentliche Meinung und die soziale Kriminalitätsfurcht diskutiert (vgl. BMI/BMJ 2006, S. 515). – Wohl nur die Nachdenklichen und Gebildeten können den manipulativen Mechanismus durchschauen und sich ihm entziehen. Eine Lehrerin, Befragte in der Studie von Daniela Klimke, erkennt in den aufgeregten Medienberichten und politischen Einlassungen ein durchaus beabsichtigtes Dramatisierungskomplott im Sinne eines politisch-publizistischen Verstärkerkreislaufes. Auf die Frage, ob sich die objektive Kriminalitätslage verändert habe, antwortet sie:

> *Ich finde, das ist eine schwierige Frage. Deswegen, weil ich es nicht finde, aber gleichzeitig wird das in den Medien ständig erwähnt, und es wird so getan, als sei es so, was ich glaube,*

dass es ein Politik- und Medienproblem ist und kein tatsächliches. [...] Das ist politisch gewollt (Klimke 2008, S. 139 f.).

Das Kreislaufmodell wird von Oliver Brüchert um die Expertenschaft ergänzt: der *wissenschaftlich-mediale* Verstärkerkreislauf. Unter den verschärften Produktionsbedingungen des Zeitungsjournalismus wenden sich die Autoren verstärkt an Forscher, möglichst an solche mit hohem Bekanntheitsgrad, und übernehmen dann deren Auskunft. Die eigene Recherche – Augenschein und Nachfrage vor Ort – fällt der Zeitknappheit zum Opfer. An den ‚Experten' mangelt es nicht: „Es gibt Medienprofessoren. (...) Es gibt viele, die da auch total geil drauf sind", äußerte ein Justizreporter in Brücherts Zeitungsstudie (2008, S.235). Damit relativiert sich bedauerlicherweise eine der letzten Gewissheiten, über die eine kontingenzgeplagte Welt noch zu verfügen schien: ‚die' Wissenschaft könne ein Wahrheitskriterium für die Inhalte der Massenkommunikation sein. Wenn Forschung aber den Medien zu Diensten ist, büßt sie ihre Unabhängigkeit ein und bemerkt es nicht einmal.

Die Unterhaltsamkeit der Kriminologie und der Kriminalität

Verbrechen ist langweilig für die Wissenschaft, aber gute Unterhaltung für das Publikum. Helge Peters meint nun, dass eine Reihe von Kriminalwissenschaftler*innen den Umgang mit Kriminalität interessanter findet als diese selbst. Er führt das auf die „Sozialdemokratisierung der Kulturpolitik" zurück; damit sei es indessen „in Deutschland nun wirklich längst vorbei" (2011, S.20-22). Das Verbrechen ist jetzt wieder interessanter – innerwissenschaftlich. Hier hören wir den Schwanengesang der Kritischen Kriminologie. Spannend bleibt das Verbrechen, langweilig nur die Kriminologie.

Die Unterhaltungsindustrie benutzt nicht nur das Verbrechen, um ihre Waren herzustellen – nein, sie füttert es auch. Das arbeitet die *Cultural Criminology* heraus, wenn sie danach fragt, ob und wie kriminelle und kulturelle Prozesse im gesellschaftlichen Leben konvergieren, und frappierende Antworten liefert. Über die Massenmedien und ihre Krimi-Unterhaltung verbreitet sich das Wissen zu illegalen Subkulturen. Die Rede von den ‚Nachahmungstaten' unterstellt einen primitiven Lernvorgang, der der subtil wirksamen Formung abweichender Handlungen nicht gerecht wird.

Erst die massenmediale Berichterstattung führt zu den Kriminalitätspaniken, die ein fortlaufendes Interesse der Konsumenten erzeugen, das dann stets erneut befriedigt werden kann. Die Verbrechens- und Justizreportagen im Lokal-teil jeder Zeitung liegen hier beständig auf der Lauer, damit ihnen (und dem Publikum) nur ja keine Devianzsensation entgehe. Die *Reality-crime*-Programme, vor allem in den privaten Fernsehanstalten, betreiben Ähnliches.

Hier scheinen sich gesellschaftliche Normalität und kriminelle Abweichung zu durchdringen. Dies entspricht nicht nur einer These kritischer Kriminologie, sondern auch einem verbreiteten Misstrauen gegen ‚die da oben'. Bereits die überaus erfolgreiche *Dreigroschenoper* (B. Brecht, 1928) hat das auf die Bühne gebracht. Zwar werden die Rechtstreuen gegen Ende der Geschichte meist rein gewaschen; aber die Zuschauer wissen es besser und halten die Korruption für gut möglich. Das *Reality-Crime*-Format, mit seiner Mischung informativer und unterhaltender Momente, hatte weltweit seinen Start 1967 mit Eduard Zimmermanns *Aktenzeichen XY ... ungelöst.* Diese unglaublich langlebige Sendereihe zeugte Ableger in den Niederlanden und Großbritannien; in den USA fand sich das Format seit 1987 (Fishman und Cavender 1998, S.9 f.).

Eine *Reality-Crime*-Sendung geht von Materialien der Polizei aus, recherchiert journalistisch und präsentiert das dann in einer Mischung von Dokumentaraufnahmen, Interviews und Spielszenen. Die Zeitabläufe werden kondensiert, die Aktionen hervorgehoben und mit Musik unterlegt. Aus den nüchternen Fakten der Tat und ihrer Aufklärung entsteht ein Spektakel (Fishman und Cavender 1998, S.12). Die Boulevardpresse hat seit je (genauer: seit dem 19. Jahrhundert) das Verbrechen unterhaltsam vermarktet; die neuen Medien arbeiten weiter daran. Qualitätsmedien und Wissenschaften sehen mit Geringschätzung auf sie herab. Ein erfolgreicher Stoff sind auch die Fallschilderungen von forensischen Psychiatern (H.-L. Kröber, N. Nedopil, A. Marneros u. a.) und Strrafverteidigern (F. v. Schirach, R. Bossi u. a.). Sie lesen sich als *real crime* in narrativer Fassung.

Zukünftig werden die Internetnutzer selbstproduzierte Kriminalstoffe verbreiten; Digitalkameras haben das technisch möglich gemacht. Sie filmen Überfälle – reale und gespielte – und stellen die bewegten Bilder ins Netz. Ein amüsiertes Publikum ist ihnen schon heute sicher. Nach der Moralgebundenheit früherer Krimis wird man sich zurücksehnen.

Der Weg des Kriminalgenres zum heutigen Erfolg

Das gesamte Mediengenre, wie es heute als ‚Krimi' umschrieben wird – ein Verbrechensfall und dessen Ermittlung –, geht zurück auf einen Roman von Edgar Allan Poe aus dem Jahr 1841, wobei die öffentliche Schaulust bis ins 16. Jahrhundert dokumentiert ist. Damals unterhielten Bänkel- und Moritatensänger das Publikum; mit Schauspiel, Rezitation, instrumental begleitetem Gesang und Bildertafeln erzählten sie von blutiger Gewalt und monströsen Verbrechen. „Je schrecklicher das Schauspiel, desto größer ist der Nervenkitzel, freilich unter der Voraussetzung, dass sich der Zuschauer selbst in Sicherheit weiß“ (Holzmann 2001, S.40).

Einen ersten Höhepunkt der Verbreitung erklommen Kriminalstoffe bereits in den Jahren der Weimarer Republik, nicht zuletzt mit den hochliteraturfähigen Titeln von Alfred Döblin und Bertolt Brecht. „Dies war eine Kultur, die fasziniert war von Verbrechern und ihren Verbrechen“ (Herzog 2009, S.2).

Und erst heutzutage! Verbrechensthematiken tummeln sich in allen Medienformaten. Wie stark der Fernsehkrimi sein Publikum einsammelt, darüber kann man deutliche Zahlen lesen. Zwar gehört der ‚Straßenfeger' den 1960er Jahren an. Dafür hat sich seit den 1980ern das Angebot vervielfacht. Bei einzelnen Krimis ist jedes vierte Gerät eingeschaltet, und das mögen dann über zehn Millionen Zuschauer sein, ungeachtet weiterer Krimis auf anderen Sendekanälen. Eine Gesamtaufstellung zählt über neunzig Krimi-Serien des Fernsehens.[1] Ein Viertel aller deutschen Neuproduktionen sind Krimis, wie es heißt, ein weit höherer Anteil als Liebesfilme. Nach einer Studie der Stiftung Lesen aus dem Jahr 2000 lasen 26 Prozent der Befragten „häufig“ oder „gelegentlich“ Krimis, dabei etwas mehr Männer als Frauen (27 Prozent zu 25 Prozent, vgl. Hans-Bredow-Institut 2008, S.37).

Am meisten fällt die Vorherrschaft von Krimis im Fernsehen auf, wie jeder Blick in die Programme zeigt. Manchmal gibt es sogar Tage, an denen beide öffentlich-rechtlichen Sender um 20.15 h je einen Kriminalfilm von anderthalb Stunden Dauer bringen. Der Krimi gilt als ‚Quotenfänger' und als das populärste Genre im deutschen Fernsehen.

Auch die DDR hatte ihre Kriminalromane und Fernsehkrimis wie »Blaulicht«, »Der Staatsanwalt hat das Wort« und »Polizeiruf 110«. Das Unterhaltungsziel konnte hier allerdings nur eingeschränkt erreicht werden: Weil die gesellschaftlichen (sprich: kapitalistischen) Bedingungen des individuellen Fehlverhaltens herauszustreichen waren, musste der Täter in seinem Kontext früh im Stück vorgestellt werden, auf dass im Publikum darüber nachgedacht werden konnte. Belehrung und Langeweile schließen einander überhaupt nicht aus, wie wir leidvoll wissen.

Das Verbrechen gehört in das Kaleidoskop von Brüchen der Normalität kleineren und größeren Ausmaßes, ebenso wie Naturkatastrophen, Unfälle, Epidemien und viele weitere Irritationen. Solange sie einen nicht selbst betreffen, eignen sie sich ungemein gut zur individuellen Unterhaltung und als Treibstoff für gesellige Kommunikation.

1 Vgl. /www.serienjunkies.de/serien/krimi/ Zugegriff: 20.10.2012.

E- und U-Kriminalität

Im Feuilleton wird zwischen E- und U-Kultur getrennt (bzw. die Aufteilung zu überwinden gesucht). Die ‚ernsthafte' Kultur genießt den höheren Rangwert, die ‚unterhaltende' hingegen gilt als bloß trivial. E-Kriminalität wäre die ‚echte', dem Anschein nach tatsächlich vorhandene. Oder auch: der Gegenstand des Strafrechts, der Kontrollinstitutionen und der Verbrechensangst. U-Kriminalität ist das zu Unterhaltungszwecken produzierte und rezipierte Verbrechen. Die beiden Sorten scheinen sich krass zu unterscheiden, wie die Tabelle glauben macht.

Unterschiede zwischen Echt- und Unterhaltungskriminalität

Dimension	**E-Kriminalität**	**U-Kriminalität**
Involviertsein der Betrachter	weit entfernt von den Zuschauern	mitten in der Phantasie der Betrachter
Skriptformat	Medienberichterstattung	Spiel, Film, Theater, Roman, Bild
Narration, Repräsentation	Polizeibericht, Hauptverhandlung	Szenario, Drehbuch
soziologische Kategorie	Rechtsdurchsetzung des Staats	Populärkultur
Thematisierung	Gefahr für die Innere Sicherheit	Ästhetisierung
Politisierung	Strafverschärfung, Polizeiverstärkung	Jugendschutz

Macht es einen Unterschied für das Publikum, ob es authentische oder fiktive Verbrechensdarstellungen vorgesetzt bekommt? Der Spaßwert dürfte sich nicht wesentlich unterscheiden. Erfundene Geschichten können dramaturgisch geschickter gestaltet werden. Hier ‚sieht' man den Verbrecher am Werk, in Gestalt eines Schauspielers. Bei der echten Geschichte ist vieles nicht bereits am Anfang bekannt, die Unvollständigkeit mindert das Vergnügen, ermöglicht aber eine wiederholte Berichterstattung. Und auch hier kann die Nachrichtenredaktion ihr Gestaltungsvermögen ausspielen. Im Effekt kitzeln beide den Genuss hervor, wie ihn Kriminalstoffe in den Massenmedien bereiten: Infragestellung der normativen Ordnung – Wiederherstellung der Ordnung. Dieses Wechselspiel ist spannend-unterhaltend und zugleich ungemein beruhigend.

Da die journalistische Berichterstattung sich übermäßig auf Auskünfte der Strafverfolgungsinstanzen stützt, haben die artifiziellen Unterhaltungsprodukte eine Chance zur Profilierung: Sie können das Bild erheblich erweitern. Die Autorenphantasie kann all das berücksichtigen, was die offiziösen Quellen vernachlässigen oder unterdrücken. Davon wird Gebrauch gemacht: polizeiinterne Pannen, hierarchische Querelen, kollegiale Konflikte, persönliche Nähe zum Täter, das Beziehungsleben der Ermitttler*innen usw. – all das macht so manchen Krimi erst interessant. Allerdings gilt das nur für den Typus Detektivstoff und kaum für den Typus Thriller. Vielleicht auch rückt den Konsumenten so die These vom Konstruktivcharakter der ‚Tat' näher.

Um *folk devils* hervorzubringen, bedarf es der Kunst einer journalistisch-literarisch-bildnerischen Gestaltung. Erst wenn die Figur des Bösewichts kreiert und veröffentlicht ist, können sich Massenangst, Rachsucht (*vindictiveness*) und proaktive Polizei an ihre Fersen heften. Dann geht das anfängliche Entertainment in blutigen Ernst über. Da die übergroße Mehrheit der Leute – Bevölkerung ebenso wie Experten – die Verteufelung teilt, kann jene Figur nicht als das entlarvt werden, was sie ist: ein artifizielles Produkt.

Moralpaniken leben von diesem Zusammenhang. Der gefährliche Verbrecher entsteigt aus den Massenmedien, die ihn vermarkten, und bevölkert die Köpfe. Die Vielzahl konkurrierender Kanäle und Formate tut ein Übriges, Taten und Täter zu kommodifizieren. Sie können ja gar nicht zahlreich, nahe und gefährlich genug sein, um die Rezipienten zu sensibilisieren. Noch nicht Schaden genommen zu haben bedeutet jetzt bereits eine Gratifikation, eine Bestätigung für gute Eigenprävention.

Die massenmediale Berichterstattung erschafft ein Bild von Kriminalität, das vom Weltbild und von den Stilvorstellungen der Autor*innen, von deren Arbeitsbedingungen, von den Verlegerinteressen sowie von den Publikumsreaktionen am Kiosk bestimmt ist. Dieses Kriminalitätsbild kann weder ‚falsch' noch ‚richtig' oder ‚verzerrt' genannt werden; bloß unterliegt es den Rahmungsbedingungen der Medienproduktion und -rezeption. Da die Durchschnittsbevölkerung bekanntlich kaum über eigene Wahrnehmungen der Verbrechenswirklichkeit verfügt, muss sie jenes Bild für ‚die Realität' halten. In ihm mischen sich aber so viele Einflüsse und es wird selber so einflussreich, dass schon lange von einer Hyperrealität gesprochen wird, in der wir mediendominiert leben. Die U-Kriminalität ist zum integralen Bestandteil der medialen Hyperrealität des Verbrechens geworden.

Gefahren

Kriminalität in den Medien gehört zu den Besorgnisthemen. Da es hier gewöhnlich um Mord & Totschlag und weitere Kleinigkeiten geht, wird nach den Gefahren gefragt, die jugendlichen Zuschauern aus dem Konsum drohen. Der Anfangsverdacht lautet etwa so: Zwischen dem Konsum medialer Verbrechensdarstellungen und real deviantem Verhalten besteht ein Zusammenhang, zumindest bei einzelnen Problemgruppen. Zwar finden Feldstudien meist nur sehr niedrige Korrelationen; aber für einige Individuen (!) lässt sich der befürchtete Effekt nicht ausschließen.

Das medienpolitische Misstrauen gründete in der Vermutung, mit dem Genuss gewalthaltiger Darstellungen verrohe zunächst der Konsument und schließlich die gesamte Gesellschaft. Solange allerdings der gesellschaftliche Diskurs nach eindeutigen Ursache-Wirkungs-Relationen verlangt, kann er die Forschung dazu verleiten, ihre Suche nach einschlägigen Befunden und deren Interpretation jenem Bedarf anzupassen (vgl. Grimm 1999, 56). Die Medienwirkungsforschung beackert hier ein ergiebiges Feld für allerlei Projekte und dicke Berichte.

Einesteils wird vermutet, die in den Medien gezeigte Gewalt beeinflusse die kriminelle Entwicklung von Jugendlichen. Danach drohen Effekte der Nachahmung, Gewöhnung (Habitualisierung). Anderenteils werden schadensmindernde Mechanismen ausgemacht, allerdings ohne jemals eine wirkliche Entwarnung zu geben. Die ‚Kultivierungsthese' meint, ein hoher Fernsehkonsum gewöhne an das Weltbild des Mediums. Die ‚Katharsisthese' vermutet, mit der Ausführung eines aggressiven Akts (hier: Nachvollzug eines Verbrechens) vermindere sich der Anreiz zu weiterer Aggression. Erwogen wird ein ‚Robespierre-Affekt' – Gewaltausübung mit moralischem Anspruch –, womit die Angst vor Aggression sich in Mitleid mit dem Opfer verkehre (Grimm 1999, S.706). Die größeren Studien enden regelmäßig mit den Hinweisen, a. es gebe keine einfache Übertragung der Medieninhalte auf das praktische Handeln, b. der Vorgang sei äußerst komplex, c. man wisse noch längst nicht genug. Medienwirkungsforschung bleibt also im Geschäft.

Da halbwegs einfache Kausaleffekte nicht zu ermitteln sind, werden die Faktoren zerlegt und die Operationalisierung der Begriffe ständig verfeinert. Das führt dann zu Hypothesen, die nur noch innerhalb der Medienwirkungsforschung interessant sind. Beispielsweise wird geprüft, ob „die Intensität der Kriminutzung (operationalisiert als Involvement während der Rezeption und Aktivität nach der Rezeption, d.h. Nachdenken und Reden über den Krimi, Bindung an das Krimigenre und Selbsteinschätzung als Krimifan) Kultivierungseffekte abschwächt (da die Quelle der Information besser erinnert werde). Die Hypothese, dass die Häufigkeit der Kriminutzung (über bessere Quellenerinnerung) die Übertragung (auch besonders gut erinnerter) lebhafter Krimi-Informationen auf die Realität abschwächt, wurde nicht widerlegt" (Kunczik et al. 2004, S.99 f.). Erfreulich immerhin die Erwägung, „dass Krimi-Vielseher aus dem Genre die Erkenntnis ableiten, dass Verbrechen bestraft werden, die Welt somit sicherer wird und daher geringere Kultivierungseffekte (Viktimisierungsangst) zeigen" (ebda.). Möglicherweise – !

Immerhin verabschieden weite Teile der Medienwirkungsforschung mittlerweile den alten Grundverdacht, wonach Gewalt- und Kriminalitätsdarstellungen das Verhalten der Rezipienten prägen. Neuerdings wird nicht mehr primär eine Gefahr unterstellt; denn man weiß jetzt, dass die Konsumenten den Medieninhalt für ihre eigenen, sehr verschiedenen Zwecke auswählen und einsetzen. Statt ‚Was machen die Medien mit den Nutzern?' heißt es nun ‚Was machen die Nutzer mit den Medien?' Die Kehrtwende verdankt sich den britisch-kritischen *Cultural Studies*, in deren Gefolge auch die *Cultural Criminology* entstanden ist. So zeigen einige Studien, dass Personen die Gewaltstoffe dazu konsumieren, um Ängste abzubauen (Kunczik und Zipfel 2006, S.71). In der distanzierten Konfrontation könne das belastende Gefühl bearbeitet und manchmal reduziert werden, wird vermutet.

Die Gefahrenwarnungen ziehen sich also allmählich zurück, verschwinden aber nicht. So heißt es einmal, dass sich oft „der sittliche Stand einer Kultur" in der literarischen Beschreibung von Verstößen gegen gesellschaftliche Grundregeln zeige (Kania et al. 2004, S.10). Welches Moralniveau signalisieren denn nun unsere Kriminalromane? Die Leserschaft wird wenig Appetit verspüren, als Kronzeuge der Verkommenheit aufzutreten. Die überschäumende Konjunktur des Kriminalgenres verheißt ja wohl nichts Gutes für den ‚sittlichen Stand'. Doch auch in der herkömmlich-warnenden Forschung ist der Kulturalisierungseffekt bekannt: »Je länger ein Autor tot ist, desto höher ist die Chance, dass Gewalt als Kunst interpretiert wird« heißt es im Standardwerk zur Mediengewalt (Kunczik und Zipfel 2006, S.29).

Heute variieren Medien, Formate, Charaktere, Themen, Realitätsnähe, Raumbezug, Historizität, Sozialkritik, Gewaltgehalt usw. des Krimi-Genres in höchstem Maße. Was indessen alle teilen: Sie knüpfen an einem Verbrechen an. Damit weben sie mit am Alltagswissen über Kriminalität.

Transgressio – die Kultur der Überschreitung

Man hat den Freizeitanteil errechnet, der mit Fernsehen und Rundfunk verbracht wird. Sollte es tatsächlich die Hälfte sein, wie Ferrell et al. (2008, S.59) für Angloamerika behaupten? Den Konsumenten werden dabei zwei Sorten von Figuren vorgesetzt und einander kontrastiert: positiv die Zelebritäten und negativ die Devianten (ebd.). Der Fernsehkrimi zwingt sein Publikum von Anfang bis Ende vor die Mattscheibe; wer die ersten Sekunden versäumt hat, kommt vermeintlich nicht mehr hinein, und die Auflösung geschieht erst zum Schluss.

Es stellt sich die Grundfrage: Warum setzen sich die Leute beim Krimikonsum Situationen aus, mit denen sie im wirklichen Leben nicht konfrontiert sein wollen? Die Standardantwort lautet: Ein Krimi endet meist damit, dass das verletzte Recht wiederhergestellt und der Bösewicht bestraft wird. Entstandene Angst wird besänftigt, und ‚eine respektvoll erschütterte Welt' genießt die moralische Genugtuung. Aus der Ordnung ausbüchsen, eine Phantasiereise unternehmen – das ermöglicht die U-Kriminalität.

Den intensivsten Eindruck macht die ‚Extremdevianz': Totschlag ist ohnehin der Regelfall, hinzu kommen Serienmord, Vergewaltigung, Kindesmissbrauch usw. Die Pop-Kultur erschafft schillernde Figuren wie Jack the Ripper, Hannibal Lecter, allerlei Mafia-Bosse sowie Thelma & Louise usw. Von der ‚Rote Armee Fraktion (RAF)' lässt man sich nach wie vor faszinieren. Die seltene Kreuzung von Weiblichkeit, bürgerlicher Herkunft und Befreiungsrhetorik bei Meinhof, Ensslin und Mohnhaupt macht diese zu heiligen Mörderinnen. Das Thema RAF ist in der Popkultur angekommen (Regener 2012, S.200).

Kriminalstoffe in den Unterhaltungsmedien befördern härteste ‚Untaten' vor das Auge von Menschen, die sonst nie damit in Berührung kämen. Es findet eine zweifache Transgression statt: Der Konsument sucht diese Stoffe, der Produzent liefert sie ihm zu. Kein Tabu, kein Verbot, dessen Bruch hierbei nicht eindrucksvoll vergegenwärtigt würde. Darin liegt eine Komplizenschaft mit dem Verbrechen, die auf einer zweiten Ebene geschieht, zwar außerhalb der Realität, aber zweifellos in einem thematischen Verbund mit ihr. Gemeint ist nicht, dass eine Diskretionsnorm gebrochen würde, wenn das Schlimme vorgeführt wird, anstatt darüber zu schweigen. Die U-Kriminalität verdoppelt das blutige Geschehen. Dieses zu imaginieren bedeutet in einem gewissen Sinne, die Tat erneut zu begehen. Wie hässlich das Verbrechen auch dargestellt sein mag, wie eindringlich die Justizleute das Recht beschwören – ein solches Medienprodukt herzustellen und zu genießen kann nicht freibleiben von einer insgeheimen Identifikation mit Tat und Täter; anders würden weder die Inszenierung noch der Konsum gelingen. Alle Beteiligten überschreiten diese Grenze freiwillig. Sie tun das aus verschiedenen Gründen. Aufseiten der Medienmacher erklären es die Honorare unvollständig aber hinlänglich. Aufseiten der Nutzer wissen wir es nicht, nur: psychopathologisch zu würdigen ist der Krimikonsum nicht. Schon deswegen lohnt es, nach dem sozialen Kontext der U-Kriminalität zu forschen.

Das Vergnügen am Bösesein könnte eine autobiographische Erinnerung sein (Presdee 2000, S.4). Es mag Zeiten in Kindheit und Jugend gegeben haben, die jemand als glücklich erlebt hat und in denen noch normfrei gehandelt wurde. Mit dieser emotionalen Assoziation könnten Erwachsenen sich in eine aktuelle Täterperson einfühlen – vielleicht. Die einen tun's, die anderen lassen es sich berichten. Ihnen genügt es, sich auf irgendeine Weise in den Akt der Transgression zu involvieren; Voyeur zu sein reicht für den Spaß (Presdee 2000, S.30). „In einem gewissen Sinne tun Andere unsere Verbrechen für uns, und die Multimedien liefern uns die Vergnügungen via Internet und das zunehmende ‚*reality*'-Fernsehen. Wir können im Geheimen zugucken ohne den missbilligenden ‚Blick' der geordneten, rationalen Welt der Autorität." (ebd.)

Unterhaltung in den Medien zu suchen bedeutet mehr als gegen die allgegenwärtige Langweile anzukämpfen. Die Medien der Unterhaltung ermöglichen: Erlebnissuche, Stimmungsmanagement, Gefühlsstimulation, Information, Wertvergewisserung, Beziehung zum virtuellen Gegenüber. Gerhard Schulze erwähnt die Vorliebe für Krimis als eines der Items, welche das ‚Spannungsschema' charakterisieren, also eines der drei alltagsästhetischen Modelle, die in der gegenwärtigen ‚Erlebnisgesellschaft' dominieren. Dieser Geschmackstypus sei aus den kulturellen Strömungen der 1960er Jahre entstanden; er bietet starke Reize und verbindet sich mit dem Schlagwort *action* (Schulze 1992, S.154 f., 623). Das Spannungsschema wird bei Schulze auf ein bestimmtes sozialkulturelles Milieu festgelegt; für den Krimi als Genre lässt sich das aber kaum behaupten, denn längst hat es sich in verschiedene Formate ausdifferenziert, die passende Publikumssegmente bedienen. Schon in der Dreiteilung der ‚Erlebnisgesellschaft' – historischer Zeitpunkt: Ende der 1980er Jahre – bleibt der Krimikonsum nicht auf das junge ‚Selbstverwirklichungsmilieu' beschränkt; er findet sich auch im ‚Unterhaltungsmilieu' (Schulze 1992, S.638).

Die Fiktionalisierung der U-Kriminalität ermöglicht es, das sonst gefürchtete Grauen und Schreckliche nunmehr angenehm dosiert zu erleben. Die Rezipient*innen identifizieren sich abwechselnd und wahlweise mit Opfer, Detektiv oder Täter. In den Bildmedien lesen sie in den Gesichtern der Akteure und in der physischen Szenerie. Lichtführung und Musik steuern weitere Reize bei. Sie denken den Handlungsablauf spielerisch weiter und werden so in das Geschehen einbezogen.

Fakt und Fiktion

Immer noch wird an das Kriminalgenre die Wahrheitsfrage gestellt und damit die Stoffstruktur verfehlt. Ob das Geschilderte mit dem Faktischen übereinstimme, das wollen nicht die Rezipienten sondern die Kritiker wissen. Kulturtheoretisch wird der Bezug eines Artefakts zur Realität diskutiert. Dazu dienen viele Konzepte, darunter Wirklichkeit(skonstruktion), Repräsentation, Mimesis, Authentizität und Simulation. Das ‚Verhältnis von Faktualität und Fiktionalität in Krimiserien' – so eines der hier verhandelten Probleme – wirft mehr erkenntnistheoretische als empirische Fragen auf. Denn beide Seinsdimensionen müssen in ganz verwickelten Beziehungen stehen und verschwimmen nur zu oft ineinander. Ob eine Kriminalitätsdarstellung nun fiktional oder faktenorientiert verfährt, sie bleibt in beiden Fällen eine Inszenierung.

Das zeigt sich nirgends deutlicher als an den besonders prominenten Beispielen des Genres, etwa *Aktenzeichen XY ... ungelöst*, wo die reale Tätersuche unterhaltsam aufbereitet und zum Mitmachen aufgefordert wird. Das Reale wird hier insofern fiktionalisiert, als nüchterne Aktenberichte nachgestellt werden, oft genug ergänzt durch Mutmaßungen ‚wie es hätte gewesen sein können'. Ein Getöteter kann nicht mehr aussagen, Zeugen waren nicht zugegen – Texte und Bild müssen zweckdienlich Erfundenes hinzufügen.

Musterbeispiel und Vorbild für die Fiktionalisierung realer Kriminalität ist der Roman *In cold blood* (1965) von Truman Capote (allein von der englischsprachigen Ausgabe wurden fünf Millionen Exemplare gedruckt). Dass hier über ein reales Geschehen berichtet wurde, meisterlich aufbereitet (auch die Hinrichtung der beiden Täter gehörte dazu), erhöhte den Kitzel. Das kriminelle Geschehen (vier Morde) wäre allenfalls einen Illustriertenbericht wert gewesen, aber der sich persönlich involvierende Autor machte einen überaus lesenswerten Wälzer daraus. Taten und Tätersuche nahmen einen geringen Teil des Gesamtumfangs ein.

Was die Medienwissenschaft sagt

Verdienstvoll beschreibt die Medienforschung die zahlreichen Formate mit Verbrechensstoff und durchleuchtet deren semantische Struktur. Dabei ergeben sich weiterführende Einsichten, darunter diese: Drei wesentliche Elemente finden sich im typischen Krimi: *analysis* (die logisch aufgebaute Aufklärung der Ermittler*innen), *action* (Kampf, Flucht und Verfolgung) sowie drittens *mystery*, womit die Rezipienten über Irr- und Umwege zur Lösung des Rätsels geführt werden. Hieraus baut sich die gesuchte ‚spannende Unterhaltung' auf (vgl. Mikos 2002). Die literarische Erzählweise wurde um Muster aus Comic, Film und Fernsehen erweitert.

Die Kommunikationswissenschaft betont das *Mood-Management*: Individuen suchen Medienunterhaltung auf, um ihre Stimmung zu beeinflussen. Unangenehme Gefühlslagen sollen beendet, angenehme hergestellt werden (psychotechnisch gesprochen: Aversion minimieren, Gratifikation maximieren). Diese Analyse zum Gefühlshaushalt folgt erkennbar dem individualistisch-rationalen Modell eines Konsumenten-Hedonismus. Kann aber damit erklärt werden, warum Verbrechens-Polizei-Stoffe so populär geworden sind?

Die Popularität des Krimi-Genres: immanente Bedingungen

Wie das Christentum mit Sünder*innen und Sünde, so hält es auch die Krimileserschaft: Sie liebt den Verbrecher, aber nicht das Verbrechen. Schon die Hl. Schriften waren – ebenso wie griechische Mythologie – voller Verbrechenserzählungen. Der heutige Krimi entführt seine Leser nicht in entfernte Welten, sondern schildert ihnen Alltagsprobleme vor dem Hintergrund einer gesellschaftlichen Lagebeschreibung (Abt 2004). Das klassische Muster lautete: Ordnung – Störung – Reparatur. Heute entstehen zusätzlich weitere Muster. Den erfolgreichen Ermittler kennzeichnet der „Zweifel daran, dass man selbst die Ordnung der Dinge (das Typische, die Regeln) kennt, möglicherweise sogar der Zweifel, ob es überhaupt eine Ordnung der Dinge gibt" (Reichertz 2005, S.187). Die klare Gleichung *Täter/Opfer = böse/gut* verschwimmt; beide Seiten werden psychologisiert.

Bemerkenswert ist die Wandelbarkeit und Anpassungsfähigkeit der Krimi-Erzeugnisse. Sie müssen immer wieder neu erfunden werden. Denn nach wenigen Jahrzehnten wecken die Romane und Filme nur noch dokumentarisches Interesse. Nicht, weil die verwendeten Autos veraltet aussehen ebenso wie die gesamten Lebensumstände der Akteure. Vor allem die Dynamik und Thematik folgen anderen Strukturen. Die Halbwertzeit eines Krimis beträgt nur wenige Jahre, danach langweilt er. Das Feld ist damit zu einer Kreativität gezwungen, die staunen macht. Die großen Namen stoßen jedes Jahr einen neuen Titel aus, der *Tatort* sogar jede Woche. Von allen narrativen Kunstformen schmiegt sich der Krimi am engsten an die soziale und technische Entwicklung an – er verkörpert Aktualität, stillt Informationsbedürfnisse und ermöglicht einen quasi ethnographischen Blick in ungewohnte Ecken der eigenen Gesellschaft.

Vieles am Krimi scheint seinen Erfolg zu erklären:

- Hier wird der Dualismus von Leben und Tod inszeniert.
- Der Täter operiert oftmals an den Grenzen des Menschseins.
- Frauen können (dürfen) hier eine Tat begehen, die man ihnen sonst nicht zutraut. Es muss ja nicht immer Gift sein …

- Die Taten werden jetzt öfter als zuvor kontextualisiert: Biographie und Hintergrund des Täters, die Situation der Tat, die Verstrickungen zwischen Opfer und Täter.
- Die Vorgänge rücken näher denn je an die Konsument*innen, weil jedes räumliche Milieu bedacht wird: (fast) jede Provinz, Stadt, in den Metropolen sogar die Stadtteile.
- Einige Stücke wiederum ermöglichen die Reise in ferne Länder und unzugängliche Milieus.
- Die ‚Taten' spielen oft auf der Grenze zwischen Recht und Moral, und die ‚Schuld' liegt am Ende nicht mehr eindeutig auf Seiten des ‚Täters'.

Im einzelnen mögen das keine Alleinstellungsmerkmale sein. Auch ist das meiste in dieser Liste nicht neu, sondern gehört zu den bewährten Rezepturen. Die Vielzahl der Saiten, die das Krimi-Instrument anschlagen und zum Klingen bringen kann, ermöglicht immer wieder neue und originell anmutende Melodien. Der Hinweis auf den *kommerziellen* Charakter der Kriminalmedien erklärt durchaus deren Strategien, nicht aber die Vorlieben des Publikums.

Die Popularität des Krimi-Genres: sozialstrukturelle Bedingungen

Schon weil eine Monokausalität nicht greift, steht hier eine ganze Reihe erklärender Hinweise bereit. Die Produktivität des Kriminalgenres gibt den Gedanken ein (Herzog 2009, S.5), dass ‚die Gesellschaft' sich auch durch ihre Kriminellen zu verstehen sucht, ja dass Verbrechen und Krise zum Bestandteil des Diskurses der Gesellschaft über sich selbst werden. (Krasmanns Buch ‚Die Kriminalität der Gesellschaft' hatte den dazu passenden Titel.) Immer schon ließen sich die Menschen von Abweichung und Verbrechen faszinieren. Vieles ist einfach nicht wirklich neu. So waren Kriminalstoffe seit Anbeginn des Films vor einhundert Jahren erfolgreich. Die Popularität hat sich aber in den letzten Jahrzehnten so verstärkt, dass soziologische Gegenwartsdiagnosen greifen.

Eine naheliegende Formel besagt, wir leben in einer Gesellschaft der Spannungen, und diese verkörpern sich im *thrill* – also in den vielen Stoffen mit sensationellem, riskantem und schockierendem Gepräge. Die gegenläufig klingende Formel besagt, die Wohlstandsgesellschaften leiden unter Spannungslosigkeit und Langeweile; denn bald sieben Jahrzehnte währt der Frieden im Land. Nun bildet ein Konfliktbedarf keine anthropologische Konstante. Immerhin wird die kriegerische Vergangenheit in Europa erinnert, bei den Deutschen vor allem der mörderische Expansionismus und Militarismus aus zwei Jahrhunderten. Aus dem Land mit dem längstdauernden Frieden, nämlich Schweden, sollen besonders viele und auf grausige Details versessene Kriminalromane kommen. Die Spannungsmetapher führt nicht recht weiter.

Die Formel von der *Risikogesellschaft* steuert diese Idee bei: Die Idylle allseits gesicherter Lebensverhältnisse verfügt nicht mehr über die Anziehungskraft wie noch in frühmodernen Zeiten. In allen Tätigkeitsbereichen haben sich Risiken ausgebreitet und werden akzeptiert: in der Mobilität die Hochgeschwindigkeit, beim Reisen die fernen, exotischen Länder, bei den Hobbies die gefährlichen Sportarten, im Stoffbereich die Unmengen von Alkohol und Tabletten aller Art, im Internet die verbotenen Seiten. Krimis verdoppeln im Bilde die Risiken.

Die Formel von der *Governance* lässt sich mehrfach ins Spiel bringen. Die Grenzen zum Fremden werden im Krimi markiert und erneut befestigt. Die Vorliebe zum Krimi korrespondiert hintergründig mit dem Ausbau von Sicherheitsmentalitäten (Klimke 2008, S.217-225). Wir sind immer enger kontrolliert – und gewinnen im Spannungserleben des Krimi ein Stück Kontrolle zurück. Crime Reality-TV arbeitet unterhaltsam an der Herstellung Innerer Sicherheit. Hier werden die Zuschauer zu freiwilliger ‚innerer Führung', also Selbstführung ermuntert, um Unruhe und Schaden von sich abzuwenden (Reichertz u. a. 2012, S.189 f.). Und das geschieht – genialer wäre es nicht zu erfinden – im Wege der Unterhaltung: Wer fremdem Verbrechen und Täterfang zusieht, steht ohne Zutun auf der Seite der Guten, Rechtstreuen und Opfer. Durch Massenkultur wird Gemeinschaft hergestellt.[2]

Die Schule der *Cultural Criminology* entwickelt besonders ergiebige, wenngleich äußerst spekulative Erklärungsideen. Danach fasziniert Kriminalität, weil sie den Zugang zu offiziell streng gedeckelten Emotionen freisetzt. Das Verbrechen, wie es in den U-Stoffen auftaucht, handelt von Hass, Zorn, Enttäuschung, Erregung und Liebe. „In einer Gesellschaft wie der unseren, wo Emotionen sich gegen die rationale und materiale Welt stemmen, bleibt den Menschen ohne Wohlstand nur die Welt der Emotionen, um ihre Verletzungen und ihre Identität auszudrücken" (Presdee 2000, 4). Ferner liefert Presdee Hinweise auf die (bereits erwähnten) Mechanismen der Surrogathandlung und der Katharsis durch den Krimikonsum. Der Genuss, welchen heutige Kulturkonsumenten aus den Krimistoffen beziehen, spielt für ihn am Rande eines ‚Verbrechenskarnevals' (Presdee 2000, S.30-33). Der übermäßig ökonomisierte Zustand ruft den Wunsch nach extremen und oppositionellen Vergnügungen hervor. Der Karneval, mit seinen ekstatischen, randständigen und chaotischen Szenen, „ist die ritualisierte Vermittlung zwischen Ordnung und Unordnung par excellence". Die postmoderne Gesellschaft veran-

2 Dieses letzte Argument verdanke ich Daniela Klimke.

stalte Karneval nicht ein- oder zweimal jährlich, sondern karnevaleske Akte würden unentbehrlich zum täglichen Überleben. In emotionstheoretischer Sicht: der Spaß am Phantasiespiel mit dem Verbotenen entlastet vom Druck, den die hoch kontrollierten Arbeitsverhältnisse alltäglich ausüben. Der Konsum von Unterhaltungskriminalität dient als eine Ventilsitte, die Spannungen abbaut.

Die These von den *spätmodernen Unsicherheiten* verweist auf die sich ständig wandelnde Mischung moderner und postmoderner Merkmale. Sie besagt: „Wenn die persönliche Identität zerfällt, dann wird die virtuelle Identität willkommener, gefährlicher – und sogar ‚realer'" (Ferrell u. a. 2008, S.59). Flüchten die Menschen also in die Welt der Avatare, weil ihr Realleben dekomponiert? Überzeugend ist jedenfalls der Hinweis auf die Kultur des spätmodernen Pluralismus, gekennzeichnet durch Massenmigrationen und Globaltourismus; ständig kommen neue Leute und Ideen an. Dadurch verlieren die Eingeborenen „ihre Zitadellen symbolischer Sicherheit" (ebd.). Die Autoren beschwören die Zunahme an Kontingenz, Geschwindigkeit, Diversität, Willkürlichkeit. Daraus entstehe „eine Art von kulturellem Chaos". Eine Art von Verwirrung der Gefühle destabilisiert die festen Vorstellungen von Richtig/falsch, womit die Reaktionen auf Normbrüche nicht mehr unter dem Ernsthaftigkeitszwang stehen. Wenn das Verbrechen jetzt nicht mehr als nüchterne Interessenskalkulation, sondern als Expression von Gefühlslagen angesehen wird, dann kann und muss auch das Publikum eine andere Haltung zu ihm einnehmen.

All diese Überlegungen bewegen sich vielleicht auf der Höhe einer plausiblen Spekulation. Nur, gemessen oder sonst empirisch überprüft hat's noch niemand.

Literatur

Abt, S. 2004. *Soziale Enquête im aktuellen Kriminalroman.* Wiesbaden: Deutscher Universitätsverlag.

BMI/BMJ. 2006. *Zweiter Periodischer Sicherheitsbericht.* Berlin: Bundesministerien des Innern und der Justiz

Branahl, U. 2012. Justizberichterstattung in Forschung und Lehre. In: *Journalistik,* 7. Oktober. http://journalistik-journal.lookingintomedia.com/?p=880

Brüchert, O. 2008. Der wissenschaftlich-mediale Verstärkerkreislauf. In *Exklusion in der Marktgesellschaft,* hrsg. D. Klimke, 229- 235. Wiesbaden: VS Verlag für Sozialwissenschaften.

Ferrell, J., K. Hayward, J. Young. 2008. *Cultural Criminology. An Invitation.* London: Sage

Fishman, M., und G. Cavender (Hg.). 1998. *Entertaining Crime: Television Reality Programs.* New York: Aldine Transaction

Hans-Bredow-Institut für Medienforschung. 2008. *Zur Entwicklung der Medien in Deutschland zwischen 1998 und 2007.* Hamburg: Universität

Herzog, T. 2009. *Crime Stories. Criminalistic Fantasy and the Culture of Crisis in Weimar Germany.* New York: Berghahn Books

Hess, H., und S. Scheerer. 1997. Was ist Kriminalität? Skizze einer konstruktivistischen Kriminalitätstheorie. *Kriminologisches Journal* 29: 83-155.

Hess, H., und S. Scheerer. 2011. Radikale Langeweile. In *Langweiliges Verbrechen. Warum KriminologInnen den Umgang mit Kriminalität interessanter finden als Kriminalität,* hrsg. H. Peters und M. Dellwing, 27-46. Wiesbaden: VS Verlag.

Holzmann, G. 2001. *Schaulust und Verbrechen. Eine Geschichte des Krimis als Mediengeschichte (1850-1950).* Stuttgart: Metzler.

Klimke, D. 2008. *Wach- & Schließgesellschaft Deutschland. Sicherheitsmentalitäten in der Spätmoderne.* Wiesbaden: VS Verlag für Sozialwissenschaften.

Krasmann, S. 2003. *Die Kriminalität der Gesellschaft.* Konstanz: UVK.

Kunczik, M., und A. Zipfel. 2004. *Medien und Gewalt. Projektbericht für das Bundesministerium FSFJ.* Mainz: Institut für Publizistik.

Kunczik, M., und A. Zipfel. 2006. *Gewalt und Medien.* Köln: Böhlau

Menzel, B. 2011. Was Charles Manson und Gordon Gekko gemeinsam haben. In *Langweiliges Verbrechen. Warum KriminologInnen den Umgang mit Kriminalität interessanter finden als Kriminalität,* hrsg. H. Peters und M. Dellwing, 71-81. Wiesbaden: VS Verlag für Sozialwissenschaften.

Mikos, L. 2002. Dem Verbrechen auf der Spur. Ästhetik der Gewaltdarstellung im Krimi. In *tv diskurs,* Nr. 20, hrsg. Freiwillige Selbstkontrolle Fernsehen, 18-23. Baden- Baden: Nomos Verlagsgesellschaft.

Peters, H. 2011. Langweiliges Verbrechen. In *Langweiliges Verbrechen. Warum KriminologInnen den Umgang mit Kriminalität interessanter finden als Kriminalität,* hrsg. Ders. und M. Dellwing, 11-24. Wiesbaden: VS Verlag für Sozialwissenschaften.

Peters, H. und M. Dellwing (Hg.) 2011: Langweiliges Verbrechen. Wiesbaden: VS Verlag für Sozialwissenschaften.

Presdee, M. 2000. *Cultural Criminology and the Carnival of Crime.* London: Routledge.

Regener, S. 2012. RAF als Bild. *Kriminologisches Journal* 44: 198-214.

Reichertz, J. 2005. Crime-Profiler. Legitime Nachfahren von Sherlock Holmes? In *MedienMorde. Krimis intermedial,* hrsg. J. Vogt, 161–186. München: Fink.

Reichertz, J., O. Bidlo, und C. J. Englert. 2012. Vom Securitainment zum Media-Con-Act(ivat)ing. *Kriminologisches Journal* 44: 181-197

Scheerer, S. 1978. Der politisch-publizistische Verstärkerkreislauf. *Kriminologisches Journal* 10: 223-227.

Scheerer, S. und N. Schuhmacher. 2003. Witz, Geschlecht, Gewalt – am Beispiel von Terrorismus-Witzen. In Geschlecht-Gewalt-Gesellschaft, hrsg. S. Lamnek und M. Boatcă, 141-162. Opladen: Leske + Budrich.

Schulze, G. 1992. *Die Erlebnisgesellschaft.* Frankfurt a. M.: Campus.

Stehr, J. 1998. *Sagenhafter Alltag. Über die private Aneignung herrschender Moral.* Frankfurt a. M.: Campus.

Walter, M., H. Kania und H.-J. Albrecht. 2004. Einführung. In *Alltagsvorstellungen von Kriminalität,* hrsg. Dies., 5-22. Münster: LIT Verlag.

Umrisse einer insurationistischen Kriminalpolitik[1]

Henning Schmidt-Semisch

Wie Kriminalität entsteht, darüber streitet nicht nur die Kriminologie. Aber wie entsteht Kriminologie? Ich habe darauf – bezogen auf die im vorliegenden Beitrag ausgeführte Idee – eine sehr persönliche Antwort: Es war im Führjahr 1986, als ich von Heinrich Althoff (damals noch: Kemper-Diekmann) dazu eingeladen wurde, an einem Treffen des (legendären) Kriminalpolitischen Arbeitskreises (KRAK) irgendwo in der Nähe vom Darmstadt teilzunehmen. Es war jene Zeit, in der abolitionistische Diskussionen noch häufiger geführt wurden, und am zweiten Tag des besagten Treffens gesellte sich auch der Junge (Frankfurter) Kriminologe Sebastian Scheerer zu der illustren Runde und berichtete von einem Gutachten, das er zu diesem Zeitpunkt gerade gemeinsam mit Beate Kohl im Auftrag der Bundestagsfraktion DIE GRÜNEN angefertigte. Bei diesem Gutachten ging es um Möglichkeiten der „Entkriminalisierung der gewaltlosen Eigentums- und Vermögenskriminalität" und Sebastian Scheerer referierte verschiedene Überlegungen zur Entpönalisierung und Entkriminalisierung der genannten Deliktgruppe. Währenddessen deutete er – eher im Sinne einer Fußnote – an, dass sie auch Versicherungslösungen für diese Delikte angedacht, aber schnell wieder verworfen hätten. Als absoluter kriminalpolitischer Neuling fragte ich seinerzeit selbstredend nicht weiter nach, warum Sebastian das Ganze so rasch verwarf, gleichzeitig ließ mich diese Idee aber auch nicht wieder los: Die Umstände der vermeintlichen „Fußnote" entpuppten sich für mich zu einer in hohem Maße kriminologenen Situation.

Was ich also an dieser Stelle vorstellen will, ist so etwas wie ein Gedankenexperiment, das versucht, die Versicherung oder vielleicht besser: die Idee der Versicherung für kriminalpolitische Zwecke nutzbar zu machen. Und dies nicht

---

1 Der vorliegende Beitrag ist eine überarbeitete Version meines Vortrags „Versichern gegen Kriminalität. Kriminalpolitische Option oder Bankrotterklärung" anlässlich der 10. Christian Broda Vorlesung 2005 in Wien (als Broschüre hrgg. v. Neustart – Bewährungshilfe, Konfliktregelung, Soziale Arbeit, Wien im Juni 2005). Für eine ausführlichere und differenziertere Beschäftigung mit den hier vertretenen Thesen verweise ich auf mein 2002 im Gerling-Akademie-Verlag erschienenes Buch „Kriminalität als Risiko. Schadenmanagement zwischen Strafrecht und Versicherung".

in einer partiellen, auf bestimme Delikte bezogenen, sondern in einer eher generellen Art und Weise. Dabei werde ich in vier Schritten vorgehen: In einem *ersten Schritt* werde ich sehr kurz auf meinen (hier verwendeten) Begriff von Kriminalität und meine kriminalpolitische Basis eingehen. *Zweitens* werde ich versuchen, die Unterschiede zwischen einer juridischen und einer insurationistischen Rationalität zu verdeutlichen, um sodann, *drittens*, meine Vorstellungen zu einer insurationistischen Kriminalpolitik zu entwickeln. In einem letzten, *vierten Schritt* werde ich ganz kurz die wichtigsten Vorteile und Probleme benennen, die meines Erachtens mit einer solchen Kriminalpolitik verbunden sind.

1. Kriminalitätsbergriff und kriminalpolitische Basis

Es gibt zahlreiche Möglichkeiten, „Kriminalität" zu definieren. Kriminalität lässt sich sowohl statistisch als auch normativ betrachten, man kann sie mit Blick auf den Täter, das Opfer oder die Kontrollinstanzen beschreiben, sie in theoretische und moralunternehmerische sowie informell und formell definierte Kriminalität sondern (Hess/Scheerer 1997) oder sie auch als Sinnprovinz, als „diskursive Praxis" (Althoff/Leppelt 1995) und schließlich als „leeren Signifikanten" im poststrukturalistischen Sinne (Dollinger u. a. 2013) betrachten. Alle diese Definitionen und Annäherungen haben dabei in aller Regel ihre Berechtigung und betonen jeweils bestimmte Aspekte des Begriffs. Im vorliegenden Kontext möchte ich Kriminalität zunächst allerdings folgendermaßen zuspitzen: *Kriminalität ist ein (interessierter) Zurechnungsmechanismus von bestimmten materiellen oder immateriellen Schäden und anderen Unerwünschtheiten auf bestimmte Personen oder Gruppen. Von anderen Zurechnungsmechanismen (Schicksal, Krankheit, Strafe Gottes, Risiko, Unglück, Unfall, Zufall usw.) unterscheidet sie vor allem aber die Vorstellung, dass ihrer erfolgreichen Zurechnung in der Regel ein staatlich organisiertes Übel zu folgen habe: die Kriminalstrafe.*

Und diese Vorstellung, dass auf bestimmte individuelle Handlungen bestimmte staatliche strafende Reaktionen zu folgen hätten, hat sich so tief in unser Bewusstsein eingeschrieben, dass uns eine Gesellschaft ohne Strafrecht heute kaum noch vorstellbar ist. Zwar scheint hinter der hartnäckigen Bekämpfung so genannter krimineller Handlungen gelegentlich so etwas wie die Vision einer Gesellschaft ohne Kriminalität auf, aber für die Strafe gilt, was Viktor Achter (1951, S. 9) als die „zwingende Natur des Strafrechts" bezeichnete: „Ohne Strafe", so Achter, „erscheint uns das Recht undenkbar. Sie ist für unser Denken unentbehrlich. Dass Verbrechen und Vergehen bestraft werden müssen, ist uns eine Selbstverständlichkeit" (vgl. auch Quensel 1989, S. 400).

Gleichzeitig allerdings, so hat es Herman Bianchi (1974, S. 89) einmal formuliert, gehört das Strafrecht (ähnlich wie das Militär) zu den Institutionen unserer Kultur, die zwar am wenigsten bedroht, zugleich aber auch am meisten angezweifelt werden. Diese Zweifel am Strafrecht und natürlich insbesondere auch am Gefängnis richteten sich dabei in den vergangenen Jahrzehnten im wesentlichen auf zwei unterschiedliche Aspekte:

a. Auf der einen Seite stellte man mit Blick auf den Täter die Effektivität und Erreichbarkeit der zentralen Strafzwecke Resozialisierung, Spezial- und Generalprävention in Frage: Man kritisierte die kontraproduktive Stigmatisierung, aber auch Prisonierung von Personen, die Reduzierung komplexer Problemlagen auf „schuldige" Individuen, die Leidzufügung als solche usw.
b. Auf der anderen Seite wachsen seit einiger Zeit immer deutlicher auch die Zweifel am Umgang mit den Opfern: Das Strafrecht, so die Kritik, benutze das Opfer in aller Regel als Auslöser für das eigene Aktivwerden gegen den Täter und im folgenden Strafprozess nur noch als Zeuge der Anklage. Der Schaden oder die Verletzung des Opfers seien dabei lediglich hinsichtlich der Verurteilung des Täters interessant – wie der materielle oder immaterielle Schaden reguliert werde, sei für den Staat nicht von Interesse, sondern stände weitgehend in der Selbstverantwortung des Opfers. Entweder es habe für eine Kompensation durch Versicherungen vorgesorgt – oder eben Pech gehabt. Etwas zugespitzt kann man also sagen: Während der Staat also handelnde Härte gegen den Täter demonstriert und damit eher eine Verschlimmerung seiner Situation als seine Resozialisierung erzeugt, geht das Opfer leer aus.

Die größten Zweifel haben dabei in den vergangenen Jahrzehnten und vor allem natürlich in den 70er und 80er Jahren des vergangenen Jahrhunderts die Vertreter des so genannten Abolitionismus vorgebracht: Nachdem Thomas Mathiesen 1979 „Überwindet die Mauern!" gefordert hatte, suchten einige die „Wege in eine gefängnislose Gesellschaft" (Stangl 1988) bzw. in eine „Gesellschaft ohne Gitter" (Papendorf 1985) zu benennen. Unter dem Motto „Freiheit statt Strafe" (Ortner 1981) hoffte man, der staatlichen Kriminalpolitik „Alternativen zur Strafjustiz" (Bianchi 1988) und damit ein Plädoyer für „Grenzen des Leids" (Christie 1986) näherbringen zu können. Von der Emphase dieser Diskussion, die schließlich fast schon beschwörend „Vom Ende des Strafvollzugs" (Schumann u. a. 1988) sprach, ist heute allerdings nur noch wenig zu spüren.

Aber auch wenn die abolitionistische Gefängnis- und Strafrechtskritik heute weitgehend von der kriminalpolitischen und wissenschaftlichen Agenda verschwunden ist, so will ich doch an diese „abolitionistische Perspektive" anknüpfen – eine Perspektive, die Sebastian Scheerer ja vor allem auch als eine „sensitivierende Theorie" bezeichnet hat, der es um eine Dynamisierung der Diskussion und eine „Skizzierung neuer Probleme und Bezugsrahmen" zu gehen habe (vgl. Scheerer 1984, S. 97). Genau dies will ich versuchen, indem ich *Kriminalität* in den Bezugsrahmen des *Risikos* und der Versicherung und damit einer insurationistischen Rationalität stelle.

2. Juridische und insurationistische Rationalität

Meine Ausgangsüberlegung ist folgende: Betrachtet man *Kriminalität* als einen Zurechnungsmechanismus, so kann man sie zugleich als einen der beiden großen Bearbeitungsmodi von Schäden in der Moderne ansehen, der sich parallel zu einem zweiten entwickelt, nämlich dem Bearbeitungsmodus des *Risikos*, wobei ich Risiko hierbei als die zentrale Kategorie der sich seit Beginn des 19. Jahrhunderts vermehrt ausweitenden *Versicherung* verstehe.[2] Diese beiden Verarbeitungsmechanismen sind – wenn auch idealtypisch und deswegen sich keineswegs gegenseitig ausschließend – mit je spezifischen Rationalitäten (also: Arten zu Denken) verbunden, deren eine man als *juridische* und deren andere man als *insurationistische* (also versicherungsmäßige) Rationalität bezeichnen kann. Für unseren Zusammenhang ist nun wichtig, dass sich diese beide Rationalitäten auf höchst unterschiedliche Art und Weise auf die entstandenen Schäden beziehen.

Der Unterschied besteht darin, dass die juridische Rationalität[3] sich auf den Schaden bezieht, um auf dessen Ursache schließen und ein schuldhaftes Verhalten feststellen zu können. Sie setzt ein auf die Verantwortung zentriertes Kalkül voraus: „Der Richter unterstellt, dass es zu keinem Unfall gekommen wäre, wenn die Beteiligten nicht so gehandelt hätten, wie sie es getan haben, dass die Welt harmonisch wäre, wenn die Menschen sich so verhielten, wie sie sollten". Im Gegensatz dazu konzentriert sich die *insurationistische Vernunft* auf das Feststellen: Sie geht von der Faktizität der Ereignisse aus und bezieht sich nicht auf den subjektiven Willen, sondern auf („objektive") Wahrscheinlichkeiten: „Man mag wünschen, was man will, Tatsache ist, dass es eine genau kalkulierte Zahl von Arbeits- und Verkehrsunfällen, Todesursachen und Krankheiten pro Jahr gibt und dass sich diese Zahlen mit bemerkenswerter Regelmäßigkeit Jahr für Jahr wiederholen" (Lemke 1997, S. 216).

Die juridische und die insurationistische Vernunft sind also als zwei Möglichkeiten zu verstehen, sich auf Schadensphänomene zu beziehen oder besser: auf Phänomene der Ordnung und Unordnung in Natur und Gesellschaft. Abs-

2 Vgl. hierzu ausführlicher auch Ewald 1993.
3 Lemke (1997, S. 215ff.) spricht auch von der „juridischen Vernunft".

trakter formuliert handelt es sich hierbei um das Problem der *Kontingenz*. Sehr schlicht formuliert, ist Kontingenz alles das, was auch anders möglich ist, wobei es allerdings ein großen Unterschied macht, wie ich dieses „Auch-Anders-Mögliche" betone: Erlebe und bewerte ich das, was anders kommen kann, als Bedrohung und damit als Unsicherheit oder kann ich diese Unsicherheit als eine Chance begreifen, mithin also als ein Risiko, welches einzugehen ggf. sich lohnt, weil nur so Fortschritt und Entwicklung möglich werden. In diesem Sinne bedeutet Kontingenz die Möglichkeit, stets auch anders oder „neuartig" handeln zu können (vgl. ausführlicher Makropoulos 1990, S. 409).

Diese Ambivalenz des Kontingenten, *Unsicherheits*bereich und *Handlungs*bereich zugleich zu sein, spiegelt sich auch in den beiden „strategischen Konzepten", die zu seiner gesellschaftlichen Steuerung herangezogen werden: Kontingenz-*Bewältigung* und Kontingenz-*Management* (Makropoulos 1990, S. 411ff.). Der wesentliche Unterschied zwischen „Bewältigen" und „Managen" besteht darin, dass Kontingenz-Bewältigung ihren Gegenstand abschaffen will (also eher den Unsicherheitsbereich des Kontingenten akzentuiert), um das Bestehende zu bewahren, während Kontingenz-Management versucht, ihn produktiv zu nutzen (also eher den Handlungsbereich des Kontingenten betont), um neue Möglichkeiten zu erschleißen. Die Strategie der Bewältigung ist dabei eher der juridischen, die des Managements eher der insurationistischen Rationalität zuzuordnen: Während (idealtypisch betrachtet) also Unfall oder Abweichung für die juridische Vernunft eine *Ausnahme* sind, die bewältigt und über das Schema von Verantwortung und Schuld isoliert bzw. individualisiert werden muss, verarbeitet die insurationistische Rationalität (bzw. die Versicherung) diese „Ausnahme" als Bestandteil einer berechenbaren *Regelmäßigkeit*, die es zu managen und deren Kosten es zu sozialisieren gilt.

Der Unterschied wird schnell plausibel, wenn man zum Beispiel die unterschiedlichen Interpretations- und Bearbeitungsweisen betrachtet und nebeneinander stellt, die unsere Gesellschaft an Schäden aus kriminellen Handlungen einerseits und an Schäden, die etwa im Straßenverkehr entstehen, andererseits heranträgt: Während man Schäden aus Kriminalität mit erheblicher moralischer Empörung und der *juridischen Frage* nach der Schuld eines (individuellen) „Täters" begegnet, diesen sodann staatlicherseits bestraft und die Kompensation des Schadens (trotz der Empörung) in aller Regel dem Opfer selbst überlässt (was zugleich bedeutet, Gerechtigkeit vor allem über die Bestrafung des Schädigers herzustellen), steht bei Verkehrsunfällen gerade die Kompensation im Vordergrund einer *insurationistischen Verarbeitung*. Diese kompensiert im Rahmen der Kfz-Haftpflichtversicherung nicht nur den Schaden des Unfallopfers nahezu lückenlos, sondern sozialisiert überdies zugleich auch das Haftungsrisiko des Schädigers (vgl. auch Frehsee 1986, S. 107). Zwar beruhten, so formuliert Eike von Hippel (1980, S. 48), die Haftpflichtnormen immer noch auf der Vorstellung einer Schadensverteilung zwischen Individuen. Soweit der Abschluss einer Haftpflichtversicherung aber vorgeschrieben sei, habe diese Vorstellung ihre Gültigkeit verloren, denn wer haftpflichtversichert sei, brauche den Geschädigten nicht mehr aus der eigenen Tasche zu entschädigen: „Seine ‚Haftung' ist zu einem Deckmantel geworden, unter dem über die Leistungspflicht des Versicherers – und damit indirekt des Kollektivs der prämienzahlenden Versicherungsnehmer – entschieden wird. Die Schadensverteilung zwischen Individuen ist also durch eine kollektive Risikoverteilung verdrängt worden."

Meine zentrale Frage ist nun, ob nicht auch „Kriminalität" grundsätzlich mit einer insurationistischen Vernunft „gemanagt" werden kann. Das heißt: Inwieweit ist eine *insurationistische Kriminalpolitik* denkbar, die nicht mehr primär nach individueller Schuld und ihrer Bestrafung fragt, sondern für die – ähnlich wie im Bereich der Kfz-Haftpflichtversicherung – die umfassende Kompensation der Opfer im Vordergrund steht?

3. Insurationistische Kriminalpolitik

Was bedeutet es, Kriminalität insurationistisch zu denken?

Um dies zu verdeutlichen möchte ich noch einmal auf das eben angeführte Beispiel der Kfz-Haftpflichtversicherung zurückkommen. Der Begründungszusammenhang dafür, die Kfz-Haftpflichtversicherung sogar als Pflichtversicherung zu installieren, war der, dass man die (Massen-) Motorisierung und damit zugleich die (Individual-)Mobilisierung der Gesellschaft als sozial und ökonomisch so notwendig und wünschenswert erachtete, dass man die daraus notwendigerweise entstehenden Schäden zu sozialisieren (also auf die Gesellschaft umzulegen) suchte. Es ist nicht die Schuld des einzelnen Schädigers, die im Vordergrund der gesetzlichen Pflicht der Kfz-Haftpflichtversicherung steht, sondern eine dem Verkehr insgesamt innewohnende Gefahr: Deren Opfer müssen als Preis für Motorisierung und Mobilisierung zwar hingenommen, deren Schäden aber zugleich auch „lückenlos" kompensiert werden. Im Falle eines Unfalls sollten weder der Schädiger (durch enorme Schadenersatzforderungen des Geschädigten) noch der Geschädigte (durch eine Kompensationsunfähigkeit des Schädigers) in den finanziellen Ruin getrieben werden. Die Sorgfalt des Gesetzgebers ging dabei so weit, dass er auch für jene Schäden, für die kein Schädiger festgestellt werden kann (etwa bei Fahrerflucht), einen speziellen Entschädigungsfonds (Verkehrsopferhilfe) vorgesehen hat[4].

Vor diesem Hintergrund kann man sich nun die Frage stellen, warum der Gesetzgeber einerseits eine lückenlose Kompensation der Verkehrsopfer installiert und andererseits auf eine ebenso lückenlose Entschädigung der Kriminalitätsopfer verzichtet hat. Wäre es nicht auch im Kriminalitätsbereich hilfreicher, den Schaden und seine Regulierung in den Mittelpunkt zu stellen – als vorrangig auf die Bestrafung des Täters zu zielen? Denn wenn man die Opfer des Straßenverkehrs als gleichsam systemischen bzw. systemimmanenten Preis einer an Mobilität und Motorisierung interessierten Gesellschaft versteht, dann sind Abweichung und „Kriminalität" durchaus auch als systemische und damit regelhafte Konsequenz einer gegebenen (und heute etwa an individuellen Geltungsbehauptungen wie Konkurrenz, Distinktion und Prominenz orientierten)[5] Gesellschaftlichkeit betrachtbar, einer Gesellschaftlichkeit zumal, die soziale Ungleichheit nicht nur akzeptiert und fabriziert, sondern zugleich – im Sinne individueller Motivierung – auch konsumiert. Zusammenfassend könnte man sagen, sowohl Kfz- und sonstige „Unfälle" als auch die aktuelle „Gestalt" alltäglicher „Kriminalität" sind alle gleichermaßen (sozio)logischer Bestandteil unseres gesellschaftlichen Systems, sind die Konsequenz einer umfassend als Modernisierung zu bezeichnenden (post)industriellen, aber auch kulturellen und individuellen Entwicklung – und können mithin als „Modernisierungsrisiken" (Blinkert 1988) verstanden und bezeichnet werden.

Damit meine ich nicht – und ich will diesem häufigen Einwand bereits an dieser Stelle begegnen – „die Gesellschaft sei an allem Schuld". Vielmehr geht es um einen neuen Modus der Betrachtung und Verarbeitung von Schäden aus Kriminalität, einen Modus, der allerdings in der Tat nicht mehr (in erster Linie) mit Blick auf die Taxierung von Schuld Verantwortung individualisiert, sondern mit Blick auf den Schaden (vorrangig) die Kompensation des Opfer gewährleisten will, indem er die Kosten auf alle umlegt (sozialisiert).

Welches sind die Bausteine einer insurationistischen Kriminalpolitik?

a) Der *erste Baustein* einer insurationistischen Kriminalpolitik ist die Ermöglichung einer Kriminalitätsversicherung. Das ist nun keineswegs ein utopisches Unternehmen, sondern vielmehr ist die Versicherung bereits heute – neben dem Recht – die wohl größte formalisierte Verarbeitungsmaschine für Schäden und Konflikte, für Ärgernisse und Lebenskatastrophen. In diesem Kontext sind auch

4 Vgl. etwa: http://www.verkehrsopferhilfe.de/entschaedigungsfonds.html (Zugriff am 08.08.2013)
5 Vgl. hierzu ausführlicher auch Koenen 1999 sowie Schmidt-Semisch 2002: 63-74.

Schäden aus „Kriminalität" in großem Ausmaß (mit-)versichert oder richtiger: versicherbar, wovon die folgende Liste einen allenfalls unvollständigen Eindruck vermitteln kann:

- Straftaten gegen das Leben (Mord, Totschlag, fahrlässige Tötung – §§ 211, 212, 213, 220a, 221, 222 StGB[6]): *Lebensversicherungen* sowie *Unfallversicherungen*;
- Straftaten gegen die körperliche Unversehrtheit und die sexuelle Selbstbestimmung (Körperverletzungen, versuchte Tötungen, Misshandlungen, Vergewaltigung, sexueller Missbrauch – §§ 223-227, 229, 231, 174ff. StGB): *Gesetzliche und private Krankenversicherungen sowie Unfall-, Pflege- und Rentenversicherungen, Berufsunfähigkeitsversicherungen, Verdienstausfallversicherungen, etc.*
- Straftaten gegen die persönliche Freiheit (Erpresserischer Menschenraub, Entführung, Erpressung, räuberische Erpressung – § 239a, 252, 253, 255 StGB): *Lösegeldversicherung*[7]*, gewerbliche Einbruchsdiebstahl- und Raubversicherung, Transportversicherung, Reisegepäckversicherung etc.;*
- Straftaten gegen das Eigentum (Diebstahl, Einbruchsdiebstahl, Unterschlagung, Raub und Straßenraub, Betrug – §§ 242-250, 252, 263 StGB): *(verbundene) Hausratversicherung, gewerbliche (Einbruch-)Diebstahls- oder Raubversicherungen, Kfz-Kasko-Versicherungen, Technische Versicherungen, Reisegepäckversicherung sowie Luftfahrt, See- und Transportversicherungen, Automatenversicherung, Fahrradversicherung, etc;*
- Sachbeschädigung (§ 303 StGB): *Einbruchsdiebstahl- und Raubversicherung, Glasversicherung, Kfz-Kaskoversicherungen, Technische Versicherungen, (Haftpflichtversicherung*[8]*) etc.;*

---

6 Die angegebenen Paragraphen beziehen auf das Strafgesetzbuch der Bundesrepublik Deutschland.

7 Bis vor einigen Jahren konnten Lösegeldversicherungen nur im Ausland abgeschlossen werden. Bezahlt werden bei dieser Versicherungssparte Schäden und Kosten infolge von Entführung, Erpressung und Freiheitsberaubung, „vorausgesetzt, dass im Schadensfall die Polizei eingeschaltet und die Sache strikt geheimgehalten wird (…) Das Bundesaufsichtsamt für das Versicherungswesen hat diese Versicherungsart bislang als sittenwidrig abgelehnt. Es befürchtete, dass dadurch der erpresserische Menschenraub gefördert würde. Da sich diese Sorge aber in Ländern, in denen Lösegeldversicherungen erlaubt sind, nicht bestätigte, stellte die Behörde ihre Bedenken zurück" (die tageszeitung 26. Juni 1998).

8 Die Haftpflichtversicherung kommt für Schäden aus kriminellen Handlungen von ihrer Anlage her nicht auf: „Da der Versicherungsnehmer derjenige ist, der das den Schaden begründende Ereignis auslöst, und vorsätzliches und widerrechtliches Bewirken des Schadensereignisses vom Versicherungsschutz ausgeschlossen ist, erfasst der Versicherungsschutz grundsätzlich keine durch kriminelle Handlungen entstandenen Schäden" (Arnold 1992: 150). Es ist aber

- Diebstähle und Sachbeschädigungen spezieller Art, insbesondere hinsichtlich von Kunst- und Luxusgegenständen: z. B. *Kunstversicherung, Ausstellungsversicherung, Musikinstrumenteversicherung, Sportgeräteversicherung etc.;*
- Entwendung aus und von Kraftfahrzeugen bzw. Fahrzeugteilen sowie diesbezüglicher Vandalismus: *Kraftfahrzeug-(Teil- und Voll-)Kasko-Versicherung;*
- Unterschlagung, Untreue, Urkundenfälschung (§ 246, 263, 267 StGB): *Vertrauensschadenversicherung;*[9]
- Brandstiftung, Herbeiführen von Sprengstoffexplosionen (§ 306, 308 StGB): *Feuerversicherung, Gebäudeversicherung*;
- Kreditbetrug und Insolvenzdelikte: *Delkredereversicherung*;
- Kautionsbetrug: *Kautionsversicherung*;
- Missbrauch von Scheck- und Kreditkarten (§ 266b StGB): Scheck- und Kreditkartenversicherung.

Im Kontext einer insurationistischen Kriminalpolitik würden diese zersplitterten Versicherungen zu einer umfassenden Kriminalitätsversicherung umgebaut. Um einen wirklich umfassenden Schutz zu gewährleisten, sollte diese Kriminalitätsversicherung als Schadenversicherung des Opfers (und keinesfalls als Haftpflichtversicherung des Täters) konzipiert sein, um auch bei (den vielen) Fällen, in denen der Täter unbekannt bleibt, die Kompensationsleistungen sicherzustellen. Eine Kriminalitätsversicherung müsste zudem eine Pflichtversicherung sein, könnte aber – ähnlich wie die Kfz-Haftpflicht – durchaus privaten Versicherungsanbietern übertragen werden. In jedem Fall aber müsste eine solche Versicherung für alle (Privat-) Personen verpflichtend sein, wobei sich die individuellen Versicherungsbeiträge nach dem Einkommen (und gegebenenfalls Vermögen[10]) der jeweiligen Personen zu richten hätten und Personen ohne (oder mit sehr geringem) Einkommen entweder über Familienangehörige oder durch staatliche pauschalierte Beiträge mitversichert würden. Dem häufig gehörten Argument, eine solche

gleichwohl davon auszugehen, dass zahlreiche vorsätzliche Sachbeschädigungen (pragmatisch, gleichwohl widerrechtlich) über diese Versicherungssparte abgewickelt werden.

9 Vgl. zur Vertrauensschadenversicherung und den durch sie im einzelnen abgesicherten Schäden aus Kriminalität Daftari/Fassbender 2000.

10 Hierunter verstehe ich auch besondere oder teure Luxusgegenstände, also etwa Kunstgegenstände, Sammlungen, Yachten, Oldtimer, Ferienhäuser oder ähnliches. Es wäre allerdings zu überlegen, ob man solche Gegenstände von einer Kompensation der Kriminalitätspflichtversicherung grundsätzlich ausschließt oder sie in einem gesonderten „account" (mit zusätzlichen Prämien) erfasst, der dann ausschließlich von den jeweiligen Wagnisträgern zu finanzieren wäre.

Versicherung untergrabe die Eigenverantwortung der Bürger, sich selbst zu schützen, könnte ggf. mit einem zu definierenden „Selbstbehalt" begegnet werden.[11]

Als (ein begrenztes) Beispiel für eine solch umfassende Versicherung kann die so genannte Volksunfallversicherung (*Accident Compensation Corporation*, ACC) in Neuseeland angesehen werden: Diese Versicherung deckt alle Personenschäden ab, die sich durch Unfälle, aber auch durch Straftaten oder z. B. auch ärztliche Kunstfehler ereignen. Sie übernimmt die Heilbehandlung sowie die physische und psychische Rehabilitation, kompensiert aber auch etwaige Verdienstausfälle und gewährt im Falle dauerhafter körperlicher Beeinträchtigungen eine Rente.[12]

Eine solche Kriminalitätsversicherung würde einen bislang einzigartigen Schutz für Kriminalitätsrisiken bieten, der nicht nur Personenschäden (in einem zum Beispiel weit über das deutsche Opferentschädigungsgesetz hinausgehenden Maße) umfasst, sondern auch schwerer wiegende (durch die Höhe des Selbstbehalts definierte) Eigentums- und Vermögensschäden, wobei es nicht nur um die Kompensation materieller und physischer Schäden ginge, sondern auch um die gegebenenfalls notwendige psychische Rehabilitation (die z. B. in der Folge von Einbruchdiebstählen notwendig werden kann). Auf diese Weise wäre das gesellschaftliche und der „Verkehrsgefahr" vergleichbare Risiko Kriminalität auf eine umfassende und, wie ich meine, konstruktive Weise den elementaren Versicherungsgedanken der Solidarität und Kompensation unterstellt und würde den materiellen und zum Teil auch immateriellen Bedürfnissen der Kriminalitätsopfer auf eine bisher nicht bekannte Weise gerecht – freilich unter dem jeder Versicherung immanenten Vorbehalt, dass sie nicht in der Lage ist, das Leiden rückgängig zu machen, sondern nur, den Schaden finanziell zu kompensieren und dadurch erträglicher zu machen.

b) Weil die Kriminalitätsversicherung auf diese Weise zentrale Bedürfnisse der Opfer befriedigt, wäre zu überlegen, ob dadurch nicht – und das ist für mich der *zweite Baustein* einer insurationistischen Kriminalpolitik – die (wenig- bis kontraproduktive und vom Opfer in der Regel nicht, zumindest häufig nicht *so* gewollte) Bestrafung der „Täter" verzichtbar würde. Insurationistische Kriminalpolitik würde in diesem Fall die Gleichung der Kriminalisierung um den durch die strafrechtliche Bearbeitung produzierten „Schaden" kürzen, der – auf der einen Seite – dem Opfer heute aufgrund seiner nicht garantierten Kompensation sowie

11 Vgl. zur Ausgestaltung einer solchen Kriminalitätsversicherung ausführlicher Schmidt-Semisch 2002, S. 153-164; zu einigen frühen Überlegungen zur Versicherung von Kriminalität vgl. Schmidt-Semisch 2002, S. 126-141.

12 Vgl. ausführlicher Schmidt-Semisch 2002, S. 157-162; Hippel 1980 sowie http://www.acc.co.nz/ (Zugriff am 08.08.2013)

seiner strafrechtlichen Instrumentalisierung erwächst und der – auf der anderen Seite – dem Täter vom Staat ganz bewusst im Sinne eines Übels zugefügt wird. Sie trägt insofern gleichermaßen Forderungen nach einer verbesserten Stellung des „Opfers" Rechnung wie sie sich der „Schmerzreduktion" und „Humanität" in Bezug auf die (Kriminal-)Strafe als einer „Aufgabe" zuwendet, die Trutz von Trotha (1983, S. 47) als eine charakterisiert hat, die „unabhängig von Fragen general- und spezialpräventiver Effektivität ihre eigene Würde besitzt und einen eigenen kriminalpolitischen Lösungsauftrag beinhaltet".

c) An die Stelle der Repression setzt insurationistische Kriminalpolitik als *dritten Baustein* präventive Maßnahmen, die allerdings wiederum nicht so sehr den Täter in den Blick nehmen, sondern die Schäden selbst oder besser noch: die Situationen, Räume oder Systeme, die diese Schäden regelhaft produzieren. Was ich damit meine, ist nun allerdings wiederum nicht neu, sondern wird seit vielen Jahren immer mal wieder in die kriminalpolitische Diskussion eingebracht: So ist relativ offensichtlich, dass z. B. bei den Massendelikten Ladendiebstahl und Beförderungserschleichung die jeweilige Situation der Schlüssel zum präventiven Erfolg ist. Werde der Ladendiebstahl, so etwa Albrecht (1999, S. 316), durch die kostensparende Selbstbedienung – die freilich in der Regel auch im Interesse der Verbraucher liegt – und die „verkaufstechnisch hergestellte Disponibilität der Ware" sowie die dadurch gegebene Verführungssituation gleichsam provoziert (vgl. hierzu auch Löhr 1997, S. 4f.), so sei auch die Beförderungserschleichung als „eine Folge der kostensparenden schaffnerlosen Betriebe von Bussen und Bahnen im öffentlichen Personennahverkehr" anzusehen (vgl. auch Steinert 1987, S. 104). Wie würde eine insurationistische Politik solche (perspektivisch entkriminalisierten, aber gleichwohl unerwünschten) Schädigungen bzw. Handlungen verarbeiten? Heinz Steinert (1987, S. 103ff.) hat insbesondere hinsichtlich der Massendelikte Ladendiebstahl und Beförderungserschleichung etliche Beispiele angeführt, wie solche Schäden verhindert werden können, indem man die Situationen verändert: Wer etwa tatsächlich verhindern will, dass Personen ohne die Entrichtung des Fahrpreises ein Verkehrsmittel benutzen (Beförderungserschleichung), der kann zum Beispiel technische oder physische Schranken errichten, die ohne Bezahlung einfach nicht zu überwinden sind. Die „menschlichere" Variante wäre freilich die Wiedereinführung des Schaffners, „der nicht nur gleich am Eingang kontrolliert und gegebenenfalls die Summe kassiert, sondern der auch Auskünfte gibt, eventuell sogar beim Ein- und Aussteigen hilft und womöglich ein Klima des Miteinander-Reisens herstellt, aus dem fremden Sich-im-Weg-Stehen also eine soziale Situation mit den üblichen Normen der Höflichkeit und Rücksichtnahme macht“ (Steinert 1987, S. 103f.). Zu überlegen sei zudem, so Steinert weiter, ob man nicht besser sogar das ganze Kontrollproblem der öffentlichen Nahverkehrsbetriebe besser dadurch „einsparen“ solle, dass man die Kosten mit den Steuern erhebt statt mit einzelnen Fahrscheinen – das wäre dann nicht (nur) eine Sozialisierung des Schadens, sondern eine Sozialisierung, die gleichsam die Schadensursache abschafft und überdies möglicherweise noch einen ökologisch sinnvollen Effekt hätte (vgl. hierzu etwa VCD 2012).

Auch dem Ladendiebstahl kann man auf ähnliche Weise begegnen, indem man – wie dies in vielen Fällen ja bereits praktiziert wird – etwa mit „intelligenten“ Etiketten oder ähnlichem arbeitet, die an der Kasse entfernt werden bzw. bei Nichtentfernung einen Alarm am Ausgang auslösen. Eine andere Möglichkeit wären überdies weitere Formen von Techno-Prävention, also etwa wertvollere Waren (zum Beispiel Elektrogeräte) hinter Gittern auszustellen, an den Regalen zu verankern oder ähnliches.[13] Zudem wäre (wiederum als „menschliche“ Variante) auch in Geschäften eine Erhöhung des Personalschlüssels möglich (vgl. auch Löhr 1997: 20), was nicht nur zu mehr Kontrolle, sondern gegebenenfalls auch zu einer verbesserten Beratung der Verbraucher führen würde.[14] Andererseits praktizieren die Geschäftsbetreiber heute bereits eine versicherungsähnliche Variante des „Schutzes“, indem sie die prognostizierten Schäden bereits im Vorwege auf den Verkaufspreis der Waren umlegen und in diesem Sinne sozialisieren.

Ähnliche Möglichkeiten bieten sich auch im privaten Bereich: von Alarmanlagen über Schlösser und so genannte „intelligente Zugangskontrollen“ bis hin zu möglicherweise „ständigen Hausmeisterdiensten (Northoff 1997: 10f.). Solche und ähnliche Maßnahmen sind freilich, wie Steinert (1987: 105) zu Recht vermerkt, keine „allgemeinen Lösungen“, zum einen weil sie von der Finanzkraft des Einzelnen abhängen, zum anderen weil eine gute Diebstahlsicherung an dem einen Haus nur bedeutet, dass „der Einbrecher sich an ein weniger gut geschütztes potentielles Opfer halten soll“ (vgl. hierzu ausführlicher auch Albrecht 1987: 38f.). Das heißt: Zwar lassen sich auch hier technische Maßnahmen treffen, zugleich ist aber auch deutlich, dass es absolute Sicherheit nicht geben wird und dass Sicherheit zudem ungleich verteilt ist. Das Grundproblem bleibt also bestehen: Dass einem Dinge durch Dritte abhanden kommen können, ist ein zwar minimier-, aber keineswegs aufhebbares Risiko, weshalb eine insurationistische Kriminalpolitik

13 Vgl. zu weiteren präventiven Möglichkeiten der technischen und elektronischen Sicherung, aber auch zur Systematik der Warenaufstellung sowie zur Gestaltung der Geschäftsräume ausführlich: Löhr 1997: 18ff.

14 Ähnliches, so etwa Albrecht (1999: 323), gelte freilich auch für den Tankbetrug sowie den Zechbetrug. Auch hier könnten mit einer Einschränkung der Selbstbedienung sowie der Einstellung von mehr Personal „schadensträchtige“ Situationen positiv verändert werden.

großes Gewicht darauf legt, auf die unausweichlich auftretenden Schäden kompensierend zu reagieren, und das heißt zugleich: mit allen Beteiligten möglichst schonend umzugehen. Im Falle etwa des Wohnungseinbruchs muss dies auch bedeuten, dass das Opfer gegebenenfalls psychologische Hilfe in Anspruch nehmen kann, oder, wenn die Verletzung der Intimsphäre auf diese Weise nicht ausreichend bearbeitet werden kann, ihm auch den Umzug in eine andere Wohnung als versicherte Leistung zu gewähren.

Schließlich lassen sich auch mit Blick auf Gewaltdelikte Möglichkeiten benennen, die jenseits von Schuld und Strafe insbesondere auf die Veränderung von Situationen, Räumen und Systemen zielen. Solche Maßnahmen reichen von einer ausreichenden Straßenbeleuchtung und einer Belebung der Innenstädte nach Ladenschluss über mehr Personal in öffentlichen Verkehrsmitteln sowie die Einrichtung von Frauentaxis und -parkplätzen bis hin zu Selbstverteidigungskursen und gegebenenfalls auch Wachpersonal – von Fanprojekten der Bundesligavereine über Notrufsäulen in Parks bis hin zu sozialpädagogischen Handlungsstrategien (vgl. z. B. Kunstreich 1995).

Häufiger aber spielen sich Formen der Gewalt im sozialen Nahfeld ab, in emotional aufgeladenen Situationen, bei denen das Rufen der Polizei in der Regel nicht auf eine Bestrafung des Täters zielt, sondern auf die Beendigung der aktuellen Situation und in der Folge ggf. auch darum, die mit der Opfer-Situation verbundene Demütigung zu bearbeiten. Häufig gehe es den Opfern, so formulieren es Hanak/Stehr/Steinert in „Ärgernisse und Lebenskatastrophen“, um eine Bestätigung des „Im-Recht-Seins“[15] und mithin um Prozeduren zur Wiederherstellung der „Ehre“, wofür, so entnehmen es Hanak u.a (1989: 201) ihrem empirischen Material, „unter hiesigen Bedingungen finanzielle Kompensation offenbar durchaus geeignet sein kann“. Insofern wäre möglicherweise auch die anstandslose und umfassende Kompensation (der auftretenden Schäden) durch eine Kriminalitätsversicherung sicherlich geeignet, das „Im-Recht-sein“ nicht nur materiell, sondern auch symbolisch zu bestätigen.[16]

Diese Beispiele und Hinweise sollen genügen, um aufzuzeigen, dass für viele Delikte – auch im Bereich der Gewalt – etliche Möglichkeiten jenseits von Schuld und Strafe denkbar oder vorhanden sind, die eine andere Ver- und Bearbeitung

15 Ähnlich argumentiert auch Hulsman (1987: 122), wenn er feststellt, Opfer erwarteten von der Polizei, dass sie „Verständnis für das Geschehene aufbringt, Sympathie mit den Betroffenen aufbringt und sie nett behandelt (…) In der Tat: Viele Untersuchungen dazu, nicht nur solche aus dem Bereich des Strafrechts (…) zeigen, dass die Leute an erster Stelle wollen, dass sie menschlich behandelt werden und dass sie Zuwendung von anderen erfahren“.

16 Vgl. ausführlicher Hanak u. a.1989: 199- 202; Stehr 1993; Schmidt-Semisch 2002: 185-188.

solcher Handlungen ermöglichen. Übrig bleiben schließlich jene (eher wenigen) Gewaltkonfigurationen, bei denen mit den oben beschriebenen Maßnahmen oder anderen situativen Veränderungen und Interventionen wenig auszurichten ist und bei denen nur die Sicherung des jeweiligen Individuums Abhilfe schaffen mag. Nur könnte auch hier der von einer insurationistischen Kriminalpolitik aufzugreifende Humanisierungsdiskurs in der Hinsicht Wirksamkeit entfalten, dass man sich einerseits klar zur eigenen Hilflosigkeit wie auch zu den verbleibenden Zwecken der Einsperrung verhält und sie als das bezeichnet, was sie nun einmal sind, nämlich „Verwahrung" und „Aus-dem-Verkehr-Ziehen". Andererseits aber, so will ich im Anschluss an Steinert (1987: 112) schließen, wären diese verbleibenden Funktionen der Einsperrung „so menschenfreundlich wie möglich zu gestalten. Was heute im Strafvollzug unter ‚Resozialisierung' angeboten wird, ließe sich als *Angebot* unter dem Titel der besagten ‚Menschenfreundlichkeit' mindestens ebenso gut rechtfertigen".

4. Potentielle Gewinne und Probleme insurationistischer Kriminalpolitik

Eine insurationistische Kriminalpolitik beruht auf zwei Säulen: *Erstens* auf einer Pflichtversicherung gegen Kriminalitätsrisiken, das heißt auf einer sozialisierten und somit garantierten Kompensation entstandener (sowohl materieller als auch immaterieller) Schäden; und *zweitens* auf einem situativen und systemischen Ansatz der Bearbeitung von Problemen, aber auch der Prävention. Damit verbunden sein könnte zugleich eine (freilich gesellschaftlich zu verhandelnde) Rücknahme der Strafbewehrtheit jener Normen, die heute strafrechtlich sanktioniert werden können.

Die Vorteile dieses Modells bestehen m. E. in zweierlei. Der erste – und oben ja bereits angesprochene – Effekt ist, dass Schaden auf beiden Seiten der kriminalisierenden Gleichung reduziert wird: Auf Seiten der Opfer wird Schaden durch die umfassende Kompensation reduziert, auf Seiten des Täters kann auf zusätzlichen Schaden durch staatliche Bestrafung verzichtet werden. Auf diese Weise – und das ist mein zweiter Punkt – gelingt so etwas, wie die Trennung der siamesischen Zwillinge Verbrechen und Strafe, eine Trennung, die von unterschiedlichen Autoren immer wieder angedacht wurde. So etwa von Karl F. Schumann (1987: 87), der forderte, „sich von der strafrechtlichen Schere im Kopf zu befreien", oder auch von Heinz Steinert (1987: 102), der dafür plädierte, „die Denk- und Handlungsfigur von Schuld und Strafe (...) selbstbewusst" zu überwinden, um auf diese Weise eine Kriminalpolitik sichtbar zu machen, der es gelingen könnte,

Strafrecht, Gefängnis und Polizei weniger dominante Rollen zuzuweisen.[17] Das vorgestellte Modell einer insurationistischen Kriminalpolitik überwindet diese Handlungsfigur, ohne damit allerdings die (gegebenenfalls auch staatliche) Regelungsbedürftigkeit unerwünschter und heute kriminalisierbarer Handlungen und Situationen zu leugnen. Vielmehr geht es um einen neuen Modus der Betrachtung und Verarbeitung, also darum, Schäden aus Kriminalität gleichsam als den Preis von gesellschaftlicher Modernisierung und Fortschritt auf das Kollektiv „umzulegen" und den physischen und psychischen Schaden der Geschädigten in Form einer monetarisierten Solidarität zu kompensieren.

Ohne Zweifel aber impliziert eine insurationistische Kriminalpolitik auch zahlreiche bedenkenswerte Befürchtungen, Risiken und Probleme, die ich an anderer Stelle (Schmidt-Semisch 2002, S. 189-197) ausführlicher diskutiert habe: Diese reichen von einem befürchteten Anstieg der „Kriminalität" im Allgemeinen und von Gewaltdelikten im Besonderen über eine grundsätzliche Destabilisierung der Normgeltung bis hin zu (kollektiven) Rachbedürfnissen und Akten von Lynchjustiz etc. Sie betreffen aber vor allem den auch in meinem Modell verbleibenden „Rest" jener Personen, die aufgrund ihrer Gefahr für Leib und Leben Dritter vom Staat „aus dem Verkehr gezogen werden" (müssen). Dass es einige wenige solcher Personen gibt und weiterhin geben wird, kann und soll hier keineswegs angezweifelt werden. Problematisch allerdings ist einerseits, wo die Grenze einer staatlichen sichernden Intervention gezogen und wie diese Grenze einer nicht-hinnehmbaren „Gefährlichkeit" definiert werden soll, und andererseits, wie man es vermeiden kann, dass eine solche Grenze sukzessive nach unten ausgeweitet wird. Denn gerade auch die Logik eines (nur) „sichernden" und vielleicht gerade deshalb „gerechtfertigten" partiellen Ausschlusses könnte dazu führen, dass sich die erhoffte Humanität einer insurationistischen Kriminalpolitik unter der Hand zu einer „schuld-unabhängigen" und „nicht-strafenden" Internierung der sich in dieser Logik dann gegebenfalls stetig vermehrenden „Gefährlichen" wandelt – z.B. in Anlehnung an das US-amerikanische Motto: „Three strikes and you are out". Das wäre dann vielleicht zwar das Ende der staatlichen Bestrafung, aber möglicherweise erst der Anfang eines großen sozialen Ausschlusses – und die insurationistische Kriminalpolitik hätte sich als Verstärker (neoliberaler) Straf- bzw. Exklusionspolitik erwiesen.

In diesem Sinne ist die Perspektive einer insurationistischen (Kriminal-)Politik in vielfacher Hinsicht ambivalent und das Resümee Scheerers, das er zum Abschluss seiner „Kritik der strafenden Vernunft" zieht, durchaus auch als Mahnung zur Vorsicht zu beherzigen: „Ein blinder Skeptizismus gegenüber der Mög-

17 Vgl. zu diesem Aspekt auch Quensel 1989 sowie Scheerer 2001.

lichkeit sozialer Ordnung ohne Strafe ist (...) auch nicht vernünftiger als ein blinder Glaube an die Abschaffbarkeit der Strafe“ (Scheerer 2001, S. 9).

Literatur

Albrecht, P.-A. 1987. Prävention als problematische Zielbestimmung im Kriminaljustizsystem. In *Kriminalität, Kriminologie und Herrschaft*, hrsg. W. Deichsel, T. Kunstreich, W. Lehne, G. Löschper, und F. Sack, 29-60. Pfaffenweiler

Albrecht, P.-A. 1999: *Kriminologie*, München

Althoff, M., und M. Leppelt. 1995. *„Kriminalität“ – eine diskursive Praxis*. Münster und Hamburg

Arnold, R. 1992. *Kriminalität und Versicherung. Eine Untersuchung der Beziehungen zwischen Kriminalität und Versicherung sowie der kriminalitätsbezogenen Entscheidungsbereiche im Versicherungsunternehmen*. Berlin

Bianchi, H. 1974. Das Tsedeka-Modell als Alternative zum konventionellen Strafrecht. *Zeitschrift für Evangelische Ethik* 18: 89-110

Blinkert, B. 1988. Kriminalität als Modernisierungsrisiko? Das „Hermes-Syndrom“ der entwickelten Industriegesellschaften. *Soziale Welt* 39: 397-412

Christie, N. 1986. *Grenzen des Leids*, Bielefeld

Dollinger, B., M. Rudolph, H. Schmidt-Semisch, und M. Urban. 2013. *Konturen einer Allgemeinen Theorie der Kriminalität als kulturelle Praxis (ATKAP). Poststrukturalistische Perspektiven.* Unveröffentlichtes Manuskript.

Ewald, F. 1993. *Der Vorsorgestaat*. Frankfurt a. M.

Frehsee, D. 1986. Verhaltenskontrolle zwischen Strafrecht und Zivilrecht. *Kriminologisches Journal* 18: 105-114

Hanak, G., J. Stehr, H. Steinert 1989. *Ärgernisse und Lebenskatastrophen. Über den alltäglichen Umgang mit Kriminalität.* Bielefeld

Hess, H., und S. Scheerer 1997. Was ist Kriminalität? Skizze einer konstruktivistischen Kriminalitätstheorie. *Kriminologisches Journal* 29: 83-155

Hippel, E.v. 1980. Haftungsersetzung durch Versicherungsschutz – Rechtsvergleichendes Generalreferat, in: *Haftungsersetzung durch Versicherungsschutz*, hrsg. J. Fleming, J. Hellner, und E.v. Hippel, 40-75. Frankfurt a.M

Koenen, E.J. 1999. Individualisierung als Abweichung. Zum veränderten Umgang mit neuen Formen von Devianz. *Kriminologisches Journal* 31: 243-264

Kunstreich, T. 1995. Gewalt Macht Sinn. In *Gewaltwelten*, hrsg. H. Schmidt-Semisch, und M. Lindenberg, 75-83. München

Lemke, T. 1997. *Eine Kritik der politischen Vernunft. Foucaults Analyse der modernen Gouvernementalität.* Berlin und Hamburg

Löhr, H.E. 1997. Ladendiebstahl. In *Handbuch der Kriminalprävention*, hrsg. R. Northoff, 1-31. Baden-Baden

Makropoulos, M. 1990. Möglichkeitsbändigungen. Disziplin und Versicherung als Konzepte zur sozialen Steuerung von Kontingenz. *Soziale Welt* 41: 407-423
Makropoulos, M. 1997. *Modernität und Kontingenz*. München
Mathiesen, T. 1979. *Überwindet die Mauern!* Neuwied
Northoff, R. (Hg.) 1997. *Handbuch der Kriminalprävention*. Baden-Baden
Ortner, H. (Hg.) 1981. *Freiheit statt Strafe. Plädoyers für die Abschaffung der Gefängnisse*. Frankfurt a. M.
Papendorf, K. 1985. *Gesellschaft ohne Gitter. Eine Absage an die traditionelle Kriminalpolitik*. München
Quensel, S. 1989. Krise der Kriminologie. Chancen für eine interdisziplinäre Renaissance? *Monatsschrift für Kriminologie und Strafrechtsreform* 72: 391-412
Scheerer, S. 1984. Die abolitionistische Perspektive. *Kriminologisches Journal* 16: 90-111
Scheerer, S. 2001. Kritik der strafenden Vernunft, in: Ethik und Sozialwissenschaften, Jg. 12, S. 69-83
Schmidt-Semisch, H. 2002. *Kriminalität als Risiko. Schadenmanagement zwischen Strafrecht und Versicherung*. München
Schumann, K.F. 1987. Kriminologie als Wissenschaft vom Strafrecht und seinen Alternativen. *Monatsschrift für Kriminologie und Strafrechtsreform* 70: 81-88
Schumann, K.F., H. Steinert, und M. Voß (Hg.) 1988. *Vom Ende des Strafvollzugs. Ein Leitfaden für Abolitionisten*. Bielefeld
Stangl, W. 1988. *Wege in eine gefängnislose Gesellschaft. Über Verstaatlichung und Entstaatlichung der Strafjustiz*. Wien
Stehr, J. 1993. Konfliktregelung ohne Strafe. Weshalb die Strafe in Alltagskonflikten keine Funktion hat und warum Gesellschaft nicht zusammenbricht, wenn staatliches Strafen verschwindet. In *Muss Strafe sein? Zur Analyse und Kritik strafrechtlicher Praxis*, hrsg. H. Peters, 115-134. Opladen.
Steinert, H. 1987. Zur Geschichte und möglichen Überwindung einiger Irrtümer in der Kriminalpolitik In Kriminalität, Kriminologie und Herrschaft, hrsg. W. Deichsel, T. Kunstreich, W. Lehne, G. Löschper, und F. Sack, 92-116. Pfaffenweiler
Trotha, T.v. 1983. „Limits to Pain". Diskussionsbeitrag zur einer Abhandlung von Nils Christie. *Kriminologisches Journal* 15: 34-53
Verkehrclub Deutschland (VCD). 2012. *VCD Hintergrund. ÖPNV zum Nulltarif – Möglichkeiten und Grenzen*. Berlin

„I would prefer not to.“ Eine kleine Begründung, weshalb ich lieber nicht an einer allgemeinen „Theorie der Kriminalität“ arbeiten möchte

Helga Cremer-Schäfer

Die sanfte, aber bestimmte Zurückweisung „I would prefer not to“ habe ich der Erzählung *Bartleby, the Scrivener. A Story of Wall Street* von Herman Melville entnommen. Die Erzählung wird interpretiert als eine Geschichte der Verweigerung von Reziprozität, als Weigerung eines seltsamen Menschen, in einem fürsorglich-patriarchalen Verhältnis Erwartungen zu erfüllen, die ein wohlwollender Anwalt in einer Gesellschaft mit einer Wall Street für selbstverständlich hält: Die Erwartung von Kooperationsbereitschaft in einem Arbeitsverhältnis, von Reziprozität in der Interaktion, ein gewisser Grundkonsens, wie man sich in Gesellschaft zu verhalten hat, und ein bisschen Vernunft, um die Unbilden der Ungleichheit hinzunehmen. Bartleby möchte lieber nichts dergleichen tun und trotzdem dabei bleiben und sein Dasein leben. Die Vergleichbarkeit der Geschichte von Bartleby mit der Situation einer Schreiberin, die sich zu dem Vorschlag einer Theorie der Kriminalität kooperativ verhalten soll, hat sicher Grenzen. Doch selbst „hinkende Bilder“ können, wie die Ironie, etwas ermöglichen – mir jedenfalls. Daher habe ich mir die Verwandtschaft zu Bartleby gewählt. Nach dem Studium der Theorie der Kriminalität lautet meine Antwort „I would prefer not to“. Wie das so ist, führte diese erste Antwort in eine Spirale, auf einen Weg, der die Reziprozität nicht gänzlich verweigert. Bartleby beschreibt diese Strategie mit den Worten „No, I would prefer to be doing something else“: Ich denke über „Kriminalität“ anders als mit Theorien über „Verbrechen & Strafe“. Ein wenig selektiv möchte ich zunächst das in der Soziologie prominente und etablierte Begriffsschema „Makro-Mikro“ diskutieren, das in der Form Makro-Mikro-Makro der Theorie der Kriminalität als ein zentrales Ordnungsprinzip zugrunde gelegt wird. Dann möchte ich skizzieren, auf welche theoretischen Entwürfe ich mich lieber beziehe und die Aktualität der Analyse der Institution „Verbrechen & Strafe“ darlegen.

Über den Sinn[1] von Theorie

Eine Theorie der Kriminalität, wie sie in diesem Band von Henner Hess und Sebastian Scheerer vorgeschlagen wird, soll der Wissenschaft dazu verhelfen, die Defizite der Kriminologie zu überwinden. Weiterbringen als Wissenschaftler und Wissenschaftlerinnen soll uns auf dem Weg dazu die Perspektive, Kriminalität als von Akteuren gemachte und benutzte „Sinnprovinz" zu analysieren und ein Begriffsschema der allgemeinen Soziologie, das gesellschaftliche Vorgänge (wie die theoretische Volkswirtschaftslehre) in „Mikro" und „Makro"-Theorien und Phänomene unterteilt. Entsprechend der Metapher der „Badewanne" wird abweichend vom einfachen Dualismus als Begriffsschema des Verstehens und Erklärens vorgeschlagen, die Ebenen Makro-Mikro-Makro zu unterscheiden. Für jede Ebene wird eine eigene Analyseperspektive benannt. Auf der 1. Makroebene gilt die Perspektive: „Kriminalität als Definition". Auf der Mikroebene wechselt die Perspektive; analysiert wird „Kriminalität als Handlung" von, im Prinzip, „Tätern und Kontrolleuren". Am Ende des linearen Begriffsschemas, der 2. Makroebene, wird als Analyseperspektive „Kriminalität als Institution" vorgeschlagen. Die Vorgänge auf den unterschiedlichen Ebenen können nur verstanden werden, so der Vorschlag, wenn sie jeweils in den Kontext einer anderen Ebene gestellt würden.

„Kriminalität" sozialwissenschaftlich zu analysieren hat zu einigen Fortschritten der Wissens und Institutionenkritik geführt. Verallgemeinerungen sind allerdings nicht angebracht. Insgesamt leistet sich die Soziologie zwar, wie Jürgen Ritsert es formulierte, „ein starkes Stück Nachdenklichkeit darüber, in welchen Beziehungsformen sie selbst wohl *praktisch*-einflussnehmend (oder nicht) zu eben jener Gesellschaft stehen könnte, welche sie gleichzeitig theoretisch-forschend zu ihrem Gegenstand erhoben hat" (Ritsert 2003, S.14). Zu einer reflexiven Sozialwissenschaft werde Sozialwissenschaft aber erst, wenn wir „uns nicht nur Klarheit darüber verschaffen, wie sie (die soziologische Theoriebildung und Empirie, C.-S.) wohl zu hinlänglichen Beschreibungen, Erklärungen und Prognosen *über* ihren Untersuchungsbereich gelangen könnte, sondern auch wie sie *in* diesen eingeschlossen ist" (ebd.). Wenn soziologische Theoriebildung und empirische Forschung in ihrem Gegenstand „eingeschlossen" und dadurch bestimmt sind, heißt das, dass es so etwas wie „Autonomie" nicht gibt. Man kann aber daran arbeiten. Nicht durch die Erhebung in eine wertfreie, unabhängige, „freischwe-

1 Als eine kleine Vorbemerkung sei mir gestattet darauf hinzuweisen, dass, seit ich den Essay über die „Antiquiertheit des Sinns" von Günther Anders (1992/1980) gelesen habe, stets die unterschiedlichen Bedeutungen des Wortes im Kopf habe, die ja zwischen Funktion, Sinnfrage, Kategorie und Motiv hin- und hergehen. Die dadurch naheliegenden Wortspiele sollen mich daran erinnern, dass meist zu klären ist, in welchem Sinn (hier in welcher Bedeutung) das Wort Sinn gebraucht wird.

bende" Position, auch nicht durch eine verordnete Methode, sondern dadurch, dass an der Verstrickung und den Einschluss in den Gegenstand gearbeitet wird. Für mich würde das heißen, „befreiungstheoretisch" zu denken und nicht „ordnungstheoretisch" (vgl. Steinert 1989a, b; Cremer-Schäfer 2005). Reflexive Sozialwissenschaft beginnt Theoriebildung mit der Analyse des wissenschaftlichen Wissens über einen Gegenstandsbereich. Das Zwischen-Ergebnis dieser auf sich selbst gerichteten Wissenskritik liegt nicht so sehr darin, eine bessere Systematik zu haben, als vielmehr im Negativen: Im Wissen, welche Begriffe, Theorien und Perspektiven wir als Wissenschaftlerinnen ablegen und aufgeben können und müssen, um alle Art von Verdinglichungen und Realabstraktionen nicht dadurch zu bestätigen, dass wir sie systematisiert zurückgeben – weder den Leuten noch dem Herrschaftspersonal. Es braucht aber nicht nur in der Wissenschaftstheorie eine reflexive Perspektive, sondern auch in den gegenstandbezogenen Theoriemodellen. Ritsert nennt als Kriterium für eine reflexive Theorie die Erarbeitung von Klarheit darüber, wie man, etwa im Fall kriminologischer Theoriebildung, zu hinlänglichen Beschreibungen und Erklärungen des Untersuchungsbereichs gelangt. Für die Klarheit braucht es die Bearbeitung der Art und Weise, wie eine Theorie *in* ihren Gegenstand eingeschlossen bleibt, indem sie, wie in kriminologischer Theoriebildung, institutionell verwaltete Kategorisierungen (wie „Verbrechen" und seine Varianten) als gültige Beschreibungen übernimmt bzw. als solche zurückgibt. Erst durch die Analyse kriminologischen Wissens werden die wissenschaftlichen Bedingungen der Möglichkeit entwickelt, die Kategorie „Kriminalität" als einen beschreibenden Begriff abzuschaffen (Cremer-Schäfer und Steinert 1998). Erst nach der Analyse des Eingeschlossenbleibens von Theorien in den Gegenstand werden Handlungen der Leute als Bearbeitungsstrategien von gesellschaftlichen Zumutungen sichtbar, der Verstehbarkeit zugeführt und so weniger verdinglicht. Reflexivität ist kein Selbstzweck (noch hat sie den Zweck, sich einer „Mitschuld" an was auch immer zu bezichtigen).

Makro-Mikro-Makro. Über Sinn und Folgen von Abstraktionen

Die Theorie der Kriminalität von Hess und Scheerer setzt sich zu Soziologie und Kriminologie in eine etwas andere Beziehung. Es kommt, wenn ich von dem Text ausgehe, nicht auf Reflexivität, sondern auf Allgemeinheit, auf Breite und Zweckmäßigkeit an. Das Mikro-Makro-Schema liegt für eine Kriminologie, die sich als Wissenschaft von der Kriminalität versteht, wohl deshalb nahe, weil sie so nicht derart reduktionistisch verfährt wie die traditionelle Kriminologie und andererseits nicht so radikal wie dies Hess und Scheerer (2011) bei der „radikalen Labelingtheorie" bzw. dem „radikalen Konstruktivismus" identifizieren. Deren Fokus auf die „gesellschaftliche Definition abweichenden Verhaltens" (Keckeisen 1974) riskiere Langeweile. Das Schema sei zudem zweckmäßig, um die Diversität der Gegenstände von Kriminologie und das gegenwärtige Wissen darüber in eine Ordnung zu bringen. Da eine Theorie der Kriminalität breit angelegt sein müsse, um das „Gesamtphänomen der Kriminalität" als "komplexes Ensemble von Akteuren und Handlungen, von Institutionen und Bewegungen, von sozialen Netzen und rechtlichen Regeln, von Machtverhältnissen und Konflikten, aber auch von Gefühlen, Phantasien, Symbolen, Diskursen und Geschichten der unterschiedlichsten Art" zu analysieren, braucht es sicher ein Ordnungsprinzip. Doch weshalb muss dies auf diesem allerabstraktesten Niveau geschehen?

Jede Abstraktion reduziert und selegiert für einen bestimmten Zweck und mit Folgen für die Angemessenheit und den Verdinglichungsgehalt von Begriffen und Theorien. Zu dem Verhältnis der Elemente wird festgehalten, dass sie auf nichtdeterministische Art verbunden sind und dass „sich jedes Element letztlich nur in seinem und durch seinen Kontext begreifen lässt". Nicht gebraucht werden jedoch relationale Begriffe wie Vermittlung oder Konstituierung – was heißt dann aber „Kontext"? Für Kontexte interessieren wir uns ja nicht, um etwas zu relativieren, sondern um es zu relationieren und damit zu einer anderen und angemessenen Begriffsbildung zu kommen. Alle Phänomene, die ihre Bedeutung aus den Kategorien und Theorien von Schuld, Beschuldigung und Verbrechen – aus der „Sinnprovinz Kriminalität" – erhalten, sind Gegenstand kriminologischer Theoriebildung. „Allgemein" nennen Hess und Scheerer eine Theorie erst dann, „wenn sie neben der Begehung von Delikten auch die makro-perspektivisch zu analysierenden Voraussetzungen und Folgen von Kriminalität als Handlung in den Blick nimmt, von der Rechtssetzung bis zum Kriminalitätsdiskurs" (Hess und Scheerer 2011).

Der Bezug auf das Mikro-Makro-Schema der Soziologie mag zwar den Sinn (im Sinn von Zweck) haben, Wissen zu ordnen; das Schema impliziert aber auch eine Drift zu einer „Wissensordnung": Die Mannigfaltigkeit des Gegenstandes wird ziemlich reduziert, üblicherweise auf 2 bis 3 Klassen von Elementen, auf Mikro und Makro, in der Soziologie und anderswo ggf. ergänzt durch „Meso". Die Klassen von Phänomenen werden sprachlich und durch Bilder als Ebenen angeordnet, die getrennt und auf eine lineare Weise verbunden werden. Makro-Phänomene führen zu Mikro-Phänomenen, die (andere) Makrophänomene erzeugen. Das Schema „Makro-Mikro-Makro" wird schon heuristisch benutzt werden können, doch in der Theorie der Kriminalität führt die Heuristik zu folgenden inhaltlichen Festlegungen.

Die Benennung der Sinnprovinz nur als „Kriminalität“ abstrahiert von den alternativen und konkurrierenden Sinnwelten, gegen die sie sich nicht nur „ursprünglich“, sondern „alltäglich“ durchsetzen muss, selbst wenn eine Gesellschaft an einer machtvoll durchgesetzten Sinnwelt „hängengeblieben“ ist (Berger und Luckmann 1969, S.117). “Sinnprovinz Kriminalität“ ist kein relationaler Begriff, denn die der 1. Makroperspektive „Kriminalität als Definition“ zugeordneten Prozesse (Herstellung von Ordnung, Bearbeitung von Konflikten, soziale Kontrolle, Konflikte um Kriminalitätsbegriffe) werden im Begriff „Sinnprovinz Kriminalität“ nicht repräsentiert, sondern in einen toten Winkel gestellt. Von einer Sinnwelt „Kriminalität als Konflikt“ zu sprechen, würde die Mikroebene und die zweite Makroebene anders kontextualisieren. Was impliziert die Benutzung des hochabstrakten Makro-Mikro-Makro-Schemas auf der Ebene des wissenschaftlichen Konflikts um „Verbrechen & Strafe“ noch? Ich nehme die Interpretation des Textes vorweg:

Das Begriffsschema der allgemeinen Soziologie ermöglicht es, eine nicht ganz unbekannte Kategorie als notwendigen und daher legitimen Gegenstand von Kriminologie zu rehabilitieren. Das geschieht

- mittels der Aufteilung in Makro-Mikro-Makro,
- mittels der Wahl der individualisierenden Analyseperspektive auf der Mikroebene (Kriminalität als Handlung), und
- mittels der weit vom Interaktionismus entfernten Handlungstheorie, in der (so meine Interpretation) Sinn und Absicht verschmolzen werden,

Es ist die Kategorie der Handlungen, die „von vorneherein Kriminalität sind“. Das geschieht aufgrund von zwei Operationen. Die erste besteht in der *Konstatierung* des gesellschaftlichen Vorgangs, dass „extrem disparate Phänomene“ zu Delikten zusammengefasst werden „und in derselben Kategorie „Kriminalität“ landeten“ (Hess und Scheerer 2011). Der zweite Schritt konstatiert, dass dies aufgrund einer Gemeinsamkeit geschieht: Die extrem disparaten Phänomene landen in der Kategorie Kriminalität, weil ihnen gemeinsam ist, dass sie verboten sind, dass sie als Kriminalität definiert sind und unter Straftaten subsumiert werden. Zur Kriminalität an sich werden die Phänomene durch eine Schlussfolgerung und Setzung. Die Subsumtionen würden „meistens und vor allem“ durch die Handelnden selbst vollzogen und damit „lässt sich durchaus sagen, dass sie – im Gegensatz zu einer weit verbreiteten Anschauung – durch den vom Akteur mit der Interaktion verbundenen subjektiv gemeinten Sinn (das Kriterium, das nach Max Weber Handeln vom bloßen Verhalten unterscheidet) *von vorneherein Kriminalität sind*.“ (Hess und Scheerer in diesem Band). Ist das nicht eine Paraphrasierung der strafrechtlichen Dispositionsbegriffe? Der Bruch einer über allen Beteiligten eines Konflikts stehenden Norm wird bewusst in Kauf genommen, daher ist die Handlung kriminell? Ich denke darin besteht die Argumentation des Textes. Ich könnte mir diesen Satz auch noch so übersetzen: Weil und insofern die von der Institution „Verbrechen & Strafe" zur Verfügung gestellte und subjektiv angeeignete Beurteilungskategorie „Kriminalität" in Situationen der Rechtfertigung und Verantwortung von den Akteuren als Motivvokabular genutzt wird (Wissen, Intentionen, Absichten, Dispositionen) und sie das „vor allem und zuerst" tun, „ist" eine Handlung Kriminalität. Das maßgebliche Kriterium dieses Kriminalitätsbegriffs ist die Zeit (zuerst) und die Zahl (vor allem). Mit diesen Kriterien wird in einem Prozess und einer Relation ein Punkt gesetzt: Beurteilung und Qualität werden identisch gemacht. Beobachten wir bei solchen „Accounts" nicht Interaktionsstrategien? Den weniger kompetenten Umgang mit Etikettierung? Das „Akzeptieren eines Labels, weil man nicht anders kann"? (Steinert 1979). Die Kolonisierung der Sinnprovinz Alltag durch die Sinnprovinz Kriminalität? Kriminalität als „Mythos des Alltags"?

Der Sinn (im Sinn von Implikation und Funktion) des Begriffsschemas Makro-Mikro-Makro liegt darin, Kriminalität nur auf der Makroebene als eine Relation zu verstehen, nur auf der Makroebene Institutionalisierungen und ihre Folgen zu untersuchen und nur auf der Makroebene von einer kollektiven Handlung auszugehen, die von Interpunktionen und Verantwortungs- und Schuldzuschreibungen absieht. Auf der Mikroebene dient der Begriff „Sinnprovinz" jedoch dazu, wissenschaftlich erarbeitete Einsichten in Vorgänge des mehr oder weniger kompetenten Umgangs von Akteuren mit „Etikettierung im Alltag" (Steinert 1979) in ihr Gegenteil zu verkehren und Handlungsweisen nur aus der Person zu erklären.

Ohne die Suche (und das Finden) eines angemesseneren Begriffs für „Mikrophänomene" dient das Begriffsschema Makro-Mikro-Makro dazu, dass Kriminalität nicht mehr als Kategorisierung und Etikett, sondern als eine unproblematische Beschreibung eingeführt werden kann. Die neue Theorie der Kriminalität konstituiert sich den eigenen Gegenstand doppelt: Kriminalität als Definition und als Handlungen, die von vornherein Kriminalität sind.

Die „3. Makro-Ebene: Kriminalität als Institution" enthält inhaltlich eine ganze Menge an Möglichkeiten, das „Handeln, das von vornherein Kriminalität ist" wieder verstehbar zu machen und nicht als Kriminalität zu analysieren. Aber die Strukturen, zu denen individuelle Kriminalität zusammengefasst wird, werden nicht als Praktiken und als ein Konflikt von alternativen Sinnwelten analysiert und damit auf einen relationalen Begriff gebracht.

„I would prefer to be doing something else“: Zur Analyse der Institution „Verbrechen & Strafe“ sowie anderer Institutionen der Devianz

„Ich möchte lieber etwas anderes tun“ als es in der Kriminologie und der Soziologie an der Tagesordnung ist. Zur Theoriebildung einer reflexiven Sozialwissenschaft gehört

- die reflexive Kritik kriminologischen Wissens,
- die Arbeit an angemessenen Begriffen für Vergesellschaftungsformen und -prozesse auf der institutionell-organisatorischen, der interpersonellen und der gesellschaftlichen Ebene,
- die Kritik der Institution „Verbrechen & Strafe“ in all ihren historischen Formen und als Spezialfall von Verdinglichung zu den Zwecken der sozialen Ausschließung und der Darstellung von Herrschaft und Arbeitsmoral,
- die Analyse des Konflikts oder der Allianzen mit Institutionen der Disziplinierung und Kontrolle um Fragen der Herstellung von Ordnung, der Darstellung von Moralen, sowie der Enteignung von Konflikten,
- die Arbeit an der Verstehbarkeit der von den Leuten entwickelten Bearbeitungsstrategien gesellschaftlicher Zumutungen, d.h. die Arbeit an einer anderen, angemesseneren Interpretation als die der Kategorisierung „Verbrechen“ oder einer anderen Kategorisierung der „Big 4 der Devianz“.

Gesellschaftliche Institutionen sind komplexe Gebilde, dem ist durch die theoretische Perspektive Rechnung zu tragen. Ich bleibe daher bei dem Vorschlag von Heinz Steinert, auf *verschiedenen* Ebenen gesellschaftlichen Lebens *unterschiedliche* Funktionen und *unterschiedliche* Oberbegriffe zu finden, aus denen das Phänomen „Kriminalität“ erzeugt wird. Alle Funktionen und die Bedingungen ihrer Möglichkeit zusammen machen die umstrittene Brauchbarkeit und die umkämpfte Stabilität der Institution „Verbrechen & Strafe“ aus. Sie bestimmen ihren Widerspruch.

Wir haben heuristisch vier Ebenen der Benützung und der Brauchbarkeit von „Verbrechen & Strafe“ für die Ausübung von Herrschaft unterschieden und eine Analyseperspektive benannt:

Ebenen der ...	Analyseperspektive und Oberbegriff
...Interaktion und Alltagshandeln	„Verbrechen & Strafe“ als Konflikt und Problem
...kollektiven Akteure	„Verbrechen & Strafe“ als Moral-Darstellung
...der Organisationen und Apparate	„Verbrechen & Strafe“ als Herstellung von Ordnung und Darstellung von Herrschaftsform und Arbeitsmoral
Die gesellschaftliche Ebene (Kontext von Produktionsweise und Herrschaftsform)	„Verbrechen & Strafe“ als soziale Ausschließung

Zwischen den Vorgängen auf diesen Ebenen besteht von den konkreteren zu den abstrakteren ein Verhältnis der (aktiven) Benützung der Institution durch Akteure, das sie gleichzeitig der Selektivität der Institution unterwirft und in Bezug setzt zu deren gesellschaftlichen Funktionen. Von den abstrakteren zu den konkreteren Ebenen ist es ein Verhältnis von Angebot und Formierung, also von Herrschaft durch Ressourcen, die zur Verfügung gestellt und durch die gleichzeitig machtvolle Handlungsmöglichkeiten reguliert werden.

Theorie wird nicht nur „auf den Schultern von Riesen" stehend entwickelt. Ohne das reflexive und emanzipatorische Potential (mancher) Theorien von ihren verdinglichenden Potentialen zu trennen, werden wir wohl nicht auskommen. Theorie entwickelt sich nicht schon durch Systematisierung von Wissen, sondern vor allem durch reflexive Wissensanalysen (Cremer-Schäfer und Resch 2012). In *Straflust und Repression* findet sich eine Art Aufzählung der Elemente und konkreteren Schritte auf dem Weg zur Reflexivität:

Die Begriffe und Fragestellungen, die wir in der Gesellschaft vorfinden und die uns angetragen werden, können wir nicht als selbstverständlich voraussetzen und hinnehmen, sondern sie sind der Gegenstand unserer Untersuchungen.

Die Phänomene, die hier und heute mit dieser Kategorie und dem Instrumentarium der Strafe und Punitivität bearbeitet werden, können anders verstanden und angegangen werden (z.B. nach Regeln des Alltags, des Privaten, des Wohlfahrtsstaats oder dem, was davon übrig ist)

Etwas „als Institution" zu analysieren geht nur, wenn das Kategoriensystem und die Herrschaftstechnik, d.h. die Anwendung der Kategorien auf eine Handlung oder Person, verbunden bleiben. Daher geht es in der Analyseperspektive von etwas „als Institution" um die Verbindung: *Verbrechen & Strafe, Schwäche & Fürsorge, Krankheit & Heilung, Gefährlichkeit & Separation.*

Nach all dem, was wir über kriminologisches Wissen und dessen Geschichte, über Kriminalitäts- und Kontrolltheorien, über Begriffe, Kategorien und Etiketten wissen, brauchen wir gerade auf der Ebene des Alltags andere Oberbegriffe als den der Kriminalität. Konflikte, Ärgernisse, Störungen der Alltagsroutine und Lebenskatastrophen (einschließlich der Bearbeitung von Etikettierung und Zwangsidentitäten) waren unsere ersten Kandidaten, um individuelles Handeln als ein situiertes Handeln und nicht reduktionistisch verstehbar zu machen. Das einzige Handlungsmodell, dem in der Soziologie ein nicht reduktionistisches Verfahren zugetraut wird, ist das interaktionistische.

Verstehbarkeit

Verstehbarkeit bedeutet stets mehr als auf ein genetisches Modell von Handlungserklärungen zurückzugreifen. Verstehbarkeit setzt voraus, dass wir andere und angemessenere Begriffe als die Etiketten finden, die die Institutionen der Devianz verwalten. Es ist schon eine Weile her, aber in *Straflust und Repression* stehen bereits folgendes Bekenntnis und Programm: „Wir haben nie zu den puristisch ängstlichen Leuten gehört, die meinten, man dürfte die Ereignisse, die dann meistens nicht, manchmal aber doch mit dem Instrumentarium der Institution *Verbrechen & Strafe* bearbeitet werden, gar nicht untersuchen, möglichst nicht einmal ansehen. Im Paradigma der ‚Kritischen Kriminologie' ist es nur unsinnig, sie *als ‚Kriminalität'* zu untersuchen: Vielmehr muß man nach denen ihrer Merkmale und nach denen der Situation und aller Beteiligten suchen, die dazu führen, daß dieser Versuch der ‚Kriminalisierung' gemacht wird oder nicht. Man muß also Ereignisse vergleichen können, die ‚kriminalisiert' werden oder nicht, und braucht daher zunächst eine andere Kategorie, um sie auszuwählen: Wir haben seinerzeit ‚Ärgernisse und Lebenskatastrophen' vorgeschlagen und konnten damit ganz erfolgreich das Material gewinnen, das man braucht, um solche ‚Prozesse der Kriminalisierung' auf der Ebene des Alltags (und ihren ‚Erfolg') untersuchen zu können“ (Cremer-Schäfer und Steinert 1997, S.24f).

Die zentrale Einsicht der Kritik der Kriminologie und des strafenden Staates war (ist?), „Kriminalität als Etikett und als Zuschreibung“ zu analysieren. Dies kann durchaus als ein Propädeutikum durchlaufen werden, um den Umgang der Leute mit Etikettierung und Realabstraktionen gänzlich außerhalb der Kategorisierungen aller „Institutionen der Devianz“ (Steinert 2003) zu begreifen. Wenn es denn so wichtig für Kriminologie ist, dass endlich die Handlungsebene einbezogen wird, dann wäre es doch gut, wenn mit aller Energie an dem Propädeutikum gearbeitet wird, an der Kritik kriminologischen Wissens und dessen Einschließung in seinen Gegenstand, die Institution „Verbrechen & Strafe“. Hier müßte man gelegentlich etwas anderes als die Theorie der Kriminalität entwickeln, nämlich das Gegenteil:

- Extrem disparate Phänomene wären gerade nicht zu großen und ganz abstrakten Kategorien zusammenzufassen, sondern nach ihrer Verschiedenheit detailgenau zu ordnen. Es ist das Problem von „Kriminalität“ „Verbrechen“, „Gewalt“, selbst noch „Kriminalität der Mächtigen“ oder „Jugenddelinquenz“, dass die Kategorien zu groß gemacht werden.
- Gesellschaftliche Phänomene sind fast ausschließlich umstritten und konflikthaft. Selbst wenn dies ein Vorurteil wäre, es würde nicht zu Verdingli-

chung des Sozialen führen. Insofern wir es mit „Kriminalität" zu tun haben, sind die Phänomene in mehrfacher Hinsicht umstritten. Es sind Ereignisse, um deren Definition gestritten wird, und häufig sind sie selbst Konflikte, manchmal auch Probleme oder Störungen der Alltagsroutine. Fast immer und jedenfalls in der Anzeige an den zuständigen Staatsapparat geht es um die Klärung einer Verantwortung für das Ereignis (mit den Folgen, die das wiederum hat). Das Ergebnis dieser Klärung wäre – so sieht es das Programm der Institution „Verbrechen & Strafe" vor – eine klare Unterscheidung von (unschuldigem) „Opfer" und (schuldigem) „Täter". Wie diese Unterscheidung ausgehandelt und schließlich getroffen wird, wie sie manchmal schnell und eindeutig akzeptiert, manchmal instrumentalisiert und mühsam durchgesetzt, manchmal hin und her verschoben wird, das alles ist schon Gegenstand der Untersuchungen. Es kann nicht als geklärt vorausgesetzt werden. Es ist nicht Aufgabe der Wissenschaft, sich anders in die Konflikte einzumischen als durch Nachdenken über die Bedingungen, unter denen sie sich so austragen lassen, dass jeder Unterlegenheit kompensatorisch beigesprungen wird. Überlegenheit und Machtlosigkeit können sich verschieben.

- Detailgenauigkeit und Berücksichtigung der Konflikthaftigkeit verbessern die Möglichkeit, zu anderen Oberbegriffen zu kommen sowie Wissen und Nicht-Wissen zu balancieren.
- Ein recht probates Gegenmittel der reflexiven und interaktionistischen Sozialwissenschaft, die Blockierung der Verstehbarkeit zu bearbeiten, steht uns seit langem zur Verfügung. Wir brauchen ein Phänomen nur aus einer Vielzahl von Perspektiven zu betrachten, um das positionsgebundene Wissen und die situations- und ressourcengebundenen Handlungsstrategien mit angemesseneren Begriffen beschreiben und verhandeln zu können. Im gesellschaftlichen Wissen über „Verbrechen & Strafe" geht es hauptsächlich darum, bestimmte Phänomene der Verstehbarkeit zu entziehen. Bestrafen und ausschließen kann man am leichtesten, wenn man über die Menschen und die Handlungen möglichst wenig weiß, von Konflikthaftigkeit und Vielfalt abstrahiert und in Etiketten denkt; man kann auch Ticket-Denken dazu sagen. Die Zusammenführung verschiedener Analyse-Perspektiven ergibt ein Bild von Kooperationen und Konflikten. Erst im Laufe einer komplizierten und vielschichtigen Erzählung entsteht eine Chance, die Grenzen krimonologischen Wissens zu überschreiten und „Verbrechen & Strafe" abzuschaffen. Man könnte dies ein Element des „theoretischen Abolitionismus" nennen.

Da dies nur als ein kollektives Projekt möglich sein wird, braucht es bestimmt lange Zeit, um ausgearbeitet zu werden. Daher ergeben sich viele Gelegenheiten für Diskussionen und Dispute. Doch eine gesellschaftstheoretische Fundierung der Aufklärung der Bedingungen der Möglichkeit institutionalisierter Herrschaft ist möglich und nötig. Auf der Grundlage der Theorie sozialer Interaktion ist es möglich und nötig, eine nicht reduktionistische Theorie situierten Handelns zu entwickeln. Wir werden angemessenere Begriffe finden können als den des „Verbrechens“ – einschließlich seiner Varianten: Kriminalität, Gewalt, Delinquenz, Verwahrlosung und andere halbherzige Oberbegriffe des „abweichenden Verhaltens“.

Literatur

Anders, G. 1992/1980. Die Antiquiertheit des „Sinnes“. In *Die Antiquiertheit des Menschen* Bd. 2, hrsg. Ders, 362-390. München: Beck.

Cremer-Schäfer, H., und H. Steinert. 2000. Soziale Ausschließung und Ausschließungs-Theorien. Schwierige Verhältnisse. In *Soziale Kontrolle. Zum Problem der Normkonformität in der Gesellschaft*, hrsg. Helge Peters, 43-63. Opladen: VS Verlag für Sozialwissenschaften.

Cremer-Schäfer, H., und H. Steinert. 1998. *Straflust und Repression. Zur Kritik der populistischen Kriminologie*. Münster: Westfälisches Dampfboot.

Cremer-Schäfer, H. 2005. Soziologische Modelle von Kritik in Zeiten sozialer Ausschließung. In *Lust an der Erkenntnis. Zum Gebrauchswert soziologischen Denkens für die Praxis Sozialer Arbeit*, hrsg. Wolfgang Braun und Matthias Nauerth, 151-177. Bielefeld: VS Verlag für Sozialwissenschaften.

Cremer-Schäfer, H. 2010. „Situation“. In *Raumwissenschaftliche Basics. Eine Einführung für die Soziale Arbeit* (Lehrbuch der Reihe Sozialraumforschung und Sozialraumarbeit), hrsg. Christian Reutlinger, Caroline Fritsche, Eva Lingg, 239-246. Wiesbaden: VS Verlag.

Cremer-Schäfer, H., und C. Resch. 2012. „Reflexive Kritik“. Zur Aktualität einer (fast) vergessenen Denkweise. In *Kritik der Sozialen Arbeit – Kritische Soziale Arbei*, hrsg. Roland Anhorn, Frank Bettinger, Cornelis Horlacher und Kerstin Rathgeb, 81-106. Wiesbaden: VS-Verlag.

Hess, H. und S. Scheerer. 2011. Radikale Langeweile. In *Langweiliges Verbrechen. Warum KriminologInnen den Umgang mit Kriminalität interessanter finden als Kriminalität*. Helge Peters und Michael Dellwing, 27-46. Wiesbaden: VS Verlag für Sozialwissenschaften.

Keckeisen, W. 1974. *Die gesellschaftliche Definition abweichenden Verhaltens*. München: Juventa Verlag.

Melville, H. 2004/1853. *Bartleby the Scrivener. A Story of Wall Street*. Melville House Publishing.

Ritsert, J. 2003. *Einführung in die Logik der Sozialwissenschaften*. Münster: Westfälisches Dampfboot.

Steinert, H. 1979. Etikettierung im Alltag. In *Lewin und die Folgen. Die Psychologie des 20. Jahrhundert*, Bd. 8, hrsg Anette Heigl-Evers, 388-404. Zürich: Kindler.

Steinert, H. 1985. Zur Aktualität der Etikettierungstheorie. *Kriminologisches Journal* 17: 29-43.

Steinert, H. 1989. Die fünfte Fakultät: Strömungen in der Geschichte der Sozialwissenschaften an der Universität Frankfurt. In *Die (mindestens) zwei Sozialwissenschaften in Frankfurt und ihre*

Geschichte. Studientexte zur Sozialwissenschaft – Sonderband 3, hrsg. Ders., 17-36. Frankfurt: Eigenverlag des Fb Gesellschaftswissenschaften.
Steinert, H. 2005. Sociology of Deviance: The Disciplines of Social Exclusion. In *The Sage Handbook of Sociology*, hrsg. Craig Calhoun, Chris Rojek und Bryan Turner, 471-491. London.

Restoration after Atrocities

Nils Christie

Acts of horror

It was in the afternoon July 22-2011. A huge bomb exploded in a car parked just outside the ministerial centre in Oslo. The centre is a tall building, with the prime minister's offices at the top. The building and the surrounding looked as war had hit. Eight people were immediately killed; more were in hospital, badly hurt. The offender, in his car filled to the brim with explosives, had been delayed in the traffic and the explosion occurred an hour after ordinary office hours. If in time hundreds would have been killed.

The first attempts to explain the atrocities followed immediately: May be some Muslim revenge for our participation in the wars in Afghanistan and Libya? Or for our reprinting of those caricatures of Mohammed? If so, bad times ahead for our immigrant population.

But then, as the night drew on, other alarming news dripped in: There were shootings at a summer-camp for politically active youth from the Labour Party. It took place on a tiny island in an inland lake an hours drive from Oslo. A tall man walking back and forth, systematically killing everyone he could find – some as young as fourteen. Without mercy, just killing any youth he saw. He saw many. 69 were murdered there. All in all, he killed 77 persons.

The horror, despair, and sorrow that spread in the country need an artist's hand to describe. I refrain, but point to one piece of news that brought some sort of relief during the long night. The offender was *not* an immigrant. He was a tall, blond man, clearly a Norwegian. And soon it became clear; this was the same man that some hours before had exploded the Governmental Centre.

Restoration, first chapter

Are thoughts of restoration possible after such occurrences?

Those killed will never be back, – except in dreams and memories. And for those close to the killed ones, their opinion might be that the killer ought to burn in Hell, forever.

What is then left – to restore?

The social system is left.

Roses, not hatred

In the case of July 22, some elements in what can be seen as a restorative process started immediately. Soon after the bomb exploded, the prime minister was on radio and television. His statements were those of sorrow and despair, solidarity with the victims, but also, central to his speech that night and the days and nights that followed: we will *not* meet these acts with vengeance and terror, but by preserving our ideals for a democratic society.

On the third day after the atrocities, a memorial meeting was held outside the City Hall of Oslo. The town has 600 000 inhabitants. Estimates suggested that 150 000 of us were there. The Crown prince spoke, the prime minister spoke, survivors spoke. I did not hear one sentence about revenge from any of them. Instead, as formulated by one of the survivors: Let us answer with roses, not with vengeance. Or, from another of the young survivors: If one man can expose so much hatred, imagine then how much love we can express together. The Mayor of Oslo put it like this in an interview: Together we will punish the killer. Our punishment will be more openness, more tolerance, more democracy. Some weeks after the massacre we had a municipal election in the country. The Mayor was re-elected with an extraordinary large margin.

Only roses, in words and reality. Nearly everyone had flowers in hand and left them later at several memorial points in town. A procession from the City Hall to the central church was planned, but cancelled. There were too many people, everywhere. Similar memorial ceremonies took place all over the country in the days that followed. Import tax on roses was temporarily removed to get sufficient supplies into the country. The public transportation system in Oslo had to be redirected not to destroy the monuments of flowers in the centre of town.

In a way, we came closer to each other these days. The politicians were an important part of this, and also driving forces. Our prime minister, Jens Stoltenberg, was quite extraordinary in his ability to bring words to feelings. Here was nothing of the political rhetoric of George Bush after September 11th or David Cameron after the youth riots in British towns. The political leaders of Norway agreed not to attack each other for a period, even though an election was close. The situation was too grave for party quibbling. The atmosphere during these last days of July reminded me of the days when the German occupation of Norway came to an end in 1945. An enormous feeling of community, a united nation. For a period.

Terrible days, but also with some hope. In an article with Hedda Giertsen two days after the atrocities, we used the title; "A better Norway is growing out of this" (Informatíon, Copenhagen July 25, 2011). So it felt. The horror drove us to the streets, and there pulled us together.

What were we gathering around? First of all, the victims. Innocent youngsters had been together on that island to gain knowledge on how to preserve and improve our country. They were killed, without mercy. And then the system itself. We were all threatened. Basic values and perceptions of us as a nation had been under attack. The killer had challenged elements in our central value-system. International comparative studies show Norwegians to be at the *very top* in trusting each other and *close to the bottom* in killing each other. And then these atrocities!

Restoring a country

Norway was in these first weeks to some extent converted to one big arena of restoration. Usually, we think of restoration as a process going on between a limited number of participants; the victim, the offender, the mediator, – that is the prototype. But to us, in the days following July 22, the whole nation got involved. The shock and sorrow was so great that new forms had to be created. Emotions were displayed, values clarified, norms strengthened. To a large extent, the surviving youths from the island were the driving force in all this. No experts in between. Experts did not appear before the court-case was prepared. Roses, rather than hatred were these first days a gift to us all, directly from the surviving youths.

But it was a penal court

The court proceedings lasted ten weeks. It was a penal court. No other solution would have been possible. Even as an ardent believer in restorative justice – or in an alternative board for handling of conflicts, as I like to call these arrangements – I have to admit that I do not think it would have been a feasible alternative to handle a case like this outside the structure of the penal law. But much of what occurred in this court had strong similarities with what often happens in boards for alternative handlings of conflict. Much that went on in this court-case ought to be crystalized, memorized, and used as models for how penal courts ought to operate in other, more usual cases. Elements of restorative justice ought to penetrate penal courts, not the other way around.

First and foremost, the atrocities of July 22 were not a case between a wrongdoer and a limited number of people. A whole nation was involved. It was a case of one person against most of society. We could not all be there. A suitable forum had to be found.

And that forum had to be an open forum. We all had the right to know. Most meetings of restorative justice take place in closed rooms without media-attention. That is most often a necessity to assure free talk in that form of handling of conflicts. A penal court has to operate according to the opposite principle in an open society. And the court (Oslo tingrett) lived up to that expectation. Before the proceedings commenced, a 29 pages document was distributed. Here the principle and plans for the proceedings were outlined. Altogether, some 2500 persons would have the right to attend the case. 700 journalists from 200 different media-companies from all over the world had asked for accreditation. The interior of the courthouse in the centre of Oslo was re-arranged. The major courtroom here could now give space to 193 persons, – it was planned for daily attendance of some 100 persons close to the deceased and 90 journalists. Others with rights to attend and the remaining media had seven other courtrooms to their disposal in the building, and also rooms in a nearby hotel. These rooms were provided with large TV screens transmitting all that occurred in the major courtroom. In addition, 17 courts from North to South in the country were provided with the same equipment for those with the right to attend. Our National Broadcasting Company presented also most of what happened, in addition to numerous interviews and comments.

An additional reason for the impossibility of the use of alternative conflict-handling in this case, was that the culprit did not, and does not regret his acts. He stubbornly sees himself as a heroic soldier who *had* to do what he did. A martyr. He was engaged in a holy war. A saviour of the country and of Christianity from the invasion of Muslims, and also (what has received less attention) from cultural Marxism and feminism. He has spread a manuscript of more than 1500 pages with that message. He killed to rescue Norway. And Norway is not yet rescued, according to his standards. He fought a one-man war from the extreme right. He regrets nothing he says. Now he was demobilized. He could not be trusted outside. He was, and is, a dangerous man. In addition comes, that he probably soon would have been killed by someone if not protected by walls.

Roses in Courts

But as it all developed, vital restorative ideals were cared for during the proceedings. The court became an arena for creating a national understanding of what had happened, a very efficient arena due to the exceptionally well-organized communication system from the courtroom to the rest of the population. The victims have been met with quite exceptional attention. The most moving example: Experts in forensic medicine explained what had caused the death in each individual case. It was all described in the most minute details connected to each case, a large picture of the killed victim was exposed. After the doctors description of why and how death had occurred, a short memory speech was held, a speech describing the person as she or he had been in their short lives. After a week with the death, the next week gave room to survivors, many with visible marks from heavy wounds.

Never, ever, in modern times have so many victims been given so much attention in a Norwegian court. In addition came that the relatives of the killed as well as all survivors who so wanted were supported with one or several lawyers, a sort of assistant attorneys. More than 170 such assistant attorneys were engaged in the case. These assistant attorneys create some principle problems of balance in court. Most often they side with the prosecutors. It adds up to 172 prosecutors against two for defence.

In court the killer was mostly met with courtesy. He did wear ordinary civil cloths. His handcuffs were removed. He showed a sort of Nazi-greetings while entering the courtroom the first few days, but abandoned the praxis until leaving the court on the very last day. The prosecutor shook hand with him and he was examined without pronounced aggression. In a one-hour monologue he was allowed to explain the political ideas behind his acts.

The atmosphere in the court has been quiet, serious, – often desperately sad. A sort of funeral, day after day. With one exception. A man cried out; "Go to hell, you killer of my brother." Then he threw one of his shoes in the direction of the killer. It was a symbolic act of denigration, – he was from Iraq. The shoe hit one of the defenders. Several in the room applauded. But a block away, I think it was the same day or the day before, some 40 000 people had assembled on a huge square facing the building of our Labour party – on the initiative on some youngsters on face-book. Together they sang "Children of the rain-bow", a song the killer had said he hated. It is a song for children of all colours.

On delivery of pain

So far, so good, also in a restorative perspective. But it is in a *penal* court this takes place. It is a court to decide three elements:

If he is guilty?

If guilty, is he fit for punishment?

If fit for punishment, what is the suitable amount of pain he ought to receive?

As to *guilt*: He admits to the killings, but does not see himself as guilty. He sees himself as a commander in a holy war. A Christian soldier in war. So, here the court had, seemingly, an easy case. Guilty.

Mad mans work?

But then comes the next question in a penal court: Maybe this man is not an ordinary man? Maybe he is insane and can't be punished? To find out, experts on insanity were brought in.

Already before the court case opened, two forensic psychiatrists had investigated the mind of the killer. They declared him insane. Schizophrenic paranoia. A simple way to make him different from most of us. The whole report was supposed to be kept secret, but extensive leaks revealed that the psychiatrists, in addition to talks and tests, to a large extent based their diagnosis on his acts – the atrocities – without considering the political framework of it all. Acting like this, and writing about it as he had, to the forensic psychiatrists it became the final proof that he was insane.

The diagnosis raised a folk-storm. The victims – survivors and persons who had lost someone through his acts – asked for a new forensic observation. Prosecution protested, but the court accepted. A new pair of observers was called in. They declared him sane.

A baroque situation. The two pairs of forensic psychiatrists have through the ten weeks of proceedings been seated side by side on first row in the courtroom, facing the offender. The one pair seeing a man they have placed outside normality and therefore bound for mental hospital, the other pair facing a person they see as peculiar, but not more than that he is fit for punishment.

But this strange situation had a good side. The disagreement between the experts allowed the judges to regain control of what happened in court by revealing contradictions. Disagreement between experts made them vulnerable for critique and opened for sharp examination. Experts lost heir glory, the court could function as a court, and the judges were not only secretaries for the experts.

The court decided that he was sane, – to the great relief to many among us. A diagnosis of insanity would have been a helpful way to *externalize* him, convert him to a being different from most of us. But he is a Norwegian – like me. Same social class. For a time, I lived close to his neighbourhood. Why him? Where did he find his models, – and ideas? Or, more threatening, is it something in being Norwegian that made this possible? We live in a culture pre-occupied with material success. And in a country quite recently engaged in several wars. When Norwegian pilots returned from Libya after what was supposed to be the successful bombing there, our minister of defence at the time received them with thanks for their accomplishments in bombing.

The more we make the man behind July 22 an evil, a monster, or an insane, the less we are able to understand the roots we have in common with him and also what we ought to change in the country if we want it restored to standards we can accept to live with.

A diagnosis of insanity would also have created another problem: Such a diagnosis hides the normality of killing. Relatively many are able to carry out the most awful of acts against other people; from electric shocks to torture to mass-extermination. They are not mad. They are ordinary, placed in situations that make these acts possible. It is not only a question of the banality of evil, but on understanding elements of how hell can be created as a matter of routine. Again we must ask: What is it with us, and also the global political situation, that makes such behaviour possible? How can we improve on the system to make killing less attractive? The challenge is to create social circumstances that make us *all* able to see the human being, – also in the killer.

The sentence

The court sentenced him to 21 years in preventive detention with a minimum time of ten years, and with an additional clause that would enable the state to keep him in prison for an unlimited amount of five-year periods if he still was considered dangerous. If not seen as dangerous, he will have to be released considerably earlier, maybe after some 15 to 20 years.

Many, and particularly journalists from abroad (there were several hundred of them on the case) expressed surprise by what they found to be an extremely lenient sentence. But how could it have been more severe if we want to remain true to basic legal principles?

Lady Justice is most often presented with a sword in one hand and a scale in the other. The amount of punishment has to be balanced against the amount of evil acts committed. Not too much, not too little. But what then when the evil acts become overwhelmingly terrible? How then to create balance?

How could the man who committed these atrocities ever pay back what he has done? Pay back in personal suffering? The man behind these killings belongs to the first division of evildoers in modern western history. Adolf Eichmann killed millions, but stood in some ways more distant from the concrete acts. Eichmann did it out of his office, an administrator of extermination. The man in Norway made and detonated the bomb himself. He then shot the teenagers on the island, moving around, slowly, systematically killing everyone he saw. He spared some small children. As he saw it, they were not dangerous. They had not yet been indoctrinated to accept Muslims to the country.

A punishment balancing the acts of the Norwegian killer is out of question. What he has done can never be paid back on him. Altogether he killed 77 persons. Should we bring him to the gallows 76 times, without hanging him, but let that happen on transport 77? A catastrophe has occurred, one that can only be met by adhering to the basic values of Norwegian society. Atrocities can never be balanced with the production of a similar amount of pain. We cannot answer atrocities with equal-to-equal. It has to be something less.

To find standards for this more limited answer, we must ask for help in old-fashioned values of forgiveness and grace. But to mobilize forgiveness and grace, one element is essential: We must come close enough to see him as more than a killer, we must be able to see him as a human being, simply as one of us.

The killer as one of us

This brings me to the core of what has been my personal as well as scientific interest throughout much of my life: The question about the conditions for, and consequences of coming close to others. So close, through life or art, that it becomes possible to recognize elements of common humanity in all sorts of people.

I believe that the more we are enabled to see each other as fellow human beings, the more we are controlled by that knowledge, and by the whole set of norms ingrained in us throughout life on how to behave towards people of all sorts, from babies to old folks. To see the other is to be captured in the web of norms that makes us human. The closer we come to another person, the stronger stand the inhibitions against handling that person in ways seen as unacceptable within the culture where we belong. To accomplish this is to me the great challenge for most sorts of crime-preventive work.

The killer himself wanted to be seen as something extraordinary. A commander in war. He wanted to wear a policeman's uniform on his first day in court when he was formally imprisoned. That was of course not accepted. He has been active as a body builder, and has also gone through surgery to look even more the perfect man. It is not particularly easy to see him as an ordinary human being, one of us.

The end

The judge read her verdict on August 24, 2012. No appeals followed, and on September 7 the sentence was legally valid. "Never has the word relief been used more often" was the headline in Aftenposten, the largest newspaper in the country. Their editorial the day after the sentence had become legally valid had the title: "Clarification and relief".

I think they captured the mood of the population. It is even confirmed by some research. For years, there have been international studies of the existence of trust in various countries. Norwegians seem to trust each other more than inhabitants in most other nations according to these studies, and even more so in the months just after the atrocities. Now we are back to normal, but still at the top[1]. I think this has to do with that we live in a welfare state, we are not so many, five millions, and we have – not yet – created large internal class differences. We are still able to see each other.

But I fear the future. Money might be a killer of social cohesion. It is far from certain that our present oil-lubricated affluence will become a blessing for Norway. We all get more affluent, but the top level to an extent that threatens our up to now relatively egalitarian society. For a conference on crime prevention, I think it is of the greatest importance to warn against a development towards life forms where we loose each other as members of the same society.

1 Wollebæk, D., B. Enjolras, K. Steen-Johnsen, und G. Ødegård. 2012. Tillit i Norge etter 22 juli. In *Tillut i Norge,* hrsg. H. Skirbekk, und H. Grimen, 29-58.

Schriftenverzeichnis Sebastian Scheerer

2013

Mord, in: Christian Gudehus & Michaela Christ, Hg., Gewalt. Ein Handbuch. Stuttgart: Metzler, S. 141 ff.

2012

Mit Terroristen verhandeln?, in: Werner Röcke, Hg., Gewalt. Faszination und Ordnung. Berlin: Lit (Villigst Profile, 15), S. 163 ff.

2011

Radikale Langeweile, in: Helge Peters, Michael Dellwing, Hg., Langweiliges Verbrechen. Warum KriminologInnen den Umgang mit Kriminalität interessanter finden als Kriminalität. Wiesbaden: VS, S. 27-46 (zus. mit H. Hess).

2010

Buchbesprechung: Alexis A. Aronowitz, Human Trafficking, Human Misery. The Global Trade in Human Beings, in: Mschrkrim 93. Jg., H. 5, 2010, S. 405.

Buchbesprechung: Richard Wilkinson, Kate Pickett, Gleichheit ist Glück. Warum gerechte Gesellschaften für alle besser sind. Tolkemitt Verlag bei Zweitausendeins, Berlin 2009, in: Mschrkrim 93. Jg., H. 4, S. 338-339.

2009

Nachruf: Louk Hulsman (1923-2009), in: Kriminologisches Journal, 41. Jg., Heft 2, S. 156-158.

2007

Endbericht zum Forschungsprojekt Kooperationsprojekt 03HS045: Abbau verhaltensinduzierter Lebensmittelrisiken : eine ökonomische und sozialwissenschaftliche Untersuchung der Wertschöpfungsketten „konventionelles Geflügel" und „Öko-Geflügel" / Projektkoordination und Leitung: Norbert Hirschauer. – Hamburg: Universität Hamburg, Fakultät Wirtschafts- und Sozialwiss., Department Sozialwissenschaften/Institut für Kriminologische Sozialforschung [u. a.]. – 2007. – Teil 1.2. 1. Endbericht des Forschungsprojektes Nr. 03HS045/1 zum Thema: eine Moral Hazard Analyse. Teilprojekt bearb.: Pamela Kerschke-Risch; Gunnar Meinecke; Teilprojektleiter: Sebastian Scheerer.

Einige Überlegungen zur Prävention von Devianz und Wirtschaftskriminalität im Ernährungssektor, in: Journal für Verbraucherschutz und Lebensmittelsicherheit 2, S. 1-13. (zus. mit N. Hirschauer und S. Zwoll)

2006

Seis preguntas y cinco respuestas sobre el derecho penal del enemigo. In: Manuel Cancio Meliá, Carlos Gómez-Jara Díez, Hg., Derecho penal del enemigo: el discurso penal de la exclusión, Bd. 2, 2006, S. 917-93. (zus. mit María L. Böhm und Karolina Víquez).

2005

The Prevention of White-collar Crime in the Food Sector. A Interdisciplinary Applied Research Approach. In: Kerner, H.-J.; Marks, E. (Hrsg.): Internetdokumentation DEUTSCHER PRÄVENTIONSTAG. Hannover.

Festschrift für Henner Hess. Frankfurt: Campus (Mitherausgeber: R. Behr und H. Cremer-Schäfer).

Über Notwendigkeit und Möglichkeit besserer Terrorismus-Prognosen, in: R. Behr/H. Cremer-Schäfer/S. Scheerer, Hg., Kriminalitäts-Geschichten. Für Henner Hess. Frankfurt: Campus: S. 57-64.

Naheliegende Fehlerquellen bei Terrorismus-Prognosen, in: E. Bodelón, Hg., Festschrift für Roberto Bergalli. (Spanische Übersetzung: Problemas que presenta la prognosis del terrorismo.)

Guerras por las drogas, guerra contra las drogas, in: Canamo. Guerras y Drogas. Especial: S. 78-82 (dt. Ms.: Kriege für Drogen – Kriege gegen Drogen).

2004

Theorie der Kriminalität. Kölner Zeitschrift für Soziologie und Sozialpsychologie. Sonderheft 43: Kriminalsoziologie, herausgegeben von S. Karstedt/D. Oberwittler. 2004: S. 69-92 (zus. mit H. Hess).

Haben Serienkiller eine Zukunft?, in: F.J. Robertz/A. Thomas, Hg., Serienmord. Kriminologische und kulturwissenschaftliche Skizzierungen eines ungeheuerlichen Phänomens. München: belleville: S. 517-526.

Terror, in: U. Bröckling, S. Krasmann, Th. Lemke, Hg., Glossar der Gegenwart. Frankfurt: Suhrkamp: S. 257-262.

2003

Die Polizei als Organisation mit Gewaltlizenz. Möglichkeiten und Grenzen der Kontrolle (Mitherausgeber: M. Herrnkind) Hamburger Studien zur Kriminologie und Kriminalpolitik, Band 31, LIT-Verlag Münster.

Globalización y Drogas. Política sobre Drogas, Derechos Humanos y Reducción de Riesgos. Madrid: Dykinson (Mitherausgeber: Xabier Arana, Douglas Husak). Darin: Prohibición de las drogas en las sociedades abiertas: S. 53-65.

Witz, Geschlecht, Gewalt – am Beispiel von Terrorismus-Witzen, in: S. Lamnek/M. Boatca, Hg., Geschlecht-Gewalt-Gesellschaft. Opladen: Leske + Budrich: S. 141-162 (zus. mit Nils Schuhmacher).

Witze nach dem 11. September? Versuch einer Typologie, in: M. Beuthner, J. Buttler, S. Fröhlich, I. Neverla, St. A. Weichert, Hg., Bilder des Terrors – Terror der Bilder? Krisenberichterstattung am und nach dem 11. September. Köln: Herbert v. Halem: S. 285-299 (zus. mit Nils Schuhmacher).

Vorwort zu: Christian Rätsch und Jonathan Ott, Coca und Kokain. Ethnobotanik, Kunst und Chemie. Mit Beiträgen von Claudia Müller-Ebeling und Manuel C. Torres. Aarau, Schweiz: AT Verlag: S. 9-12.

2002

Die Zukunft des Terrorismus. Drei Szenarien. Lüneburg: zu Klampen.

Terrorismus – die Globalisierung des Bösen?, in: C. Prittwitz/M. Baurmann/K. Günther u. a., Hg., Festschrift für Klaus Lüderssen. Baden-Baden: Nomos: S.515-523.

Nachteil und Nutzen kritischer Kriminologie in Zeiten des Terrorismus, in: Kriminologisches Journal 34.Jg., H. 1: S. 35-40.

„Was für ein eitler Terrorist doch dieser Herr Bin Laden ist!" Eine Bemerkung zu Susanne Krasmann und Henning Schmidt-Semisch, in: Kriminologisches Journal 34. Jg., H.3: S. 209-210.

Die Kriminalstrafe als Kulturerbe der Menschheit? (Kommentar), in: Albin Eser, Winfried Hassemer, Björn Burkhardt, Hg., Die deutsche Strafrechtswissenschaft vor der Jahrtausendwende. Rückbesinnung und Ausblick. München: C.H. Beck 2002: S. 345-355.

Mythos und Mythode, in: C. Musolff, J. Hoffmann, Hg., Täterprofile bei Gewaltverbrechen. Mythos, Theorie und Praxis des Profilings. Berlin: Springer: S. 71-85. (Spanische Übersetzung: Mitos y Mítodo. Hacia una simbología social de Homicidas seriales y Profilers.)

Das Recht auf Rausch und Risiko, in: DIE WOCHE 10. Jg., 8. März: S. 6.

Kritik des Strafrechts ... und dann?, in: Il Diritto e La Differenza. Scritti in onore di Alessandro Baratta. A cura di Raffaele De Giorgi. Lecce: Pensa MultiMedia. Vol. II: S. 543-564. (mit Ramona Arfire)

La Pena Criminal Como Herencia Cultural de la Humanidad?, in: Revista Peruana de Doctrina y Jurisprudencia Penales. Nr. 3: S. 339-350.

„Delinquenz", „Labeling Approach", in: Deutscher Verein für öffentliche und private Fürsorge, Hg., Fachlexikon der sozialen Arbeit. Frankfurt: Eigenverlag 5. Auflage.

2001

Kritik der strafenden Vernunft. Ethik und Sozialwissenschaften, in: Streitforum für Erwägungskultur. Jg. 12, H. 1: S. 69-83; 135-144.

Vorsicht vor dem ‚radikalen Konstruktivismus'!, in: M. Althoff, H. Cremer-Schäfer, G. Löschper, H. Reinke, G. Smaus, Hg., Integration und Ausschließung. Baden-Baden: Nomos: S. 243-254.

Verstehen und Erklären von Gewalt – ein Versprechen der Moderne, in: G. Albrecht, O. Backes, W. Kühnel, Hg., Gewaltkriminalität zwischen Mythos und Realität. Frankfurt: Suhrkamp: S. 147-164.

Planwirtschaft und neue Perspektiven in der Drogenpolitik. Wien: Verein für Bewährungshilfe und Soziale Arbeit (VBSA).

Vorwort zu: Wolf-R. Kemper: Kokain in der Musik. Bestandsaufnahme und Analyse aus kriminologischer Sicht. Mit einem Vorwort von Sebastian Scheerer und einem Nachwort von Konstantin Wecker. Münster etc.: LIT 2001: S. III-VI.

2000

„Soziale Kontrolle" – schöner Begriff für böse Dinge?, in: H. Peters, Hg., Soziale Kontrolle. Zum Problem der Normkonformität in der Gesellschaft. Opladen: Leske + Budrich: S. 153-169.

Die Kriminalstrafe als Kulturerbe der Menschheit? in: A. Eser, W. Hassemer, B. Burkhardt, Hg., Die deutsche Strafrechtswissenschaft vor der Jahrtausendwende. Rückbesinnung und Ausblick. München: Beck: S. 345-355.

Three Trends into the New Millenium, in: P. Green, A. Rutherford, eds., Criminal Policy in Transition. Oxford, Portland: Hart: S. 243-259.

1999

Criminalità come provincia di senso. Proposte per una teoria generale, in: Dei delitti e delle pene. 1-2: S. 5-67 (zus. mit H. Hess).

1998

The Delinquent as a Fading Category of Knowledge, in: Vincenzo Ruggiero, Nigel South, Ian Taylor, eds., The New European Criminology. Crime and Social Order in Europe. London and New York: Routledge 1998: S. 425-442.

Die Ohnmacht der Rechtsgutsidee und die Dominanz der Problemdefinition. Über soziale Probleme, Gesetzgebung und Rechtsgüter am Beispiel des Kokainverbots, in: Klaus Lüderssen, Hg., Aufgeklärte Kriminalpolitik oder Kampf gegen das Böse? Band I: Legitimationen. Baden-Baden: Nomos: S. 179-207.

Prólogo: A tardia modernidade penal entre a hipertrofia e a minimizacao (do sistema penal), in: P. de Souza Queiroz, Do Caráter Subsidiário do Direito Penal. Belo Horizonte: Livraria del Rey: S. 11-17.

1997

El delincuente como una marchita categoría de conocimiento, in: Juan Dobon, Inaki Rivera (Hg.), Secuestros Institucionales y Derechos Humanos: La cárcel y el manicomio como laberintos de obediencias fingidas. Barcelona: Ed. María Jesús Bosch, S.L. 1997: S. 51-67.

Um Desafio Para O Abolicionismo, in: Edson Passetti e Roberto Baptista Dias da Silva, Conversacoes abolicionistas. Uma crítica do sistema penal e da sociedade punivitva, IBCCrim, Sao Paulo, 1997: S. 219-235.

Dominacao ideológica versus lazer psicotrópico, in: M. de Melo Ribeiro/S.D. Seibel (org.): Drogas: a hegemonia do cinismo. Sao Paulo: Memorial: S. 287-300.

Was ist Kriminalität? Skizze einer konstruktivistischen Kriminalitätstheorie, in: Kriminologisches Journal 29, S. 83-155 (zus. mit H. Hess).

Die Kritische Kriminologie und das Jahrhundert der Gewalt, in: Die Gewalt in der Kriminologie (= 6. Beiheft des Kriminologischen Journals, hrsg. von S. Krasmann und S. Scheerer), S. 3-15 (zus. mit S. Krasmann).

Anhedonia Criminologica, in: Kriminologisches Journal 29. H.1/1997: S. 23-37.

Social Control: A Defence and Reformulation, in: R. Bergalli, C. Sumner, eds., Social Control and Political Order. European Perspectives at the End of the Century. Newbury Park: Sage 1997: S. 96-129 (zus. mit H. Hess).

North-American Bias and Non-American Roots of Cannabis Prohibition, in: L. Böllinger, Hg., Cannabis Science (www.bisdro.uni-bremen.de/boellinger/cannabis/04-schee.pdf).

1996

Beyond Confinement? Notes on the History and Possible Future of Solitary Confinement in Germany, in: N. Finzsch, R. Jütte, Hg., Institutions of Confinement. Hospitals, Asylums, and Prisons in Western Europe and North America, 1500-1950. Cambridge: Cambridge University Press: S. 349-361

Vorwort zu: Stefan Andriopoulos, Unfall und Verbrechen. Konfigurationen zwischen juristischem und literarischem Diskurs um 1900. Pfaffenweiler: Centaurus 1996: S. I-III

Zwei Thesen zur Zukunft des Gefängnisses – und acht über die Zukunft der sozialen Kontrolle, in: T. v. Trotha, Hg., Politischer Wandel, Gesellschaft und Kriminalitätsdiskurse. Baden-Baden: Nomos 1996: S. 321-334 (auch abgedruckt in: Widersprüche 17.Jg., H. 63, März 1997: S. 9-24).

Cannabis als Genußmittel?, in: Zeitschrift für Rechtspolitik 29.Jg.: S. 187-191.

1995

La prisión en la teoría de la prevención-integración, in: Luis González Placencia, org., La Experiencia del Penitenciarismo Contemporáneo. México, D.F.: Comisión Nacional de Derechos Humanos: S. 31-42.

Sucht. Reinbek: Rowohlt.

1994

Drogenpolitik und Drogenstrafrecht – Prämissen und Perspektiven, in: R. Reindl, W. Nickolai, Hg., Drogen und Strafjustiz. Freiburg: Lambertus: S. 11-26.

1993

Einige Anmerkungen zur Geschichte des Drogenproblems, in: Soziale Probleme 4/1993: S. 78-98.

Die soziale Aufgabe des Strafrechts, in: H. Peters, Hg., Muss Strafe sein? Zur Analyse und Kritik strafrechtlicher Praxis. Opladen: Westdeutscher Verlag: S. 79-90.

Strafe muss sein! – Muss Strafrecht sein?, in: L. Böllinger/R. Lautmann, Hg., Vom Guten, das noch stets das Böse schafft. Kriminalwissenschaftliche Essays zu Ehren von Herbert Jäger. Frankfurt: Suhrkamp: S. 69-78.

Kriminalität der Mächtigen, in: G. Kaiser et al. (Hrsg.), Kleines Kriminologisches Wörterbuch. 3. Aufl. München: S. 246-249.

Reflexoes acerca de algumas tendencias recentes no discurso sobre as drogas na Alemanha, in: F.I. Bastos/O.D. Goncalves (orgs.): Drogas: É legal? Um Debate Autorizado, Rio de Janeiro: Imago: S. 142-168.

Estabelecendo o controle sobre a cocaina (1910-1920), in: F.I. Bastos/O.D. Goncalves (orgs.): Drogas: É legal? Um Debate Autorizado, Rio de Janeiro: Imago: S. 169-191.

Das Kokainverbot (Manuskript; zus. mit Thomas Ben Bartholdy).

Political Ideologies and drug policy, in: European Journal on Criminal Policy and Research, Vol. 1: S. 94-105.

1992

Künftige Drogenpolitik. Ein Szenario, in: J. Neumeyer/G. Schaich-Walch, Hg., Zwischen Legalisierung und Normalisierung. Ausstiegsszenarien aus der repressiven Drogenpolitik. Marburg/Berlin: Schüren: S. 189-198 (zus. mit J. Neumeyer).

Vorwort zu: Christine Bauer: Heroinfreigabe. Möglichkeiten und Grenzen einer anderen Drogenpolitik. Reinbek: Rowohlt: S. 7-13.

Teses para a aporia do discurso médico-jurídico, in: Odair Dias Goncalves e Francisco Inácio Bastos, eds., Só Socialmente Rio de Janeiro: Relume Dumará: S. 65-70

1991

Abolitionismus, in: Sieverts/Schneider, Hg., Handwörterbuch der Kriminologie, Bd. V (Ergänzungsband), Berlin: S. 287-301.

„Folter ist kein revolutionärer Kampfbegriff". Zur Geschichte des Foltervorwurfs in der Bundesrepublik Deutschland, in: J. P. Reemtsma, Hg., Folter. Zur Analyse eines Herrschaftsmittels. Hamburg: Junius: S. 209-237.

1989

Hacia el abolicionismo, in: Abolicionismo Penal. Ediar Sociedad Anónima Editora. Buenos Aires: S. 15-34.

Drogen und Drogenpolitik. Ein Handbuch, Frankfurt/New York: Campus (Mitherausgeberin: I. Vogt)

1988

Angriff auf das Herz des Staates. Soziale Entwicklung und Terrorismus. 2 Bände. Frankfurt: Suhrkamp (Mitherausgeber H. Hess, M. Moerings, D. Paas, H. Steinert). In Band 1 die Beiträge: Ein theoretisches Modell zur Erklärung sozialrevolutionärer Gewalt, S. 75-189; Deutschland: die ausgebürgerte Linke, S. 191-429.

100 Jahre Strafvollzugsgesetz (1977-2077), in: K.F. Schumann, H. Steinert, M. Voss, Hg., Vom Ende des Strafvollzugs. Ein Leitfaden für Abolitionisten. Bielefeld: AJZ: S. 35-45.

Leben ohne Lebenslänglich. Gegen die lebenslange Freiheitsstrafe. Bielefeld: AJZ (Mitherausgeber: H. Weber)

Die Abschaffung der lebenslangen Freiheitsstrafe. Ein Vorschlag. In: H. Weber, S. Scheerer, Hg., Leben ohne Lebenslänglich. Gegen die lebenslange Freiheitsstrafe. Bielefeld: AJZ: S. 125-139.

Informal Social Control: Labour and Therapeutic Communities, in: Mark Findlay, Ugljesa Zvekic (UNSDRI, Rome), eds., Analysing (In)formal Mechanisms of Crime Control. A Cross-Cultural Perspective. Rome: S. 145 ff, 209 ff. (Zus. mit J. Pecar und M. Brunetti).

1986

Atypische Moralunternehmer, in: Kriminologisches Journal 1. Beiheft (Kritische Kriminologie heute): S. 133-156.

Limits to Criminal Law?, in: Herman Bianchi, René van Swaaningen, eds., Abolitionism. Towards a Non-Repressive Approach to Crime. Amsterdam: Free University Press: S. 99-112.

Victimless Crime and Victimology: Notes on the Victim-Offender-Dichotomy in Criminal Policy, in: Koichi Miyazaws, Minoru Ohya, Eds., Victimology in Comparative Perspective. Tokyo: Seibundo: S. 144-149.

Drogen und Strafrecht (Drugs and the Penal Law), in: Criminal Law in Action. An overview of current issues in Western societies, ed. by Jan van Dijk et al., Deventer, Antwerp, London, Frankfurt, Boston, New York: Gouda Quint (Kluwer Law and Taxation Publ.): S. 199-214.

Towards Abolitionism, in: Contemporary Crises 10: S. 5-20.

Dissolution and Expansion, in: The Expansion of European Prison Systems. Working Papers in European Criminology. No. 7, edited by Bill Rolston and Mike Tomlinson. Belfast.

Eingeständnis von Herrschaft und Verzicht auf Ausweglosigkeit. Zur Amnestiefrage, in: Widersprüche 6. Jg., H 19: S. 127-141.

Von der freien Therapie zum Therapie-Vollzugsgesetz? Zur Verrechtlichung der Drogentherapie, in: sozial extra H. 1: S. 22-27 (zus. mit B. Dammann).

Abolitionismus – eine urbürgerliche Tradition, in: Komitee für Grundrechte und Demokratie, Hg., Jahrbuch 1985. Sensbachtal: S. 225-232 (zus. mit H. Steinert).

Abolitionismus und Neoklassizismus, in: S. Müller/H.-U. Otto, Hg., Damit Erziehung nicht zur Strafe wird. Sozialarbeit als Konfliktschlichtung. Bielefeld: AJZ: S. 3-15.

1985

Neue soziale Bewegungen und Strafrecht, in: Kritische Justiz 18: S. 245-254 (auch abgedruckt in: a) Stachlige Argumente. Rundbrief der Alternativen Liste. Dezember 1985 Nr. 36: S. 14-18; b) D. Hummel, H. Pollähne, R. Ruhe, R. Sögtrop, Hg., Kein Staat mit diesem Staat? Freiheitsrechte, Repression und staatliche Hilfe in der Demokratie, Bielefeld: S. 339-348).

L'entrepreneur moral atypique, in: Déviance et Société 9.1985: S. 267-289.

La abolición del sistema penal: una perspectiva en la Criminología contemporánea, in: Derecho Penal y Criminologia 7/1985: S. 203-218.

Geschiedenis van het druggebruik, in: Bijblijven 1, H. 8-9: S. 124-126.

Drei Jahre danach. Das Drogengesetz macht Probleme, in: Kriminalpädagogische Praxis 13. Jg., H. 19/20: S. 4-10.

Verrechtlichung der Drogentherapie, in: Recht und Psychiatrie H. 1: S. 6-10.

Grundrechte und soziale Wirklichkeit im behandlungsorientierten Freiheitsentzug, in: Kriminalsoziologische Bibliografie. Jg. 12, H. 49: S. 1-9.

1984

Avpenaliseringsteori, in: Nordisk Tidsskrift for Kriminalvidenskab 71: S. 273-286.

Die abolitionistische Perspektive, in: Kriminologisches Journal 16: S. 90-111.

Die Bundesrepublik Deutschland oder: die Gefahren der ‚deutschen Empfindlichkeit', in: Fritz Sack, Heinz Steinert, Hg., Protest und Reaktion. Analysen zum Terrorismus Band 4/2, Opladen: Westdeutscher Verlag: S. 463-470.

1983

L'Abolizionismo Nella Criminologia Contemporanea, in: Dei delitti de delle pene Jg. 1, H.3: S. 525-541.

Sucht und Ordnung. Frankfurt a. M.: PädExtra (Mitherausgeber: Horst Bossong u. a.).

Sucht und Ordnung. Wie sich bundesdeutsche Drogenpolitik ihre Drogenopfer schafft, in: PädExtra: S. 24-27.

Warum sollte das Strafrecht Funktionen haben? Gespräch mit Louk Hulsman, in: Kriminologisches Journal 15: S. 61-74.

1982

Freiheit und Kontrolle im neuen Betäubungsmittelgesetz, in: Kritische Justiz 15: S. 229-247.

Die Genese der Betäubungsmittelgesetze in der Bundesrepublik Deutschland und in den Niederlanden. Göttingen: Otto Schwartz.

1981

Die Behandlung von Drogenabhängigen nach dem neuen Betäubungsmittelgesetz, in: Kriminalpädagogische Praxis 9: S. 2-26 (zus. mit Sybille Kappel).

Das Problem der Kriminalität Drogensüchtiger: Wege der Prävention und Rehabilitation aus kriminalpädagogischer Sicht, in: Kriminalpädagogische Praxis 9: S. 32-38.

1980

Gesetzgebung im Belagerungszustand, in: E. Blankenburg, Hg., Politik der inneren Sicherheit. Frankfurt: Suhrkamp 1980: S. 113-158.

Toben wir an den Fixern unseren sozialen Allmachtswahn aus? Frankfurter Rundschau 13.11.1980.

Therapie als Strafe. Therapie als Kontrolle, in: Sozialmagazin Juli/August: S. 22-32.

Über die Erfindung des helfenden Zwangs – Drogenrecht und –therapie, in: links, 1. Teil: Oktober 1980: S. 26-27; 2. Teil: November 1980: S. 22-23.

Methadon. Eine hilfreiche Droge?, in: Sozialmagazin, November: S. 23 ff.

Das Fiasko der deutschen Drogenpolitik, in. Kriminologisches Journal 12: S.46-68 (zus. mit Sibylle Kappel).

1979

Strafgesetzgebung, in: R. Sieverts/H.J. Schneider, Hg., Handwörterbuch der Kriminologie Bd.4, Berlin, New York: de Gruyter: S. 393-404.

Kriminalsoziologie. Eine Einführung in Theorien und Themen. Stuttgart: Kohlhammer (zus. mit D. K. Pfeiffer).

1978

The New Dutch and German Drug Laws: Social and Political Conditions for Criminalization and Decriminalization, in: Law & Society Review 12: S. 585-606.

Der politisch-publizistische Verstärkerkreislauf. Zur Beeinflussung der Massenmedien im Prozeß strafrechtlicher Sozialkontrolle, in: Kriminologisches Journal 10: S. 223-227.

1977

Rauschmittelmißbrauch. Juristisch-kriminologischer Beitrag, in: R. Sieverts, H.J. Schneider, Hg., Handwörterbuch der Kriminologie, Bd. 2. Berlin/New York 1977: S. 480-494.

Besprechung von Amy A. Wilson u. a., Hg., Deviance and Social Control in Chinese Society, in: Kriminalsoziologische Bibliografie Jg. 4, H. 16-17: S. 38-43.

Autorinnen und Autoren

Rafael Behr, Dr. phil., Soziologe, Professor für Polizeiwisssenschaft an der Hochschule der Polizei Hamburg – rafael.behr@web.de

Lorenz Böllinger, Dr. iur., Dipl.-Psych., Jurist, Kriminologe und Psychologe, em. Professor am Fachbereich Rechtswissenschaft der Universität Bremen – boe@uni-bremen.de

Horst Bossong, Dr. phil., Professor an der Fakultät für Bildungswissenschaften der Universität Duisburg-Essen – horst.bossong@uni-due.de

Nils Christie, Dr. phil., Dr. h. c. mult., Soziologe und Kriminologe, em. Professor an der Juristischen Fakultät der Universität Oslo – nils.christie@jus.uio.no

Helga Cremer-Schäfer, Dr. phil., Soziologin, pens. Professorin am Fachbereich Erziehungswissenschaften der Universität Frankfurt – cremer-schaefer@em.uni-frankfurt.de

Dollinger, Bernd, Dr. phil., Professor für Sozialpädagogik an der Universität Siegen – bernd.dollinger@uni-siegen.de

Patricia G. Erickson, PhD, Soziologin, Professorin für Soziologie am Centre for Criminology and Sociolegal Studies der University of Toronto – pat.erickson@utoronto.ca

Michael Fischer, M.Sc., Diplomkriminologe, Wissenschaftlicher Mitarbeiter am Institut für Sicherheits- und Präventionsforschung der Universität Hamburg – michael.fischer@uni-hamburg.de

David Garland, LLB, MA, PhD, Arthur T. Vanderbilt Professor of Law und Professor of Sociology an der New York University – David.Garland@nyu.edu

Klaus Günther, Dr. jur., Professor für Rechtstheorie, Strafrecht und Strafprozessrecht an der Universität Frankfurt – K.Guenther@jur.uni-frankfurt.de

Henner Hess, Dr. phil., Soziologe und Kriminologe, pens. Professor am Institut für Erziehungswissenschaften der Universität Frankfurt – hennerhess@t-online.de

James B. Jacobs, B.A., J.D., PhD, Chief Justice Warren E. Burger Professor of Constitutional Law and the Courts, Director des Center for Research in Crime and Justice an der New York University School of Law – Jacobsj@exchange.law.nyu.edu

Rüdiger Lautmann, Dr. jur., Dr. phil., pens. Professor am Fachbereich Soziologie der Universität Bremen – lautmannhh@aol.com

Helge Peters, Dr. sc. pol., Diplomsoziologe, em. Professor für Soziologie an der Universität Oldenburg – helge.peters@uni-oldenburg.de

Stephan Quensel, Dr. jur., Kriminologe, pens. Professor für Soziologie an der Universität Bremen – s.quensel@gmx.net

Craig Reinarman, PhD, Professor of Sociology and Legal Studies an der University of California, Santa Cruz – craigr@ucsc.edu

Matthias Rudolph, Dipl.-Pädagoge, Wissenschaftlicher Mitarbeiter am Department Erziehungswissenschaft und Psychologie der Universität Siegen (DFG-Projekt Jugendkriminalität im politischen Interdiskurs) – rudolph@biso.uni-siegen.de

Sebastian Scheerer, Dr. jur., Diplompädagoge, Professor für Kriminologie am Institut für Kriminologische Sozialforschung der Universität Hamburg – sebastian.scheerer@wiso.uni-hamburg.de

Henning Schmidt-Semisch, Dr. phil., Professor am Fachbereich Human- und Gesundheitswissenschaften der Universität Bremen, Institut für Public Health und Pflegeforschung (IPP), Abt. Gesundheit und Gesellschaft – schmidt-semisch@uni-bremen.de

Máximo Sozzo, JD, Professor of Sociology and Criminology an der Faculty of Social and Legal Sciences of the National University of Litoral, Argentina – msozzo@fcjs.unl.edu.ar

Monika Urban, Diplom Sozialwissenschaftlerin, Wissenschaftliche Mitarbeiterin im Institut für Public Health und Pflegeforschung der Universität Bremen, Abt. Gesundheit und Gesellschaft (DFG-Projekt Anwendungsrationalitäten und Folgen von Drogentests) – murban@uni-bremen.de

Jan Wehrheim, Dr. rer. pol., Sozialwissenschaftler und Entwicklungspolitologe, Professor für Soziologie am Institut für Soziale Arbeit und Sozialpolitik, Fakultät für Bildungswissenschaften der Universität Duisburg-Essen – jan.wehrheim@uni-due.de

4621349R00194

Printed in Germany
by Amazon Distribution
GmbH, Leipzig